贸易大国向贸易强国跨越

“首届贸易强国论坛”论文集

洪　涛　朱振荣/主编

经济管理出版社
ECONOMY & MANAGEMENT PUBLISHING HOUSE

图书在版编目（CIP）数据

贸易大国向贸易强国跨越："首届贸易强国论坛"论文集/洪涛，朱振荣主编. —北京：经济管理出版社，2011.2

ISBN 978-7-5096-1280-4

Ⅰ. ①贸…　Ⅱ. ①洪…　②朱…　Ⅲ. ①对外贸易—经济发展—中国—文集　Ⅳ. ①F752-53

中国版本图书馆 CIP 数据核字（2011）第 014335 号

出版发行：经济管理出版社
北京市海淀区北蜂窝 8 号中雅大厦 11 层
电话：(010)51915602　　邮编：100038

印刷：三河市海波印务有限公司　　经销：新华书店

组稿编辑：张永美　　责任编辑：王　琼　孙　宇
责任印制：黄　铄　　责任校对：超　凡

720mm×1000mm/16　　26.75 印张　　480 千字
2011 年 3 月第 1 版　　2011 年 3 月第 1 次印刷

定价：69.00 元

书号：ISBN 978-7-5096-1280-4

首届贸易强国论坛参会代表合影

首届贸易强国论坛开幕式

首届贸易强国论坛北京宣言签字仪式

首届贸易强国论坛部分参会媒体记者及研究生

商务部
部长助理房爱卿

北京工商大学
党委副书记卢思峰

中国商业经济学会
常务副会长王晋卿

中国人民大学
黄国雄教授

国务院研究室
综合司司长陈文玲

商务部商贸服务改革司
副司长王选庆

商务部政策研究室综合处
处长吴国华

中国人民大学
谷克鉴教授

北京财贸职业学院
王成荣教授

北京工商大学
贸易系主任洪涛

东北财经大学
副校长夏春玉

中国商业联合会
副会长王耀

中国人民大学商学院
副院长刘向东

首都经济贸易大学
祝合良教授

湖北经济学院
工商管理学院院长彭代武

广东商学院
流通经济研究所王先庆教授

国家发改委宏观研究院
编辑部主任王晓红

商务部研究院消费经济研究部
副主任赵萍

重庆商务局
副局长冉净菲

山西财经大学
国际贸易学院院长张富春

河北经贸大学
商业经济研究所所长王小平

北京航空航天大学
方虹教授

中国社科院财贸所
张群群教授

北京工商大学
贸易系胡俞越教授

北京工商大学
文科实践中心主任秦艳梅教授

北京工商大学
贸易系季铸教授

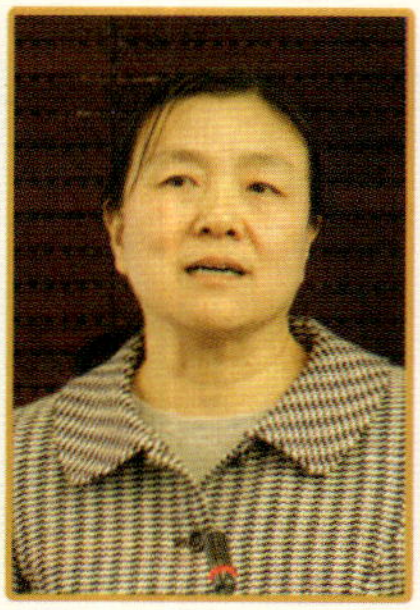
北京工商大学
贸易系耿莉萍教授

北京工商大学
贸易系徐振宇副教授

贸经专业、国贸专业院长/主任对话

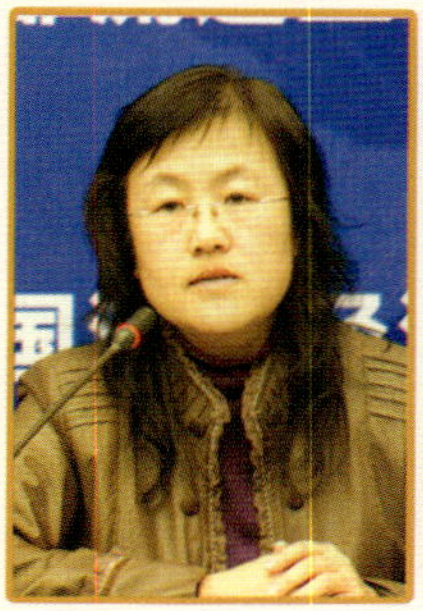
北京物资学院
经济学院赵娴教授

南京财经大学经济学院
贸易系主任原小能

中南财经政法大学
郭守敬教授

郑州航空工业管理学院
贸易经济系主任郝爱民

中南财经政法大学
张相文教授

湖北经济学院国际贸易学院
冯启文教授

武汉理工大学营销系
王海滨教授

北京工商大学
贸易系副主任郑兰平

北京工商大学
贸易经济教研室主任龚晓菊

北京工商大学
国际经济与贸易教研室主任朱振荣

前言

2010年10月31日，在商务部支持下，北京工商大学与中国商业经济学会、首都流通业研究基地联合举办了“首届贸易强国论坛”，论坛由北京工商大学经济学院贸易系承办。商务部部长助理房爱卿、中国商业经济学会常务副会长王晋卿、北京工商大学党委副书记卢思锋出席论坛，王晋卿、卢思锋先后致辞。北京工商大学经济学院院长杨德勇、党总支书记李宝仁、副院长李书友、贸易系副主任郑兰平出席开幕式。论坛由中国商业经济学会副秘书长、商务部市场运行调控专家、北京工商大学经济学院贸易系主任洪涛教授主持。

参加论坛的领导、嘉宾还有商务部商贸服务改革司副司长王选庆，国务院研究室综合司司长陈文玲，国务院发展研究中心市场所所长任兴洲，中国商业联合会副会长王耀，东北财经大学副校长夏春玉教授，中国人民大学商学院黄国雄教授、谷克鉴教授，中国社科院财贸所张群群教授，重庆商务局副局长冉净菲、G20秘书处主任助理柳金平。此外，还有来自国家发改委宏观经济研究院、商务部研究院、商务部政策研究室、中南财经政法大学、首都经贸大学、武汉理工大学、南京财经大学、湖北经济学院、北京物资学院、广东商学院、河北经贸大学、山西财经大学、北京航空航天大学、郑州航空工业管理学院、北京财贸职业学院、北京劳动与社会保障职业技术学院、北京工商大学等研究机构和院校的专家、学者及相关学院院长与贸易经济系、国际贸易系主任，《财贸经济》、《中国市场》、《中国流通经济》、《北京工商大学学报》、《中国商贸》、《中国商报》、《国际商报》、《北京商报》、《浙商》、《证券市场周刊》等媒体记者，北京工商大学100多名硕士研究生参加了论坛。

王耀副会长、夏春玉教授、王成荣教授、祝合良教授、刘向东副院长先后分段主持论坛，彭代武教授、张相文教授分别主持贸易经济专业、国际经济与贸易专业主任/院长对话。黄国雄教授、陈文玲司长、王耀副会长、任兴洲所长、谷克鉴教授、王选庆副司长、吴国华处长等23名专家作了主题发言，北京工商大学的季铸教授、胡俞越教授、秦艳梅教授、耿莉萍教授、徐振宇副教授、龚晓菊副教授和朱振荣副教授也在大会上做了交流，论坛发言踊跃、气氛热烈。

会上，30多所院校60多名教授签署了《“适应贸易强国需要培养创新型贸易人才”倡议书》(《北京宣言》)，洪涛教授宣读了《北京宣言》，计划今后每年举办一次贸易强国论坛。

本届论坛探讨了中国如何由贸易大国向贸易强国跨越的问题，各校交流了贸易经济专业、国际经济与贸易专业的发展。大家一致认为，论坛层次高、规模大、范围广，具有独特性和历史性等特点，希望今后继续办下去。

现特编辑出版《贸易大国向贸易强国跨越——“首届贸易强国论坛”论文集》一书，以期能将如何由贸易大国向贸易强国跨越的研究深入推进。本书由北京工商大学贸易系洪涛教授、朱振荣副教授共同担任主编，有关撰稿人数易其稿，不断完善论文，硕士研究生潘岩、付镜懿整理了论坛纪要。因时间仓促，书中难免出现疏漏之处，敬请读者批评指正。

目 录

国内贸易

国际贸易

附 件

由贸易大国向贸易强国跨越的思考

洪　涛[1]　陈　哲[2]　付镜懿[3]

摘要：由贸易大国向贸易强国跨越是一个时代的主题，北京工商大学举办“首届贸易强国论坛”就是探讨这一问题，为了使论坛进一步活跃，研讨进一步深入，我们收集、整理、归纳了“由贸易大国向贸易强国跨越”的部分文稿，作为资料提供给大家，以便在此基础上进一步进行研讨。

关键词：贸易大国；贸易强国；跨越途径

一、贸易大国的概念

贸易大国是指在制造业大国基础上，具有较大的国内贸易与国际贸易量，在世界贸易中具有较高地位和影响力。比如，2009 年我国工业产值、出口均居世界第一。2009 年我国社会消费品零售总额达到 12.5 万亿元，生产资料销售额达到 28 万亿元，进出口总额超过 2.2 万亿美元，电子商务交易额超过 3.85 亿元。现在中国生产的产品很多，许多工业品、农产品产量在世界上居第一位，但是质量不一定是世界第一，如钢铁行业，中国的钢铁产量居世界第一，但高质量的钢材却还要从日本进口，所以我国是钢铁大国却不是钢铁强国。又比如说，我国是货物贸易大国，但是，服务贸易量仍然较小，

---

① 洪涛（1957~），男，湖北天门市人，教授、博士，北京工商大学经济学院贸易系主任、商业经济研究所所长，商务部市场运行调控专家，中国商业经济学会副秘书长、学术委员会副主任，全国高校教学研究会副秘书长，中国物流学会副秘书长，中国市场指导委员会副会长，北京市优秀教师。研究方向：流通产业理论与实践。邮箱：cearls2009@126.com。

② 陈哲（1986~），男，天津蓟县人，北京工商大学经济学院产业经济学专业 2009 级硕士研究生。研究方向：流通产业理论与实践。邮箱：chenzhexx11@163.com。

③ 付镜懿（1985~），女，天津市人，北京工商大学经济学院产业经济学专业 2009 级硕士研究生。研究方向：流通产业理论与实践。邮箱：fjy5154@sina.com。

2009 年我国服务贸易进出口总额达 2868 亿美元，位居世界第五位；2010 年上半年我国服务贸易进出口总额为 1656.3 亿美元，同比增长 31.7%，增幅提高 46%，全年预计突破 3000 亿美元，增幅超过 20%。2010 年 1~9 月我国进出口总值 21486.8 亿美元，比 2009 年同期增长 37.9%。其中出口 11346.4 亿美元，增长 34%；进口 10140.4 亿美元，增长 42.4%；贸易顺差为 1206 亿美元，减少 10.5%，预计全年将达到 2.8 万亿美元，比上年增长 25%。虽然我国出口总额较大，但是人均出口额却较少。

二、贸易强国的内涵及标志

贸易强国一般应包含以下六个方面：

1. 贸易强国必须是经济高度发达的国家

贸易强国经济、技术和资本实力雄厚，科学技术先进，商品和服务的技术、质量具有很强的国际竞争力，特别是制造业和高新技术领域产品的国际竞争力十分强劲，能够有力地推动本国对外贸易的发展。美、日、英、德、意、加等西方七国集团的成员，都属于此类国家，它们的人均 GDP（国内生产总值）都在 2 万美元以上，在世界各国中居于前列。

2. 积极参与国际分工，而且竞争优势非常明显

贸易强国在产品质量和技术方面一直保持世界领先水平，高新技术产品和服务产品贸易额比重很大，贸易条件指数一般为 105%左右，处于优势地位。

3. 对外直接投资规模大

当前西方七国集团的成员几乎都是当今世界的贸易强国，同时也是对外直接投资排名前几位的国家。它们凭借国内雄厚的资本实力，通过向海外直接投资有力地带动了本国的出口增长。以美国为例，仅 2000 年海外公司的税前利润总额就高达 1325 亿美元，比 1999 年增长 23.4%。

4. 货物贸易规模大，服务贸易尤其发达

2003 年美国和德国的出口规模分别占世界出口总额的 9.7%和 10%；进口规模分别占世界进口总额的 16.8%和 7.7%。经济发达国家又是世界服务贸易的大国。其中，美国服务进出口贸易额占世界的比重一直高达 60%~ 70%。经济发达国家，作为世界产品和资本的主要供给者和需求者，在钢铁、机械设备、化学制品、电子计算机产品等技术和资本密集型产品的出口方面一直居世界前列。

5. 对外开放度大

贸易强国在对外开放方面的共同特点是：平均关税较低，尤其是逐年有大幅度下降；市场开放范围广，商品市场、服务市场和资本市场同时对外开放；对外贸易依存度高，一般都在30%左右，德国近60%。

6. 国内贸易规模较大

国内贸易规模较大，同时又会带动国际贸易，如大量进口等。

贸易强国至少应具有以下一些标志：①外贸发展方式从数量增长型转为质量、效益增长型；②本国企业掌握、控制出口产品的关键技术、知识产权、品牌及国际销售渠道；③出口产品结构以高附加值产品为主；④工业制品出口以高科技制品为主；⑤出口的农产品具有较高的附加值、安全度；⑥出口企业具有较高的国际市场竞争能力、较高的企业管理水平、较高的参与国际合作的能力、较强的抗御国际市场风险的能力；⑦出口企业或出口企业工会具有对抗国外反倾销的能力。

三、中国当前的历史地位：是贸易大国，不是贸易强国

中国是世界贸易大国，但还不能说是贸易强国，要成为世界贸易强国还有很长的路要走。20世纪90年代初，中国高新技术产品出口的比例只有4%，2010年虽然可以达到28%左右，但与发达国家相比，还有较大的差距，甚至与部分发展中国家相比，也有一定的差距。美国的高新技术产品出口比例为44%、荷兰为44%、日本为39%、新加坡为72%。与其他贸易强国相比，我国在以下七个方面还存在明显差距：

（1）贸易发展方式相对粗放，质量和效益有待进一步提高。在中国的进出口总额中，超过一半是加工贸易。

（2）核心竞争力不强，缺乏自有品牌和营销网络，具有自主知识产权和核心技术的产品还比较少。

（3）出口产品层次偏低，不少产品仍处于国际分工价值链的低端，附加值不高。

（4）尚未形成一大批管理水平高、综合实力强、能够深度参与国际竞争与合作的企业。

（5）在全球供应链中处于较低的水平，不具有关键性控制力。

（6）没有掌握主要产品的定价权。

（7）服务贸易所占的比例较低。

四、中国贸易强国进程规划

改革开放 30 余年来，我国充分发挥比较优势参与国际经济合作与竞争，已经成为名副其实的贸易大国。但“大而不强”等一系列老问题依然存在，需要在保持稳定增长的同时，加快从规模速度型向质量效益型的转变。

2010 年 4 月 18 日，商务部在广交会举行的“全国转变外贸发展方式报告会”上首次发布了《后危机时代中国外贸发展战略研究》，提出到 2030 年要初步实现贸易强国目标。这个目标分两步走：在 2020 年前巩固贸易大国地位，推动贸易强国进程；在 2030 年前后，初步实现贸易强国目标。

未来 10 年我国包括货物贸易和服务贸易在内的贸易总额将达到 5.3 万亿美元左右，比当前增加一倍，届时我国对国际贸易规则的制定权和主导权也将得到大幅提升。具体将在“十二五”期间进一步巩固我国的贸易大国地位，在“十三五”期间即到 2020 年实质性推进贸易强国进程。

按照数量指标要求，预计到 2020 年 5.3 万亿美元左右的贸易总额中，货物贸易额约 4.3 万亿美元，服务贸易额约 1 万亿美元。其中，货物贸易出口额将达到 2.4 万亿美元左右，占世界比例约 10.1%，居世界第 1 位；进口额将达到 1.9 万亿美元左右，占世界比例约 8.2%，居世界第 2 位。服务贸易出口额将达到 0.5 万亿美元左右，占世界比例约 8.1%，居世界第 2 位；进口额将达到 0.5 万亿美元左右，占世界比例约 8.7%，居世界第 2 位。按照质量指标要求，预计到 2020 年，中国将拥有一批跨国公司和世界品牌。

我们认为，贸易强国是一个综合性的概念，不仅是外贸，而且包括国内贸易，是国内贸易与国际贸易的结合甚至融合，也就是综合贸易竞争力的具体表现。

五、贸易强国评价指标体系

国际金融危机后，在全球经济贸易大变革大调整、我国加快转变对外经济发展方式的关键时期，我国首次提出了到 2030 年初步实现贸易强国的发展目标。在此背景下，如何构建贸易强国评价指标体系，确定合理的阶段性发展目标（2010~2020 年），对转变我国外贸发展方式、实现对外贸易可持续发展、实质性推进贸易强国进程至关重要。

基于理论与实践，设立 10 个一级指标，构建贸易强国的评价指标体系，首先应从理论层面进行综合考虑。

(1) 要明确“贸易强国”同“综合国力”、“经济实力”一样，都是综合性的概念。综合国力由政治外交实力、经济实力、军事实力、科技实力、教育文化、人才及各类资源等若干要素构成；经济实力由经济规模、资源、产业、科技、贸易、人才等若干要素构成；同样，贸易强国也是一个“综合性”概念，不是一两个指标就可以进行衡量和表示的，而应该既包含衡量现状的“存量”指标，又包含体现未来增长潜力的“增量”指标。

(2) 要明确“贸易强国”衡量的是一国外贸可持续发展的能力或是一国外贸发展的国际竞争力，衡量该指标的目的是为保持我国对外贸易的可持续发展、推动我国对外贸易由大到强转变寻求科学决策。

(3) 要明确贸易强国理论上应“综合”的具体指标。它应由科技强国、产业强国、人才强国、规则强国作为强有力的支撑，应在贸易规模、进出口结构、贸易模式、产品质量（标准）、品牌国际化、技术、货币国际化、国际投资等方面达到世界领先水平。

构建贸易强国的评价指标体系应基于现实数据的可获得性，并借鉴相关国际成果。由于贸易强国在理论上应该“综合”的很多具体指标在实践中尚未或难以统计，因此贸易强国的指标选取应该在上述理论分析的基础上，结合现有统计数据进行适当调整。在充分利用国内已有统计数据的基础上，还可以参考《全球竞争力报告》、《全球贸易便利指数（ETI）》等国际报告及数据库中的有关指标。

基于理论和实践层面的双重考虑，构建贸易强国的评价指标体系，由 10 个一级指标和 26 个二级指标组成，并以雷达图的形式具象化地加以反映。其中 10 个一级指标包括：市场份额占有率、人均贸易额、产品竞争力、国际收支平衡、贸易多元化、经济规模及人均国内生产总值（GDP）、产业结构、汇率稳定性、贸易条件和跨国投资。当前，上述评价指标体系完全可以反映出我国与美、欧、日等贸易强国的差距。国际金融危机后，面临全球贸易发展过程中不断出现的新情况和新问题，随着各国及全球贸易统计体系的不断完善，贸易强国的评价指标体系也应与时俱进、不断完善。

六、后危机时代的贸易调整与创新

（一）国际贸易的调整

2007~2008 年的国际金融危机使世界政治多极化、经济全球化以及区域一体化进一步发展，包括国际金融、世界贸易、跨国投资在内的世界经济格局正在发生深刻变化。从国际形势来看：

1. 经济全球化将以新的方式推进

后危机时代，由美国主导的经济全球化被大大削弱，将被发达经济体与新兴经济体所共同主导的经济全球化取代，形成多元化主导的趋势。八国集团逐步被二十国集团所取代，后者成为“国际经济合作的主要平台”。

2. 世界经济步入调整发展的新周期

后危机时代，世界各国将更加注重虚拟经济与实体经济的协调发展；世界经济面临“再平衡化”的漫长调整；经济发展方式呈现“绿色化”和“低碳化”趋势；经济增长总体上可能呈现“前低后高”的局面，世界经济发展步入新的周期。

3. 世界贸易发展寻求新突破

后危机时代，世贸组织多哈回合谈判将进入关键阶段；区域经济合作与一体化进程呈现进一步加速的趋势；世界贸易发展的主导力量呈现此消彼长的新态势；世界贸易与世界经济增长速度将调适至新的水平；世界初级产品市场价格将呈现长期化上涨趋势；全球贸易摩擦显著增加，气候环境成为新型贸易壁垒工具。

4. 世界投资呈现新格局

后危机时代，发达国家仍将占据世界投资的主要份额，但流入发展中国家的投资比重将逐步提高；西方跨国公司依然主导世界投资的发展，但新兴经济体的跨国公司正在迅猛崛起；广大发展中国家仍将利用外资，承接世界产业转移，发展本国经济，增加就业机会。

5. 国际金融和货币体系出现新变革

后危机时代，全球金融监管合作不断加强；国际金融体系改革势不可挡，新兴经济体地位和话语权得到提升；以金融为代表的虚拟经济发展将在“去高杠杆化”、“去金融工程化”的过程中回归合理水平；世界货币体系将呈现多元化的新趋势；主权财富基金与私募对冲基金将在新的形态下进一步发展。

（二）国内贸易的转变

后危机时代，中国处于全面建设小康社会的关键时期，加快推进经济发展方式转变，大力促进经济结构战略性调整将是中国在后危机时代的长期战略任务。

从国内环境看，尽管受到国际金融危机的较大冲击，但中国作为最大的发展中国家及长期处于社会主义初级阶段的地位没有改变；中国人力资源丰富、基础设施不断完善、产业配套齐全等经济基本面没有改变；同时，未来10年，仍然是中国和平崛起的战略机遇期，也是实现全面建设小康社会目标的关键期。

1. 中国国民经济发展将呈现新趋势

经济增长由主要依靠投资、出口拉动向依靠消费、投资、出口协调拉动转变，由主要依靠第二产业带动向依靠第一、第二、第三产业协同带动转变，由主要依靠增加物质资源消耗向主要依靠科技进步、劳动者素质提高、管理创新转变；新兴战略性产业成为我国经济和贸易发展方式转变的重要推动力量。预计2020年，中国研发投入占国内生产总值（GDP）的比例将达到2.5%，“世界工厂”向“世界创新基地”的转变将取得进展。工业化、信息化、城市化、市场化和国际化水平将进一步提高。2020年中国制造业增加值占GDP比重将达到70%，超过工业化国家标志（占60%）10个百分点，制造业规模居全球首位；2020年中国城市化率将超过55%，可以初步实现城镇化。

2. 中国开放型经济发展出现新动向

中国将在世界经济步入调整发展新周期中加快转变对外贸易发展方式。中国将在世界贸易新格局中进一步巩固贸易大国地位，推进建设贸易强国进程。中国将在国际投资新格局中加大“走出去”步伐，逐步成为世界投资大国。中国将在国际金融和货币体系变革中加速推进人民币国际化进程。

3. 中国对外贸易发展面临新机遇

首先，对加快转变外贸发展方式提供了新机遇。此次危机，有利于淘汰一批落后生产力和缺乏竞争力的企业，培育一批抗风险能力强、竞争力强的自主发展型企业；有利于面向出口产业的结构调整，培育高端制造业、节能环保产业和现代服务业等出口新增长点。其次，对中国进一步扩大国际市场份额提供了新机遇。尽管国际市场萎缩，但中国相对份额有进一步上升的空间和实力，这为中国进一步巩固贸易大国地位，推动贸易强国进程提供了机遇。

七、从贸易大国向贸易强国跨越的对策建议

回顾世界贸易500年发展历史，一些贸易强国如过眼云烟，而一些贸易强国至今仍傲视全球，这其中很多启示对于我国迈向贸易强国、实现经济强国目标具有重大借鉴意义。

1. 贸易强国必然是贸易大国

1820年，英国占世界工业生产总额的一半，占世界贸易总额的18%；到19世纪70年代，上述两个比重高达32%和22%。1919年英国对外贸易优势第一次被美国超过，2009年英国货物贸易仍居世界第七位，服务贸易位居世界第二位。19世纪末，美国近代工业化基本完成，工业生产占全球1/3左右，同时外贸规模空前膨胀，逐步成为世界上对外贸易额最大的国家。

2. 科技与制度创新是维持贸易优势的关键因素

正是在第一次工业革命时期，英国凭借创新的经济制度和先进技术，成为该次工业革命的先行者和绝对领导者，成就了“日不落帝国”的辉煌，成为世界工厂和世界贸易的中心。然而，到了第二次工业革命时期，技术发明和创造的主要国家已不是英国，而是后起的德国和美国，它们接受现代化的思想精髓，采取最新科技成果，大力发展电力、化工、石油、电器、汽车等新兴产业，迅速赶超英国。

3. 及时进行经济和贸易结构调整非常必要

第一次工业革命后，英国经济以棉纺、煤炭、钢铁和造船为支柱产业，在这些产业中的领先地位是保持英国经济优势的关键因素。英国在几个重要工业部门的优势保证了英国在第一次工业革命期间的工业领导权，但19世纪末20世纪初导致了“过分依赖”，阻碍了英国对基于劳动力较密集的陈旧工业及经济结构的调整；而德国、美国这两个后起之秀却依靠科学技术发展自己的新兴工业，进而在新兴工业部门占据优势，并不断开拓新兴国际市场，获得高额利润。

4. 经济对外依赖程度不能过高

资金不断从国内转向国外，长此以往，制约了国内生产投资和技术革新，造成英国经济的对外依附性，并且形成了国内庞大的食利阶层。依赖性经济十分脆弱，英国经济必须围绕国际经济运转，必须确保无形贸易的收入、金本位制、自由贸易政策和平衡财政等经济手段的有效运行。一旦这些

条件改变，经济的依赖性必然成为一种制约经济发展的力量。美国则是以内需为主的经济。19 世纪末美国工业化阶段，对外贸易规模虽然有了巨大扩张，但占全球份额也仅 9%~10%。20 世纪 80 年代以来，美国私人投资和消费支出成为经济增长的主要动力，储蓄率不断降低。虽然美国外贸依存度一直在提高，但直到 21 世纪初也未超过 30%。

5. 扩大对外投资是迈向贸易强国的高级阶段

商品输出到一定阶段后，资本输出就成为必然。世界主要贸易强国都是对外投资大国。1865~1914 年英国的投资中，英国本土投资只占 30%，其他 70%的资金投在国外，其中美洲占 37%，已经超过其在本土的投资。资本输出使伦敦成为世界金融中心，英国在国际贸易中也获利甚丰。1970~2005 年，英国的外国直接投资（FDI）流出与流入占世界的份额平均分别仍高达 14.19%和 10.02%。第一次世界大战使美国对外投资迅速增加；第二次世界大战中由政府催生的巨大生产能力落入跨国公司手中，面对高度膨胀的生产力和相对狭小的国内市场，鼓励对外投资成为重要国策，政府采取一系列优惠措施，对外投资不断增加，并主要集中于高新技术领域。第二次世界大战以来，美国既是 FDI 的最大来源国，又是 FDI 的最大吸收国。

6. 货币国际化是贸易强国的重要特征，但要适时择机而行

无论是英国，还是美国，它们都是金融和货币强国。英美贸易强国利用其金融和货币优势，不仅获得了巨额的金融和货币利益，还利用其货币作为国际储备、交易计价和支付手段的职能，增强其企业在进出口贸易中的话语权和定价权。因此，增强金融和货币的国际化水平十分必要，但是金融和货币国际化要考虑发展阶段，择机而行。例如，德国在贸易顺差不断上升的背景下，顺应形势主动渐进完成了德国马克汇率形成机制改革，总体来看，马克在 1980 年前主动完成了升值的主要过程，并且较好地控制了升值速度，而日本日元的被动大幅升值给经济持续发展埋下了隐患。

7. 积极拓展贸易对象，分散贸易市场过于集中的风险

一直以来，德国的贸易伙伴主要以西欧国家和美国为主，德国对这两大地区的贸易额占德国外贸总额的 80%以上，其中，欧盟十五国占据德国贸易的半壁江山。但德国近年来注重扩展贸易范围，加强与亚洲国家的贸易联系。鉴于亚洲经济实力不断提高，2003 年，德国出台了“新亚洲政策”，其目的便是推动及扩大与广大亚洲国家的经贸合作。由此，德国与亚洲，尤其是中国，其贸易额不断增长。

8. 以本国优势为依托，充分利用外部有利条件

第二次世界大战后日本经济和贸易之所以能够从一片废墟中迅速崛起，

其中最根本的一条就是对本国人力资源的充分利用，并将这一优势与良好的国际环境结合起来。日本第二次世界大战后初期利用美国的扶持，经济迅速恢复。20 世纪 50~70 年代，日本又适时抓住第三次科技革命的黄金机遇，利用科技革命的成果集中发展本国经济，迅速赶超英法，成为仅次于美国的第二大经济强国。

9. 政府实施贸易战略与政策加以支持和引导

政府的积极干预对日本经济和贸易的高速增长极为重要。日本政府在第二次世界大战后制定大量政策和措施鼓励对外贸易和投资，实施贸易立国和投资立国战略。第三次科技革命时期，日本政府又提出“外需主导型”战略立国政策，促进了日本贸易大幅增长。进入 21 世纪，日本经济进入发展低迷期，政府又提出投资立国战略，适时改变发展重点，促进经济发展。

10. 培育本土跨国公司，增强贸易主体综合竞争力

欧美有跨国公司，日本有综合商社，它们是成就世界贸易强国的最基础单元。当前，世界贸易的 70%是由跨国公司控制的公司内部贸易。许多大宗产品的定价权基本由跨国公司操纵。日本的综合商社是产业资本、金融资本和商业资本的联合体，是形成对外综合竞争优势的重要保障。

八、贸易大国向贸易强国跨越的小结

经过新中国成立 60 年，特别是改革开放 30 余年的发展，中国已经崛起成为一个贸易大国，尽管与贸易强国之间存在着较大差距，但只要抓住机遇，坚持对外开放，发挥优势，加快发展，走向世界贸易强国的战略目标就一定能实现。

1. 实施新科技兴贸战略

新科技兴贸战略涉及诸多方面的内容：①科技兴贸应包括科技兴内贸、科技兴外贸两个方面的内容；②加快流通现代化步伐，推进多层次、多类型、多规格流通科技的发展；③大力推动高技术产品的出口；④运用高科技成果改造传统出口产业，提高传统出口产品的技术含量和附加值；⑤加快培养“贸易强国”的多层次、多规格的创新型贸易人才；⑥提高商品生产者和交易者的综合素质；⑦提高各种贸易手段的现代化；⑧要加大政府研究和开发费用的投入，增加教育投入，重视人力资本的积累；⑨鼓励企业利用相关政策开发技术密集型、知识密集型产品，进行自主创新，力图实现产品从低档次、低价位向中高档次、中高价位的提升。

2. 加强政策引导，促进产业升级，优化出口商品结构

美国经济学家迈克尔·波特指出，国家的竞争优势来源于产业。要实现优化出口商品结构的关键同样取决于产业结构的升级，特别是生产结构的优化。因此，要成为贸易强国就一定要以产业的强势竞争力为基础。进入21世纪后我国的一些产业结构出现了不断升级和转型的新变化，但从整体上看还不具备贸易强国的产业基础和产业竞争力。为加快推进产业结构的进一步转型升级，对传统产业如纺织业，在延续中低端产品或生产环节的比较优势的同时，大力引进先进技术设备，加快技术升级；对高新技术产业应重点扶持，为企业创造良好的发展环境，从而实现转变出口增长模式，提高出口产品技术含量，增加附加值。

3. 加强宏观调控，规范出口秩序

贸易强国通过建立完善的体系和有效发挥商会的作用，规范本国的出口秩序。我们应借鉴贸易强国的经验，充分利用商会开展国际市场调研工作，及时全面地掌握有关信息，在企业和政府之间架起一座能够迅速传递信息的桥梁。同时，商会可以在政府有关部门的帮助下，管理好行业内的经营秩序，防止企业之间出现低价竞销的行为；对一些出口商品，只有商会核定符合行业协议价格的，海关才允许出口，这样就能有效地避免我国出口商品价格的混乱。同时还要加强自律，倡导公平竞争，处罚低价出口，反对内部的不正当竞争。

4. 加快服务业的发展，扩大服务业市场开放，提升服务贸易国际竞争力

服务业的发展水平和在国民经济中的地位，是一个国家产业结构优化升级的方向和目标；服务业市场的开放程度和在国际贸易中的竞争优势，是贸易强国的基本条件。我国加快服务业发展就是要：优化服务业产业结构，促进服务业产业升级；发挥服务业的比较优势，提高国际竞争力；深化服务业改革，进一步开放服务贸易市场，促使与国际市场接轨；服务出口坚持走质量和品牌之路。

5. 坚持“引进来”、“走出去”的对外开放方针，在积极吸引外资的同时，扩大我国对外直接投资

国际经济发展的经验证明，一国资本的流出量随人均GDP的增长逐渐增长。中国目前的对外投资水平远远滞后于经济发展的水平。要实现贸易强国的目标，今后必须大力推进对外直接投资。为此，在战略选择上应做到：以全国性的专业外贸公司，大型工业集团，规模较大的国际技术合作、金融、服务公司等为先行主体；以贸易进入、契约进入和投资进入等为进入方式；以经济条件和投资环境与我国有相似之处的国家，尤其是亚太地区国家

为投资的区位选择；以投资开放国内短缺的资源性商品，如石油、铁矿石、木材等为主要商品；以我国的传统工艺、特色技术和劳动密集型的适用技术等为技术重点，在海外开办投资企业。

参考文献：

[1] 张鸿. 外贸万亿美元的一位——从贸易大国到贸易强国 [J]. 江苏商论，2006 (6).

[2] 吴仁波. 中国如何能圆贸易强国之梦 [J]. 江苏商论，2006 (5).

[3] 彭红斌. 论中国对外贸易的可持续发展 [M]. 北京大学出版社，2005.

[4] 陈丽丽. 迈向贸易强国的战略研究 [M]. 西南财经大学出版社，2003.

[5] 曲晓如. 中国对外贸易概论 [M]. 机械工业出版社，2006.

[6] 李刚，李俊. 迈向贸易强国——中外经贸战略的深化与升级 [M]. 人民出版社，2006.

[7] 倪晓菁. WTO 后过渡期我国对外贸易政策调整研究 [D]. 华东师范大学硕士论文，2006.

[8] 余婧. 论当前中国对外贸易战略的选择 [J]. 重庆工商大学学报（社会科学版），2007(4).

[9] 外经贸部科技司司长许复兴. 从贸易大国迈向贸易强国 [N]. 国际商报，2000.

[10] 康韧. 我国要从贸易大国走向贸易强国 [N]. 中国环境报，2001.

[11] 林健. 从贸易大国走向贸易强国 [J]. 邢台职业技术学院学报，2003 (12).

[12] 林九江. 中国距离贸易强国还有多远 [N]. 中国经济时报，2001-10-27.

[13] 张晓权. 经济全球化下中国贸易发展战略的选择 [J]. 徐州师范大学学报，2004 (6).

[14] 徐加贵，江敏. 中国实现贸易强国的差距及对策 [J]. 科技创业月刊，2004 (15).

[15] 艾华. 万亿美元买不来贸易强国 [J]. 时代经贸，2005 (3).

[16] 易瑾超. 中国对外贸易的可持续发展研究 [D]. 武汉大学博士论文，2005.

内需国策下建设贸易强国须推倒内外贸之间的高墙

顾国建[1]

摘要：中国的内外贸之间隔着一堵由于政策、体制以及交易制度所导致的高墙，从中国整个贸易经济体系（内外贸）现状入手，分析外贸的弱势地位和内贸中长期不解问题的原因，指出内外贸不能对接的三个障碍，提出建设贸易强国须实现“内外贸的一体化，一个国家的制造业要能同时适应国内外两个市场的需求”的基本观点，并根据实证研究提出内外贸对接的方式方法。

关键词：内需；高墙；交易制度；方式方法

中国是一个贸易大国，这是一个不争的事实，中国不是一个贸易强国更是一个不争的事实，笔者认同“首届贸易强国论坛”上部分专家提出的关于贸易强国所要具备的条件。从国民经济的流通体系与交易制度的研究看，笔者认为，贸易强国的一个重要标志是，内外贸的一体化，一个国家的制造业要能同时适应国内外两个市场的需求。当中央已把内需当作国家经济发展的战略，把转变经济发展方式当成“十二五”规划的指导思想时，我们必须调整内外贸在产业上失衡的制度性结构，如产业政策、交易制度、市场管理等，由此，我们才能建立起贸易强国的制度性基础。

---

① 顾国建，男，上海商学院流通经济学院教授，上海连锁经营研究所所长。研究方向：连锁经营方式、零售业态演变和超级市场。

一、中国贸易经济体系的现状

应该纠正这样一种偏见，讲贸易就是讲对外贸易，而不讲国内贸易，内贸已被“流通”代替了；讲贸易强国也只局限在对外贸易上，而不将国内贸易做关联性的紧密的研究，这种研究是片面的。如果将内外贸的现状做一个概括性表述的话，可以发现问题的严重性。

1. 出口贸易中显露“中国制造”的弱势地位

在出口贸易中“中国制造”的产品处在产业链中附加值最低的“加工”环节，自主开发、自主创造、自主品牌和独立的知识产权出口的产品占比很小。也就是说，中国的贸易大国是数量上的大国，收益上的小国，而对国民来说是“污染”的大国。要成为贸易强国，就要进军产业链的高端环节，并逐步占据主导地位。

2. 国内贸易中长期不能解决的流通难题

（1）农产品流通几十年来不能解决“多啦多啦，少啦少啦”的难题。农产品价格高涨的主要因素不是出在生产环节，而是流通环节，农产品价格高了，农民并没有增加收益，消费者则多支出了货币，影响到社会稳定。“三农问题”很大程度上是国内贸易与流通环节的问题。

（2）国内贸易领域流通秩序缺失，假冒伪劣盛行，食品安全问题频出。流通秩序的缺失问题出在国内贸易市场的秩序管理与控制上；假冒伪劣盛行的根源是国家缺乏对知识产权的尊重与保护，在国民文化意识中没有树立起自主创新的精神，而让“山寨文化”盛行；食品安全问题频出除了国家的产品质量管理的问题外，还在于企业没有树立起社会的责任感及企业的道德感。

（3）供商关系紧张。供商关系如此紧张，相关政府管理部门对新崛起的规模化发展的连锁商业缺乏发展的认识，对连锁商市场博弈中体现的“市场势力”在发展中的非理性部分缺乏制度性规范。同时，对交易双方所要体现的产业之间“平均利益”缺乏公开、公平的调整机制，放任交易各方“自由博弈”，会导致工商企业中的中小企业的利益得不到保护，更会导致处在强势地位的品牌商霸道地位的凸显及利益的“泛化”。

（4）国内贸易中流通企业自主经营能力退化，食利性盈利模式普遍化，国内市场商品价格虚高。国内贸易中主力型的零售业态如百货商店等自主经营能力退化的主因，是没有彻底地、持续地坚持国有商业体制与机制的改革。食利性盈利模式的普遍化除了体制与机制上的原因外，流通企业经营风险的意识缺乏和经营管理技术得不到提升也是一个重要原因。改革开放早期所确定的“流通少环节”的目标没有得到实现，而且变得更小、更散，流通费用的上升必定反映在价格上，与“中国制造”的出口产品相比，国内市场的商品价格是太“虚高”了。

3. 内外贸不能对接“中国制造”的尴尬

出口加工型的“中国制造”对接的是国际市场而不是国内市场，当国际金融危机来临，出口要转内销时无法对接国内贸易，是什么原因呢？这主要是因为贸易政策上的“两张皮”，两种不同的交易制度：国际贸易——国家退税等一系列政策支持，国际贸易的信用证制度、商检制度、保险制度、世界贸易组织的有关规定等的保证；国内贸易——国家支持政策有限，交易的三个前置条件，进场费等通道收费的高门槛制度、售后付款较长周期的结算制度、大型零售商不承担风险的退货制度。

从 2008 年国际金融危机爆发以来，国家与各地方政府实行了一系列的促进出口加工企业转内贸内销的政策与措施，但总体上收效不大。一旦出口形势好转，出口加工企业马上又将主要精力投在了国际市场上，不愿意做内销，不愿意与国内的各种贸易商打交道做生意。可以说，这种内外贸不能对接的尴尬不解决，扩大内需国策的贯彻落实会大打折扣，因为它缺乏制造（中国制造）与流通（国内贸易）两大产业贯通的基础。这种状况是必须要改变的。

二、建设贸易强国的对策

1. 建立贯通内外贸市场的交易制度和方法

当今中国国内贸易制度建设落后于国际贸易制度建设是一个基本的现实，同时银行和保险公司等社会金融信用系统没能主动地为国内贸易提供好的服务工具。因此，建设贸易强国要把制定与国际市场和国际贸易交易制度相适应，能够逐步实现与其对接的公平的国内贸易交易制度作为主要的战略目标之一。从中国国内贸易市场发展的现状来看，这些关于市场建设的法律、法规应该早点出台，如《零售商与供货商交易管理条例》、《城市商业网点规划管理办法》、《大型零售商发展的规制》、《禁止超国民待遇招商法》等。

2. 发展以现代物流为基础、以连锁化销售网络为终端内外贸一体化的商业集团

从内外贸对接的交易制度和交易实务的研究中可以发现阻碍内外贸对接

的三个障碍：

（1）内外贸交易规模上的不对等，当今中国有着太多的品牌代理商，而缺乏大的综合性的批发商，使得在交易的企业实体方面存在着内外贸对接订货数量（这种数量主要是与外贸订单数量上的差距）上的障碍。

（2）新崛起的连锁性零售商在经营上还没有完全进入贸易订单和自有品牌开发订单采购的阶段。

（3）在国内市场中占相当市场份额的百货零售商大部分实行“招商扣点分成”的管理模式，不需要向出口加工企业采购业务。

发展新型的商业企业能够规模型的、综合化地与出口加工企业对接交易，这种企业就应该是新型的、综合性的内外贸一体化的大型商业企业集团。

发展新型的、综合性的内外贸一体化的商业企业集团是我们国家下一轮流通改革的目标之一，一是因为它们是能够对接内外贸交易的企业经济实体；二是国家需要它们来担当“社会商品再生产的蓄水池”、“战略物资储备”、“合理配销”等功能；三是通过它们进行对大量中小型出口加工企业的产品设计、集中、组合或监制等，可极大地优化中国出口与内销产品的结构，创造更好的产品附加值。

发展组建大型商业企业集团时，必须要实行企业投资主体多元化国有资本不控股的原则，使新型的商业企业集团能按市场机制运行，如要让它承担政府的职能时，可采取委托、授权经营等方式，也可用财政税收和资金等方式来进行调控。

发展大型商业企业集团最好不要另行组建，而应以现有的具有物流配送和销售网络的大型物流企业及大型连锁性零售企业为主，大型物流企业赋予它配销功能，大型连锁性零售企业赋予它批发贸易功能，利用发展大型商业企业集团的时机对其进一步实施企业投资主体与制度的改革。

3. 探索内外贸对接——国内商业对接“中国制造”的方式方法

中国经济发展方式的转变和企业发展方式的转型必须加快进入实证研究和实践探索的实施阶段，这应该是每一个企业家、理论工作者和政府官员的历史职责。笔者在 2008 年 4 月开始的“国内连锁商业主动地对接‘中国制造’的资源的实证研究”（2008 年 4 月到 2010 年 10 月共组织了中国超市联合采购交易联席会议 105 家会员企业、13 批次、2000 多人的“货采源头”活动，共考察了广东的深圳、东莞、广州，浙江的温州，山东的威海、烟台等 8 个世界级的出口加工产业集群）中探索出一些对接的方法。

（1）常规性量能产品联购分销。就国内市场的日用消费品而言，能较快实现连锁商业和“中国制造”产能对接的是服装、针织类产品、鞋、内衣、眼镜、玩具、塑料制品、电器产品等，对各区域连锁商在品种、花色、规格上趋于一致的产品实行由连锁商共同组建的采购组织联合采购分区域的企业销售的方式，其利益在于以集中量大的联合采购替代量小分散的独立采购来对接“中国制造”的产能，使之不至于“放空”产生出转型于国内市场的规模效益。这种规模效益对连锁商而言就是直接的进货与销货之间的毛利率的扩大，在维持正常毛利率的同时，扩大了的毛利率可以让利于民，实现生产、流通和消费者的三方共赢。同时，由于这些出口加工企业的产品质量由进出口双方的国家检验机构控制，产品价格已经通过全球性的比较，产品的时尚性与国际接轨，因而产品的性价比极高，可以大大改善国内连锁商的商品结构。

(2) 厂家自主性品牌产品实行区域连锁商的主代理制。中国的许多出口加工企业在经历了“出口阵痛”后，正在有限地探索发展以代理制为基础的品牌专柜体系，中国连锁商业发展的特点是连锁商的区域性领先优势的发展，区域连锁商在自己的区域内可以以区域内的销售渠道资源实行与厂家自主性品牌产品发展对接，成为其区域的主代理商。这种主代理制不但为发展民族品牌做出贡献，同时也为区域性连锁商扩大业务领域寻求新的经济增长点，更细化的多业态发展创造条件。

(3) 连锁商开发实行定地定场的贴牌采购（OEM）。中国许多连锁商从规模和发展要求上开始尝试进入开发贴牌采购的阶段，可以说，世界上没有一个国家的连锁商业具有中国如此众多丰富的定牌生产资源，“中国制造”的大部分企业都在为国际厂家商家做贴牌生产，由于长期以来对接的是国际市场，在产品的开发、质量和交货期等方面已经非常国际化和标准化，完全可以胜任国内连锁商开发自有品牌的需要。连锁商开发自有品牌实行定地定场的贴牌生产，其含义就是找准该类产品供应链配套的产业集群区的世界主产区和主产区中的优势工厂进行贴牌生产。可以说，当前的“中国制造”转向自主性品牌开发难度很大，但最容易接受并转型于国内市场的举动就是接受国内商业的贴牌生产。在考察中我们发现，进行对出口加工企业的定牌生产连锁商能够获得的利益令人震撼，关键是连锁商需要提高贴牌产品的订单数量能力和营销能力。

(4) 连锁商与厂家共同开发具有知识产权的双拥品牌。中国的连锁商和出口加工企业都已经明白无误地深知转变发展方式的核心是开发企业的品牌。客观而言，不管是中国的连锁商，还是出口加工企业，在开发自有品牌方面都有着各自的不足，连锁商缺乏产品的设计开发能力，而出口加工企业缺乏销售渠道和市场营销能力。如果将连锁商的渠道优势和市场营销能力与出口加工企业的产品设计开发能力结合起来，开发双方共同拥有知识产权的品牌产品，那么中国企业走品牌发展的道路会相对地顺畅一些，成本将较低，成功的概率将较高，因为这是一种克服了双方缺点和发挥双方优点的发展方式。中国的许多出口加工企业已经在一些国际品牌产品的开发环节中进入了自主设计领域，掌握了许多设计的流行元素，积累了许多品牌产品开发的经验，连锁商与这些出口加工企业的合作开发，定能取得事半功倍的效果。

（5）外贸订单追加采购。在两年多的内外贸对接实证研究中，发现了一个新的现象，即国内连锁商对出口加工企业所接到的外贸订单的追加式采购，这种方式值得深入研究。通过两年多推进连锁商与出口厂家之间的对接，许多商家与厂家已经建立起良好的贸易关系与商业信誉，出口厂家在接到外贸订单时，会把产品订单相关信息迅速地告知连锁商，由于互联网的运用连锁商会在短期内做出是否订货的决定，一旦订单发出，对出口厂家而言是一大福音，因为原材料采购价格上更有了优势、加工的成本更低，能保证充足的开工率。对连锁商的好处是，除了产品的质量与价格优势外，产品新颖性与时尚性可与国际同步，甚至更快。但是，这种方式需要非常注意对产品知识产权的保护。

（6）出口厂家在国内零售商商场专场的对接。我们正在与东莞市政府共同组织将出口厂家的产品按类别、系列等商场要素组合，以专场的形式在国内零售商的商场内进行较长时期的展销，其目的就是让出口厂家到国内市场的零售第一线去“转内销”。这种亲身的体验对转变它们的观念，树立起其对国内市场的信心意义重大。这种对接方式，一般是在政府的大力支持与组织和零售商行业组织的协调之下进行的。

实证研究还得出了这样一个经验，在内外贸对接中如果连锁商主动对接，放下架子，改变交易规则，其收获是超值的。2008 年 4 月中国超市联合采购交易联席会议在东莞大朗镇宣布的对出口厂家采购的“三不原则”（即不设进场费、现金交易、不退货），在珠三角产生重大影响，在思想上消除了出口厂家与内贸商交易的心理障碍。

4. 政府在建设贸易强国中的职能转变与机构变革

政府在建设贸易强国中的作用无疑是特别重要的，但政府的特别重要作用的发挥必须要能实现职能的转变和管理机构设置的变革。

职能的转变——不是代替企业去发展市场，经营市场，而是市场制度的建设和市场秩序的维护，政府要把市场制度与秩序的建设和维护作为政府职能转变的主要方向，尤其在国际与国内市场、国际贸易与国内贸易对接贯通的制度建设上，要有大的决心与力度。

目前，从国家的商务部到省地市县商务委、局，已经把外贸和内贸统在了一起，但在职能和功能上没有取得创新性的进展。内外贸无非是“合署办公”，还是关联甚少的“两张皮”。因此，在政府机构的设置上，要以市场制度建设与市场秩序维护等职能功能为中心内容，进行内外贸管理一体化的政府机构创新性重组，使政府的管理机构能够适应贸易强国的建设发展要求。

国内贸易

调整我国流通产业结构 推进贸易强国进程

龚晓菊[①] 陈冲华[②]

摘要： 流通产业作为第三产业的重要组成部分，其国际竞争实力对我国贸易的影响日益加大，其产业结构的优化程度在一定程度上影响着建设贸易强国的进程。加快调整流通产业结构，有针对性地优化流通产业结构，制定科学的流通产业政策，形成与贸易强国相适应的流通产业结构具有重要的意义。

关键词： 贸易大国；贸易强国；流通产业；结构调整

从 2001 年我国加入世界贸易组织后，流通产业发展便面临着国际的竞争压力。"十五"期间，流通产业稳步发展，市场规模继续扩大，有效地拉动内需和扩大消费，同时随着现代流通方式的推广加速，流通现代化水平稳步提高，连锁经营、电子商务得到较快发展。2006 年商务部公布的《商务发展第十一个五年规划纲要》提出，以建立大开放、大市场、大流通的商务发展新格局为总体目标，加快发展国内流通业，完善现代市场体系，大力提升市场功能，积极培育经济发展的自主动力。[③]

"十一五"期间，由于 2007 年以来受到国际金融危机的影响，我国出口呈现下滑趋势，甚至出现连续 10 个月的负增长；许多产业趋同导致产能过剩，都需要进一步调整流通产业结构。[④] 2009 年下半年，随着全球经济逐渐

---

① 龚晓菊（1963~），女，湖北黄石人，经济学博士，北京工商大学经济学院副教授。研究方向：流通经济、产业经济。邮箱：gongxiaoju@126.com。

② 陈冲华（1986–），女，河南周口人，北京工商大学 2009 级硕士研究生。研究方向：产业组织与产业政策研究。邮箱：btbucch@hotmail.com。

③ 商务发展第十一个五年规划纲要. 商务部官网，2006 年 10 月 11 日.

④ 洪涛. "十二五"流通体系发展战略重在城乡流通业协调发展报告 [N]. 中国商报，2010–6–15.

回暖，我国流通产业也开始逐步复苏。2010 年，商务部发布的《中国流通产业发展报告》(2009~2010) 显示，2009 年我国批发零售业逐步回暖，全年批发零售业投资额同比增长 39.4%，比上一年度提高 5 个百分点；全年限额以上批发和零售企业零售额同比增长 17.6%，虽较上一年度有所下降，但比 2009 年上半年高出 2.6 个百分点。住宿餐饮业加速结构调整，全年住宿餐饮业零售额同比增长 16.8%；经济型酒店、大众化餐饮等低端市场发展迅速。拍卖业、典当业等特殊行业发展趋于活跃，对中小企业的融资作用明显增强。二手车市场发展迅速，全年成交量同比增长 22%。

在“十二五”即将开始之际，国内经济结构调整压力较大，我国流通业的发展面临有利因素与不利因素并存的国内外市场环境，流通产业结构亟须调整和优化，从而进一步增加第三产业在国民经济中的比重，推动贸易强国的进程。

一、流通产业结构的调整推动中国向贸易强国转变

贸易强国是指出口商品和服务中高级生产要素含量高、以价值型贸易为主体、能在国际贸易中获得主要利益的国家或经济实体。《2010 年世界贸易报告》显示，自改革开放以来，我国的对外贸易量 30 年增长 105 倍，成为世界最大的出口国，但与其他贸易强国相比仍有较大差距，具体表现在：①贸易发展方式相对粗放，质量和效益有待进一步提高，在我国的进出口总额中，超过一半是加工贸易；②核心竞争力不强，缺乏自有品牌和营销网络，具有自主知识产权和核心技术的产品还比较少；③出口产品层次偏低，不少产品仍处于国际分工价值链的低端，附加值不高；④尚未形成一批管理水平高、综合实力强、能够深度参与国际竞争与合作的企业。

随着经济增长由主要依靠投资、出口拉动向依靠消费、投资、出口协调拉动转变，由主要依靠第二产业带动向依靠第一、第二、第三产业协同带动转变，第三产业得到迅速的发展。虽然我国第三产业的发展仍未超越第二产业，真正成为我国经济的主导产业，但第三产业发展迅速，在国民经济中的比重日益增加。根据《中国统计年鉴》(2010) 分行业增加值的数据统计得出，2006~2009 年三大产业比重维持在一个稳定的水平，第二产业所创造的产值自 2006 年以来一直维持在 48%，第三产业则维持在 42%，2009 年略有攀升。如图 1 所示，2006~2009 年第三产业的基础性作用得到逐步发挥。

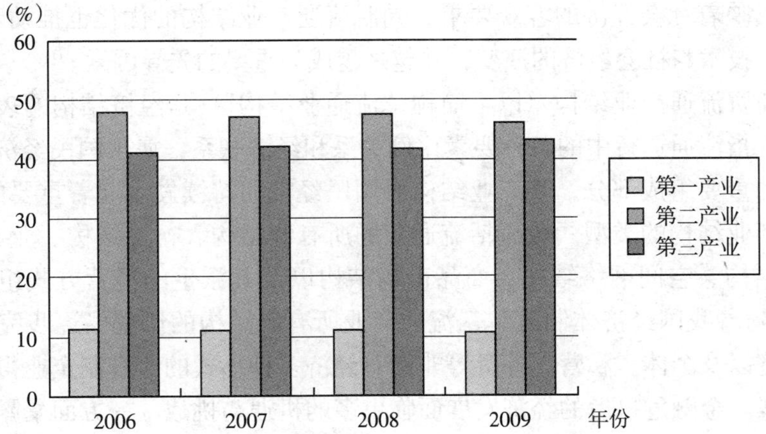

图 1　2006~2009 年三大行业占比情况统计

第三产业是除农业、工业和建筑业以外的其他各业的总称，它既包括部分物质生产部门，又包括全部非物质生产部门，具体分为流通部门和服务部门两大部门。从西方发达国家经济发展的规律看，当经济发展到一定水平时，第三产业发展速度普遍高于第一、第二产业，对于整个国民经济的发展，起到明显的推动和促进作用。就当前我国来说，加快发展第三产业显得尤为重要。

随着生产的发展和商业社会的完善，第三产业在国民经济中所占的比重越来越大，产业结构也发生重大变化，国民基础产业已从农业和工业产业转向商业产业，而商业社会的基础即流通产业。流通产业作为第三产业的重要组成部门，由 2006~2009 年的产业增加值得出，流通产业在第三产业中的比重略有降低，但仍然占第三产业产值的 45%。从流通产业的概念来看，广义的流通产业是指商品所有者一切贸易关系的总和，我国进出口商品从属于流通产业这一范围，因此流通竞争力的提高，可以使我国在国际竞争中拥有商品的定价权、渠道网络的控制权，进而影响我国的对外贸易结构和贸易品在国际市场上的综合竞争力，从而间接地影响着我国国际贸易的发展，推动我国向贸易强国的转变。而流通产业结构调整有助于加强我国流通中产业的国际竞争力，因此流通产业结构的调整将会推动我国向贸易强国的转变。

二、中国流通产业结构目前所存在的问题

流通产业结构是随着生产、消费、技术发展而不断演变的，流通领域的

变化反映着社会经济的客观要求，同时流通产业结构的优化也推动着生产、消费、技术与社会经济的演变，并越来越成为重要的先导因素。①

商贸流通产业结构（以下简称“流通业结构”）是经济结构的表现形式之一，指流通运行中的各种要素比例关系和经济联系，属于国民经济中第三产业的重要组成部分，其产业结构对国民经济的持续发展起着重要的作用。流通产业结构的类型一般包括流通业的所有制结构、行业结构、业态结构、规模结构、空间网络结构、商品市场结构以及其派生的经营方式组合结构等。② 随着我国经济体制改革，流通产业所有制结构的调整已逐步完善，国有经济以及个体、私营、外资等非国有经济多种形式的所有制企业得到充分的发展。金融危机后的经济发展面临更多的机遇与挑战，一方面暴露了我国流通产业结构仍存在的问题；另一方面在百业复苏时代，为流通产业提供一个自我检测平台，为其可持续发展奠定坚实的基础。目前，我国流通产业结构面临着以下四个问题：

1. 物流配送、售后服务修理业虽有发展但仍存在问题

流通产业的行业结构包括纯商业结构（批发、零售、批零兼营）、餐饮业结构、商业服务业结构、售后服务修理业结构和物流配送业结构。其中纯商业是我国传统商业，在我国流通中所占比重较大，其结构发展得较为完整。改革开放后，餐饮业的迅速发展逐渐成为流通产业的支柱之一。经过近十几年的发展，物流配送、商业服务业、修理业逐步成为流通业的主流，但仍存在一些问题。

首先，物流配送在科学技术的运用下已经提高配送的时间和效率，但配送在我国的发展只是近十几年的事，仍面临进展缓慢、设备落后、信息化程度低的状况，具体表现在：配送规模较小，物流网点仍没有统一布局，乡镇地区的配送普遍效率低下；配送中心现代化程度、机械化程度低，整体物流技术水平比较落后，不能广泛运用发达的交通设施；配送中心功能不健全，信息未得到充分的加工和利用，离信息化还有一定差距；等等。

其次，售后服务修理业仍需要进一步提高。在群众争议最多的汽车和家电行业的售后服务修理中，由于竞争过于激烈，经销商为求生存，不断加大降价优惠幅度，转向“先卖后谋利”的营销手段，通过售后修理牟取暴利。如家电行业面临不能履行服务承诺、维修网点难找、服务标准不规范、维修人员素质偏低等问题。

---

① 马龙龙. 流通产业结构 [M]. 清华大学出版社，2006：39.

② 洪涛. 重视和加快我国流通产业结构调整和创新 [J]. 商业时代，2001（11）.

2. 无店铺业态结构的发展缺少管制

在电子商务广泛应用的基础上，无店铺经营业态得到广泛的发展，电视购物、电话购物、邮购、网上商城已深入大众生活。例如，2010 年初开始陆续出现的团购网站，是继淘宝网等网上商店之后又一兴盛的产物。中国电子商务研究中心发布的《2010 年中国网络团购调查报告》显示：截至 2010 年 8 月底，国内初具规模的网络团购企业数量已有 215 家。预计到 2010 年底，国内团购网站数量将有望达到千余家。与之前 B2C 模式的网购相比，团购带给消费者更多的实惠，且消费时间更为灵活。

无店铺业态因为不需要租赁门店，所需的投资成本也就相应较低。由于开店的门槛较低，且监管不健全，产业链暴露出这一业态结构的不成熟。通过对网上商城、团购投诉客户的调查发现，无店铺业态目前存在商品质量不能保证、买卖双方缺乏信誉、中间商只承担部分风险甚至不承担风险等问题。因此，急需相关政府部门的规范和引导，建立一个相对标准的资质平台及信用等级划分，通过自上而下信用的建立，完善市场结构，增加消费者的信心。

3. 流通产业规模结构的不平衡性仍未得到有效改善

作为第三产业的重要部分，流通产业的发展大大推动着第三产业，但我国流通产业仍不具备规模优势。以连锁企业为例，我国仍没有能与国外家乐福、沃尔玛抗衡的大型超市。在流通业较为发达的上海、北京，有着物美、华联等本土超市类企业，虽然数目多但规模普遍比较小。然而流通企业作为服务型企业，单体扩大有一个规模临界点，超过这一点，规模的扩大反而会导致效益的降低，因此流通企业规模效益主要是通过连锁这种组织形式来实现的。由于我国流通企业自身实力以及体制性障碍等原因，大多数没有采用连锁经营方式，经营规模受到极大限制。

由于规模优势不能发挥，一方面会导致管理效率低下，再加上流通业管理水平低下，大多未开发出具有特色的经营模式，无论是商品筹集、业态选择、促销、服务、店面设计等基本雷同，无法满足顾客个性化的需求。另一方面无法达到集群效应。目前，国内大中小企业各自为政，无法达成企业间的战略联盟、资源共享。

4. 流通产业空间结构失衡，东西部之间、城市与农村之间差距较大

中西部地区人口约占全国人口总数的 60%，但经济发展却远远落后于东部发达城市。由 2010 年的《中国统计年鉴》中各地区居民消费水平数据计算得出，东部地区居民消费水平占全部居民消费水平的 40%；中部地区（包括山西、内蒙古、吉林、黑龙江、安徽、江西、河南、湖北、湖南、广西）居

民消费水平占16%；而西部地区（包括四川、贵州、云南、西藏、陕西、甘肃、青海、宁夏、新疆）居民消费水平仅占13%。在不同的区域，城乡居民的消费水平也有较大差距，其中东部城乡居民消费水平之比为2.91；中部为3.03；西部的差距最大，城乡消费比为3.74。①

城乡流通体系的发展差别巨大，如表1所示，2004~2008年市级地区社会消费品零售总额比重一直保持70%的比例，县级及县级以下的地区所占比重没有突破性进展。

表1　不同地区占社会消费品零售总额比重统计

不同地区占社会消费品零售总额比重	2004年	2005年	2006年	2007年	2008年
市级	0.7	0.7	0.7	0.7	0.7
县级	0.1115275	0.111428682	0.1109528	0.111465	0.112573
县级以下	0.2213291	0.217291438	0.2144942	0.211361	0.207765

资料来源：根据《中国统计年鉴》（2009）中数据计算得出。

三、建设贸易强国，推动流通产业结构调整的措施

产业结构的演变是由许多经济和非经济因素综合作用的结果。在我国由贸易大国转型为贸易强国的过程中，流通产业国际竞争力的提高，有利于我国商贸流通业的进一步对外开放；流通产业结构的调整不仅会提高第三产业的产值，也会增加我国外贸额度。调查研究发现，流通产业结构的调整与居民消费水平、投资需求水平、工业化水平、市场化水平呈正向变动关系，与信息化水平、居民收入水平则呈显著负相关。② 流通产业结构变动受到诸多因素的影响，了解这些影响因素，有利于我们全面把握流通产业结构的现状、变动趋势和规律，为科学制定流通产业政策、调整和优化结构、促进流通产业发展、推进贸易强国进程等提供依据。

1. 推进流通产业政策和制度创新是实现结构调整的制度保障

制定详细的流通产业结构调整规划和政策，继续推进流通产业政策和制度的创新，为实现流通业结构调整提供良好的政策环境和制度保障。以美国

① 根据《中国统计年鉴》（2010）地区居民消费水平中，各区域城乡消费之比的数据加权平均得出。
② 孙敬水，章迪平. 流通产业结构变动影响因素探析［J］. 现代财经，2010（6）：30.

为例，美国政府在制定流通产业结构调整政策时，充分考虑了营造公平竞争的市场环境的重要作用，认为只有通过市场及其竞争，才能真正显示产业结构的未来发展，才有通过市场价格差异所引起的对投资者和生产者的鼓励，才能使社会经济资源按产业结构的发展方向及时有效地流动；而政府的作用主要是营造一个适合于产业发展和产业结构合理化的经济环境，政府只有在市场力量被证明是无能为力的时候才能采取行动。[①] 宽松的经济环境促进了美国第三方物流，并逐步形成了综合的第三方物流服务商、专业运输与仓储服务商和区域性配送服务商等分工合作的产业形态，大大促进了流通产业结构的调整与优化。

因此，我国应加快推动流通产业政策和制度的创新和完善，主要包括：彻底打破流通行业垄断和地区封锁，为流通企业的公平竞争和快速发展提供制度保障；制定企业兼并、联合的法规，建立相应的制度规范，并通过经济手段促进企业资产的重组和优化；妥善解决企业资产重组过程中出现的债务与职工就业安置问题，加速流通产业的组织化、规模化发展；完善市场竞争规则，规范企业竞争行为，特别是对企业的无形资产给予充分保护，以促进知识型流通企业的发展；加强对流通领域进口商品质量的监督管理，保障社会主义市场正常的经济秩序，保护国家利益，维护经营者和消费者的合法权益，进一步完善《流通领域进口商品质量监督管理办法》等。

2. 建立流通企业对外投资审批制度，因地制宜地提出流通产业结构调整规划和方案

流通业国际化使商业企业面临出口外贸的机遇。一方面，大型供销商纷纷进军海外市场，在国外开办商店，在国外采购商品；另一方面，各国又在较大程度上向国外开放本国市场。商业企业经营的国际化主要有以下三方面：企业的经济活动不局限于本国，有很大比重在国外市场进行；企业的运行机制、制度规范与国际市场相一致；国内流通领域充分实现对外开放。因此，健全对外贸流通企业和大中小型流通企业的审批制度，确保大型商业企业的数量与进出口额度、购买力水平、消费结构及城市规模相适应。此外，由于我国各地经济发展的水平不同，所面临的矛盾和问题不同，因此各地区在流通产业结构调整过程中，侧重点也会存在不同的差别。根据不同地区的具体情况，深入研究各地区流通产业结构所面临的问题，充分考虑各地区的需要和可能，按照流通企业数量适度、规模适度、布局合理和结构合理的原则，做出相应的中长期规划，通过规划并配合有关政策来引导商业网点的合

① 肖怡. 透视美国流通产业发展及相关政策［J]. 中国市场，2007（25)：59~61.

理发展；同时，培育和发展现代流通体系，搞活城乡流通，扩大居民消费，推动消费成为经济增长的主动力。规模经济为特征的经营方式仍是今后发展的方向，如对连锁经营企业，政府应在规模上进行适当管制，除规定最低的门店数量外，对其最高数量也应进行合理测定，防止因门店数量的盲目增加而导致过度竞争。

3. 要打破地区界限，加快企业集团化建设，提高外贸竞争实力

目前，国内流通企业普遍规模小、分散，不足以与国外大型商贸企业竞争。借鉴发达国家流通组织和流通模式，结合我国现有流通方式，打破地区界限，加快企业集团化建设，以提高集约化程度和流通效率。如以美国和日本流通产业为代表发展的自愿连锁联盟，都取得了不错的成效。由艾瑞咨询公司（Ire Search）根据 e Marketer 发布的数据整理得出，2007 年美国最大的自愿连锁联盟 IGA 的市场规模为 5.02 亿美元，约占世界 IGA 总收入 10.03 亿美元的一半，预计在随后的四年间美国 IGA 收入占全球比重将保持在 50%左右。日本早在 20 世纪 60 年代中期就已经开始了自愿加盟者计划，日本最大的自愿连锁企业 K 公司于 1987 年正式建立了自愿连锁经营形式，当时已有 1015 个加盟店，年销售额达 1250 亿日元，成为日本最大的自愿连锁组织。

我国在进行企业集团化建设的同时，一方面，可以借鉴发达国家的成功经验，降低甚至取消地域性市场壁垒，推行自愿连锁联盟，将无数的小规模企业进行整合，企业之间通过相互参股、战略联盟、人员互派、技术信息的交流等多种合作形式形成稳定的企业关系，减少企业之间的摩擦成本，实现“双赢”。流通企业还可与各种供应商之间通过供应链形成稳定的产销关系，把传统的企业之间的竞争上升为企业结合体或者供应链之间的竞争，弱化竞争风险。另一方面，政府推进集团化的根本方法应该是以“看不见的手”为基础，在进行资产重组的同时，以适度规模增长为原则，采取产业催化政策，这种政策包括压力催化、利益催化和协调催化。

4. 以营造扩大内需的消费环境为中心，进一步优化流通产业结构

目前拉动我国经济增长的主要马车仍是出口和投资，因此很容易受到国际经济因素的影响。经济发展的动力机制更多需要消费拉动，消费拉动需要通过流通产业得到充分的发展，而流通业态的变化和商品结构的变动则是由消费结构决定的。流通产业结构的调整与居民消费水平、投资需求水平呈正向变动关系的主要原因在于，随着居民消费需求和消费结构的显著变化，社区居民对服务餐饮、休闲娱乐等多样化、综合性的消费不断增长；随着投资需求、市场化和工业化水平的提高及专业化生产的发展，原本属于企业自身的流通服务逐步从企业的内部独立出来，从而促使流通业占第三产业增加值

比重和商业与物流业增加值之比上升。

首先，要提高人们的购买力水平，进一步提高城市化对流通业发展的带动作用；在加快区域城市化步伐的同时，要进一步推动流通业的市场化改革，建立规范的市场运行秩序，通过加速市场化进程带动流通业内部结构的优化升级。其次，批发零售贸易业要改变传统的经营方式和组织形式，运用连锁经营、物流配送、电子商务等现代流通方式。传统的交通运输、仓储与邮政业要改变简单的提供运输和仓储等服务方式，逐步向现代物流企业转化，加快新兴流通业的发展。最后，创新城乡流通体系，协调城乡流通产业，提高小城市的居民消费水平，缩小城乡流通业的差距，优化流通产业结构。

5. 加大流通产业的国际竞争力，发展多种业态结合的业态模式

以零售业为例，2009 年全球零售企业 100 强中，单一业态的不足 1/3，而实施多业态经营的占 2/3。不同的业态是流通产业对目标市场进行细分和选择的结果。由于全球各国经济发展水平不同，全球流通业进入市场时就会有不同的业态选择。而生活水平的提高和现代生活的多元化，导致购买需求日益个性化、多样化，进一步促进了流通业态的创新。

业态的相互融合使得一些业态之间存在着诸多的相似性，甚至很难分辨。从世界范围来看，传统的百货商店占的市场份额将逐渐萎缩，取而代之的是连锁超市、大卖场等新兴业态，而现代化购物中心和网上购物将以其方便舒适的购物环境，赢得越来越多的市场。随着无店铺业态的盛行，顾客往往热衷于一时，却因无店铺的信用和客服质量无法保证，最后顾客仍回归于店铺式销售，这对无店铺业态的发展无疑是一种制约。毕竟店铺往往能代表着公司实力，给顾客以诚信放心的感觉。虽然在《直销管理条例》中明确取消了店铺数量、标准等限制，提出了服务网点的新概念，但店铺经营仍然是直销企业在中国发展的必然趋势。而鉴于无店铺业态孕育的商机往往大于有店铺业态，顾客可以随时查看所需商品，因此发展多种业态相结合的模式，可以有效地弥补各单一业态的缺陷，从而促进流通产业结构的进一步合理化。

参考文献：

[1] 章迪平. 流通产业发展方式转变实证研究——以浙江省为例 [D]. 浙江工商大学博士论文，2010.

[2] 邱琼. 低碳经济时代绿色消费观的构建 [J]. 中国流通产业网，2010 (9).

[3] 赵洁. 加快流通产业现代化的思路 [J]. 宏观经济管理，2010 (8).

[4] 耿莉萍. 提升我国流通产业竞争力的思考 [J]. 中国流通经济，2010 (7).

[5] 孙敬水，章迪平. 流通产业结构变动影响因素探析 [J]. 现代财经，2010 (6).

[6] 李骏阳. 中国流通业发展方式转变问题研究 [J]. 中国流通经济，2010 (4).

[7] 黄国雄. 加强流通理论创新推动流通产业快速发展[J]. 中国流通经济，2010 (4).

[8] 孙敬水，章迪. 流通产业发展方式转变国际经验及启示 [J]. 中国流通经济，2010 (4).

[9] 张连刚，李兴蓉. 流通产业定位研究进展及趋势 [J]. 商业经济与管理，2010 (3).

[10] 王晓东，谢莉娟. 论流通产业结构调整与就业增长——基于中部地区流通业对就业吸纳的贡献分析 [J]. 财贸经济，2010 (2).

[11] 孟铁，张殿波. 论我国流通产业组织结构优化与创新 [J]. 经济纵横，2008(9).

[12] 张淑梅，宋羽. 流通产业组织创新 [J]. 商业研究，2007 (10).

[13] 宋羽. 浅析我国流通产业组织创新 [J]. 商业时代，2007 (28).

[14] 赵娴. 关于流通产业结构调整的战略思考 [J]. 现代财经，2004 (9).

[15] 文启湘，赵玻. 新时期中国流通产业政策创新研究 [J]. 财贸经济，2003 (7).

[16] 洪涛. 重视和加快我国流通产业结构调整和创新 [J]. 商业时代，2001 (11).

从量变到质变的中国期货市场

——中国期货市场“十一五”回顾与“十二五”展望

胡俞越[①]　王沈南[②]　曹飞龙[③]　孙　超[④]

摘要：中国期货市场在“十一五”期间取得了诸多成就，在量的飞速扩张的同时，质的提升转变也逐渐显现。市场规模逐年扩大，期货公司运作规范、业绩提升，监管体系逐步理顺，功能发挥逐步深入。未来的“十二五”期间将是中国经济的战略转型期，期货市场将为中国经济战略性转型保驾护航，有助于中国从经济大国走向经济强国。本文针对中国期货市场面临的形势与挑战，分析中国期货市场存在的主要问题，并提出从量变到质变的八大举措。

关键词：中国期货市场；量变；质变；“十一五”回顾；“十二五”展望

前　言

2010年——值得纪念的一年，中国证券市场和期货市场弱冠之年，也是中国期货市场一跃成为全球最大商品期货市场的关键一年。20年的风雨历程，我国资本市场经历过辉煌，也遇到过挫折，资本市场成就了中国经济连

---

① 胡俞越（1961~），男，江苏盐城人，北京工商大学证券期货研究所所长，教授。研究方向：期货市场。邮箱：yyhu131@126.com。

② 王沈南（1985~），男，辽宁沈阳人，北京工商大学证券期货研究所硕士研究生。研究方向：期货市场。邮箱：wangshennan1985@yahoo.com.cn。

③ 曹飞龙（1987~），男，山东菏泽人，北京工商大学证券期货研究所硕士研究生。研究方向：期货市场。邮箱：cfeilong@yahoo.com.cn。

④ 孙超（1984~），男，河北唐山人，北京工商大学证券期货研究所硕士研究生。研究方向：期货市场。邮箱：sunchao841205@126.com。

续保持10%左右的高速增长。伴随着中国经济的成长，中国期货市场正一步步地从新兴走到繁荣，又从繁荣走向成熟。中国期货市场在取得全球第一大商品期货市场的同时，沪深300股指期货又填补了金融期货的空白。回首过去，展望未来，我们在为取得成绩而自豪的同时，也清醒地认识到了缺陷和不足，只争朝夕的紧迫感正在推动着资本市场稳健、快速地迈向新的起点。

2010年——不平凡的一年，“十一五”规划的收官之年，也是中国经济经历金融危机洗礼后的转型之年。

站在2010年的时点上，回顾中国期货市场在“十一五”期间走过的不平凡的五年，我们能够清晰地感受到中国期货市场正处在从量的扩张到质的提升的关键时期。中国经济也将步入一个重要的战略转型期，无论是从国内因素还是国际因素来说，长达30多年的高增长时代行将结束，中国经济从此将进入次高速增长期。在为我国期货市场取得辉煌成就骄傲的同时，我们必须从战略的高度重新审视中国期货市场的过去、现在与未来，重新定位期货市场在国民经济体系中的功能、作用与地位。在后危机时代，在全球化时代，我们面临着一系列错综复杂的国内外经济形势和系统性风险。中国期货市场要为中国经济的成功转型保驾护航，成为一个高效、有序、规范、开放的资产配置市场和风险管理市场。在“十二五”期间，我们对中国期货市场的发展充满信心。

创新才是中国资本市场的生命力，创新才能续写中国经济和中国期货市场的辉煌。未来的5年乃至20年，我们将从经济大国走向经济强国、从贸易大国走向贸易强国、从金融大国走向金融强国。大国崛起强国梦，中国期货市场任重而道远。

一、“十一五”中国期货市场由量变走向质变

“十一五”期间，中国经济继续保持高速发展的势头。与此同时，中国期货市场也沐浴着“十一五”的春风，走上稳步成长、快速发展的轨道。从市场规模逐年扩大到期货公司规范运作、业绩提升，从监管体系逐步理顺到功能发挥逐步深入，无不显示出欣欣向荣的态势。量在飞速扩张的同时，质的提升转变也逐渐显现。在“十一五”即将结束之际，中国期货市场交出了一份令人满意的答卷。

（一）期货市场深度广度不断延伸，服务实体经济功能凸显

迈进新千年，中国期货市场进入了规范发展和恢复性增长阶段，逐渐成为世界期货舞台上一颗闪耀的明星。进入“十一五”后，虽然经历了席卷全球的金融危机洗礼，但是中国期货市场并没有就此放慢前进的步伐。在国家“稳步发展期货市场”的政策精神指引下，我国期货市场呈现了持续、稳步、快速的发展态势。

1. 期货市场不断扩容，深度广度持续强化

“十一五”是中国期货市场飞速发展的五年，更是历经危机考验而发展成果显著的五年。自 1990 年引入期货交易机制以来，在这 20 年的发展历程中，中国期货市场不断总结经验，不断改革创新，期货品种逐渐完善，市场规模逐步扩大。在“十一五”期间，中国期货市场更是以交易额逐年翻番的速度增长（见图 1），商品期货一跃成为全球期货市场的领头羊，金融期货也终于破茧而出。

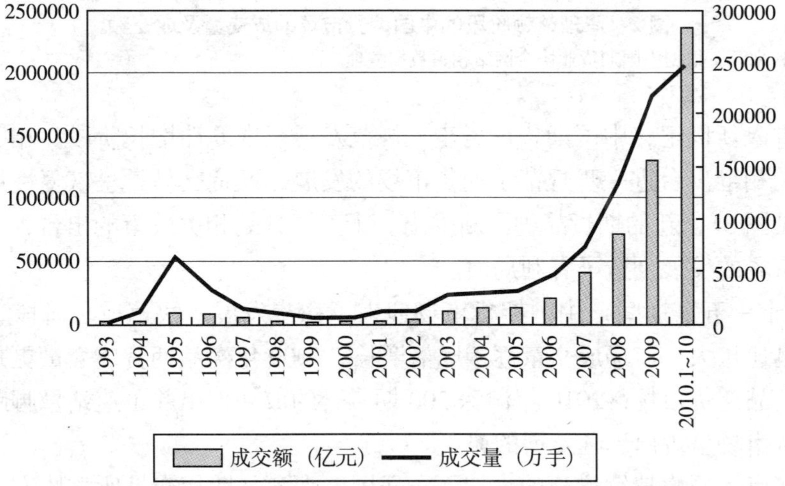

图 1　1993~2010 年 10 月中国期货市场的成交量及成交额

资料来源：根据中国期货业协会网站相关数据整理。

20 世纪八九十年代，我国期货市场处于理论准备与试办阶段。1990 年 10 月 12 日中国郑州粮食批发市场的开业，标志着中国期货市场迈出了发展的第一步。

1993~2000 年，中国期货市场开始进入清理整顿阶段。经过两次清理整顿，期货交易所精简合并为 3 家，期货品种锐减到 12 个。在这一时期，期

货市场的法规建设和制度建设也取得了初步成就。尽管在市场规模、成交量方面大幅萎缩（见图 2），但清理整顿改变了期货市场无序混乱的局面，市场整体呈现出健康发展的态势，这也为中国期货市场日后的发展打下了坚实的基础。

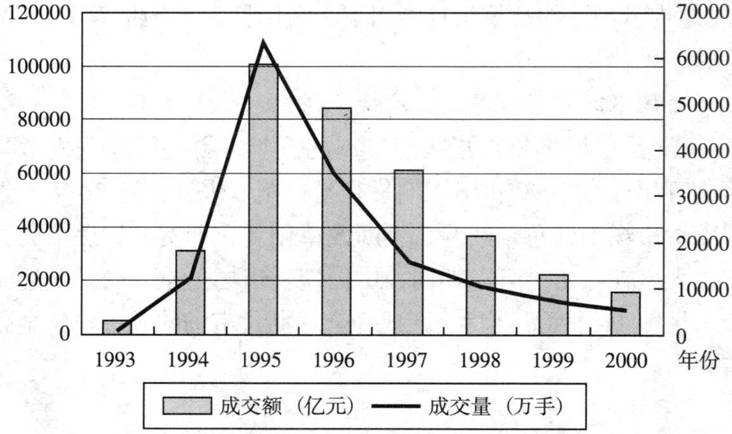

图 2　清理整顿阶段的中国期货市场的成交量及成交额

资料来源：根据中国期货业协会网站相关数据整理。

进入新世纪，中国期货市场步入规范发展、恢复性增长阶段。相关法律法规的相继出台进一步规范了期货市场的发展，期货交易量呈恢复性增长态势（见图 3），新的期货品种不断推出。"十五"计划相关政策的出台，为中国期货市场的发展创造了有利局面。

"十一五"期间，中国期货市场迎来了稳步发展、快速成长阶段，市场规模迅速扩大，市场成交量逐年成倍增长。2009 年商品期货成交量更是领跑全球商品期货市场，2010 年沪深 300 期货合约成功推出并迅速站稳脚跟，整个期货市场呈现出迅猛发展的势头。

在市场规模持续增长的支持下，我国三大商品期货交易所整体实力有所增强，国际地位稳步提升，影响力进一步扩大。2008 年，上期所（SHFE）、大商所（DCE）、郑商所（ICE）全年交易量在国际排名中分别名列第 16、第 10 和第 13 位；2009 年则分别排在第 10、第 11 和第 14 位；2010 年上半年三大交易所继续保持快速发展的态势，在亚太地区中的排名全部进入前六甲行列，分别名列第 4、第 5 和第 6 位（见表 1）。

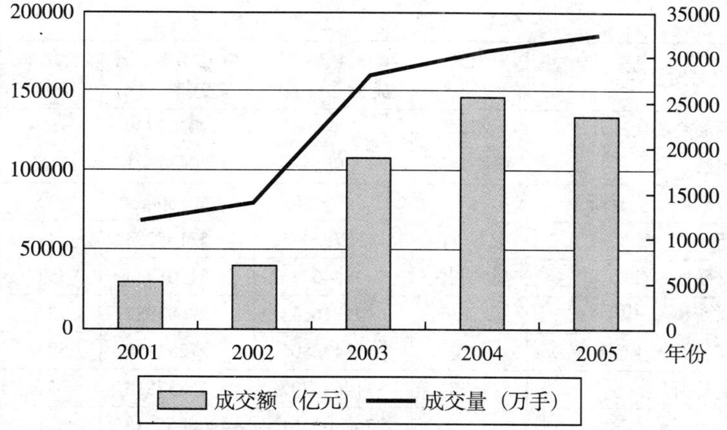

图 3　规范发展阶段的中国期货市场的成交量及成交额

资料来源：根据中国期货业协会网站相关数据整理。

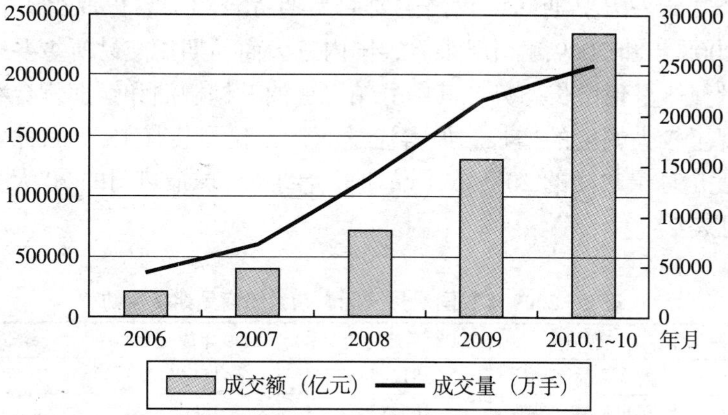

图 4　稳步发展阶段的中国期货市场的成交量及成交额

资料来源：根据中国期货业协会网站相关数据整理。

表 1　2010 年 1~6 月亚太地区合约成交量排名前 15 位的交易所

交易所名称	国家或地区	2009 年 1~6 月成交量（手）	2010 年 1~6 月成交量（手）	变化率（%）	百分比（%）
韩国证券期货交易所	韩国	1464666838	1781536153	21.6	42.3
印度国家证券交易所	印度	397729690	783897711	97.1	18.6
MCX-SX	印度	54770235	465037848	749.1	11.1
上海期货交易所	中国	151544472	300419287	98.2	7.1
郑州商品交易所	中国	93213149	226682862	143.2	5.4
大连商品交易所	中国	175216803	144999370	-17.2	3.4
大阪证券交易所	日本	77318626	95208268	23.1	2.3

续表

交易所名称	国家或地区	2009年1~6月成交量（手）	2010年1~6月成交量（手）	变化率（%）	百分比（%）
印度多种商品交易所	印度	7845963	90322739	15.1	2.1
台湾期货指数	中国台湾	73085524	70437941	1.7	-3.6
东京国际金融期货交易所	日本	39090803	60130699	53.8	1.4
香港交易所	中国香港	50785435	53137284	4.6	1.3
澳洲证券交易所	澳大利亚	38446145	51908734	35.0	1.2
新加坡交易所	新加坡	25716653	29697982	15.5	0.7
印度国家商品及衍生品交易所	印度	11433805	17251168	50.9	0.4
东京商品交易所	日本	14643397	14837815	1.3	0.4
亚太地区		2767701151	4206865313	52.0	

资料来源：2010年度美国期货业协会（FIA）交易量网络研讨会。

整个“十一五”期间，我国主要商品期货合约交易也取得了较大的进步，从2008年和2009年情况来看，国内三大商品期货交易所主要期货合约的成交量整体呈现增长态势，其中豆粕、豆油、棕榈油和铜期货合约成交量更是实现了较大幅度的增长。值得注意的是，我国共有13个品种分别跻身2009年度全球最热门的20大农产品期货合约及全球最热门的20大金属期货合约（见表2）。

表2　2009年我国最具国际影响力的商品期货合约

期货品种	交易所	2008年成交量（手）	2009年成交量（手）	增长率（%）
豆粕期货	大连商品交易所	81265439	155404029	91.2
白糖期货	郑州商品交易所	165485978	146063344	-11.7
豆油期货	大连商品交易所	44695993	94836881	112.2
橡胶期货	上海期货交易所	46461103	89035959	91.6
棕榈油期货	大连商品交易所	6302478	44426498	604.9
1号大豆期货	大连商品交易所	113681550	42507076	-62.6
玉米期货	大连商品交易所	59918460	16744088	-72.1
强麦期货	郑州商品交易所	27509312	13735956	-50.1
菜籽油	郑州商品交易所	6429404	10956863	70.4
棉花期货	郑州商品交易所	5400835	8534688	58.0
螺纹钢期货	上海期货交易所	NA	161574521	NA
铜期货	上海期货交易所	20773258	81217436	291.0
锌期货	上海期货交易所	23538897	32253386	37.0
铝期货	上海期货交易所	14788920	20530548	38.8

资料来源：《2009年度全球衍生品市场交易量调查报告》（FIA）。

我国期货市场容量扩充不仅体现在交易量的扩张上，还体现在持续的品种创新上。“十一五”期间，我国商品期货市场共推出12个新品种（见表3），进一步完善了期货市场的品种结构，现有品种基本覆盖了农产品、能源化工、有色金属、黑色金属和贵金属等国际市场主要的商品期货种类。目前我国在商品期货方面已经形成了相对完整的品种体系。

表3 “十一五”期间新上市的期货品种

名　称	交易代码	上市日期	上市交易所
白糖期货	SR	2006.1.6	郑州商品交易所
豆油期货	Y	2006.1.9	大连商品交易所
PTA期货	TA	2006.12.18	郑州商品交易所
锌期货	ZN	2007.3.26	上海期货交易所
菜籽油期货	RO	2007.6.8	郑州商品交易所
LLDPE期货	L	2007.7.31	大连商品交易所
棕榈油期货	P	2007.10.29	大连商品交易所
黄金期货	AU	2008.1.9	上海期货交易所
螺纹钢期货	RB	2009.3.27	上海期货交易所
线材期货	WR	2009.3.27	上海期货交易所
聚氯乙烯期货	V	2009.5.25	大连商品交易所
早籼稻期货	ER	2009.4.20	郑州商品交易所

资料来源：上海期货交易所网站、大连商品期货交易所网站和郑州商品期货交易所网站。

“十一五”期间，在现有的23个商品期货品种获得迅速成长的同时，农产品和金属合约更是脱颖而出，一跃成为全球期货市场的热门合约。2010年度美国期货业协会交易量网络研讨会统计数据（2010）显示，2010年1~6月全球最热门的十大金属合约中，中国占据了4席（见表4）；全球最热门十大农产品期货合约中，我国更是一举占据了7席（见表5）；这些数据凸显我国在国际商品期货市场的地位。

表4 2010年1~6月全球最热门的十大金属合约

排名	合约名称	2009年1~6月成交量（手）	2010年1~6月成交量（手）	增长率（%）
1	螺纹钢期货，SHFE	7379713	111608968	1412.4
2	锌期货，SHFE	14578876	55657255	281.8
3	铜期货，SHFE	43274560	28041569	−35.2
4	SPDR黄金ETF期权	13815371	26287213	90.3
5	黄金期货，CME	15782293	23357073	48.0

续表

排名	合约名称	2009年1~6月成交量（手）	2010年1~6月成交量（手）	增长率（%）
6	高等级原铝期货，LME	23902014	22556248	–5.6
7	铜期货，MCX	14708423	15879465	8.0
8	铜期货，LME	12777065	14775552	15.6
9	铝期货，SHFE	11743168	10017068	–14.7
10	镍期货，MCX	3092607	9897449	220.0

资料来源：2010年度美国期货业协会交易量网络研讨会。

表5 2010年1~6月全球最热门的十大农产品期货合约

排名	合约名称	2009年1~6月成交量（手）	2010年1~6月成交量（手）	增长率（%）
1	白糖期货，ZCE	58351069	179571600	207.7
2	天然橡胶期货，SHFE	41984146	87681046	108.8
3	豆粕期货，DCE	61657307	48593907	–21.2
4	豆油期货，DCE	40168407	31510863	–21.6
5	玉米期货，CME	25569516	30093129	17.7
6	棕榈油期货，DCE	15835727	20804172	31.4
7	大豆期货，CME	17956577	17423367	–3.0
8	一号棉花期货，ZCE	1221601	16751685	1271.3
9	11号白糖期货，ICE	14115748	15528786	10.0
10	黄大豆1号期货，DCE	22102917	15526278	–29.8

资料来源：2010年度美国期货业协会交易量网络研讨会。

2. 期货市场服务国民经济和实体产业的功能作用得以显现

（1）期货市场对现货市场影响日益深远，即期定价功能得到初步发挥。

从世界期货市场的发展历史来看，期货市场是为实体经济服务而产生的。我国期货市场建立的初衷也是为了配合价格改革和解决商品流通问题，但是建立之初浓厚的投机风气严重地影响了期货市场基本功能的发挥。近年来，随着期货市场规模的扩大，生产、加工、贸易商的广泛参与，期货市场的即期定价功能才逐渐发挥出来。例如，上海期货交易所的铜铝锌等有色金属期货，不仅成为国内现货市场的定价中心，更是成为除伦敦金属交易所（LME）之外的第二大国际定价中心。上期所早上9点的铜铝锌期货开盘价是全国现货市场定价的依据，不少使用有色金属的企业采用当日上期所期货平均价加上升贴水采购现货。

因此，实证研究与案例研究表明，期货市场对现货市场的价格引导作用在我国已不再是“空中楼阁”，期货市场也不再如盲目发展时期一样是投机者的天堂，我国期货市场的本质与功能已经在五年内得到了有效的回归。

（2）期货市场显著提升实体产业竞争力。一个产业是由该产业链上的若干家企业构成的，企业的竞争力直接决定了产业的竞争力，企业化解价格风险的能力也直接影响了产业化解价格风险的能力。正因为如此，我国期货市场与产业竞争力联系越来越紧密，是否利用期货、能否利用好期货已成为影响产业竞争力的重要决定性因素。

例如，我国有色金属产业曾经是计划经济管理最严格的行业之一，而且多数有色金属企业属于军工企业并地处老少边穷地区。自20世纪90年代初推出有色金属期货后，很多有色金属企业纷纷参与到期货市场中来。这些企业深切地感受到“我与期货共成长”。现在有色金属产业已经成为我国市场化程度高、竞争充分、风险承受能力强的产业。在上市公司中，有色金属板块已成为一道亮丽的风景线，受到投资者的广泛追捧，甚至有色金属的有些企业已成为世界同类企业的翘楚。有色金属产业普遍重视风险管理，进而促进了整个产业的风险管理水平的提高。在巨大的价格波动中，有色金属产业善于利用期货市场进行套期保值，锁定了企业利润，规避了价格风险，使得产业竞争力长盛不衰。正是有色金属期货成就了有色金属产业从小到大、从大到强的二十年辉煌。

（3）期货市场价格信号为宏观调控提供参考。经济增长、物价稳定、充分就业和国际收支平衡是宏观经济调控的四大目标，这些领域内整合的指标体系是财政政策、货币政策以及其他宏观调控手段实施的依据。特别是对通货膨胀与通货紧缩的判断，直接影响到宏观调控政策的制定。一直以来，我国宏观调控部门以CPI（居民消费价格指数）作为衡量物价水平的重要指标。但近几年来，由于石油、金属、农产品等战略性、资源性产品的价格形成机制发生了较大变化，这类商品的金融属性渐浓于商品属性，资源性产品价格的快速上涨将释放到国民经济各个产业，成为通货膨胀的导火索。此类商品的价格也成为了宏观调控的重要指标。因此，“十一五”期间，宏观经济制定者更加关注期货市场的价格变化，并将之作为宏观调控的重要依据之一，有些政策制定部门甚至把资源性产品的期货价格作为判断依据，一旦突破某一心理底线，就说明价格传导机制将引致经济过热或者经济过冷，从而开始宏观经济调控。中国期货市场价格发现功能的发挥，提供了资源性产品、战略性产品的价格信号，为宏观调控手段提供了决策依据。

（4）期货市场完善了社会主义市场经济体系，有助于市场经济秩序的建设。现货市场、远期市场、期货市场是现代市场体系中三个不可或缺的组成部分，三者之间构成一个完整的金字塔体系。现货市场和远期市场主要是组织商品流通，是商流和物流集散地，处于金字塔的塔基和塔身部分。而期货市场输入的是信息，产出的是价格，是信息流的集散地，处于金字塔的塔尖部分，是市场体系最高级的组织形式。三个层次市场的有机结合使得社会主义市场经济体系呈现了稳定的金字塔结构。通过期货市场，可以有效地实现实物资产、金融资产、信息资产和信用资产一体化。“十一五”期间，期货市场借助其先进的交易制度进一步发挥了推动市场经济秩序建设的作用。例如，每日无负债制度是期货市场基本制度之一，也是区别于其他金融市场的重要特征。它是指结算部门在每日闭市后计算、检查保证金账户余额，通过适时发出追加保证金通知，使保证金余额维持在一定水平上，防止负债现象发生的结算制度。企业如果利用期货市场出售、采购产品，将可以通过无负债结算制度每日结清盈亏，在交割月时直接凭仓单交货、提货，这一特点既可以免去交易中“三角债”的困扰，提升商品交易的信用水平，又可以避免采购、出售产品中的“吃回扣”现象，越来越多的企业通过期货市场采购原材料、出售产品，这无疑促进了社会主义经济秩序建设。

（二）中金所苦心孤诣，股指期货开创我国金融期货时代

如果评选“十一五”期间期货市场值得纪念的大事，股指期货上市将毫无疑问地高居首位。2006 年 9 月 8 日，中国金融期货交易所（China Financial Futures Exchange，CFFEX）正式挂牌成立，成立伊始就为期货市场增添了新的活力。中金所采取了不同于三家商品期货交易所的发展模式，呈现出两个显著特点：

第一，中金所采取公司制组织形式，有别于我国商品期货交易所传统的会员制组织形式。传统会员制交易所属于自律性管理的非营利性会员制法人。随着全球化进程的加快，尤其是信息技术的不断进步，交易所所处的环境发生了重大改变，交易所间的竞争愈发激烈，传统会员制交易所的制度性弊端逐渐暴露。从 20 世纪 90 年代开始，国际上的证券、期货交易所纷纷走上了改制、合并、上市的发展道路。由若干股东共同出资组建，股份可以按照有关规定进行转让的公司制交易所能够进一步提高交易所的效率，更加适合期货市场发展，逐渐成为国际主要交易所采用的组织形式。中金所公司制组织形式的建立，是我国期货市场在制度层面的一次有益的创新和尝试。

第二，中金所采取分级结算制度，有别于我国商品期货交易所传统的统一结算制度。中金所将交易会员分为结算会员和非结算会员，交易所对结算会员进行结算，结算会员对非结算会员进行结算。与分级结算制度相对应的

是结算会员联保制度，当市场出现重要风险时，所有结算会员都有义务共同承担市场风险，确保市场能够正常运行。分级结算制度的采用也符合国际惯例，有效分散了市场风险，为我们提供了期货交易结算模式的新思路。

历经长达四年的筹备期后，2010 年 4 月 16 日，上海期货交易所一声锣响宣告了沪深 300 股指期货的诞生，成为了资本市场基础制度建设的又一个里程碑。股指期货打通了股市和期市，从而赋予了期货更多的金融属性。沪深 300 股指期货的成功上市，是我国期货市场从量变到质变的重要标志。

上市半年多来，股指期货成功实现了“平稳起步，安全运行”的目标，并在股市下跌中经受住了考验，初步显现出价格发现的市场功能。上市以来沪深 300 股指期货呈现出两个特点：一是交易活跃。自 2010 年 4 月 16 日上市以来，每天都有超过几十万手的交易量。二是运行平稳。IF1005、IF1006、IF1007、IF1008、IF1009、IF1010 合约上市后，价格走势平稳，始终围绕现货价格窄幅波动，最终收盘价与交割结算价收敛度好，未出现所谓的“到期日效应”（见表 6）。

表 6　已交割股指期货合约的偏差率

交割日期	合约代码	交割结算价（点）	当日合约收盘价（点）	收盘价与交割结算价之差（点）	偏差率（%）	交割数量（手）
5 月 21 日	IF1005	2749.46	2749.8	0.34	+0.01	640
6 月 18 日	IF1006	2717.50	2716.8	–0.7	–0.03	1394
7 月 16 日	IF1007	2595.79	2596.0	0.21	+0.008	1245
8 月 20 日	IF1008	2911.75	2911.6	–0.15	–0.005	546
9 月 17 日	IF1009	2866.63	2866.2	–0.43	–0.015	926
10 月 15 日	IF1010	3310.69	3310.6	–0.09	–0.003	710

资料来源：中国金融期货交易所网站。

股指期货将给我国期货市场带来结构性变化，主要表现在以下四个方面：其一，我国期货品种结构发生改变。股指期货的推出，改变了我国商品期货一枝独秀的局面，让我国跨入了金融期货的时代，填补了金融期货的空白。其二，投资者结构发生变化。经过这些年的发展，我国期货市场“品种少、规模小”的问题有了一定改变，但依然是“散户占主导”。股指期货实行的投资者适当性制度，将资金量较小、抗风险能力较差的散户暂时排除在股指期货门外，在一定程度上有利于期货市场投资者结构的优化。其三，券商系期货公司在股指期货中占得先机。利用券商庞大的客户资源、资金、产品研发等方面的优势，期货公司将获得长足发展，期货行业的重新洗牌也会比较激烈。其四，随着股指期货的推出，行业主管部门对监管制度做出了相应的改进，一系列创新业务应运而生。

按照海外市场的经验，判断一项金融创新成功与否的重要指标是其交易量的大小。交易量不仅是投资者需求度的表现，也是防范流动性风险的重要保障。截至 2010 年 10 月底，沪深 300 股指期货上市以来累计成交量为 7127.5 亿手，成交额为 62 万亿元，日均成交量约 27 万手，已跻身国际股指期货日均交易前列，按照这一标准，沪深 300 股指期货已成功地站稳了脚跟。股指期货上市半年多的表现，给中国期货市场和投资者都交出了一份满意的答卷，真正为中国期货市场“质”的转变拉开了序幕。股指期货的上市也将推动我国期货行业的快速发展。在高、精、尖、专的股指期货市场中，期货公司的竞争更大意义上是核心竞争力的比拼，而塑造核心竞争力则需要依托专业人才的聚集和经营理念的更新。因此，在金融期货的大背景下，如何合理地定位期货公司的角色及塑造期货公司的核心竞争力，是期货公司和监管层需要共同深思的课题。

目前来看，由于基金等有套保需求的机构投资者尚未完全进场等原因，我国的股指期货市场主要是由投机者组成的，但却并不是一个投机性的市场，投资者的市场表现相当理性。

首先，从股指期货的持仓量和成交持仓比来看，单纯的投机交易得到了一定的控制，持仓量的稳步攀升在一定程度上证明了股指期货套期保值功能开始发挥（见图 5）。据有关部门统计，自 2010 年 6 月中旬以来投机持仓比基本维持在 10 倍以下，较早前 20 多倍有了较大改善。尽管投机交易为市场提供了流动性，并且以投机交易为主的市场也并不是投机市场，但基于中国仍是一个新兴加转轨的市场，保证股指期货市场的安全平稳运行仍是市场初期的首要任务。

其次，投资者表现较为理性。由于实行了投资者适当性制度和前期充分的投资者教育，股指期货开户数平稳增长，未出现“盲目炒新”现象。据中国期货业协会公布的数据，截至 2010 年 10 月 25 日，股指期货累计开户数约 5.2 万户，累计参与率约为 87%，每天客户参与率在 30%~60%，持仓量基本上能够保持在 3 万手左右。开户投资者以“四有人才”为主，即有资金、有知识、有素质、有经验。这些投资者具备多年商品期货和股票市场经验，交易行为比较理性。这也使得市场的整体表现不像一个刚刚发展的市场，而像一个运行了很多年的市场。

当然，股指期货如同一个刚出生的婴儿一样，在成长的过程中难免会出现一些小问题，金融期货市场的成熟完善也需要一定时间。其一，和发达国

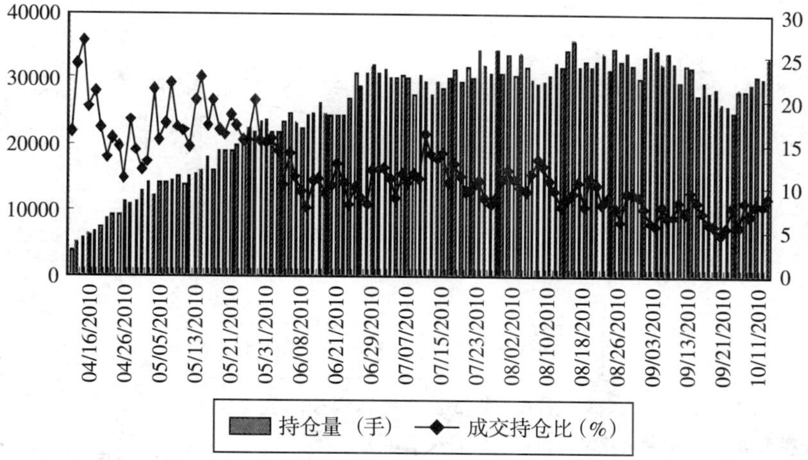

图 5　股指期货持仓量和成交持仓比的变化（2010 年 4 月 16 日~10 月 15 日）

资料来源：中国期货软件服务商文华财经网站。

家的股指期货市场相比，我国股指期货市场中机构投资者比例明显偏低。因为期货市场是一个高、精、尖、专的市场，股指期货的风险较商品期货来说更大，不适合普通投资者参与，所以股指期货市场应该是一个机构唱主角、散户跑龙套的格局。其二，应在股指期货平稳运行的情况下未雨绸缪，为后续金融期货品种的推出早做准备。起源于美国、其影响仍未完全消退的金融危机为正处于发展阶段的我国期货市场敲响了警钟，告诫我们需要不断完善金融期货品种体系，以加强我国应对金融风险的能力。尤其目前我国正处于人民币“外升内贬”的双重困局中，应加快推出外汇期货以及利率期货。其中，根据国外成熟期货市场的经验，利率期货应该以短期利率期货为主，因为其合约活跃度更高，作用发挥更好。

（三）期货公司全面发展，行业竞争力显著提升

1. 期货公司取得长足发展

“十一五”期间，我国期货市场继续保持持续、稳定、快速发展的良好势头，期货行业整体实力、盈利能力、服务水平和抗风险能力得到进一步提升，期货公司的规模稳步扩大，数量朝着合理水平发展（见图 6）。

经历金融危机的洗礼后，期货公司总体发展势头不减。截至 2010 年 8 月底，期货公司净资本与注册资本分别为 229 亿元和 202 亿元（见图 6）。同时，期货公司的数量由 2006 年的 183 家减少到 163 家，淘汰了一批实力较弱的公司，期货行业优化结构、做优做强的内外部驱动能力日益增强。

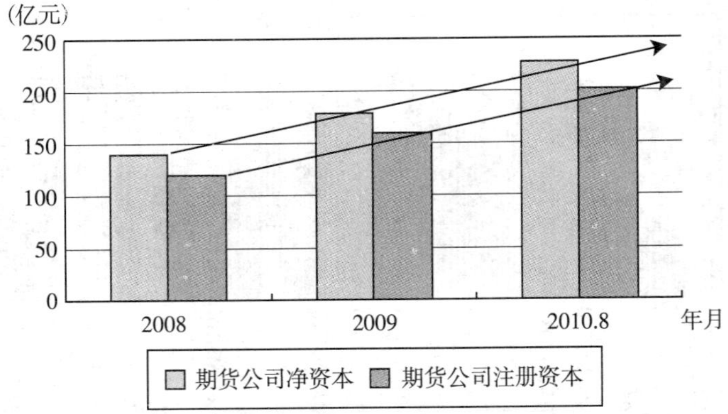

图 6 期货公司资本规模的变化

资料来源:《中国期货业发展报告》(2009、2010)。

近年来，期货公司营业部数量也在稳步增加。2006 年我国平均每家期货公司拥有 2.38 个营业部；2007 年为 2.71 个；2008 年为 4 个；2009 为 5.18 个（见图 7)。到目前为止，全国期货营业部总数已达 900 多家。

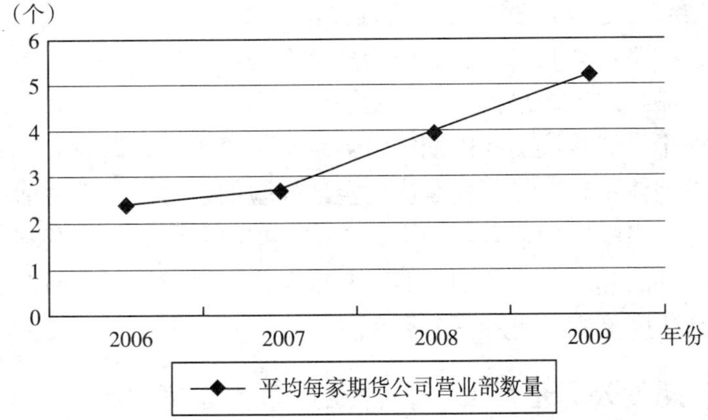

图 7 平均每家期货公司拥有营业部数量的变化

资料来源:《中国期货业发展报告》(2009、2010)。

“十一五”期间，我国期货行业人才状况在原有的基础上有了进一步的改善，从业人员数量大幅度增加（见图 8)，人员素质和结构也有所提升（见表 7)，为期货行业的稳步发展提供了可靠的人才支持。截至 2010 年 6 月，我国期货公司员工共有 31750 人，较 2009 年增长 20.06%。其中，期货从业人员增加 2318 人，实现了期货专业人才队伍的壮大。不仅如此，期货行业员工以及从业人员中接受过高等教育的比例逐年攀升，表明我国期货行业人

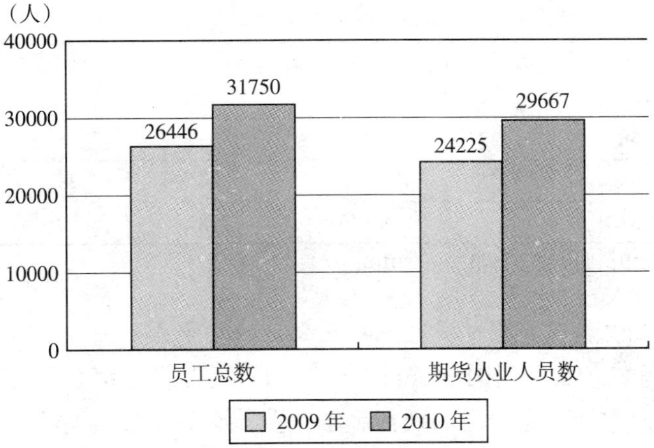

图 8 期货从业人员数及员工总数对比

资料来源：根据中国期货业协会相关数据整理。

表 7 2009 年期货从业人员学历结构

学历	期货公司从业人员		营业部经理		高管人员	
	人数（人）	百分比（%）	人数（人）	百分比（%）	人数（人）	百分比（%）
本科以下	5554	35.10	222	27.21	137	14.68
本科	8481	53.59	504	61.76	438	46.95
硕士研究生	1745	11.02	90	11.03	348	37.30
博士研究生	46	0.29	0	0.00	10	1.07
总数	15826	100.00	816	100.00	933	100.00

资料来源：《中国期货业发展报告》（2010）。

才在保持数量增长的同时更加注重素质的提高，为整个行业竞争力的提升起到了极大的促进作用。

“十一五”期间，在股指期货的召唤下，期货公司发展呈现出一个新的特点，券商开始大举进入期货行业，使得期货公司的券商背景渐趋浓厚。

随着我国期货市场发展以及上市品种的日益增多，期货公司规模逐渐扩大（见表 8），公司增资扩股以及股权转让的案例也大量增加，尤其是为了迎接股指期货的上市，证券公司纷纷出资参股、控股期货公司，大大提高了期货公司的资本实力。2008 年，共有 5 家证券公司参股和控股期货公司，券商背景的期货公司也从 2007 年的 49 家增加到 54 家。到 2009 年，共有 66 家证券公司参股和控股期货公司，使期货市场与股票市场进一步连通，增强了我国金融市场整体的竞争力。

表 8 2007~2009 年期货公司注册资本分布情况

年度	3000 万元以下	3000 万~5000 万元	5000 万~8000 万元	8000 万~1 亿元	1 亿~1.5 亿元	1.5 亿元以上
2007	58	32	20	33	15	4
2008	43	23	32	34	23	8
2009	37	2	43	8	50	24

资料来源：《中国期货业发展报告》(2010)。

2. 分类监管和综合测评提升了期货公司的竞争力

2009 年和 2010 年我国期货行业实行的分类监管和综合测评，对于将期货公司打造为"具有竞争力的现代金融企业"有着重要的意义。由于目前期货公司只能做经纪业务，同质化经营现象非常严重，与银行、证券、保险等金融机构相比，期货公司处境最艰难、实力最弱、规模最小。实行分类监管后，首先，评级较低的期货公司为了提高自身评级，以取得开展新业务的资格，会不断改善服务质量，提高业务水平；而已经成为 A 类的公司则会更加努力，来保持公司的现有级别。其次，实行分类监管后，对期货公司做出了明确的划分，使期货公司能够明确自身的行业定位，在符合行业要求和发挥自身优势的条件下，不断做大做强，从而形成良性竞争的行业氛围。

伴随着期货市场的蓬勃发展，期货公司也进入快速发展阶段。随着期货市场品种不断扩容、股指期货成功推出，期货公司的业绩全面提升，竞争力增强，涌现出了一些综合实力强、业务能力突出的期货公司。

期货行业整体实力及资产总额大幅增长。截至 2010 年 8 月底，期货公司吸收的客户保证金为 1479 亿元，客户开户数 123 万户，分别是 2006 年的 7.4 倍和 5.0 倍。期货公司注册资本与净资本分别为 202 亿元和 229 亿元，是 2006 年的 3.2 倍和 4.3 倍（见图 9）。

行业的繁荣带动期货公司业绩水涨船高，多家一线期货公司的业绩实现了翻倍增长。2009 年度期货行业实现营业利润 22.42 亿元，净利润 17.36 亿元，与 2008 年营业利润 9.44 亿元，净利润 6.59 亿元相比，有了大幅度的增加，表 9 为 2007~2009 年期货公司的盈利情况。

（四）法规框架逐步形成，期货监管体系基本理顺

1. 期货法规框架基本形成

法规体系与监管体制是一个金融市场发展所必需的制度保障。随着我国期货市场相关法律法规的不断完善，监管手段的日益丰富和监管水平的不断提高，我国期货行业的发展和期货市场的功能发挥有了坚强的制度保障。"十

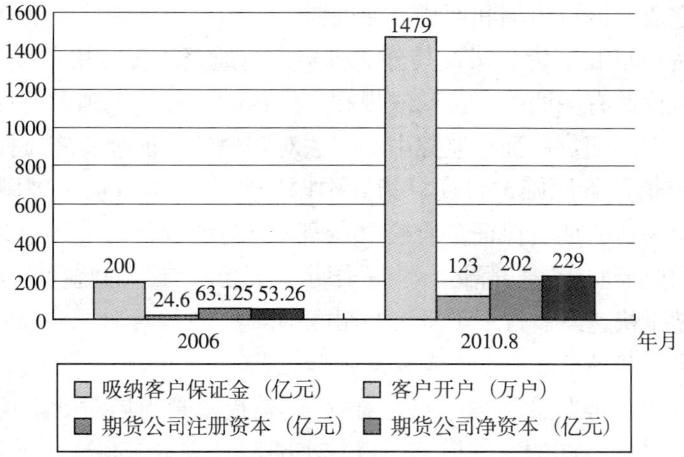

图 9 “十一五”期间期货行业资本、保证金、客户开户变化情况

表 9 2007~2009 年期货公司盈利情况

年度	2009			2008			2007		
净利润	公司数（家）	比例（%）	金额（亿元）	公司数（家）	比例（%）	金额（亿元）	公司数（家）	比例（%）	金额（亿元）
盈利	143	87.2	18.2	121	74.23	9.20	147	89.09	8.05
亏损	21	12.8	0.84	42	25.77	2.62	18	10.91	0.42
合计	164	100	17.36	163	100	6.58	165	100	7.63

资料来源：《中国期货业发展报告》(2010)。

一五”期间，在“国九条”和“稳步发展期货市场”方针指引下，我国期货市场的立法进程不断加快。2007 年 4 月 15 日，国务院颁布的《期货交易管理条例》开始实施，与之配套的四个管理办法也同时实行。2007 年 3 月的十届全国人大五次会议上，温家宝总理再次明确了“积极稳妥地发展期货市场”的指导思想，为我国期货市场的科学发展指明了方向。在此期间出台了包括《期货交易所管理办法》、《期货公司管理办法》、《期货公司董事、监事和高级管理人员任职资格管理办法》、《期货从业人员管理办法》、《期货投资者保障基金管理暂行办法》、《期货公司首席风险官管理办法（试行）》等一系列部门规章与规范性文件，构成了期货市场法规体系的基本框架。

2. “五位一体”的期货监管体系

我国期货市场在构建完善法规体系的同时，不断加强监管体系建设，形成了中国特色的“五位一体”监管体系。所谓“五位一体”包括中国证监会、证监会各地派出机构、中国期货业协会、交易所和保证金监控中心，五者按照职能范围分工协作，完善了监管措施和手段，保证了市场的平稳运行，共同完成对期货市场和期货行业的监管工作。中国证监会及其派出机构依法对期货市场和期货公司及其分支机构进行监督管理；中国期货业协会、期货交易所依照有关法律、行政法规和本机构的章程、规则对期货公司实行自律管理；中国期货保证金监控中心依法对客户的保证金实施监控；中国证监会根据审慎监管原则，督促、指导中国证监会派出机构、中国期货业协会、期货交易所、期货保证金监控中心等履行对期货公司及其分支机构的监督、管理和监控职责。实际运行情况表明，“五位一体”的监管体系为中国期货市场的健康快速发展打下了坚实的制度基础。

3. 分类分级监管，期货行业发展更加规范

所谓分级分类监管又称“差异监管”，是指监管当局对处于不同类别的被监管机构采取不同的监管措施，以较小的监管成本取得较好的监管效果。根据相关规定，期货公司分级分类评价指标共有客户资产保护、资本充足、公司治理、内部控制、信息系统安全、信息披露六大类，细分为 33 项指标。根据评价计分高低，期货公司分为 AAA、AA、A、BBB、BB、B、CCC、CC、C、D、E 5 类 11 个级别。分类结果将作为期货公司申请增加业务种类、新设营业网点等事项的审慎性条件，同时也将作为中国证监会确定期货公司新业务试点范围和期货投资者保障基金不同缴纳比例的依据。

2010 年期货公司分级结果显示，目前全国共有 17 家期货公司被评为 A 类。其中，浙江辖区有 5 家公司上榜，上海辖区有 2 家公司，北京 3 家，广东 3 家，江苏、福建、山东、河南辖区各 1 家，与 2009 年 18 家 A 类公司相比略有减少。许多期货公司高管纷纷表示，成为 A 类不难，难就难在保持，为保级，即使是 A 类期货公司也必须不断努力。

由此可见，实施分类监管是完善主体自我约束机制的有效手段，期货行业的规范发展有赖于公司外部监管和主体自我约束的良性互动。中国证监会根据分类结果对不同类别的期货公司实施区别对待的监管政策。通过对期货公司实施分类监管，全面、客观评价期货公司的风险状况和经营能力，可以督促公司主动规范自己的经营行为，强化合规经营意识，完善自我约束机制。此外，分类监管的实质在于通过差异化监管实现期货公司的差异化发展，根据分类评价结果，期货公司可以明确自己的定位和发展方向，进而产生自我约束、不断提高的内在动力。

4. 保证金监控中心进一步强化期货市场风险控制能力

中国期货保证金监控中心有限责任公司（以下简称“中国期货保证金监控中心”）是经国务院同意、中国证监会决定设立，由上海期货交易所、郑州商品交易所、大连商品交易所共同出资，于 2006 年 3 月 16 日成立的，是

非营利性公司制法人。其主要职能是：其一，建立和完善期货保证金监控、预警机制，及时发现并向监管部门报告影响期货保证金安全的问题。其二，为期货投资者提供有关期货交易结算信息查询及其他服务。其三，代管期货投资者保障基金，参与期货公司风险处置。其四，负责期货市场运行监测监控系统建设，并承担期货市场运行的监测、监控及研究分析等工作。其五，承担期货市场统一开户工作。其六，为监管机构、交易所等提供信息服务。其七，履行中国证监会规定的其他职能。

保证金监控中心成立于“十一五”开局之年，当初在行业内颇有争议。建立五年来，充分发挥了期货市场监管“电子眼”功能，及时发现期货公司运营中存在的问题和风险隐患，为维护期货市场安全起了很大作用。据有关部门统计，保证金监控中心的报警从最初的每天几十次减少到现在的几天一次，极大地促进了期货公司的规范运营。

同时，保证金监控中心作为“五位一体”监管体系中有效组成部分，也发挥着不可忽视的作用。其一，监控中心提供的信息为监管部门和交易所制定风险应对措施提供了依据，实现了期货市场数据的大集中，从而使监管部门和交易所能够更加全面、客观、准确地掌握市场情况，制定出更加科学合理的风险化解措施。其二，保证金监控和预警工作极大地提高了期货公司风险控制水平，为化解风险打下了良好的基础。其三，监控中心为市场诚信建设发挥了积极作用，深化和完善了保证金安全存管和监控制度，解决保证金安全问题，进一步提高期货行业整体风控水平和经营管理的规范程度，增强投资者信心和社会公信力。监控中心进一步完善监控中心查询系统的服务功能，一方面使广大投资者得到更好的服务；另一方面通过查询系统充分发挥投资者的社会监督作用，充分引导市场自身的力量去提升行业诚信水平。监控中心建成并在全国推广统一开户系统，实现了期货市场实名制的事前审核，提高开户效率，建立一套真实、准确和完整的投资者数据库，为深化监管创造条件，为建立投资者信用评价体系和诚信记录机制打好基础。实践证明，这一具有中国特色的监管制度是行之有效的，也受到了市场和期货行业的广泛欢迎。

5. 期货市场经历金融风暴的洗礼，国民经济“稳定器”作用初显

2008 年金融危机席卷全球，给全球经济带来了巨大的冲击，处于快速发展阶段的中国也受到了一定的影响。但和其他国家相比，中国经济受到影响较小，这其中期货市场相关避险功能的发挥起到了一定的作用。

在金融危机中，只要具备相关期货品种的产业在此次金融危机中都较好地保全了自身。尤其是期货品种发达的有色金属产业和期货品种缺乏的黑色

金属产业形成了鲜明的对比，可谓是“冰火两重天”。在 2008 年 10 月的这轮“百年一遇”的商品市场暴跌中，有色金属的价格遭遇了重挫，但有色金属产业并没有出现大的问题，大多数企业都成功实现了自保。有色金属期货品种丰富，使得大部分有色金属企业可以运用国内国际相关的期货市场进行套期保值，化解了价格大幅波动的风险。然而，钢材、铁矿石等黑色金属产业则在价格下跌中溃不成军，出现了全行业亏损。原因很简单，就是黑色金属领域缺乏相关的期货品种进行避险，以至于黑色金属企业面对暴跌的价格无计可施，只能“心有余而力不足”地面对风险来袭。

2009 年 3 月 27 日螺纹钢、线材的钢材期货在上海期货交易所正式上市，宣告了这一局面的结束。期货品种推出后，众多企业纷纷利用钢材期货进行套期保值以规避风险，从整个钢铁产业链的上中下游着手，在各个环节发挥钢材期货的作用，有效锁定了整个行业的利润，使得饱受金融危机摧残的黑色金属产业重新焕发活力，实现了迅速的复苏。钢材期货推出后，交易活跃，交易量持续上涨，迅速被广大投资者和钢铁企业所接受，成为中国商品期货市场上一颗明星。

由此可见，一个成功的期货品种成就一个产业。当前，经济全球化浪潮席卷国内多数产业，利率市场化和人民币国际化进程加快，人民币兑换美元一路走高。这让相关企业面临的价格风险因素日益复杂，特别是一些加工贸易企业和原材料进口依赖性企业，影响企业盈利能力的不确定因素更多。所以，利用期货管理风险已经成为一种迫在眉睫的现实需求。由于期货市场价格信号具有真实性、预期性、连续性和权威性，现货企业即使不直接参与到期货交易中，也可以利用期货价格作为购买原料和出售产品的基准参考价，来保证生产成本和销售利润。以金属产业为例，铜精矿和铁矿石的对外依存度都超过了 50%，我国在矿石进口和出售产成品方面可以参考具有国际影响力的金属期货价格，利用期货价格加减相应的升贴水的模式倒推出矿石价格和现货产品价格。

二、“十二五”中国期货市场面临的形势与挑战

“十一五”期间的五年对于中国期货市场而言，是飞速发展的五年，更是从量的扩张到质的提升的五年。但是，我们在面对成绩的同时，应该保持冷静的头脑。当前我国的期货市场正在面临着严峻的形势。与此同时，中国经济进入最为重要最为关键的战略转型期，进出口贸易高出低进与高进低

出、人民币外升内贬等困局都为中国期货市场提出了新的挑战，我们需要站在战略高度重新审视我国期货市场的发展之路。

(一)“十二五”期间中国期货市场面临的新形势

1.“十二五”期间将是中国经济的战略转型期

(1) 当前的中国经济需要转型。改革开放 30 余年来，中国经济一直以年均接近 10%的速度增长。近年来，中国经济呈现出高速增长的趋势，GDP 更是以每年两位数的速度上升，吸引了来自全球的目光。然而就在经济高速增长的同时，一些问题也逐渐呈现在我们面前，诸如：经济增长过分地依靠投资和出口，内需总是处于疲软的状态；CPI 增速过快，严重影响了人民的生活水平；高进低出与高出低进的双重困局压得我们喘不过气来；人民币升值加快，限制我国的商品出口等。这些使得在面对经济蓬勃发展时，我们必须保持冷静的思维，分析当前的形势与局面。经过分析发现，现在的中国需要进行产业升级、结构调整和经济发展方式转变。

许多人认为日本在经历了《广场协议》后，进入了长达 20 年之久的经济衰退期，但是背后的事实究竟是怎样的？1985 年 9 月 22 日，在纽约广场饭店，日本迫于西方国家的压力签署了《广场协议》，放开了日元汇率。《广场协议》后遭遇美国股灾，日本经济从此一蹶不振，至今没有走出低谷。《广场协议》之后日本究竟发生了什么？我们不妨从另外一个角度研究《广场协议》后日本经济走过的历程。日本在《广场协议》放开汇率以后，恰好走上了一个很重要的经济转型期，从一个商品输出大国，转变成资本输出大国。因为日元是可以自由兑换的，所以日本人口袋里的钱越来越值钱，因此拼命地对外投资，买美国的股票，买美国的债券，买美国的房产，结果遇到了美国 1987 年的股灾，把日本人套牢了，日本经济从此一蹶不振。其实，日本已经完成了经济起飞阶段，进入了经济发展的巡航速度。日本的对外投资主要是沿着两条路径：一是选择金融投资，因为金融投资最能够满足流动性需求；二是日本的国内制造业大规模向外转移，成为了日后被人们熟知的“梯度转移”模式或称“雁阵”模式。我们回头想想，我国改革开放 30 余年来，在 20 世纪 80 年代中后期，日本经济的转型，中国恰好是东亚经济梯度转移的受益者。研究日本经济过去 37 年中的两次转型，第一次是 1973 年，因为第四次中东战争引发了第一次石油危机，日本把重化工业转移出去，替代其的是汽车和电子。即便现在来看，汽车和电子都不是落后的产业，何况 37 年前。第二次就是 1985 年《广场协议》后。我们常常看到《广场协议》后日本经济的衰退，而将其妖魔化，却很少注意日本经济的转型。但是，恰恰是这个背后的事实可以帮助我们开阔思路，发现中国的转型之路。

中国经济在未来如何转型？中国经济处在战略转型期，人民币升值、美元贬值，还有高油价、高粮价这一系列的前提下，我们认为，中国经济的转型，从对外角度来看，可能是从一个商品输出大国，逐渐向商品输出和资本输出并重的大国转型。但和日本的情况有所不同，日本地域狭窄，人口众多，资源贫乏，不得不大规模地把制造业转移出来。我们情况不一样，幅员辽阔，而三大差别——城乡差别、贫富差别和地区差别拉大是个严酷的现实。我们调整宏观经济政策还有一个重要的角度，就是沿海地区可以对落后产业进行适度淘汰，有一些经过产业升级后可以向中西部地区转移。对外开放我们喊了 30 多年，成效的确显著，而对内开放远远做得不够，地方保护主义相当严重。对内开放比对外开放更重要，对内开放是对外开放的前提。要采取有效措施，促进沿海经济发达地区的产业向中西部地区梯度转移。与此同时，我们还可以对外进行金融投资，投资于那些我们稀缺的资源，真正实现国民经济完成内需替代外需、消费替代投资、低碳替代高碳、服务替代制造的转变，完成城市化替代工业化的转变，使得我们从贸易大国转变为贸易强国、经济大国转变为经济强国、金融大国转变为金融强国，保证国民经济平稳、高速、高效运行。

（2）高出低进与高进低出的双重困境。中国作为“世界工厂”，已在事实上成为世界经济增长的发动机，对世界贸易的贡献也是巨大的，这在当今国际社会被称为“中国因素”。我们在对“中国因素”倍感自豪的同时，却也不得不面对一个极为尴尬的事实，即我们买什么东西，什么东西涨；我们卖什么东西，什么东西跌——这意味着这个加工中心是赔本的，是“穷国补贴富国”。而且，身为进出口大国的我们，总是大量出口附加值低的原材料产品，进口附加值高的高科技产品，从 1993 年以来，出口大于进口，贸易顺差不断攀升（见表 10），进出口总量是高出低进。面对如今的形势，我们不得不承认，我们只是世界生产工厂；而不是制造工厂，只是进出口贸易大国，而不是贸易强国。

表 10　2006~2009 年中国贸易进出口额

单位：亿美元

年份	2009	2008	2007	2006
进口额	10056	11331	9558	7916.1
出口额	12017	14286	12180	9690.8
顺差额	1961	2955	2622	1774.7

资料来源：国家统计局网站。

以钢铁产业为例，我国是世界上最大的钢材出口国，但是价格却处于较低的水平；我国也是全世界最大的铁矿石进口国，而价格却是最高的。由图10可以发现，在同类钢材出口产品价格的比较中，中国钢铁制品的价格远远落后于日、德、法等发达国家。

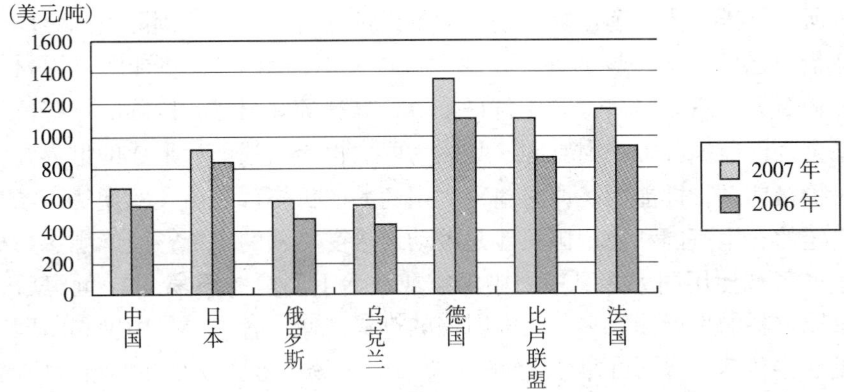

图10　世界各国同等钢材出口价格对比

资料来源：中国经济信息网数据库。

近几年，三大铁矿石供应商不断挑战原有的定价机制，试图建立更满足自身利益的定价机制，让中国钢企的处境愈发艰难（见图11）。

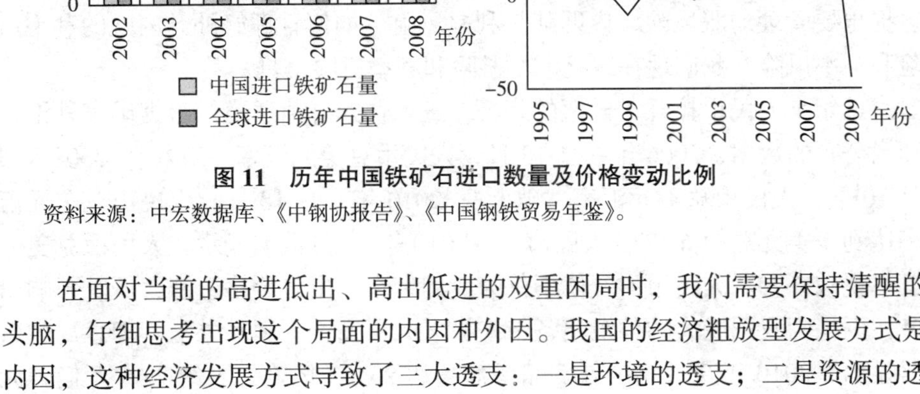

图11　历年中国铁矿石进口数量及价格变动比例

资料来源：中宏数据库、《中钢协报告》、《中国钢铁贸易年鉴》。

在面对当前的高进低出、高出低进的双重困局时，我们需要保持清醒的头脑，仔细思考出现这个局面的内因和外因。我国的经济粗放型发展方式是内因，这种经济发展方式导致了三大透支：一是环境的透支；二是资源的透支，我国的许多基础资源的开采已大大提前；三是社保透支，我国的低成本加工战略使成千上万的打工仔进了工厂，但没有足够的社保，未来到了小康社会，这些人只能由社会来负担。当前我国出口的产品结构普遍偏低，处于产业链的上游，产品的附加值低，导致东西卖不上价格，出了国门只能任人砍价。

所谓外因是指当前国际市场上的价格掠夺行为。一些国际上的金融巨无霸凭借自己的金融市场的霸权，肆意炒作“中国因素”，将能源、原材料价格炒得令人大跌眼镜后，利用价格手段，疯狂掠夺财富。国际的一些巨型对冲基金为何能疯狂掠夺财富呢？是因为两次世界大战前后形成的世界贸易的殖民价格体系，即能源、原材料等大宗商品的价格都是由美欧期货市场交易所决定的，生产国和使用国只能是被动地接受美欧的定价，而能源、原材料的生产国和使用国大多是发展中国家或政治上弱势的国家。21 世纪后，能源、原材料的生产国大多有美欧财团的投资，使用者主要是中国和印度这样的发展中国家。本轮的世界经济增长如同一场盛宴，美欧的绅士们体面地参加了宴会，并能一抹嘴从容离去，可掏钱埋单的是我国这个世界性的加工中心。

（3）人民币对外升值与对内贬值的双重困局。自 1994 年以来，人民币汇率形成机制市场化改革不断推行可以具体分为三个阶段：1994~1996 年，汇率并轨，开始实行以市场供求为基础的、单一的、有管理的浮动汇率制度；1997~2005 年，金融危机后，中国抵住各方面的压力，保持了人民币汇率的稳定；从 2005 年 7 月 21 日起，中国进行新一轮的人民币汇制改革，开始实行以市场供求为基础、参考一篮子货币进行调节的、有管理的浮动汇率制度。

自汇率改革以来，人民币始终面临着一个外升内贬的双重困局。外升，人民币再次面临着升值的压力，外升就是汇率波动的风险；内贬，最近中央也提出要管理通胀风险，内贬就是利率风险。如何管理好外升内贬的利率风险和汇率风险？我们现在缺乏汇率避险和利率避险工具。

近年来人民币拉开了升值的序幕，进入快速升值通道。根据国家外汇管理局公布的数据，2006 年 6 月 15 日，人民币兑美元汇率“破八”；2008 年 4 月 10 日，人民币兑美元汇率“破七”；2010 年 6 月 18 日，人民币兑美元汇率达到 1 美元兑换 6.8275 人民币元。2010 年 10 月数据显示，人民币兑美元汇率跌破 6.70。人民币的升值不仅为我们带来了出口价格上涨，严重影响出口，更是为我国庞大的外汇储备带来极大的不安全。国家外汇管理总局的数据显示，2010 年 9 月我国外汇储备额高达 26483 亿美元。约 2.65 万亿美元的外汇储备何去何从？我们现在缺少避险工具。2006 年外汇储备超过 1 万亿美元的时候我们就提出应该藏汇于民，却不能藏险于民，要为广大的投资者和汇民提供有效的避险工具和投资工具，这就是化解外汇波动风险和外汇储备风险的有效途径，因此人民币的国际化也是不可逆转的。

人民币是我国的货币，也是我们的问题，但不仅仅是我们的问题。我们必须明确人民币更是一个有理想的货币。人民币是由中国中央银行发行的，是我们自己的货币，任何关于人民币发行、流通的货币政策都与中国的经济发展息息相关，因而人民币的问题本质上是我国发展经济、构建和谐社会过程中自己必须解决的问题。但是，在全球经济联系如此密切的今天，任何一个国家或地区、任何一种货币都不可能独立于他者之外，从这个意义上说，人民币已经不再仅仅是我们自己的问题。随着中国经济的持续健康高速发展、中国整体国力及世界影响力的不断提升，人民币问题越来越成为世界政治、经济事务中不可不考虑的问题。从频签货币互换协议到超主权货币的提出，伴随着中国经济在全球经济危机中的率先复苏以及中国一跃成为世界第二大经济体，人民币逐步展现出自己的理想。中国的“和平崛起”要求、世界的长期繁荣与稳定要求，中国的人民币在不久的将来将成长为世界三大强势货币与三大储备货币之一，与美元和欧元三足鼎立。图 12 为 2005 年汇改以来我国人民币升值走势情况。

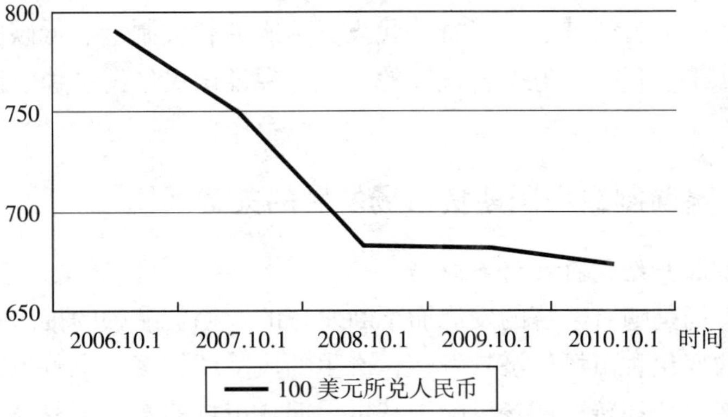

图 12 2005 年汇改以来人民币升值走势

资料来源：中国人民银行网站。

2. 战略转型期的中国经济亟须期货市场保驾护航

在即将迎来“十二五”规划开局之年的时点上，我们应当对在今后五年乃至更长的时间中，中国需要什么样的期货市场这一问题进行深入的认识，牢牢把握我国期货市场的发展方向，使之更好地为国民经济服务，为我国经济的战略转型保驾护航。

期货市场本质上是分工的产物，是社会投机资本集中进行专业化风险管理的高级组织形式。利用期货市场的风险管理功能，可以提升我国整体经济增长质量，提升整体国民经济抵抗宏观经济运行周期波动与外部冲击的能力；提升我国产业的发展质量与抗风险能力，优化产业结构；提升我国企业的外部风险管理水平形成核心竞争力。充分发挥期货市场的管理风险的作用，需要着力建设期货市场的风险分散机制，增加期货市场的流动性和期货品种的多样性。

期货市场是实物资产、金融资产、信用资产和信息资产一体化的现代市场。在建设我国期货市场的过程中，必须强化期货市场的这四个基本属性。其一，实物资产属性要求我们关注实体经济运行，让期货市场全方位、深层次满足实体经济的需求；其二，金融资产属性要求我们牢记期货市场处于现代金融市场的顶端，期货行业属于高端金融业，期货公司的发展目标是具有竞争力的现代金融企业；其三，信用资产属性要求我们发挥保证金交易的杠杆作用，着力降低投资者的交易成本，增加市场流动性；其四，信息资产属性要求我们充分发挥期货市场的信息传导和信息创造作用，将期货市场产生的价格信息作为实体经济定价的重要参考，进一步增强期货市场价格信息的权威性，打造国际定价中心。

期货市场在中国经济整体转型过程中应当发挥更大的作用，从而促进国民经济完成内需替代外需、消费替代投资、服务替代制造、低碳替代高碳和城市化替代工业化这“五个替代”的转变，保证国民经济平稳、高速、高效运行。

（二）当前制约中国期货市场发展的关键问题

1. 期货品种结构存在诸多缺陷

期货市场是随着经济的发展而不断发育的，期货品种的推出也应该顺应经济形势的变化。市场经济越发达，产生的风险就越多，也就越需要更多的期货品种来分散和转移市场风险。从世界期货市场的发展历程来看，金融期货与期权产品必然是未来期货市场的核心品种。以欧盟、美国、英国为代表的成熟期货市场早已完成了由商品期货向金融期货的品种转型。

反观国内期货市场，目前仍然是商品期货为主，金融品种仅限于刚刚上市的股指期货，利率、外汇期货和期权产品尚未起步，这种传统的品种结构早已滞后于国际期货市场。如果说美国的过度创新点燃了金融危机的导火线，需要“踩刹车”，那么我国期货市场的问题则是创新不足，应该“踩油门”，加快步伐追赶。不仅如此，与国外成熟期货交易所根据市场需求自主开发、推出新品种的模式相比，国内期货品种的推出机制也令人担忧。首先，品种推出批准权赋予证监会是非市场化行为，有很大的人为因素，不利于市场需求的表达；其次，证监会并未建立品种推出长效机制；最后，随着我国经济转型的深入，期货品种体系不健全的制约作用将会逐步凸显。

2. 单一业务模式限制期货行业竞争力的提升

在我国证券市场中，证券公司、基金公司和信托公司这些金融机构都有完善的业务结构和盈利模式（见表 11），自营和代客理财业务更是让这些机构成为资本市场上的重要机构投资者。

表 11 国内金融企业业务范围与收入模式对比

	证券公司	基金公司	信托公司	期货公司
业务范围	证券经纪业务；证券投资咨询；与证券交易、证券投资活动有关的财务顾问；证券承销与保荐；证券自营；证券资产管理；直接投资业务；其他证券业务	公募基金业务；社保和企业年金业务（少数几家）；定向资产管理业务（专户理财）	受托经营资金信托业务；受托经营动产、不动产及其他财产的信托业务；受托经营投资基金业务；经营企业资产的重组、购并及项目融资、公司理财、财务顾问等中介业务	期货经纪业务
盈利模式	经纪业务收入、自营收入、证券发行收入、利息收入、金融企业往来收入和其他收入	管理费收入（固定管理费和浮动管理费）、手续费收入、投资收益和其他收入	管理费收入、保管费收入、手续费收入和其他收入	手续费收入（90%）、利息收入、投资收益和其他收入

而在海外成熟期货市场中，除经纪业务之外，期货公司还可以开展境外代理、期货咨询、资产管理和代客理财等业务（见表 12）。这些业务也都促进期货公司成为市场中的专业机构投资者。但在我国，作为期货市场中唯一合法的期货专营机构，期货公司仅获许从事经纪业务。

表 12 国内、外期货公司业务范围与盈利模式对比

	国外期货公司	国内期货公司
业务范围	经纪业务、自营业务、资产管理业务、咨询业务、结算业务及相关业务，并扮演做市商	局限于期货经纪业务
盈利模式	收入结构包括自营业务收入、经纪业务收入、投资咨询收入、结算收入、利息收入等；不同类别的期货公司收入结构又各有不同	盈利模式单一，主要依靠佣金收入和保证金利息收入，其中佣金收入占总收入的 90%

期货市场风险较大，历来是金融行业金字塔顶端的行业。期货公司单一的盈利模式无法支撑期货行业的长远发展。近年来，期货市场风生水起，大行情下期货公司却依然悲情。占总利润90%以上的手续费收入被居间人群体分去大半；良好行情下期货公司还要加大拓展市场力度，新开设的营业部又分走一部分利润，就这样期货公司遇到好年景盈利能力却不升反降。

“十一五”期间，随着券商加速入主期货公司，一方面，期货公司的注册资本大幅增加，公司规模有所扩大；另一方面，期货公司纷纷加速扩张，大量增设营业部“跑马圈地”。到目前为止，全国合规经营的期货营业部数量已有900多家，其中，上海、大连等地的期货营业部数量最多。这使得营业部的市场空间进一步被挤压，面临着更残酷的竞争。

因为期货公司业务结构单一，服务高度同质化，只能靠降低交易手续费相互竞争，导致了手续费恶性竞争的惨痛局面。其实，与美国期货市场相比，当前我国期货市场交易手续费已经很低。在国内手续费相对较低的情况下，长期的手续费恶性竞争使得期货公司的发展陷入了一个“亏损——手续费竞争——进一步亏损”的陷阱。

3. 利益分配机制不均衡，大交易所小公司的格局有待改变

如前所述，期货公司单一经济业务限制下，手续费成为主要的盈利模式，然而即便是这一盈利途径也要受到居间人和交易所上下两个环节的分流，期货公司的持续壮大发展面临双重压力。因此，目前市场上的居间人制度和大交易所小公司的状态都亟待改变。

居间人制度是伴随期货市场的发展而产生的，就其实质而言，居间人是具有一定的期货专业知识、资格和技能，专职或兼职为期货公司介绍客户，向客户推荐期货公司，起到介绍、协助、促成或代理客户交易的经纪人。

居间人制度是期货行业特有的行规，一般情况下，居间人往往从期货公司手续费中分得30%~40%甚至更高的分成，而且没有经营成本，不承担市场风险。而期货公司在余下的手续费中还得扣除大量的经营成本，并承担市场风险。期货行业中居间人对客户的轻诺寡信，在影响居间人个人信用的同时，更损害了期货公司乃至整个期货行业的信誉。

在160多年的世界期货市场发展史中，绝大多数期货交易所实行的是非营利性的会员制组织形式。进入20世纪90年代以来，全球会员制期货交易所掀起了一股公司化的浪潮。而我国期货交易所的组织形式和体制却比较单一和混乱，主要表现在以下两个方面：一是期货交易所组织形式的本质值得商酌；二是因为期货公司会员权利与义务不对等，造成交易所与会员在利益分配机制上严重失衡。

目前，国内三家商品期货交易所的成交量排名均进入了世界前 15 名，而却没有一家期货公司在国际上有足够的影响力，形成了大交易所、小期货公司的局面。交易所大而不强，期货公司则沦为交易所的“打工仔”，交易所美其名曰为会员制的非营利性组织，却成了期货市场的“盈利大户”。在这样的情形下，期货市场的主体和根基——期货公司长期缺乏养分而逐渐枯萎，离具有竞争力的现代金融企业要求越来越远。

4. 期货法规体系尚不健全，市场监管效率有待提升

2010 年 4 月 16 日股指期货的上市交易，预示着期货市场新时代的到来。然而，现行法规体系却滞后于今日的期货市场。特别是 2007 年颁布的纲领性法规《期货交易管理条例》，较少把促进期货市场发展作为立法的准则，其诸多条款甚至已成为限制期货经纪公司业务创新与期货市场品种、机制创新的桎梏，更不能适应金融期货、期权交易的需要。因此，在中国期货市场大发展、国际期货市场深度变革的大背景下，现行法规早已不能适应日新月异的市场现状，甚至已成为中国期货市场大发展的瓶颈。

由于历史原因，多年来我国一直对期货市场严格监管。应该承认，这样的严格监管在期货市场清理整顿阶段发挥了重要的作用，纵观全球市场，可以说中国期货行业的监管是最严格、最规范的。但随着我国期货市场逐步积累经验，期货行业逐步走向成熟，过严的监管窒息了期货市场的活力，已经不适应期货市场发展的要求。特别是股指期货上市以来，面对新品种、新情况，我们必须转变监管思路，更加注重在“包容性增长”思路的指引下，改善监管水平，提高监管效率，提倡适度监管。

5. 期货市场投资者结构不合理，培育机构投资者任重道远

根据世界掉期与衍生品协会（ISDA）的研究报告，世界 500 强中有 94.2%的公司有效地利用衍生品工具来管理和对冲风险，同时，投资基金在国际期货交易中的头寸比例越来越大，有些投机基金在期货、期权市场上异常活跃。由此可见，国外成熟期货市场的投资者中，参与套期保值的各类企业以及期货投资基金所占比例较高，个人投资者相对显得较为弱小。这一方面可以使得套期保值者和投机者的比例相对合理，有利于期货市场基本功能的发挥；另一方面也可使期货交易者更理性地研究相关品种供求关系和价格波动情况，有利于避免投机风气过强和“非理性繁荣”危及期货市场。

反观中国期货市场，却是多年呈现出“散户行情”，缺乏大型机构投资者和企业的参与。目前，我国期货市场上近 95%的交易者是中小散户，只有 5%的机构投资者。面对高、精、尖、专的期货市场，我国专业机构投资者的培育工作举步维艰，仍处于法律空白地带的尴尬位置。我国期货市场投资

者结构的不合理，严重影响了期货市场功能的发挥。

6. 套期保值观念落后，服务实体经济仍受限制

国际上，期货市场在套期保值上的运用已得到广泛认可。但在我国，一方面社会对期货市场功能了解不足，另一方面一些国有企业、上市公司在期货市场频频出现巨亏的现象强化了人们对期货市场的误解和偏见。这种社会舆论环境非常不利于我国期货市场的健康发展和企业对期货市场的积极运用。同时，大多数企业对套期保值的认识仍停留在表面，存在诸多误区。一是风险意识不足，只看到期货市场的机会却忽视了风险，或者是只看到风险却忽视了机会，前者可能扩大经营风险，违背了套保的初衷，而后者则阻碍企业掌握风险管理的技术；二是单纯考虑期货头寸的盈亏，而不考虑套保头寸的整体收益。

7. 期货市场对外开放步伐缓慢，建设国际定价中心遭遇瓶颈

“十一五”以来，中国金融市场对外开放步伐进一步加快。不仅“请进来”，证券公司、银行等机构也在积极谋划“走出去”。但同属金融市场，中国期货市场对外开放却显得过于缓慢，对外开放步履艰难，严重影响了中国期货市场的国际化进程，这直接导致了期货市场功能发挥受到制约，同时也使得我国期货市场根本没有机会参与国际商品定价权的角逐。这主要表现在：一是“主场”不对外开放，不可能打造成为国际商品定价中心；二是“客场”缺乏自己的通道，很难参与国际商品定价权的角逐。

三、“十二五”中国期货市场发展展望

2010 年即将过去，“十二五”规划的号角正在吹响。当我们细数中国期货市场这五年来取得的成就与面临的挑战后，更加期待中国经济能够顺利完成从“大国崛起”到“强国梦”的战略转型。一个成熟的现代期货市场，一个为国民经济提供全方位、多品种风险管理工具的平台，一套高效权威的定价机制，正是中国经济健康、快速发展的基本保障。“稳步发展期货市场”已经写进了十七届五中全会公布的《中共中央关于制定国民经济和社会发展第十二个五年规划的建议》中，足见国家领导部门对期货市场发展的重视。因此，我们提出以下八点，既是政策建议，又是对未来的展望。我们相信，在“十二五”期间，只要我们进一步增强大局观与责任感，完善、拓展、深化期货市场的功能发挥，不断提升行业服务国民经济的能力和水平，中国期货市场必将完成由做大到做强的“质”的飞跃。相应地，中国经济的质量也

将大大提升，中国经济的战略转型必将顺利实现。

（一）提升期货市场战略定位与功能定位

改革开放30余年来经济高速发展，中国已经成为世界经济大国，但仍称不上世界经济强国。后危机时代所面临的保发展与调结构的双重挑战，环境、资源、收入分配等方面存在的问题，都要靠中国经济的战略转型来化解。“十二五”时期是全面建设小康社会的关键时期，是深化改革开放、加快转变经济发展方式的攻坚时期。

在全球化、信息化的基础上，世界经济金融化正在形成。“十一五”期间发生的2008金融危机、2009能源与大宗商品价格重启上涨之旅，对中国影响巨大。现代国际竞争也是金融实力和话语权的竞争，科学运用期货，掌握价格风险管理工具，成为现代经济的核心竞争力要素。期货市场作为市场经济的最高级形态，能够全面、深入地为转型过程保驾护航，成为引领中国经济未来五年高质、高速增长的“助推器”和经济安全的“避风港”。

1. 期货市场价格发现功能的发挥，将会提升国家宏观经济风险管理的准确性与及时性

政府部门对于通货膨胀与通货紧缩的判断与控制，直接影响到宏观调控政策的制定。一直以来，我国宏观调控部门以CPI（居民消费价格指数）作为衡量物价水平的重要指标，但近几年来，由于石油、铜、铝、黄金、白糖等资源性产品的价格形成机制发生了较大变化，金融属性逐渐增强，资源性产品价格的快速上涨成为了通胀预期的导火索。未来，政策制定者可更加关注期货市场的价格变化，并作为宏观调控的依据之一。

2. 随着原油、煤炭等关系国计民生的重大资源类商品价格的剧烈波动，我国相关企业也面临着巨大的不确定性

对于此类商品的价格风险，我们应当进一步完善期货市场的品种体系，尽快推出关乎国计民生的期货品种，使中国期货市场成为中国经济名副其实的“避风港”，为国民经济的平稳运行提供保障。

面对当前的国内经济形势和国际经济环境，我们必须清醒、准确、客观地对我国期货市场的功能定位进行再认识，明确期货行业在国民经济体系中的前沿地位，促使期货市场在经济转型过程中发挥应有的作用，促进国民经济完成内需替代外需、消费替代投资、服务替代制造、低碳替代高碳的转变，促进城市化替代工业化的转变，保证国民经济平稳、高速、高效运行。

（二）促进期货市场服务实体经济功能的实现

一个成功的期货品种成就一个产业，过去的五年乃至中国期货市场20年已经证明了这一点。期货市场在相关产业发展中所起的作用不可小视，可以具体表现为以下三个方面：一是期货市场价格发现功能的发挥可以引导相关产业发展方向，优化产业结构与资源配置，避免了产业无序盲目发展的风险；二是期货市场避险功能的发挥，也使相关产业上下游企业能够顺利地规避价格大幅波动的风险，增强了产业发展的稳定性；三是期货市场各品种合约的标准化等交易机制特点，使得相关产业的发展更加规范化，避免了产业粗放式发展方式所带来的风险。

2009年世界掉期衍生品协会（ISDA）的调查报告显示，世界500强企业明确报告利用衍生品进行风险管理的多达471家，占比高达94.2%。可以说，利用衍生品避险在国际上已经是普遍现象，正是衍生品的避险功能成就了世界500强的核心竞争力。随着商品期货上市品种的逐步增多，必将会有更多的企业利用期货市场来建立和健全其风险管理体系。随着我国经济逐步向科学的、全面协调可持续的发展方向迈进，我国各个企业之间的核心竞争力也必将从成本竞争力、品牌竞争力逐步转化为管理水平竞争力、技术竞争力以及企业文化竞争力，而期货市场避险功能的发挥以及企业利用其进行风险管理的能力，必将成为提升企业自身管理水平、形成企业核心竞争力的主要途径之一。

进一步完善期货市场，促进相关产业发展，应该注重以下方面：首先，加强风险管理理念的宣传和推广力度，促使社会各界对期货市场形成正确的认识，进而促进期货市场风险管理功能的发挥。其次，完善期货交易和交割制度，提高期货市场流动性水平。期货交易交割制度的设置，影响期货价格和现货价格的偏离程度以及无风险套利的空间，进而影响价格发现和风险管理效果。因此，针对期货品种实际调研反馈出来的制约因素，积极采取完善措施，修正相应的交割规则，提高现货企业的参与程度，实现促进期货市场功能发挥的目的。最后，夯实现货市场基础，为期货市场功能发挥提供条件。通过期货价格引导现货价格，逐步消除地区间、城乡间的价格差异，形成国内统一的商品价格体系，进一步推动市场化改革。

（三）加快期货市场立法进程，规范期货市场快速健康发展

以韩国、新加坡和我国台湾地区为代表的新兴衍生品市场能够异军突起，遵循“立法先行”的原则是一个重要原因。我国台湾地区于1992年1月

通过《境外期货交易法》，提供了境内投资者参与境外期货交易通道，1997年3月通过《期货交易法》，1997年9月正式成立台湾期货交易所，随后才开始进行岛内期货交易。通过先立法再构建期货交易所、开设期货公司，这种"立法先行"的发展模式为近年台湾地区期货市场的活力四射奠定了良好基础。它既能吸取发达期货市场的经验和教训，规避一些法条设计上的漏洞，又能使各市场主体在既定的游戏规则下自由发展，这无疑有利于发挥后进期货市场的后发优势。

反观我国，目前已经颁布的金融法律有《中央银行法》、《商业银行法》、《证券法》、《保险法》、《信托法》和《证券投资基金法》，六大行业分支"银、证、期、保、信、基"中唯独《期货法》没有出台。《期货法》的姗姗来迟，也使得我国完整的金融法律体系构建尚缺最后一环。其实，早在20世纪90年代中期，《期货法》就已经进入人大的立法议程，但是由于种种原因，直到今天还没有出台。因此，"十二五"期间，在第十二届人大任期内，应尽快推出《期货法》，以填补我国金融法律体系的空白。但我们需要什么样的期货法？我们认为，这应当是一部高起点、开放式、全方位的法律。所谓高起点，是指立法者应当站在清醒地认识国际衍生品市场发展趋势的高度上，广泛吸收国际上成熟期货市场的宝贵经验，协调好与《中央银行法》、《商业银行法》、《证券法》、《保险法》、《信托法》、《证券投资基金法》等金融法律的关系，既能规范场内交易，又能服务场外交易；所谓开放式，是指立法者应当考虑到将会有更多商品期货、商品期权、金融期货、金融期权推出，应当考虑到中国期货业"走出去"和国际期货业"请进来"的趋势，为中国期货市场的扩容和国际化留下足够的发挥空间；所谓全方位，是指立法者应全盘考虑期货市场的各方面和各类主体，在监管体制、品种推出机制、交易制度、结算体系、期货行业发展等多方面突破，兼顾金融机构、生产商、贸易商和普通投资者的利益。

（四）完善监管体系，提高监管效率，促进期货市场协调健康发展

"十二五"期间是期货市场大发展机遇期，我们珍惜机遇，加快发展的同时，也要注意加强监管，防范风险。在"五位一体"的监管工作体制基础上，要进一步在科学适度监管、提高监管效率上做文章，真正做到监管与市场发展相适应，为我国期货市场发展把好关，掌好舵。

1. 要进一步加强合规监管，提高期货公司依法规范运作水平

守法合规经营是期货公司生存发展之本。只有合规经营，才能取信于客

户、取信于市场、取信于社会，从而赢得良好经营环境；只有合规经营，才能避免酿成重大风险，从而实现公司的持续发展；只有合规经营，才能符合监管要求，在业务发展等方面有更大的空间。合规文化是期货公司核心竞争力的重要组成部分，监管部门应结合市场新形势和行业新特点，改进和完善监管工作，全方位提高期货公司的守法合规意识和自我约束能力，促进期货行业持续规范健康发展；期货业协会应围绕诚信合规的行业文化建设，完善自律管理制度和约束机制，维护行业公平竞争秩序；期货公司应牢固树立守法合规经营的意识，加强全员合规教育，不断健全依法经营的保障机制，提高合规运作水平。

2. 进一步完善分类监管制度，引导期货公司做优做强

自 2009 年期货公司分类监管制度实施以来，已经进行的两次分类评价证明，分类监管制度是符合中国现阶段期货市场实际的，提高了监管的科学性、针对性和有效性，对促进期货公司规范健康发展，推动期货市场从量的扩张向质的提升转变发挥了重要作用。在两年探索的基础上，针对近年来行业出现的新问题以及监管重点问题进行深入研究，在广泛征求市场各方意见的基础上，适时调整和修正分类评价指标，完善分类评价工作机制，引导期货公司按照有利于期货市场功能发挥的目标进一步做优做强，是“十二五”期间的重点所在。

3. 深化保证金监控中心的功能作用，将保证金监控中心升级为统一的结算公司

保证金监控中心是我国期货市场的制度创新，实践表明，保证金监控中心提高了监管的效率，提升了资金运行的安全性，为我国期货市场的发展做出了贡献。但同时，我们也要看到，统一结算已经成为全球期货市场发展的一个重要趋势，应该适时吹响中国期货市场统一结算的号角。目前，我国建立统一结算体系的最优途径就是将保证金监控中心的业务范围扩大，使其升级为由政府组建，独立于四大期货交易所，承担我国场内、外期货市场资金统一结算职能的非营利性的中国衍生品结算中心。从而实现结算功能的突破、结算业务模式的突破、结算机构组织架构的突破和期货市场发展战略的突破。

（五）完善期货品种体系，提升市场运行质量和功能发挥的程度

我国期货市场已上市 23 个商品期货品种和 1 个金融期货品种。就商品期货而言，农产品、金属、能源化工三大类期货品种门类齐全、市场基础大、流动性好、代表性强，已经成为全球最大的商品期货市场，在国际期货

市场上占据一席之地，具有较大的影响力。

在“十二五”期间，我们要进一步提高已有期货品种的市场深度和广度，提高品种在相关产业中的影响力，吸引更多的现货企业参与期货交易。增强品种的流动性和价格发现功能。只有切实将各个品种做精、做细、做优、做强，才能实现我们打造国际定价中心的目标。

在推出新品种的问题上，首先应着力建设品种推出的长效机制，逐步降低品种推出过程中非市场因素的影响，使期货品种能真正满足实体经济的需求。在未来的《期货法》中应该对期货品种的推出机制做出相应的规定，使期货品种的推出做到有法可依。其次，具体到品种，期货市场的基础是实体经济，只有对实体经济有益的品种，才有推出的意义。我们认为“十二五”期间应上市的期货新品种有：

1. 利率、外汇期货及相关衍生品

“十二五”期间，随着利率市场化改革深入，有管理的浮动汇率制度的完善、人民币国际化水平的提高，人民币利率及汇率的自由变动将是必然趋势。必须尽快推出利率和汇率品种，以解决我国目前面临的人民币“外升内贬”的困局，为我国企业规避利率及汇率风险提供相应的渠道，并促进我国金融市场的稳定发展，保证我国的金融安全。

2. 关系国计民生的战略性商品期货

我国经济的崛起，带来对资源消耗量的激增，在国内资源不能满足需求的情况下，不得不通过增加进口来满足经济增长的需要。国际大宗商品市场价格的任何变动，都会对我国相关产业和整个国民经济的平稳发展产生重要影响。为争夺大宗商品的定价权，保持国民经济平稳较快发展，化解“高进低出，高出低进”的双重困局，我们应加快如原油、铁矿石期货等关系国计民生的战略性商品期货品种的推出。

3. 碳排放权期货

当前，全球生态体系在经济发展的压力下不堪重负，温室效应问题日益突出，低碳经济成为全世界关注的焦点。通过产权界定将温室气体排放权变为商品，并进行市场化定价买卖，已成为欧美等国实现低成本减排的市场化手段之一。与一般商品交易相比，碳排放权交易存在着更大的政策性和技术性风险。因而，国际市场对于期货、期权等碳金融工具的需求日益显现，国际碳交易工具日趋丰富，碳金融体系不断发展。与此同时，我国单位 GDP 能耗降低也需要低碳金融机制和工具支撑。碳排放权期货的适时推出，有助于利用期货市场的价格发现和风险管理功能，为实体经济向低碳经济转型服务做好准备，提高我国碳资源的定价影响力，建立符合国内需求并与国际规则对接的碳市场体系。

4. 期权合约

为了规避期货交易的风险，国内对于期权合约上市的呼声也非常高。期权是期货市场投资者的风险管理工具，在成熟的期货市场上，期货和期权是一个有机体。期权交易能够使参与期货交易的投机头寸实现“保险”，投机者可以有效地减少或避免因决策失误造成的风险。我国各大交易所都在准备期权合约的上市，因此我们预计，在“十二五”期间，与商品期货、金融期货相配套的期权产品的推出，必将促进我国期货市场功能的进一步发挥，在提升行业和市场国际竞争力的同时，更好地为国民经济发展服务。

（六）创新期货公司业务模式，促进期货行业做大、做优、做强

在后危机时代的背景下，中国作为新兴市场国家应当加快金融创新的步伐，适当地“踩油门”，以此为契机缩短与发达国家的差距，在全球经济格局调整中争取主动地位。对于期货这一新兴产业来讲更加需要开阔思路、不断创新来推动市场前行，创新才是中国期货市场的生命力所在。期货市场的健康发展、功能的有效发挥，客观上需要期货公司不断创新，提升服务实体经济的能力。

期货市场的创新，包括诸多层次。首先是产品的创新，既包括期货新品种的创新也包括投资于期货的产品的创新。对于前者，应加强立法，建立以证监会为主体的长效的品种推出机制；对于后者，应在分类监管的基础上，对合规并有创新能力的期货公司放开创新牌照，赋予其市场创新主体的能力。其次是业务的创新，近年来，我国期货市场持续快速发展，期货行业整体资本实力和合规经营水平显著提高，为期货公司开展各类创新活动尤其是业务创新创造了良好外部环境，奠定了坚实内在基础。我们认为，“十二五”期间可以开展的业务创新有：一是研究推进期货公司投资咨询业务。主要目的是为现货企业利用期货市场进行风险管理提供专业意见，为期货投资者进行期货交易提供信息咨询和业务指导，引导投资者理性投资，有效管理风险，促进期货市场功能发挥。二是研究推进期货公司境外期货经纪业务，为国内相关现货企业利用境外期货市场套期保值提供更加方便、安全的专业中介服务，逐步改变目前国有企业境外期货套期保值交易由境外中介机构垄断的局面。三是研究推进期货公司资产管理业务。通过这项业务培育和发展机构投资者，优化投资者结构，提高整个市场的投资决策水平和风险承受能力，深化期货市场功能。同时，也应鼓励期货公司结合自身实际情况，适时适度开展制度创新和组织创新，通过持续的创新活动，提高期货公司综合实

力，提升服务国民经济发展的能力。对于资质较好、经营稳健的期货公司，可考虑将资产注入母公司后实现整体上市，以形成一批具有核心竞争力的期货公司。

此外，对于我国期货市场长期存在的居间人现象，我们认为，应按照“包容性增长”的思路，采取向两极分流的办法加以解决。具体来讲，一方面对一部分有很强市场开拓能力的居间人，可以使其内部化为期货公司的市场经纪人，从而将其纳入期货公司统一的管理之下；另一方面，可以效仿美国等成熟期货市场上的介绍经纪商（Introducing Broker，IB）制度，将居间人与某些期货公司组合在一起，改组成专门从事开发市场活动，而不接受客户资金的介绍经纪商类期货公司。

作为期货行业主体的期货公司，担负着连接上下游行业和企业的重要任务，能否将整个行业的资源有效地整合、融合，进而发挥出更大的效用，关键也在于期货公司。提升我国期货公司自身的运行质量和效率，做大做强期货公司，对公司自身和整个行业来说，都是一项关键的课题和任务。

期货公司信息系统是保障市场正常交易的基础。加强信息系统建设，进一步提高全行业信息技术水平是打造现代金融公司的关键任务之一。首先，期货公司要进一步高度重视信息技术建设和管理工作，根据公司发展战略和市场需要，科学规划、超前规划，进一步加大技术投入和人才培养，不断提高信息技术建设和管理水平。其次，期货交易所要继续研究落实对会员技术建设的支持机制，帮助会员全面提升信息技术系统。最后，要进一步加强监管和政策引导，在分类评价中，进一步加大信息技术指标的比重，在创新业务试点时考虑公司的技术水平，引导期货公司把信息系统建设作为公司长远的发展战略。

建立现代公司制企业治理结构，是期货公司提升竞争力，迈向现代金融公司的必经之路。各期货公司应重视以“强化风险控制”为中心的公司治理。首先，重视并真正发挥首席风险官的职能作用；其次，应在经营环节、财务会计、信息系统安全管理等方面进行内控，定期审计，降低经营风险；最后，期货公司还应建立风险管理指标动态监控和补充机制及内部稽核制度，并向股东、董事会定期报告，以加强对风险的监督与控制，最终形成业务隔离、风险控制、营业部管理和“四统一”的内部管理制度。

期货行业的持续稳定健康发展，离不开良好的行业文化。应着力塑造以诚信文化、规范文化、专业文化、创新文化和共赢文化为特征的期货行业文化，从而实现行业的全面协调可持续发展，提升行业地位，改善行业形象，营造出和谐的期货生态环境。

（七）积极培育机构投资者，改善期货市场投资者结构

期货是一种高、精、尖、专的投资产品和投资活动，期货市场需要专业的机构投资者。机构投资者是成熟金融市场的参与主体。机构投资者代表着专业和理性，组合投资的方式又分散了其投资风险，因此机构投资者是一个金融市场长期稳定健康发展的基础。我国期货市场自建立以来，经过数年整顿，运行愈加规范，成交规模也持续放大，但是投资者结构依然不尽合理，作为市场最重要力量的机构投资者仍显单薄。期货市场专业性更强，风险更高，散户占主导的投资者结构会对我国期货市场的长远发展带来隐患。

在这样的背景下，引进商品交易顾问（Commodity Trading Advisor，CTA）制度被监管层提上日程。CTA 一旦推出，将会形成我国期货市场最为专业的投资群体，为今后更多的机构投资者的引进打下基础。在我们的设想中，我国未来的期货市场应该是社保基金、证券基金、企业年金、对冲基金、现货企业、QFII、证券公司乃至商业银行共同活跃的舞台，而 CTA 将会成为这些机构的中坚力量。

若构建我国期货市场的机构投资者群体，期货公司就应当是首选。期货公司在多年整顿的行业态势和瞬息万变的市场形势下历练多年，已经构建了雄厚的人才储备和完善的风险控制机制，这正是期货市场机构投资者所必需的。引进 CTA 是期货公司由通道游说者转型成为专家型投资者的重要契机，有了 CTA，不同股东背景、不同客户结构的期货公司可以为客户提供差异化专业服务。

鉴于 CTA 本质就是期货基金，而期货基金仍处于期货相关法规的空白地带，因此 CTA 的设立就要解决这个“既不违法，也不合法”的窘境，使众多私募期货基金阳光化。CTA 产品的发放可以通过信托的方式，我国信托产品只需在银监会报备就可以合法地进入市场，通过券商、银行等合作伙伴发售，这样就完全规避了法律风险。由于期货与其他资产之间的相关性较低，是优化资产组合的最佳选择，被很多共同基金选进资产池，以降低整个资产组合的风险，并提高收益。因此，在我国的私募 CTA 产品运行成熟后，还可以尝试与基金公司合作推出向公众发放的基金产品。

无论是服务投资者，还是优化期货市场结构，CTA 都是当之无愧的专家型力量。着眼当前，专户管理和定向集合理财是让我们的 CTA 释放专家能量的有效途径。放眼未来，金融期货还会给 CTA 带来更多发展机遇，公募期货基金的大门也会择日开启，我们的 CTA 定能用专业肩膀扛起期市高飞的重担。

（八）加快对外开放步伐，建设国际定价中心

在当前全球金融行业混业经营格局的背景下，期货市场与期货行业无法在金融业整体对外开放的过程中独善其身，开放乃大势所趋。总的来讲，中国期货市场的对外开放可分为两大方面，一是“走出去”，二是“请进来”。针对当前市场的发展形势，为做优做强期货公司，扩展其业务范围和让更多企业能更好地利用国际国内两个市场进行风险管理，我们应该逐步“走出去”，谨慎“请进来”。让我们的期货公司、投资公司和企业在风险可控的条件下参与到国际期货市场中，学习与借鉴国外先进经验，苦练内功，提高自身实力；对外资适当放开期货市场准入，让国内市场真正国际化，使国内的一些期货品种成为世界定价中心。

从“走出去”层面来讲，参与国外期货市场的市场主体主要有两大类，一是期货公司；二是期货投资者，包括企业、投资公司与个人。两类主体“走出去”的路径既相互联系又相互区别。

首先，鉴于我国期货公司目前的实力状况，参与境外市场可以在配合相关业务的开展下采取三步走的形式：第一步，为配合开展境外期货代理业务，采取转委托的模式与境外知名期货经营机构合作，逐步熟悉境外期货市场的发展。第二步，对于有一定实力的国内期货公司可以采取香港的模式，在海外开设分支机构或分公司，成为海外主要期货交易所的交易会员或交易结算会员。在这方面，根据 OEPA 协议在香港设立分支机构的六家期货公司已经进行了初步的尝试。第三步，在国内期货公司进一步发展壮大和业务范围扩大以后，可以采取并购等方式参股或控股国外的期货公司，直接参与国外期货市场。

其次，考虑到期货市场的高风险性以及交易因素的复杂性，期货投资者的开放与我国期货市场渐进式开放的原则保持一致，在风险可控、可测和可承受的基础上，坚持逐步开放、先套保后投机、先机构后个人的开放原则。第一步，除那 31 家持证国有企业之外，允许更多的有境外套期保值需求的企业参与境外期货交易，在交易方式上要先以套保为主，等积累一定经验以后再放开进行投机交易。第二步，设立期货 QDII（合格的境内机构投资者）参与境外期货交易，由于期货交易的高风险和高收益性，同时，考虑到境外市场多数以机构投资者为主，在条件成熟时，可以借鉴证券市场 QDII 的方式，允许机构和期货基金进入境外期货市场。第三步，在市场充分发展的基础上，允许个人投资者直接参与境外期货市场，进行期货交易。

从“请进来”的层面来讲，随着市场的大发展，特别是股指期货的推

出，下一步，允许外资参股国内期货将是行业发展的趋势。当期货市场发展到一定阶段以后，成熟的外资将为我们带来更多的先进经验，特别是在金融期货方面，利用外商的成熟发展经验将更有利于开拓新兴市场。当然考虑到国内期货公司的发展水平，我们仍然需要给国内期货公司更多的保护，这点可以借鉴目前证券公司的开放经验，对合资期货公司进行一定的限制，控制其在国内的发展速度。

在期货市场品种开放方面，我们仍然需要比较谨慎。因此，对于品种的开放，我们在风险可控、可测和可承受的基础上，坚持逐步开放的原则：第一步，在股指期货推出后，借鉴国外经验，允许 QFII（合格的境外机构投资者）参与股指期货，但是在额度与持仓方面实施严格的限制，并且只能限制于套保需求。第二步，在境外代理业务开展并取得成功的基础上，借鉴证券 QFII 开放的经验，设立期货 QFII，可先试点开放部分市场化程度较高、交易比较成熟且与国外联系比较紧密的品种，如铜、大豆等，并且对有现货需求套保的外资跨国企业予以部分开放，但一定要严格监督管理，实行规模控制。第三步，在试点比较成功的基础上，再全面开放所有品种，但是对额度的控制一定要坚持，不能轻易放弃。

随着中国对世界经济增长的拉动作用不断提高，中国对世界经济的影响也逐渐被人们称作“中国因素”。但是，过去在世界范围内开始广泛显现的“影响因素”并没有成为主导世界经济增长的“定价力量”。作为一个资源的需求大国在价格形成中没有应有的优势地位，没有任何话语权，让我国经常为此付出沉重的代价。后金融危机时代，中国作为世界经济增长“引擎”的作用进一步凸显，对全球经济的影响力更加显著，在一定程度上可以说，我国经济正“主导”着世界经济的走势。这表明，随着我国经济的快速发展，经济结构的不断优化，我国正在步入由经济大国向经济强国的轨道，我们必须加速将“中国因素”转变为价格制定上的“中国力量”。

进入新世纪以来，我国经济的崛起正在改变着自工业革命以来世界经济的格局，在经历了这次国际金融危机的洗礼后，这一趋势将得以强化。我国经济的迅速崛起要求建立合理的世界经济新秩序和平等公正的国际价格机制，从而建立公开、公平、公正的国际价格新体系，来保证我国经济的可持续发展而不是成为世界的“血汗工厂”。建设公平合理的新的国际价格体系是保证我国经济迅速崛起的必要条件，是期货界肩负的一项庄严的历史使命。必须将我国的期货市场建成世界性的定价中心，才能从根本上改变旧的国际价格体系，形成服务于我国经济崛起的公平合理的国际价格新体系。

定价中心产生的历史条件包括经济增长的条件、法律和制度的条件、贸易中心以及金融中心的条件、交易所的信誉以及体制安排的条件等。定价中心是做出来的，而不是喊出来的。我们要顺应中国经济崛起和世界经济格局变化的新形势、新潮流，不仅从规律性上加深对世界定价中心的形成和发展的认识，更要从行动上努力争夺国际市场的定价权。在“十二五”期间，首先，我们要以已经在国际上有广泛影响的优势品种为突破口，将这些品种做精、做优，通过价格体系的比价作用，带动相关品种国际地位的提升，进而取得整个品种门类的定价话语权。其次，加强期货市场和现货市场的联系，提高企业参与期货交易的积极性和利用期货定价、避险的能力。增强商品产区、加工企业、下游市场之间的协同性。在提高期货市场服务实体经济能力的同时，不断扩大期货市场信息的影响范围和深度，让我国期货市场产生和传递更为权威的信息。再次，提升我国期货市场的国际化程度，让更多的外资企业和期货公司参与进来。随着我国期货市场在国际上受关注程度和参与度的提高，必将提高我国期货市场的定价话语权。最后，促进期货市场发展，不断壮大期货公司的实力。本土期货公司国际地位的提升，必将把来自中国的声音传播得更远，更加铿锵有力。

论绿色流通科技及其发展趋势

洪 涛[①]

摘要：提出绿色流通科技的概念、内涵和外延，从不同的角度分析绿色流通科技，如绿色商品（含服务）科技、绿色包装科技、绿色商流科技、绿色物流科技和绿色信息流科技；从行业方面，分析批发方面的绿色科技、零售方面的绿色科技、商业服务方面的绿色科技和物流配送方面的绿色科技等。论述推广绿色流通科技与节约流通资源、推广绿色流通科技与流通业管理创新“两个结合”，提出推广绿色流通科技的七条建议。

关键词：绿色流通科技；商业资源；RFID；GIS

随着社会分工和发展，商业在国民经济中的地位日益提高，商业已转变为在国民经济中具有较高地位和作用的流通产业。现代流通产业的可持续发展，必须依靠科技创新、管理创新、制度创新和文化创新等，在现代市场经济条件下，科技创新具有重要的意义，其中绿色流通科技更具有重要意义。长期以来，人们忽视科技创新对流通产业的作用，所谓“商业无科技”的认识严重影响了商业科技的发展。当我国流通现代化进入绿色流通、和谐流通、特色流通、生态商圈的新的发展阶段时，绿色流通科技具有重要的推动意义。本文是在承认“商业有科技”的基础上进行研究的。

---

① 洪涛（1957~），男，湖北天门市人，教授、博士，北京工商大学经济学院贸易系主任、商业经济研究所所长，商务部市场运行调控专家，中国商业经济学会副秘书长、学术委员会副主任，全国高校教学研究会副秘书长，中国物流学会副秘书长，中国市场指导委员会副会长，北京市优秀教师。研究方向：流通产业理论与实践。邮箱：cearls2009@126.com。

一、绿色流通科技的概念与内涵

（一）绿色流通科技的概念

近年来社会普遍关注绿色，使绿色科技、绿色文明、绿色主义越来越受到人们的关注，强调环境保护、资源节约、健康安全和循环经济的“绿色经济”观念颇受青睐。绿色科技（Green Science and Technology）是能够促进人类生存与发展的生产体系和生活方式以及相应的科学科技（周光召），它不是一门独立的学科或领域，而是科技发展的全新的理念和导向。绿色科技是与可持续发展（Sustainable Development）理念相吻合的科技发展方向。绿色科技的核心是研究和开发无毒、无公害、无污染、可回收、可再生、可降解、低能耗、低物耗、低排放、高效、洁净、安全、友好的技术与产品。

到 20 世纪 90 年代，我国流通发展也进入“绿色”时代。绿色流通是与资源节约、环境友好、健康安全、循环经济相关的商业（流通）活动，是指以绿色文明为方向、以环境保护为导向，直接或间接减少污染的环保取向型商品流通过程及活动。发展绿色流通就是按照科学发展观的要求，用保护资源、保护环境、保护生态平衡、保护国民健康安全的可持续发展思想，指导和改进我国的商业工作，加快转变经济增长方式，提高发展质量，促进流通发展与人口、资源、环境相协调，实现可持续发展。

绿色流通科技是绿色科技的一个重要组成部分，是指能减少污染、使流通环节更加环保的科学与技术，是指商品使用价值、价值以及信息转移过程中所采用的自然科学与社会科学方面的方法、工艺、流程、标准以及设施、设备、装置应用的总和。它包括在商品运输、装卸、流通加工和信息处理等活动中所使用的各种工具和其他物质设备，以及由科学理论知识和实践经验发展而成的各种方法、工艺、流程、标准等。

在我国消费由数量型消费转向质量、健康型消费阶段的过程中，流通领域的“绿色”就显得更为关键，在社会不断要求和谐发展、绿色文明的今天，绿色流通科技已成为城市可持续发展体系的重要组成部分和科技支撑。绿色流通科技的内涵可以从多维角度理解：

（1）绿色流通科技是使食品在流通环节中，保持安全、新鲜，并被合理、经济地储存的技术。

（2）绿色流通科技是在商品流通环节中，能尽量减少污染，做到环保高效的技术。如通过商品合理运输降低成本的同时减少尾气排放，降低对环境的破坏等。

(3) 绿色流通科技是在企业流通过程中，能将企业自身利益、消费者利益和环境保护利益三者结合的技术。如尽可能利用再生资源，产品实体中不添加有害环境和人体健康的原料、辅料，在产品流通过程中消除或减少“三废”对环境的污染等。

(4) 绿色流通科技是使消费者能高效、环保消费的技术。如当今十分普遍的 POS 机以及可降解塑料袋等。

(二) 绿色流通科技的构成

绿色流通科技从横向来看，可分为绿色商流科技、绿色物流科技、绿色信息流科技以及与之相适应的绿色资金流科技、绿色消费流科技；从纵向来看可分为绿色物流与配送科技、绿色交易科技、绿色消费科技等；从行业来看，可分为批发方面的绿色科技、零售方面的绿色科技、商业服务方面的绿色科技、物流方面的绿色科技等。

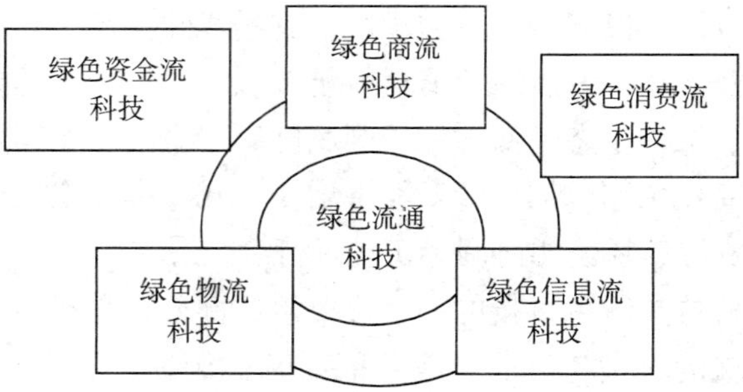

图 1　绿色流通科技的构成

1. 绿色商流科技

绿色商流科技是指与节约资源及保护环境相联系的商流科技，主要有以下三个方面：

(1) 绿色交易科技。绿色交易科技是指有利于节约能源及材料消耗、减少环境污染的交易技术，如 POS 系统、MIS 系统、逆向拍卖技术 (RAT) 等。

POS (Point of Sales) 即售点系统，主要负责销售点的销售，同时又是所有销售数据的采集点。POS 系统是随着零售业的迅速发展，在计算机技术逐渐成熟的基础上产生的新一代销售结算方式。它不但结束了手工结算的诸多弊病，开创了计算机结算的快速、准确，同时将各种详尽的销售信息予以采集，为制定各种销售策略、实现商品的单品管理和库存的优化管理提供了便捷。

MIS（Management Information System）即管理信息系统，是计算机网络及数据库技术在商业领域应用的结晶。现代管理不仅是对人、财、物等可见资源的管理，更重要的是对信息的管理和利用。管理信息系统将电子信息技术应用到经营管理的全过程中，提高了管理的科学性和及时性。整个管理系统从功能上可分为联机事务处理（OLTP）和联机决策支持（DSS），OLTP 将企业的日常经营业务全面电子化，使业务实施更迅速有效；DSS 使管理者能及时、准确、有效地得到决策分析资料。

MIS 系统是新一代银行卡 POS 系统。它是一套功能强大、基于商业收银系统的银行卡支付受理系统，通过商户自身的电子收款机或 IBM 兼容的 PC 机，以专线连接至银行卡网络进行电子交易，取代金融 POS 机来受理客户的各种银行卡支付请求，如信用卡、电子借记卡、ATM 提款卡、联名卡等。在大型超市、商场等交易频繁发生的场所，通过将商户 MIS 系统产品集成到收银系统内部，更加有利于改善用卡环境。MIS 系统接入方式为数据专线，商户 MIS 系统通过商户 MIS 系统 Server 与专线连接，集中处理所有收款机的电子支付，根本无须拨号，交易速度更快、准确率更高。POS 系统、MIS 系统的发展，大大提高了工作效率，节省了大量的人力、物力和财力，成为绿色的、环保的 21 世纪新型交易方式。

逆向拍卖技术（Reverse Auction Technology，RAT）是一种在采购方法上具有革命性和划时代意义的技术。该技术通过应用互联网，很好地改变了过去采购过程中信息的不充分、不对称、不透明带来的种种问题，可以最大限度地帮助采购者充分发现卖主，并通过引发卖主之间的激烈竞争，有效地发现卖方的成本区间，同时有力地变革采购流程，减少采购中的腐败行为，让采购的决策真正回到决策层手中。此外，还有许多其他流通企业内部常见的商流科技（见表 1）。

表 1　流通企业内部常见的电子商务系统技术的应用

BI	BPM	CRM	EDI	ERP	HRP
商业智能	业务流程管理	客户资源管理	电子数据交换	企业资源计划	人力资源管理
KMS	MRP	OA	SCM	WM	SP
知识管理	制造资源计划	办公自动化	供应链管理	库存管理	销售预测
RFID	TOM	FI/CO	MM	CS	SD
无线射频识别技术	全面订单管理	财务与成本管理系统	供应和物料管理系统	客户服务系统	销售管理系统

(2) 绿色结算科技。绿色结算科技是指商流过程中的节能、环保、高效的结算科技。如在商流过程中采用的各种结算方式，包括商场、饭店、宾馆、酒楼、酒店的银行卡（含信用卡）结算，电子商务过程中的电子货币结算，现代易货贸易中“易货额度”结算等。

(3) 绿色节电科技。宾馆、饭店、酒楼、餐馆、超市、百货店等用电较大，需要推行各种绿色节电工程，如酒店、宾馆的照明节能工程，中央空调节能工程，景观灯、路灯节能工程，热水节能工程，中水利用节能工程等；超市、百货店等业态的照明节能工程、中央空调节能工程、电梯节能工程等。又如灯带的分别控制、采用变频技术、精确控制开业准备时间、营业后对冷冻冷藏设备加盖等。这些办法中，既有技术手段，也有管理手段，不论哪一种，都带来了明显的节能效果。

2. 绿色物流科技

绿色物流（Green Logistics）科技是指与节约资源及保护环境相联系的物流科技，狭义的绿色物流科技仅指逆向物流科技。由于流通过程中的现有污染主要发生于物流领域，节约资源、保护环境方面最有潜力的流通活动也集中于物流领域，因此绿色物流科技也就成为绿色流通中的主要方面。近年来实施的“三绿工程”，其主要内容是“开辟绿色通道、培育绿色市场、提倡绿色消费”，其中开辟绿色通道就与绿色物流科技直接相关。它是指开辟公路、铁路、航空、水路、管道等常年性食品运输通道，并按照经济合理的原则将其联结起来，发挥各类运输工具的优势，消除不必要、不合理的关卡和收费，在全国范围内构建高效率、无污染、低成本的绿色食品运输网络和联运系统。

(1) 绿色运输技术。交通运输是国民经济运行的大动脉，绿色运输技术更是农产品物流中的核心技术，占主导地位。绿色运输技术是以节约能源、减少废气排放为特征的运输技术。其实施途径主要包括：合理选择运输工具和运输路线，克服迂回运输和重复运输，以实现节能减排的目标；改进内燃机技术和使用清洁燃料，以提高能效；防止运输过程中的泄漏，以免对局部地区造成严重的环境危害等。例如，在农产品流通中采用绿色汽车运输，或是选择更为经济、快捷的运输方式来组织农产品运输，都会很大程度地节约农产品流通成本，减少流通中的损耗。

(2) 绿色仓储技术。绿色仓储技术是要求仓库布局合理，以节约运输成本的技术。布局过于密集会增加运输的次数，从而增加资源消耗；布局过于松散，则会降低运输的效率，增加空载率。仓库建设还需进行相应的环境影响评价，充分考虑对所在地的环境影响。

（3）绿色包装技术。绿色包装技术是指采用节约资源、降低废弃物排放为目的的包装技术，包括包装材料的绿色化、包装方式的绿色化、包装作业过程的绿色化三个方面。实施绿色包装技术的主要途径有使用环保材料、提高材质利用率、设计折叠式包装以减少空载率、建立包装回收利用制度等。

（4）绿色流通加工技术。绿色流通加工技术是出于环保考虑的无污染的流通加工方式及相关政策措施的总和。实施途径主要分为两个方面：一方面，变消费者分散加工为专业集中加工，以规模作业方式提高资源利用效率来减少环境污染；另一方面，集中处理流通加工中产生的废料，与废弃物物流顺畅对接，降低废弃物污染及废弃物物流过程中的污染。

（5）安全防伪科技。安全防伪的功能是通过粗细变化的实地线条与网点混合，制作出团花、底纹、潜影、劈线、版画等防伪元素；并与光学原理配合实现折光、开锁、潜影等防伪特技，以达到扫描仪器和一般软件、甚至同一软件都无法复制的类似效果。

（6）食品安全科技。自 2000 年开始，卫生部组织开展了对现有食品卫生标准的全面清理，通过对比研究，从我国实际情况出发并参照国际食品法典委员会（CAC）标准，对以往存在问题的标准项目进行较大范围的修改和调整，修订后的标准与国际食品法典标准有了更大程度的接轨。其中，食品污染物限量标准与 CAC 标准基本一致。针对农产品农药残留问题，在深入研究国际农药残留限量标准的基础上，按照危险性分析的方法，对 136 种农药的残留限量标准进行清理，将限量指标由 301 个增加到 448 个，其中与 CAC 标准相同的指标为 233 个，符合率达 52%。为提高食品生产加工企业自身管理水平，保障食品的卫生安全，卫生部按照市场经济发展要求，积极调整监管模式，将规范食品企业生产经营行为作为工程重点。对大型食品生产企业，将通过积极推行“食品企业良好操作规范”（GMP）和“危害分析与关键控制点（HACCP）技术”为主进行管理。为此，2002 年卫生部发布了《食品企业 HACCP 实施指南》，并组织制定或修订了《乳品厂良好卫生规范》、《熟肉制品厂良好卫生规范》、《饮料厂良好卫生规范》、《蜜饯厂良好卫生规范》、《益生菌类保健食品厂良好卫生规范》以及《果汁饮料 HACCP 实施指南》和《液态乳制品 HACCP 实施指南》等。具体来说，食品保鲜技术有：①食品化学保鲜技术；②食品冷冻保鲜技术；③食品气调保鲜技术；④食品冻干保鲜技术；⑤食品冷藏链保鲜技术；⑥易腐食品运输相关的地面设施。

（7）食品溯源科技。“食品质量安全追溯科技”是一个能够连接生产、检验、监管和消费各个环节，让消费者了解符合卫生安全的生产和流通过程，提高消费者放心程度的信息管理系统。该系统提供了“从农田到餐桌”的追溯模式，提取了生产、加工、流通、消费等供应链环节消费者关心的公共追溯要素，建立了食品安全信息数据库，一旦发现问题，能够根据溯源进行有效的控制和召回，从源头上保障消费者的合法权益（见图 2 和表 2）。

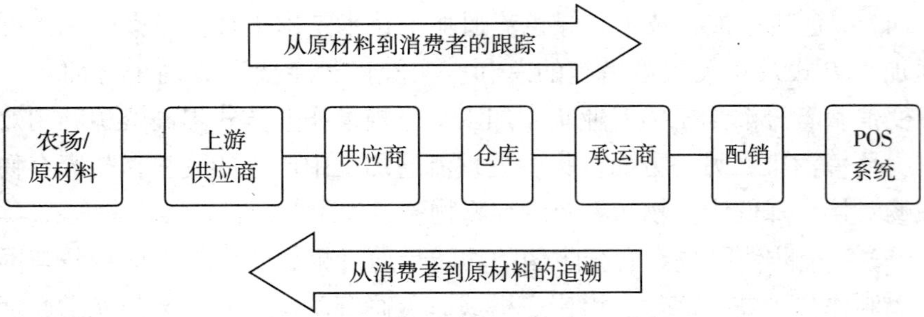

图 2　食品质量安全追溯科技的追溯模式

表 2　食品质量安全追溯科技的信息追溯

①信息标识技术	②信息收集技术
全球统一标识系统（EAN.UCC）	条码技术 RFID EPC
③信息交换技术	④物流跟踪技术
电子数据交换（EDI）	地理信息系统（GIS） 全球卫星定位系统（GPS）

（8）绿色供应链科技。供应链已经成为国际经贸活动必需的配套环节，而近年来技术的急速发展也使得供应链的效率大幅度提高。美国易腾迈公司与其世界各地数以千计的客户、行业分析师、研究人员、IT 业界及解决方案供应商等合作伙伴深入交流后，认为有十大供应链技术在 2010 年成为发展趋势，驱动供应链的发展（见表 3）。

表 3　十大供应链技术

全方位连接技术	语音及 GPS 技术	语音识别	数码成像	便携式打印
二维条码	射频识别（RFID）	实时定位系统（RTLS）	远程管理	安全措施

第一，全方位连接技术。近年各种无线连接技术如雨后春笋，包括个人局域网用的蓝牙技术、802.11 无线局域网、支持语音及数据通信的蜂窝式无线广域网等，它们在供应链领域的最新应用趋势是会聚在同一种设备中，提供多样化的无线通信服务，这为用户以及相关的 IT 管理人员带来了便利。

第二，语音及 GPS 技术。供应链方案的另一个发展趋势是手持式电脑结合了语音通信及 GPS 功能，令它可以同时支持数据采集、数据通信及手机通信，Intermec 的 CN3 便是一个典型例子。随着广域无线通信（包括 GPRS、GSM、CDMA 等）的覆盖面日趋广阔及通信价格不断下调，越来越多的公司能负担使用实时数据访问系统的费用，提高供应链的效率。

第三，语音识别。语音识别技术使得手持式电脑的使用者不需分心留意屏幕，在 IT 产业提倡开放系统及交互操作性的大潮下，目前语音合成/识别功能已经能轻易地融合在多种旧的供应链应用软件中，包括仓库管理、提货及存放、库存、检验、品质监控等，这主要是得益于终端仿真（TE）语音识别技术的面世。

第四，数码成像。企业级移动计算机也增添了数码成像技术，不少运输和配送公司已经使用整合了数码照相机的移动计算机，使得它们的送货司机能采集配送完成的证明、存储已盖章发票并将未能完成送货的原因记录在案。

第五，便携式打印。目前移动打印机是打印行业中发展最为迅速的一环。销售、服务及配送人员使用便携式打印设备，可以立即为客户提交所需文件，同时马上建立一个电子记录文档，不需另行处理纸张文件。在工业环境中使用便携式打印设备，可以节省工人前往一个打印中心提取标签、提货单、其他打印输出文件的时间。

第六，二维条码。二维条码的效益早已获得市场肯定，但由于使用环境不同，会导致有些标识难以读取，所以其广泛性还有待进一步提高。但随着自动对焦技术的面世，二维条码逐渐成为物品管理、追踪及其他运营工作的主流支持技术。

第七，射频识别（RFID）。RFID 的应用也日趋普及，它在资产管理及供应链领域所能发挥的价值尤为明显。如美国海军在一项存储管理关键任务中使用 RFID 支持数据输入，操作时间节省了 98%；TNT 物流部使用 RFID 来自动记录装载于拖车上的货品，确认程序所需时间节省了 24%。RFID 在存货、仓库及配送运营中的新应用模式是使用车载 RFID 设备和其他移动 RFID 读写器，用于增强或取代传统的固定 RFID 设备。

第八，实时定位系统（RTLS）。RTLS 能将无线局域网扩展至资产追踪系统，其中一个很大的市场驱动力是思科系统的 Wireless Location Appliance（无线定位设备），它可以通过思科的无线局域网进行资产追踪，任何一台和无线局域网连接的设备都可以被追踪和定位。无线定位设备和支持软件可以实时追逐射频的定位，高效地支持存储、路由、生产力数据收集及资产使用率分析等操作。

第九，远程管理。使用无线局域网来追踪仓库和工厂资产是远程管理的一个例子，其实远程管理的应用范围十分广泛，包括对条码读取器及打印机、RFID 设备、坚固耐用计算机以及其他工业数据采集设备和通信器材进行配置、监控及问题修复等工作，大幅度减少了供应链设备管理工作所需的时间及成本。

第十，安全措施。更高的安全性是支持供应链技术的一个主要的业务趋势和需求。如可以为移动计算机加锁，所以即使设备丢失或被盗窃，客人的信息和其他数据也不会被别人窃取。无线计算机和数据采集设备也支持许多领先的企业级无线网络采用的安全措施，其中包括 802.11i、802.1x、WPA、WPA2、LEAP、FIPS –140、RADIUS 服务器及 VPNs 等。支持 Cisco Compatible Extensions（CCX）的无线数据采集设备可以完全融合在思科整合式无线网络中，得到其管理、可靠性和安全特性的支持，包括黑客及捣乱无线访问点（Rogue Access Point）检测、身份鉴别与加密、整合防火墙等。

（9）逆向绿色物流（Reverse Logistics）科技。逆向绿色物流科技是指由消费领域向生产领域反向转移过程的科技，又称产品的回收科技。绿色物流科技是现代社会实现资源永续利用、保持生态平衡、经济可持续发展的科学与技术。而再生资源有效利用的关键是将广泛散落于各个领域，品种繁杂、性能各异甚至脏污了的废弃物收集起来，再经过初加工（分类、清洗、剪切等），最终供应给再生利用企业，经过一系列加工处理，使之成为新的产品。

逆向绿色物流将商品分为三类：①有基本使用价值的旧商品，可采用回收后再销售的做法，将其转移给对其有需求的新消费群体；②可利用的再生资源的废弃物，可采用收集分类、加工处理，对其所含有的有用物质加以分解、提炼、重复利用；③不具有任何使用价值的废弃物，则必须采取适当的方式予以焚烧、掩埋、降解处理，努力减少其对空间的占用及对周边环境的污染。

（10）物联网技术（The Internet of things）。物联网技术的核心和基础仍然是“互联网技术”，是在互联网技术基础上延伸和扩展的一种网络技术，其用户端延伸和扩展到了任何物品和物品之间，便于其进行信息交换和通信。因此，物联网技术是通过射频识别（RFID）、红外感应器、全球定位系统、激光扫描器等信息传感设备，按约定的协议，将任何物品与互联网相连接，进行信息交换和通信，以实现智能化识别、定位、追踪、监控和管理的一种网络技术。

该技术 1999 年诞生，2005 年普及，2009 年大发展，在中国把物联网称为“传感网”。中国科学院早在 1999 年就启动了传感网的研究，并已建立了一些实用的传感网。与其他国家相比，我国物联网技术研发水平处于世界前列，具有同发优势和重大的影响力。在世界传感网领域，中国、德国、美国、韩国等国都已成为国际标准制定的主导国。

2005 年 11 月 27 日，在突尼斯举行的信息社会世界峰会（WSIS）上，国际电信联盟（ITU）发布了《ITU 互联网报告 2005：物联网》，正式提出了"物联网"的概念。IBM 大中华区首席执行官钱大群在 2009 年的 IBM 论坛上公布了名为"智能的地球"的最新策略，该公司希望"智能的地球"策略能掀起互联网浪潮之后的又一次科技革命（"智慧的地球"的概念是美国 IBM 在 2008 年提出的。2008 年 11 月初，在纽约召开的外国关系理事会上，IBM 董事长兼 CEO 彭明盛发表了《智慧的地球：下一代领导人议程》）。在中国，2005 年诞生了智慧的钥匙（Witkey），2007 年诞生了"互联网虚拟大脑"的概念。

3. 绿色信息流科技

绿色信息流科技是指商品信息传递过程中所涉及的所有安全、高效、环保的技术。它是真实、准确的信息采集、整理、储存、传输、应用的科技，主要指计算机和网络科学与技术。随着现代信息技术网络化趋势的增强，绿色信息流技术在商品流通中的应用日益广泛，并有效促进了商品流通组织结构调整，提高了商品流通效率和经济效益。信息化作为商品流通发展的重要战略，是实现商品流通现代化的必由之路。目前，在商品流通中广泛使用的信息技术主要有射频识别技术（RFID）、商业智能技术（BI）、企业资源计划（ERP）、电子数据交换（EDI）、销售时点系统（POS）和绿色 GIS 科技等。

（1）射频识别技术（RFID）。射频识别技术（Radio Frequency Identification，RFID）是一项利用射频信号通过空间耦合（交变磁场或电磁场）实现无接触信息传递并通过所传递的信息达到识别目的的技术。自 20 世纪 80 年代以来，射频识别技术及产品进入商业应用阶段，各种规模应用开始出现。到了 20 世纪 90 年代，射频识别技术标准化问题日趋受到社会重视，射频识别产品得到广泛采用。射频识别技术自 2004 年起在全球范围内掀起一股技术热潮，包括沃尔玛、宝洁、波音公司在内的商业巨头无不积极推动射频识别技术在制造、物流、零售、交通等行业的应用。

（2）商业智能技术（BI）。商业智能技术（Business Intelligence，BI）是指应用在商业信息的收集、集成、分析和报告上的技术和应用实践，主要目的在于支持商业决策。在我国，商业智能技术是企业信息化中最重要的组成部分。在《2008 年中国商业智能市场发展报告》中显示，"2007 年中国内地 BI 市场份额约为 20 亿元人民币，同比 2006 年增长 35%，其中 BI 产品许可证约为 9 亿元人民币，BI 系统集成（不包括许可证）约为 11 亿元人民币。现有 BI 厂商包括产品提供商、集成商、分销商、服务商等近 500 家，各行业从业人员约为 8 万人”。

（3）企业资源计划（ERP）。企业资源计划（Enterprise Resource Planning，ERP）是指建立在信息技术基础上，以系统化的管理思想，为企业决策层及员工提供决策运行手段的管理平台。

厂房、生产线、加工设备、检测设备、运输工具等都是企业的硬件资源，人力、管理、信誉、融资能力、组织结构、员工的劳动热情等就是企业的软件资源。企业运行发展中，这些资源相互作用，形成企业进行生产活动、完成客户订单、创造社会财富、实现企业价值的基础，反映企业在竞争发展中的地位。

（4）电子数据交换（EDI）。电子数据交换（Electronic Data Interchange，EDI）是一种在公司之间传输订单、发票等作业文件的电子化手段。它通过计算机通信网络将贸易、运输、保险、银行和海关等行业信息，用一种国际公认的标准格式，实现各有关部门或公司与企业之间的数据交换与处理，并完成以贸易为中心的传输的全部过程。它是 20 世纪 80 年代发展起来的一种新颖的电子化贸易工具，是计算机、通信和现代管理技术相结合的产物。国际标准化组织（ISO）将 EDI 描述成“将贸易（商业）或行政事务处理按照一个公认的标准变成结构化的事务处理或信息数据格式、从计算机到计算机的电子传输”。

（5）绿色 GIS 科技。如基于 GIS 的直接配送商务服务平台开发——以蔬菜、水果主产地和大型城市为重点，研究品牌产品、品牌市场、品牌超市之间的商务规则与业务流程；设计基于 GIS 的农产品流通专业图层结构；开发直接配送商务服务平台；探讨农产品流通组织化方向与对策方面的理论、农产品协同组织的模式、农产品流通专用 GIS 图层结构等。

4. 绿色流通环境科技

（1）节能改造、系统节能和智能控制技术是中国零售业采用的主要节能技术。中国连锁经营协会的数据表明，仅通过零售门店进行节能改造，就可以降低 25%的用电成本。

（2）商品交易环境中的节电、节暖技术。宾馆、饭店、酒楼、餐馆、超市、百货店等用电较大，需要前文所述的绿色节电工程，即酒店、宾馆：照明节能工程，中央空调节能工程，景观灯、路灯节能工程，热水节能工程，中水利用节能工程等；超市、百货店等业态：照明节能工程、中央空调节能工程、电梯节能工程等。

综上所述，以农产品流通中的绿色技术为例，从横向纵览绿色流通科技的构成（见表4）。

表4 农产品流通中的绿色技术

绿色商流技术	绿色物流技术	绿色信息流技术	绿色流通环境技术
绿色交易技术、绿色结算技术、实时销售技术、信用技术等	绿色运输技术、绿色配送技术、绿色装卸技术、绿色包装技术、绿色仓储技术、绿色流通加工技术、安全防伪技术、溯源技术、保鲜技术等	条码技术、射频技术、电子商务技术、ERP、POS、EDI、RAT、物流过程中的GIS技术、智能技术等	节能改造、系统节能和智能控制技术；商品交易环境中的节电、节暖技术

二、绿色流通科技的客观必然性

（一）绿色流通科技是绿色流通的一个重要组成部分

绿色商业主要有绿色商流、绿色物流、绿色信息流以及与之相适应的绿色资金流、绿色消费流等，其中绿色科技贯穿于绿色流通的全过程。绿色流通技术在绿色技术中占主导地位，因此也是绿色商业的重要组成部分。绿色商业是"与资源节约、环境友好、健康安全、循环经济相关的商业活动"。要开展节约资源、环境友好、健康安全、循环经济的商业活动，就必须发展绿色流通技术，以技术的先进化、高端化来保护环境。

（二）绿色流通科技是消费者消费升级的重要内容

在开放的市场经济条件下，消费者的自身修养、知识水平及对商品的认识度日益提高，使得消费者愈加理性、合理地消费。在消费者的消费逐渐升级的当今社会，消费者更加注意节约资源、环境保护和再生资源。因此，绿色流通科技的发展，显得格外重要，会对消费升级起到巨大的推动作用。推动消费升级主要从生产升级、政策升级和观念升级入手，绿色流通科技的发展可使生产升级继而带动消费升级。

（三）绿色流通科技是保持商业可持续发展的技术支持

"传统商品流通活动具有多重目标，如实现流通活动主体的盈利，满足用户或消费者对商品和服务的需求，以及扩大生产及流通企业的市场占有率等，但这些目标均有一个共同的基本特点，即最大限度地追求经济主体的经济利益。而绿色流通的目标则在上述各种经济利益目标之外，加上了节约资源、保护环境这一既具有经济属性又具有人文及社会属性的目标”。商业要保持可持续发展，就必须发展环保、节能、高效的流通技术。绿色流通技术从技术层面对绿色商业提供支持，保持商业的可持续发展。

（四）绿色流通科技与绿色商业的管理、制度、文化紧密联系

绿色流通科技是绿色商业管理的内容和支撑体系之一，也是其制度的支撑体系之一。绿色流通科技离不开特有的商业文化，如商品文化、商业环境文化、商业营销文化和商业伦理道德文化等。

三、绿色流通科技的类型

（一）绿色流通科技的类型特征

绿色流通科技的特征是环保、高效、节能。绿色流通科技，以保护环境、节约能源为主，将企业盈利、消费者利益与环境保护结为一体。绿色流通科技通过科技创新、优化等手段提高效率、节约能源、保护环境。

1. 绿色科技创新

绿色科技创新是指创建新型的交易方式和流通作业形式，变传统的交易方式为现代交易方式，如现代易货贸易就是依靠计算机和网络科技使其最传统、最古老的物物交换升级为现代的易货贸易方式。新科技促使商业流程再造、新兴的电子商务和商业信息化科技的运用等。

2. 绿色科技优化

绿色科技优化是指优化商品运输方案、选用无害运输包装和销售包装、回收复用包装物、适度包装以及在流通加工领域优化资源利用等。针对无害运输包装，2005 年中国绿色食品协会就曾出台《绿色食品包装通用准则》(以下简称《准则》)，《准则》强调在保证盛装保护运输储藏和销售的功能前提下，包装考虑的首要因素是尽量减少材料使用总量；包装材料可重复使用、可回收利用或可降解，包装废弃后，经过一定处理可重新回收利用，使废弃物转化为新物质或再生能源或可降解，废弃的包装材料在特定的条件下，化学结构和物理机械性能可发生明显变化，物理机械性能下降或降解成二氧化碳和水。《准则》还要求，包装表面不得涂蜡、上油；不允许涂塑料等防潮材料；纸箱上的标记必须用水溶性油墨，不允许用油溶性油墨；金属类包装、

玻璃制品不应使用对人体和环境造成危害的密封材料和内涂料；塑料制品不允许使用发泡聚苯乙烯、聚氨酯等产品；外包装应有明示材料使用说明及重复使用、回收利用说明及绿色食品标志，印刷外包装的油墨或贴标签的黏着剂应无毒，且不应直接接触食品。回收复用包装物，已是当今国际热点问题。

据统计，美国消费者每年把 90%的包装材料作为垃圾扔掉；在美国的家庭垃圾中，包装材料约占 1/3。而在我国，仅北京市一年使用的塑料包装袋就有 23 亿个，商品包装废弃物现已占城市固体废弃物的 25%以上。商品包装物增多使垃圾的容积率快速下降，由 20 世纪 70 年代的每立方米 1 吨快速下降到每立方米 0.33 吨，与此同时垃圾清运费也直线上升，由不足 4 亿元增加到 8 亿多元。2005 年出台的《包装资源回收利用暂行管理办法》，阐明了包装术语与包装的分类，规定了纸、木、塑料、金属、玻璃等包装废弃物回收利用的管理原则、回收渠道、回收办法、分级原则、储存和运输、回收复用品种、复用办法、复用的技术要求、试验方法、检验规则、包装废弃物的处理与奖惩原则、附则等内容。除了包装物的回收复用，其他有价值的商品均应回收复用。

（二）绿色流通科技的类型

1. 批发及批发市场的绿色技术

绿色市场是指经认证机构按照有关绿色市场标准或者技术规范要求认证，并允许使用绿色市场标牌（志）的农副产品批发市场和零售市场。绿色市场不仅要求其所经营销售的商品符合国家标准的质量、卫生要求，而且要求其在场地环境、设施设备、商品质量、商品管理、市场管理、市场信用等方面都达到绿色市场标准。

绿色市场认证是认证机构依据 GB/T19220 农副产品绿色批发市场、GB/T19221 农副产品绿色零售市场及相关技术规范，对申请认证企业所建立和实施的文件化市场管理体系的符合性和运行的有效性进行合格评定的活动，通过认证的企业可以获得绿色市场认证证书，并允许使用绿色市场标（志）牌。

绿色批发市场包括蔬菜批发市场、水果批发市场、肉禽蛋批发市场、水产品批发市场、粮油批发市场、调味品批发市场等专营批发市场和农副产品综合批发市场。批发市场绿色技术是使食品安全、新鲜，并在运输等环节环保、节能的技术。

2. 零售及零售市场的绿色技术

零售市场包括食品生鲜超市等专营农副产品的零售市场，以及大型综合超市、大卖场、仓储式商场、便利店等兼营农副产品的零售场所。

（1）RFID（射频识别）就是一种零售绿色科技。过去在超市结账处对逐件商品进行条形码扫描，这一烦琐的过程将随着 RFID 的推广逐步成为历史。届时，顾客只需将满载的购物车推过 RFID 阅读器，货款便自动显示出来。RFID 是一种识别技术，已经应用了将近 60 年，它是一种利用无线射频通信方式实现的非接触式自动识别技术，被认为是 21 世纪最有发展前途的信息技术之一。使用 RFID 以后，每件物品都将拥有一个独一无二的“身份证”。最基本的 RFID 系统由三个基本部分组成：①标签；②读写器；③信息管理系统。标签由耦合元件及芯片组成，每个标签具有全球唯一的电子编码，附着在物体上标识目标对象。读写器是用来读取或写入标签信息的设备，通常与电脑相连，所读取的标签信息被传送到电脑上进行处理。

同以前大量应用的条形码识别技术相比，RFID 优势明显：RFID 读写器对快速移动中的 RFID 标签具有“群采”能力，也就是说可同时辨识读取数个快速移动中的 RFID 标签，而条形码扫描机则必须逐一静态扫描；RFID 读写器还能够穿透纸张、木材和塑料等非金属、非透明的材质，进行穿透性通信，而条形码扫描机则必须在没有物体阻挡的情况下，才可以辨读条形码；RFID 标签巨大的信息存储量也是条形码扫描机不可比肩的，RFID 标签最大容量有数兆字符，而二维条形码最大的容量是 2000~3000 字符；更为重要的是，RFID 标签可以多次修改，不断增加信息，并可经由密码保护，不易被伪造，而条形码则不具有这种功能。RFID 产业前景诱人。

（2）绿色可追溯系统。为了适应消费者的健康需求，推广绿色可追溯系统。如 2006 年底，北京以及全国多个城市相继实施了水产品市场准入机制，商家销售水产品需要出示“水产品公示牌”，标明品种、产地等信息。2007 年 3 月 19 日，通威股份有限公司在北京正式推出其带有电子标签的“通威鱼”。这也是水产品企业中首家向消费者推出的可查询全程的追溯系统。通过手机短信等方式，消费者可以了解每条通威鱼从池塘到餐桌的全过程。此外，山东青岛的精品牛肉也是如此。

通威鱼在水产企业中首家自建了产品追溯体系。目前通威公司已与北京沃尔玛山姆会员店、易初莲花、北京华联等 13 家超市达成合作销售通威鱼，每条通威鱼的身上都挂着一个与之相对应的电子标签。每个电子标签都具有唯一性，消费者拿着这个标签与商超设置的触摸屏进行连线，即可追溯查询到所买的每一条鱼的鱼种、繁殖、饲料、水质、产地、配送、销售等各个环节；同时，这个追溯系统也有助于政府部门、商超客户掌握有关信息。在价格方面，目前带有电子标签的无公害通威鱼比普通鱼价格高出 20%~30%，精品鱼类则高出 50%左右。

在带有电子标签的水产品进入商场或超市的同时，为了保证食品安全，很多餐饮企业也开始将目光转向了品牌货源。为了保障食品安全，降低餐饮企业经营风险，目前包括谭鱼头在内，京城已有10余家餐饮连锁店与通威鱼等品牌水产企业建立了战略合作伙伴关系，为其长期供应货源。[①]

3. 餐饮业与餐饮消费的绿色技术

餐饮绿色技术是用科学合理、经济简洁的加工生产方法，激发保护原料自身营养，减少、杜绝对人体的污染、伤害，尽可能为消费者提供简朴自然的餐饮服务技术。绿色餐饮工程从菜单制定开始，充分考虑宾客用餐人数、年龄结构、职业特点，结合客人消费标准，有针对性地安排品种和数量，既要让客人吃饱吃好，更要防止原料和成品浪费，积极利用客户档案有价值的信息资料，制定符合客人口味和营养需求的菜点。

餐饮产品的生产制作既是餐饮企业最直接管理控制的领域，又是对绿色产品构成产生重大决定作用的环节，在生产实践中，每个岗位都应自觉认真做过细致扎实的工作，绿色食品才能顺利出炉。

（1）加工原料。加工原料是对原料进行削洗、择拣等处理，即将毛料变成净料、粗料变成精料。这时加工得法，浪费少、出净率高，可增加使用部分；反之则浪费多、损耗大、产生垃圾后，环境污染大。要摒弃刁、精、尖的用料陋习，尽可能少剔除废弃部分，充分发挥原料的烹饪作用。对废弃垃圾处理也应与生态农业、立体农业相结合，各类废弃原料分类存放，及时清运，最小限度地减少对饭店及城市环境的污染，最大限度地让其发挥饲养家畜、水产，制造农家肥料的作用。

（2）切割配份。将已经加工的洁净原料按照规格要求进行切割，并根据成肴原料进行主、配原料的合理配伍，对原料切割要依据原料机理，以使成肴质嫩松软、方便进食和消化。将不同原料进行组合配伍，更要区别各种原料质地、营养、特征，均衡调剂营养。

（3）烹调熟制。烹调要根据做菜需要，灵活合理运用烹调技法，减少对原料营养成分的破坏；根据宾客用餐进程，少炒勤烹；减少堆焐，及时销售，严格控制，力求不用各种添加剂，致力于调出原料自身美味。这既是厨艺高超、管理精良的体现，更是保护消费者利益的高招。

（4）装盘美化。对烹调成熟的菜肴，大多需要装饰美化。点缀盘饰得体，可使菜肴锦上添花，诱人食欲。若将菜肴穿靴戴帽、盘饰繁复，不仅使热菜变凉，影响口感，同时无端造成原料的浪费，糟蹋使用资源，增大菜肴

① 者婧. 水产品在京首推追溯系统［N］. 北京商报，2007-3-20.

成本，应予摒弃。

(5) 冷菜、点心制作。随着“绿色”概念的普及，这两类食品的制作，首先应减少乃至取消添加剂的使用，还冷菜、点心原汁原味。其次要精简制作工艺，在保证成品质量的前提下，尽量简化操作，减少对食品的污染机会。

4. 住宿业与住宿消费的绿色技术

我国住宿业发展在促进对外开放、发展旅游经济、满足商务和会展等需求方面发挥着重要作用，住宿业与住宿消费的绿色技术主要包括：

(1) 节约住宿业资源技术。企业要开展节约电、水、煤、油和燃气等资源活动，严格执行各地制定的公共建筑室内温度标准，使用高效节能照明产品，促进资源的循环利用和有效使用，提高资源使用效率，降低消耗。

(2) 保护住宿企业环境技术。住宿企业要发展环境友好型建设；经营中减少使用一次性用品，减少各类用品过度豪华包装；控制污水、烟尘以及废气的排放，实施垃圾分类处理。

(3) 提供信息，搭建服务平台。为开展节约资源、保护环境活动提供信息服务；搭建服务平台，引导节能环保厂商推介技术和产品，支持住宿企业对耗能大的设备进行更新改造，降低消耗。

(4) 组织实施《绿色饭店国家标准》[①](以下简称《标准》)。《标准》将绿色饭店分为五个等级，使用银杏叶标志，从一叶到五叶，五叶级为最高级，环保、节能、健康将成为能否当选绿色饭店的重要内容。该标准覆盖所有住宿业态，对饭店的建筑设计、施工、建材的选择，以及饭店的运营管理、卫生控制、安全等各环节是否符合节能、环保，都有详细的标准和要求。在节能管理方面，《标准》对绿色饭店的室温进行了限定，要求大堂不建 15 米以上中空回廊，公共区域夏季温度设置不低于 26℃，冬季温度不高于 20℃，同时还规定饭店要减少一次性用品的使用，并根据顾客意愿，减少客房棉织品换洗次数，简化客房用品的包装，改变洗涤品包装为可充灌式包装等。同时，还要有引导绿色消费、节约消费提示及服务措施。此外，绿色饭店要有专职食品安全管理人员，定期针对采购、库管、烹调等关键技术岗位人员进行专业培训，积极采用有机、绿色、无公害食品原料，提供营养平衡食谱。饭店还要定期对菜单、食品加工设备进行清洁和消毒，餐厅设有无烟区和无烟包间，倡导分餐制，菜单中明示提供大、中、小例服务。

① 国家商务部、国家发展和改革委员会、环境保护总局等六部委联合起草的《绿色饭店国家标准》于 2006 年底出台。

5. 物流配送的绿色技术

绿色物流配送技术，是以降低对环境的污染、减少资源消耗为目标，利用先进物流技术规划和实施运输、仓储、装卸、流通加工、配送、包装等物流活动。它是建立在现代物流进一步发展的基础上，使物流操作和管理全程绿色化的技术。

绿色物流配送科技的内容主要包括：

（1）集约资源科技，是通过整合现有资源，优化资源配置，提高资源利用率，减少资源消耗和浪费的科技。

（2）绿色运输科技，是以节约能源、减少废气排放为特征的运输科技。其实施途径主要包括：合理选择运输工具和运输路线，克服迂回运输和重复运输，以实现节能减排的目标；改进内燃机技术和使用清洁燃料，以提高能效；防止运输过程中的泄漏，以免对局部地区造成严重的环境危害。

（3）绿色仓储科技，是要求仓库布局合理，以节约运输成本的科技。布局过于密集会增加运输的次数，从而增加资源消耗；布局过于松散，则会降低运输的效率，增加空载率。仓库建设还应进行相应的环境影响评价，充分考虑对所在地的环境影响。

（4）绿色包装科技，是采用节约资源、降低废弃物排放为目的的包装方式科技，包括包装材料的绿色化、包装方式的绿色化、包装作业过程的绿色化三个方面。实施绿色包装科技的主要途径有使用环保材料、提高材质利用率、设计折叠式包装以减少空载率、建立包装回用制度等。

（5）绿色流通加工科技，是指出于环保考虑的无污染的流通加工方式及相关政策措施的总和。实施途径主要分两个方面：一方面变消费者分散加工为专业集中加工，以规模作业方式提高资源利用效率，以减少环境污染；另一方面是集中处理流通加工中产生的废料，与废弃物物流顺畅对接，降低废弃物污染及废弃物物流过程中的污染。

（6）绿色信息收集和管理科技，是企业通过利用先进的信息技术，收集、整理、储存各种绿色信息，并及时运用到物流管理中促进物流进一步绿色化的科技。物流科技不仅包括商品空间的转移科技，也包括相关信息的收集、整理、储存和利用的科技。

6. 商业服务的绿色技术

加快发展绿色商业服务，在流通领域树立有利于节约资源和保护环境的经营理念，积极倡导绿色消费，开设绿色产品专店、专柜，抵制高消耗、高污染产品，广泛开展废旧产品和商品包装材料的回收服务。

7. 电子商务的绿色技术

电子商务技术包括网络导航技术、网上交互技术、网上支付技术、网上交易技术、商用服务器技术、商业智能技术、触摸输入技术、Java 技术以及电子商务标准化技术等。在 21 世纪网络时代，利用网络进行交易和实现流通是一种十分环保的做法。20 世纪 90 年代兴起的电子商务，如今已成为通过应用网络技术快速、有效地进行各种商业行为的最新方法。

电子商务将传统的商务流程数字化、电子化，让传统的商务流程转化为电子流、信息流，突破时间、空间局限，大大提高商业运作效率，并有效降低成本。它还简化企业与企业、企业与个人间的流通环节，最大限度降低流通成本，有效提高企业在现代商业活动中的竞争力。

电子商务作为新型交易方式的出现，对商品流通有着巨大的影响。由于网上购物和在线销售的出现，消费者可以从互联网上直接选购自己中意的商品，生产者、批发商、零售商和网上销售商都可以建立自己的网站并推销商品。一部分商品的流通不再按照原来的产业和行业分工进行，也不再循着传统商业的购进、储存、运销的业务流程运转。网上销售一方面使产业间、行业间的分工模糊化，"产销合一"、"批零一体"的销售模式大量出现；另一方面随着"凭订单采购"、"零库存运营"、"直接委托送货"等新的业务方式的出现，服务于网络销售的各种中介机构应运而生，行业内部的专业化分工进一步深化。

四、 推广绿色流通科技与节约绿色流通资源

（一）推广绿色流通科技的内涵

推广绿色流通科技是各种宣传传播媒体责无旁贷的职责之一。1999 年启动的"三绿工程"至今已经 11 年，各地非常重视该工程的宣传和实施，如中国消费者协会曾先后开展了 13 个消费者主题宣传活动，使广大消费者的"绿色意识"大大增强。一直活跃在每个角落的媒体，在宣传绿色流通科技方面，起到了相当重要的作用。随着消费者"绿色意识"的增强，传统的"价格优先"消费观念正在向"价格与质量并重"转变。消费者"绿色意识"的增强与消费观念的转变，反过来又有力地促进了食品加工、流通企业加强和改善卫生质量管理，积极推行品牌经营，努力提高企业核心竞争力。

（二）节约绿色流通资源科技的内涵

节约绿色流通资源科技是指对流通过程中的商流资源、物流资源、信息流资源等进行节约使之符合绿色环保要求的科技。加强流通领域节能降耗工作是贯彻科学发展观、落实节约资源基本国策的必然选择。

目前，我国矿产资源的人均占有量不足世界平均水平的1/2，尤其是石油和天然气仅为11%和4.5%。2009年11月进口1712万吨原油，同比增长当年首次达到两位数，为10.9%（10月是9.4%），使得我国2009年1~11月的累计进口原油数量达到1.83亿吨，累计进口原油量也已超过2008年全年的进口量（1.79亿吨）。历史上，中国原油进口量超过1600万吨的月份只有12个，2009年就占了9个。

2008年5月，中国超过日本成为目前世界上仅次于美国的第二大石油进口国，同时也是仅次于美国的第二大石油消费国。因此必须采取有效措施解决资源能源战略问题，节能降耗工作是从根本上缓解资源能源约束，减轻环境压力，实现经济增长方式转变，加快建设资源节约型、环境友好型社会的有效途径。

目前，批发零售业和餐饮服务业水、电、气等能源消耗开支已经占到总支出的40%左右，应用先进的节能设备和进行精细化管理，将大大降低能源消耗，如零售企业，仅采用节能灯具一项措施，就可节约照明用电的20%以上。

（三）推广绿色流通科技与节约商业资源的关系

推广绿色流通科技可以节约商业资源，通过现代科技的应用来促使商业资源的节约，包括商业人、财、物等方面资源的节约，同时也能够充分利用商业资源促进国民经济的加速运转。

五、推广绿色科技与流通业管理创新

（一）流通业管理创新的内涵

1. 政府应积极参与其中，从政策入手

政府应当参与绿色科技的推广，这是因为许多流通企业在发展过程中，为了其自身的利益经常会出现内部成本外部化的各种表现，从而对社会造成资源的浪费。2007 年 5 月，上海推进以十项节能工程为重点的技术节能，开展批发、零售业、服务业节能行动，在 5000 平方米以上超市、百货店和交易额在 1 亿元以上的批发市场，推广使用节能灯具、变频空调和节能型冷藏设备；同时创建绿色饭店，减少使用一次性木筷等资源性产品，推动上海的节能降耗行动覆盖到全社会各个领域。

2. 提升政策的科学性

通过管理创新可以提升政策的科学性，也可以提高其透明度，这都是文明社会所必需的基本条件。

3. 建立流通领域的绿色标识制度

建立流通绿色标识制度，使流通领域绿色科技应用规范化、标准化、社会化，促使社会各界认真尊重流通绿色、环保等。

（二）推广绿色流通科技与管理创新的关系

推广绿色流通科技可以为管理创新提供技术支持和较好的工具，管理创新又离不开绿色流通科技，只有绿色科技的管理创新才是真正的科技创新。

六、推广绿色流通科技、节约商业物资资源的案例

（一）批发及批发市场的绿色技术案例

近几年来，许多批发市场特别是农副产品批发市场采用了大量的绿色流通科技，开展了绿色市场认证，如深圳农产品批发市场、北京岳各庄农产品批发市场等。

（二）零售及零售市场的绿色技术案例

近几年来，许多零售市场也采用了大量的绿色科技，特别是生鲜农产品进入超市、冷链技术在肉类产品流通方面的应用等。具体来看：

1. 大商集团

在能源成本控制方面，2006 年大商集团在一家面积 1 万平方米左右的店铺进行了节能尝试，人为灵活地控制照明时间。

（1）节电。如早上 7 点入场进行前期准备时尽量少开灯，人为地调节空调使用时间，同时通过安装节能器，一年节电比率达到 15%。结果仅电费一项，就在以前一年 200 万元的基础上节省了 60 多万元。一般情况下，在大

商1万平方米的门店，每年经营费用会在1000万元左右。而能源耗费一项，就会达到300多万元，用电设备会占到30%左右。在超市，用电是无处不在的。通过更多的人为控制用电时间，如以前24小时运转的设备，现在分段运营，降低到18小时或12小时，以节省能耗。

（2）节暖。在北方地区，供暖是能源支出的一个大项目。大商的供暖费统一是按照面积测算，每平方米收费25元，一个1.8万平方米的门店，正常的采暖费要50万~60万元。后来门店与供暖单位协商，改变了收费方式，用表计量供暖费用。门店自行调节供暖，卖场内温度高的时候，可以少用一些。根据季节和店内人流，对供暖温度进行控制。在用表以后，2006年单店全年的采暖费只有15万元。

此外，门店还会在用电的制度上想办法，如包干到人，谁用电、谁承担费用的原则。对于一些进店的厂家，也采取了谁使用设备电器、谁承担的原则，将一部分费用分摊到了厂家。

2. 易初莲花

易初莲花一直在技术层面降低能耗，依靠技术实现节能降耗。具体有以下三个方面：

（1）在管理手段方面，易初莲花借助远程监控来实现节能，避免人为管理的不一致性。如商场照明，巡视中经常发现灯在非营业时间开启或用完后却不关灯的现象，从而研制了照明监控系统，在卖场的特定区域安装照明度监控探头，自动收集卖场光亮度信息。一旦出现在非营业时段光亮度过高的情况，监控中心会及时联系商店，督促关闭灯光。

（2）监控中心也实现了对卖场空调、冷冻等各项设备的实时监控，为降低能耗、避免浪费提供了更科学、更有力的依据。如原先一个开关控制一排灯，即使只有几人办公，也必须开启多片的灯，将线路改动后，一个开关控制一小区域的灯。在卖场使用的设备中，照明、空调、冷冻设备、自动扶梯等都是耗能大户，其中冷冻设备占能耗的20%~30%，而通过引入先进的电子膨胀阀，可降低能耗10%以上；引进夜间运行模式，对夜间冷库的温度进行回置以及设定智能化霜模式，可有效节电15%以上。

（3）在自动人行扶梯上安装自动停止装置，当电梯无人搭载时，电梯自动停止，大大降低了电耗和设备的磨损。

3. 麦德龙

麦德龙减少事故带来的风险成本。

（1）对于企业来说通过建立质量体系，从而有效减小质量事故发生的风险，也可以降低商场的总体运营成本。以“现购自运”模式运作的麦德龙公司，已经在全国所有商场全面推行 HACCP（危害分析和关键控制点）理念，从供应商的选择、配送中心的把关、物流运输中的温控、商场收货、储存和销售等各个环节，对食品安全进行全方位的监控。

(2) 在供应商选择上麦德龙非常谨慎，甚至聘请第三方独立审核机构考察供应商。一旦发现不合格情况及潜在风险，麦德龙立即停止与供应商合作。

(3) 在麦德龙各家商场，冷冻品、冷藏品、肉类产品、鱼类产品和果蔬类产品都有各自独立的不同温度的收货平台，有效地保证了各类产品的冷链不被破坏。而在商场内，不同温控要求的产品存放并展示在各自独立的区域，确保生鲜、冷藏、冷冻产品能保存在最佳储藏条件下。

(4) 按照 HACCP 体系中避免交叉污染这一重要原则，麦德龙商场内各部门以及所用工具，甚至员工的工作服，均有各自的颜色标识，如蔬果部的地板是绿色、鱼类部是蓝色、肉类部是红色、面包房是黄色。员工身着各自部门颜色的工作服，使用不同颜色的刀具进行操作，避免微生物交叉污染。

4. 上海未来商店

2009 年 7 月，我国第一家未来商店在上海南京路现身。早在 20 世纪 70 年代，条形码技术推动了连锁超市这一新的商业零售业态发展，目前 RFID 技术则引发上海乃至全国商业零售业态的又一场深刻变革。随着经济的发展，以及消费者需求的不断变化，我国的商业零售业态从杂货店、百货商店、连锁超市、大型购物广场、专卖店等一直处于不断演变过程中，谁引领整个业态的发展，谁就会在激烈的商业零售竞争中占据优势。基于 RFID 的未来商店将彻底地改变人们的购物方式，为消费者带来难以想象的购物体验，使普通百姓能够真正体验到 RFID 等新技术对生产和生活带来的影响。在未来商店，RFID 系统与商店后台的仓库管理系统、财务管理系统、采购管理系统、客户管理系统等实现了无缝对接，浑然一体，形成了一个智能购物环境，体现并实践了“科技让生活更美好”的理念。

（三）餐饮业与餐饮消费的绿色技术案例

1996 年，成都谭鱼头投资股份有限公司把街头小吃“冷啖杯”升级成了鱼头火锅，以连锁经营为模式经营鱼头火锅。企业现有员工 8000 余人，年销售额近 5 亿元人民币。公司成立 8 年时，麾下的谭鱼头火锅连锁店已达 120 多家，遍布包括港、澳、台地区在内的国内 50 多个大中城市，目前还在不断向韩国、日本等海外市场拓展。2004 年，谭鱼头北京亚运村旗舰店、成都曼哈顿精品店、重庆大坪精品店等一批独资店相继开业并投入营运，使谭鱼头的品牌得到进一步提升。

谭鱼头总部有个十几个人编制的网络中心，专门帮助公司各店面及分支机构进行业务应用实现，各个店面还会根据自己的规模，有数量不等的专职人员从事网络维护以及新应用模式的探索。现有个别店面正在进行客户关系管理（CRM）的尝试。

1. 谭鱼头的“数码火锅”——谭鱼头信息化

2000 年，谭鱼头上至成都总部下至各家连锁经营店，开始了 IT 系统的建设。2003 年，谭鱼头香港分店利用计算机管理实现了“5 分钟流程”，从那以后，谭鱼头的所有新分店都采用这样的应用模式：餐厅使用 POS 机点菜，后台厨房的打印机同步提交顾客点菜信息，库存管理员根据点菜系统中的物料消耗，随时补货，财务系统根据点菜系统和结账系统的数据，对每天的销售状况进行精细统计。常规应用大致如此，其中还糅合了很多实用的管理功能。

2. 谭鱼头“数码火锅”实施

（1）以“上菜”为例，前台点菜的时间、厨房准备的时间、给顾客上菜的时间都可以用系统记录下来。于是，哪些菜必须在几分钟内提交给顾客，公司都可以提具体要求；否则，服务员、店堂经理就要受罚。中式餐饮有始以来的粗放式管理，在谭鱼头第一次实现了精细化。

（2）以谭鱼头北京亚运村店为例。在谭鱼头北京亚运村店，七个经营楼层中，服务人员并没有很多，即使在用餐高峰，也看不到服务生在餐桌和厨房之间来回穿梭的忙乱身影，四处分布的几十台 POS 点菜机，让就餐环境变得优雅从容。在这几十台 IBM 服务器上，分别运行着亚运村店的财务、点菜、OA 三个关键应用系统，三个系统每天都会定时向成都总部发送业务数据。这样的模式，在每一家谭鱼头店都基本如此。

厨房打印机则随时接收着从餐厅 POS 机上传来的信息，可以做到准确无误，得心应手。谭鱼头通过点菜系统的应用，第一次在餐饮行业实现了对客户点菜、上菜时间的精确计算和控制。

从单店的 IT 系统应用效果来看，亚运村店刚刚开业时有 700 多名员工，但是当点菜和财务的 OA 应用系统全面运转后，餐厅的点菜、写菜单这些业务环节全都由 IT 系统高效率替代了，服务生人数于是减少到了目前的 400 人。人力成本是餐饮企业的一笔重要支出。虽然国内餐饮行业雇用的劳动力相对低廉，但对于一直渴望向国际市场发展的谭鱼头，国外高昂的人力成本，多节省 1 名员工，都是为企业创造利润。

(四) 物流配送的绿色技术案例

物流配送的绿色技术中，我国铁路的冷藏运输技术占很大比重。近些年，我国铁路的冷藏运输有了飞速的发展。主要有以下两个方面：

1. 铁路冷藏运输工具——主要有冷藏车和冷藏集装箱

(1) 冷藏车。国外铁路冷藏车主要有加冰冷藏车（简称“冰冷车”）、机械冷藏车（简称“机冷车”）及隔热车，且一般均经历了从冰冷车到机冷车的发展道路。国外机冷车在结构上的发展方向为降低货间最低温度，提高外气计算温度，改善动力设备，采用高能效比的制冷机组，增加装货间长度，采用铝合金、塑料、新型隔热材料以改善车体隔热性能，减少隔热层厚度、降低车辆自重，增加车辆有效体积等，其目的是进一步提高运输质量、降低运输成本。我国铁路的冷藏车以从 20 世纪 50 年代引进和制造冰冷车及引进机冷车开始起步，发展到今天投入批量运用的冷藏车有 7700 多辆，其中冰冷车 5042 辆，成组机冷车 2300 多辆。由于冰冷车的控温条件较差（最低温度仅能达到-8℃），同时所排放的盐水对钢轨有腐蚀及对周围环境有污染等原因，目前已停止生产。20 世纪 80 年代后期由国外引进的 B.2.1 型、B.2.2 型和 20 世纪 90 年代初国产的 B.2.3 型五节式成组机冷车成为机冷车的主要车型，其技术性能（包括车内温度、传热系数、漏热率、车辆的装载性能等）均较老式的 B.2.0 型、B.1.9 型等车型有了很大提高，B.2.2 型及 B.2.3 型车在隔热性能和气密性等方面已步入国际先进行列。为了适应 CFC.S 的替代问题，由石家庄车辆厂新研制生产的采用 R22 为制冷剂的 LFT50 型制冷机组已装备上车，代替了原 B.2.3 型车中采用 R12 为制冷剂的 FAL056/3(Z) 型机组。新机组的技术性能也有了较大提高，在体积和重量较原机组分别减少 30%和 40%的情况下，同工况的产冷量增加了 8%。车辆和制冷机组技术性能的改善为提高易腐食品的运输质量创造了条件。

为适应新时期易腐食品小批量、多品种、快速度的运输要求，武昌车辆厂新近研制开发了早已在国外铁路广泛运用的单节式机冷车以及为快速运输易腐食品用的特种行李车，为我国铁路提供了新的冷藏运输设备。但由于受目前铁路尚未建立地面检修网点及有关运输组织等问题的影响，它们还未得到广泛和正式运用。

(2) 冷藏集装箱。冷藏集装箱可做到门到门运输，能减少装卸车作业时间、减少不同运输工具间货物的换装，从而可避免货物在换装过程中的温升和被污染的可能性。由于这些优越性，冷藏集装箱在国外易腐食品的运输中运用十分普遍。据统计，1996 年全球冷藏集装箱保有量已达 62.9 万 TEU，占集装箱总保有量的6%。冷藏集装箱的增长速度相当快，1997年冷藏集装箱的保有量较1990年增长了近1.6倍。世界冷藏集装箱以20英尺和40英尺的国际标准箱为主。国外冷藏集装箱在进行铁路运输时多采用集中供电成组或成列运输的方式。如加拿大铁路采用40英尺发电箱为冷藏集装箱集中供电，载发电箱的平车挂于列车中部，集装箱采用双层装载。发电箱的端部有供电插座，每一发电箱可供12~14个40英尺冷藏集装箱用电。发电箱自动控制不跟人，可开行从东海岸的蒙特利尔到西海岸的温哥华的直达列车，中途不加油。在整个运程中仅在温尼勃进行技术作业，对箱子的技术状态进行检查，其他停站则无技术作业，仅仅为了更换司机。

目前国内虽然有烟台“冰轮”、扬州“通利”等数家冷藏集装箱制造厂在生产冷藏箱，仅1995~1996年国内新增冷藏箱生产能力即达年产近2万箱，武昌车辆厂也研制开发了20英尺冷藏集装箱，但由于受目前铁路客观条件的限制，一时无法完全解决冷藏箱运输途中的供电问题，因而冷藏箱在国内铁路尚未形成批量运输能力。

2. 易腐食品运输情况

长期以来我国铁路冷藏运输在全国易腐食品的运输中一直发挥着主力军的作用，在保障供给、调节余缺、满足人民生活不断增长的易腐食品需求上做出了重大贡献。近年来虽然公路运量有所上升，但铁路易腐食品运输仍然起着至关重要的作用，2001年全路完成鲜活易腐货物运量732.8万吨。易腐食品运输中用冰冷车完成的占25.8%，用机冷车完成的占12.8%，还有一部分是用敞篷车完成的（主要是水果和蔬菜，也有少量的肉、鱼类）；冷藏运输率约为40%，较20世纪90年代初的不足20%增长了20个百分点。尽管如此，与国外发达国家100%的冷藏运输率相比仍有较大的差距。“快运”对易腐食品的保鲜是十分重要的，为此我国铁路在20世纪60年代即开行了为香港提供鲜活货物的3趟快运列车，在保障香港居民的食品供应、促进香港的繁荣和稳定方面发挥了积极作用。为进一步做好南菜和南果北运工作，柳州铁路局从1998年12月起开行了湛江至郑州的绿色通道果菜快运班列，装车去向包括了“三北”方向的50多个城市，到2000年5月31日在两个运季近一年的时间内已开行397列计14327车，共发送果菜约62.2万吨。仅此一项，粤西及海南地区即收入9亿多元，其中铁路直接为社会让利1700多万元，对这两个地区的经济发展起到了巨大的推动作用，取得了良好的经济和社会效益。

行包快运的出现为易腐食品的运输又开辟了一条更为快捷的运输方式，深受货主的欢迎。乌鲁木齐铁路局在1998年开行的当年行包快运即外运瓜果 3 万吨，占该局当年瓜果外运总量的 21%。广州铁路集团公司 1999 年行包专列中的鲜活易腐货物也占了 10%。

多种快运形式的出现，为减少易腐食品在运输过程中的质量损失、改善运输服务，也为易腐食品经销者抢时间、争市场提供了有利条件。

（五）绿色电子商务的技术案例

1. 淘宝网案例

淘宝网 2006~2009 年销售额分别达到 169 亿元、433 亿元、999.6 亿元、超过 2200 亿元，其采用了许多先进的电子商务科技。

2. 京东商城案例

京东商城是一个经营电子商品的企业，采取了电子商务技术，使其连续 4 年增长 300%，2009 年销售额达到 40 亿元。

七、推广绿色流通科技的政策建议

（一）创建完善的法律环境

制定有关法律法规，规范企业的经营行为，维护正常的市场秩序，是政府的重要职责。要推动绿色流通技术发展，健全的法律体系、良好的法律环境必不可少。因此，要倡导和发展绿色流通科技，还需要政府制定专门的法律法规，尽快出台《循环经济法》、修订《节约能源法》，出台《废旧家电回收处理管理条例》，并在法律中完善绿色流通科技的内容。流通领域节能降耗要有强制性的标准，有关法规、标准、办法需尽快制定。

政府应以相关法规限制企业对非环保性包装材料的使用和过度包装，鼓励企业实施绿色包装，以此推动绿色物流的发展。具体而言，主要是制定《绿色包装法》，规定企业在整个物流过程中应使用先进的保质保鲜技术，保障存货的数量和质量，在无货损的同时消除污染；规定企业产品的包装要符合 4R 的要求，即少耗材（Reduction）、可再用（Reuse）、可回收（Reclaim）和可再循环（Recycle）。

流通加工应遵循“绿色”原则，少耗费、高环保，在降低货损的同时减少对环境的污染。因此，相关的法规应对流通加工中可能产生的废气、废水和其他废物的排放予以规制，并监督加工企业将分散加工转向专业集中的流通加工，以规模作业方式提高资源利用率；采用清洁生产方式，减少环境污染，集中处理流通加工中产生的边角废料，减少废弃物污染。

（二）创建绿色化的政策环境

政府部门制定的各项政策对企业以及社会的行动具有一定的指导作用。这种指导作用在绿色流通科技方面同样重要。较为直接的方式是通过制定包括各种优惠政策在内的绿色流通发展框架，指导和激励绿色物流的发展。较为间接的方式则是为物流活动各个环节的合理化、绿色化制定相关的鼓励政策。

落实相应的绿色流通的目标，批发零售业和餐饮服务业水、电、气等能源消耗开支已经占到总支出的40%左右，应通过采用先进的节能设备和进行精细化管理降低能源消耗。如零售企业，仅采用节能灯具一项措施，就可节约照明用电的20%以上。力争到2010年，商务领域能耗率比“十五”期末降低20%；争取用5年时间，批发零售业实现万元营业额能源消耗降低20%；争取用5年时间，住宿餐饮业实现万元营业额节电18%、节水15%。

（三）树立绿色流通观念

21世纪是绿色世纪，据世界经济合作与发展组织统计，2000年世界绿色消费总量已达到3000亿美元，以后还会大幅度增长。我国现代物流特别是农村物流落后，如据有关部门估算，由于缺少冷链物流系统，我国每年水果、蔬菜的损耗率达到25%~30%，而发达国家一般控制在5%。

绿色经济要求政府以科学发展观为指导，以建设节约型社会为基本国策，开展全社会的绿色环保、节约资源教育，为实施绿色流通创造一个良好的社会氛围。绿色经济要求企业在经营决策时综合考虑人们的短期利益和长远利益、企业利益和社会利益，并以此观念策划绿色流通活动。企业经营者要改变“环保不经济、绿色要花费”的观念，把绿色流通作为世界全方位绿色革命的重要组成部分。

政府要加强宣传环保的重要性和紧迫性，唤醒企业、社会组织和公众的危机意识，为绿色物流的实施营造良好的舆论氛围和社会环境；引导工商企业打破其物流活动主要依靠企业内部的自我服务来完成的经营组织模式，鼓励企业实行物流外包，开展第三方物流，以提高物流资源的使用效率。物流企业要打破“环保不经济、绿色等于消费”的传统观念，应着眼于企业和社会的长远利益，树立集体协作、节约环保的团队精神，将节约资源、减少废物、避免污染等目标作为企业的长远发展目标。

（四）制定相应的绿色标准和行业评价体系

针对当前整个社会再生产过程中存在的三个“95%”的问题，即商品流通销售环节同生产实践、物质占用、生产时间相比占95%的问题，尽快制定和出台《流通行业节约型企业标准》、《流通行业节约型企业评价体系》，推动绿色流通业的发展。

（五）科学地明确绿色商业标准

如前所述，2008年上海市推进以10项节能工程为重点的技术节能，开展批发、零售业、服务业节能行动。如在5000平方米以上超市、百货店和交易额在1亿元以上的批发市场，推广使用节能灯具、变频空调和节能型冷藏设备；同时创建绿色饭店，减少使用一次性木筷等资源性产品，推动上海的节能降耗行动覆盖到全社会各个领域。

（六）重视人才培养工作

绿色流通属于新生事物，政府应大力支持和引导科研工作，一方面要积极支持绿色流通基础理论和技术的研究；另一方面要加强企业、高等院校、科研机构之间的合作，形成产学研相结合的良性循环，加强应用性技术的开发和应用。在人才培养方面，多层次、多样化教育体系是保证产业形成合理人才结构、提高管理水平的决定性因素。

（1）政府应鼓励高等院校开设相关专业课程，包括与绿色流通相关的环境科学，开展本科、硕士、博士等多层次学历教育，为绿色流通培养高级管理人才和专业人才。

（2）加快推进职业资格培训认证工作。由于我国学历教育刚刚起步，人才培养需要一个过程，总量规模有一定的限制，仅靠院校培养的人才远远不能满足当前的需要，这就要求必须加速开展物流职业培训和资格认证工作。通过对在职人员的培训与认证，从根本上提升我国从业人员的整体素质与管理水平，满足国内市场对各类人才的需求。

（3）优化教育师资力量，提高教育质量。一方面要不断充实师资队伍，大力引进海外物流人才。另一方面要加大培训力度，通过选派优秀教师出国深造，学习国外先进理论与实践经验；通过邀请国内外专家开展学术讲座和短期培训，拓展教师知识面，提高专业师资水平。

（4）加快食品安全检测员队伍建设。出台《食品安检员资质要求》行业标准，分食品安全员和高级食品安检员，使其在食品生产企业、物流配送企业、分销企业及各类商品交易市场内具有食品安全管理和快速检测知识与技能、熟知食品安全法规和相关法律规范，能独立负责一家企业开展食品安全操作和监督管理工作，并获得相关资质。

八、借鉴跨国零售商绿色流通科技经验

商务部等政府职能部门积极引导，行业协会充分发挥其功能，流通企业积极参与，共同推动绿色商业科技的实施。

2007 年初，商务部召开了《零售业节能行动实施方案》座谈会，零售业节能行动实施在全国 35 个中心城市、万平方米以上商场、交易额 3 亿元以上企业开展。行动引导企业使用节能电器、设备，减少使用不可降解塑料包装袋，重点抓月饼、服装等商品的过度包装问题，推行节能标签制度，围绕能耗降低 5%的目标开展节能降耗倡议 + 论坛活动、"节约型店铺"的表彰活动、课题研究、评价标准等一系列的活动。中国连锁经营协会 2007 年 7 月 13 日也主办了"2007 年零售业节能经验交流会"。

2007 年，商务部下发《关于开展"零售业节能行动"的通知》，全面启动零售行业节能降耗工作。本次节能行动以广州、北京、上海、重庆等 10 个城市为试点，主要针对面积在 1 万平方米以上的零售企业，力争到 2010 年实现零售业万元营业额能耗降低 20%。

本次行动重点是抓好营业面积在 1 万平方米以上的大型超市、百货店、专业店的节能降耗。主要行动内容包括：改造节能技术，组织编制《超市节能标准》和《零售业节能降耗技术、产品目录》；制定推广节能措施和管理模式；开展建筑节能，加强零售场所室内温度控制；抑制过度包装，制定《食品预包装规范》等。

在行动中，充分发挥企业的主体作用，并使之与政府推进和市场驱动相结合，形成节能降耗的良性格局。据悉，目前不少零售企业正在通过各种方式降低能源消耗，如取消纸质吊牌、推广环保型购物袋、销售绿色有机产品、保持场内夏季空调温度在 26℃以上等，而这些措施为企业每年节约的成本达数十万元。

商务部提出，到 2010 年全国零售业万元营业额能耗较 2005 年下降 20%，并带动相关行业节能。

我国应借鉴跨国零售商绿色商业科技的经验，如沃尔玛、特易购（Tesco）、家乐福和欧尚都不失为范例。

1. 沃尔玛的能源节约型店铺

2007 年，沃尔玛开出了第一家新的能源节约型店铺，该店铺的能源使用量比一般的沃尔玛购物中心业态店要节约 20%。这家店铺位于美国密苏里州的堪萨斯城。节能的创新主要包括加热和制冷系统的可循环利用和感应式的灯光照明系统，如果没有顾客则会自动熄灭，节约电能。沃尔玛有关负责人表示，新型的店铺通过降低能源的消耗和生产的浪费，将使沃尔玛离其环保方面的目标更近一步。

2007 年 3 月 17 日，沃尔玛第二家高效能店在伊利诺伊州开张。这家超级店（Super Center）的目标是比一般超级店节省 20%的能源。高效能店整合了保暖、保冷和冷冻系统，并采用创新式灯光，以节约能源，如运用天光减少用电。

2007 年，英国查尔斯王子特意邀请沃尔玛现任 CEO 李斯特向英国的超市行业宣讲环境保护，演讲的内容主要是如何更好地保护环境。李斯特的访问是由英国名为“商业与环境计划”的慈善机构出资，该慈善机构是由查尔斯王子发起，主要责任是推动绿色概念。李斯特此次演讲的听众是 Tesco、Sainsbury、Waitrose 等英国知名零售企业的高层。

自 2008 年沃尔玛在望京开出在华第一家节能店以来，到 2009 年上半年，沃尔玛已经投资 2.5 亿美元对在华的部分门店开展节能改造，这些门店的节能设施全部由设在上海的中央监控中心监控，所有的冷藏、照明、空调的信息都可传输到该中心，并及时进行调节、处置。

2. Tesco 减少自身能源消耗的经验

Tesco 现已在华建成 21 家节能店，占其在中国总店的 1/3，并计划所有新增门店都实行节能标准。据介绍，其立式冷藏柜改造后可节能 18%，照明系统可节能 6%。2007 年 4 月，Tesco 超市有限公司被美国《财富》评选为世界十大绿色企业之一，该公司作为英国最大的零售商不仅致力于减少自身能耗，同时还积极向顾客宣传环保。2007 年 3 月，Tesco 的首席执行官 Terry Leahy 表示，英国已经逐渐开始向绿色消费变革，低碳经济将会不断发展，并不会抑制整体经济的增长。消费者购买力的不断增长，就是倡导绿色消费的信号。

Tesco 将计划建立一套清晰的产品体系，标注产品的碳含量。这些标签将帮助消费者了解产品的绿色指标，同时还可以掌握产品的价格和卡路里含量。当每周有百万余名消费者开始关注此类信息并开始选择绿色消费，那么将是通过供应链环节向整个经济发展反映出来的趋势信号，这将逐渐改变消费习惯。

Tesco 计划在未来 5 年内花费 9.8 亿美元用于降低能源的利用。公司将在营运的全过程中公布碳的使用量，努力宣传公司环保节能的友好形象。同时，Tesco 还将发动社会各界来监督其每个售出的产品中碳的含量和使用量，利用标签来使消费者更容易地获取这些信息。Tesco 已经阶段性地在 2008 年将其在英国的能源使用量降低一半，提前两年完成这项使命。Tesco 还将尽量在产品的标签、包装等各个环节使用绿色的、可再生的环保材料。

Tesco 率先在英国推出"节能店"概念，主要通过在房顶安装透明有机玻璃以便最大程度地利用自然光，同时，还安装 5 个风力涡轮发电机发电，向店内 15 台收款机和传送带以及各种节能设备如节能灯、节能烤箱、冷空气循环系统等供电，每年比同类型、同规模的普通店节省了 20%的能耗，相当于每年节约电 72 万千瓦时，减少了 310 吨二氧化碳排放量。

3. 家乐福、欧尚营养标签的经验

家乐福、欧尚在自有产品中推广营养标签，营养标签标注该食品的相关营养信息。据悉，欧尚与家乐福推出的营养标签相类似，但是欧尚推出的营养标签放在产品包装的正面，同时，营养标签上还包含了每个营养成分的具体含量以及每天摄取量的建议。在增加营养标签的同时，欧尚还将所有自有商品（食品）中的糖、盐、脂肪等不健康指标下降了 10%。

参考文献：

[1] 程红，杨荣芝，李克宁. 绿色流通引论——首都绿色流通事业发展对策研究 [M]. 中国人民大学出版社，2005.

[2] 洪涛. 流通产业经济学 [M]. 经济管理出版社，2007.

[3] 夏春玉，李健生. 绿色物流 [M]. 中国物资出版社，2005.

[4] 王长琼. 绿色物流 [M]. 化学工业出版社，2004.

[5] [美] 鲍尔索史斯，克劳斯. 物流管理——供应链过程的一体化 [M]. 机械工业出版社，1999.

[6] 何劲. 发展城市绿色流通的问题及对策研究 [J]. 环境科学与技术，2006 (1).

[7] 晁钢令. 逆向流通——绿色商业的新概念 [J]. 经理学刊，2001 (8).

[8] 陈建波. 我国绿色物流发展对策分析 [J]. 商业时代，2006 (3).

[9] 李文静. 政府在绿色物流发展中的作用 [J]. 北方经贸，2006 (1).

[10] 王满堂. 绿色商业服务与引导绿色消费 [J]. 商业时代，2006 (2).

[11] 孟子敏. 打破绿色流通发展的"瓶颈" [J]. 经济论坛，2002(21).

[12] 王长琼. 面向可持续发展的绿色物流管理 [J]. 科技进步与预测，2002 (2).

[13] 罗镆. 现代物流问题初探 [J]. 商业经济文萃，2002 (5).

[14] 胡学君. 绿色消费浪潮与我国的对策 [J]. 审计与经济研究，2000(10).

[15] 甄翌. 绿色管理及其对我国企业的意义 [J]. 河南商业高等专科学校学报，2000

(11).

[16] 王长琼. 绿色物流的产生背景及发展对策初探 [J]. 物流技术，2002 (6).

[17] 发展首都绿色流通事业的对策研究课题组. 绿色流通与可持续发展 [J]. 中国物资流通，2000 (3).

[18] 金勇，谭欣. 发展我国绿色物流的对策研究 [J]. 新疆社科论坛，2004 (5).

[19] 单宝. 解读绿色物流 [J]. 中国物流与采购，2004 (6).

[20] 王长琼. 绿色物流的内涵、特征及其战略价值研究[J]. 中国流通经济，2004 (3).

[21] 程红，朱群芳. 绿色流通艰难前行 [N]. 人民日报（海外版），2000-9-2.

[22] 程红. 绿色流通——城市环保新的增长点 [N]. 经济日报，2000-10-11.

[23] 郑志国. 循环经济：建设绿色广东的必由之路 [N]. 南方日报，2005-6-1.

[24] 洪涛. 利用现代流通开拓农村市场 [DB/OL]. 东方农业信息网，2002-12-1.

[25] 洪涛. 新世纪我国农村商品流通问题研究 [DB/OL]. 中国流通专家网，2007-3-18.

[26] 俞丽虹，王文韬. 京 1/5 垃圾来自包装浪费 [DB/OL]. 新华网，2007-2-18.

[27] 孙功苗. 绿色物流内涵、战略价值与实施策略思考 [DB/OL]. 中国物流与采购网，2007-2-27.

[28] 闫敏博. 循环经济与绿色消费的关系 [DB/OL]. 中国网，2008-12-24.

[29] 国家发展改革委，中宣部，商务部，国家工商总局，国家质检总局，国家环保总局六部委. 关于节约资源保护环境，反对商品过度包装的通知 [Z]. 商务部网站，2007-2-15.

[30] 上海市. 月饼适度包装暂行办法 [Z]. 上海市工商局网站，2004.

[31] 上海市发展改革委. 2007 年上海发展循环经济重点工作安排 [Z]. 上海市发改委网站，2007.

[32] 国家认监委，商务部. 绿色市场认证实施规则 [Z]. 国家认监委网站，2003.

[33] 商务部办公厅关于开展商务领域节能降耗工作的指导意见（商改发 [2006] 470 号），商务部网站，2006.

[34] 国务院关于加强节能工作的决定（国发 [2006] 28 号），商务部网站，2006.

[35] 濮小金，司志刚. 现代物流 [M]. 机械工业出版社，2005.

我国流通领域物流业发展思考与政策建议[1]

洪　涛[2]　刘璟琳[3]

摘要：随着流通产业对中国经济贡献的不断提高，为适应流通产业的发展需要，物流业近年来也取得了长足的发展，不仅在数量规模上有突飞猛进的增长，而且在内涵上也注入了新的内容。然而，从当前流通产业的发展程度来看，物流已经成为我国流通业发展的一大“瓶颈”。本文是在客观分析总结商贸物流业发展情况的基础上，研究当前全球金融危机对物流业带来的影响。在此基础上，从短期应对不利形势到长期促进商贸物流业健康、稳定、持续发展，提出一系列可行性的政策建议。

关键词：物流业；金融危机；产业政策与建议

一、中国物流业运行情况

（一）中国物流业保持高速发展的趋势，经济危机下前景依然乐观

我国社会物流总额由1999年的13.97万亿元，增加到2009年的96.65万亿元，总共增长近7倍。可以说，我国物流业起点低、发展快，是近几年

---

① 本文是2009年国家工信部委托洪涛主持的中国商业联合会行业研究课题的部分研究成果。

② 洪涛（1957~），男，湖北天门市人，教授、博士，北京工商大学经济学院贸易系主任、商业经济研究所所长，商务部市场运行调控专家，中国商业经济学会副秘书长、学术委员会副主任，全国高校教学研究会副秘书长，中国物流学会副秘书长，中国市场指导委员会副会长，北京市优秀教师。研究方向：流通产业理论与实践。E-mail：cearls2009@126.com。

③ 刘璟琳（1986~），女，江西南昌人，北京工商大学经济学院硕士研究生。研究方向：流通产业理论与实践。E-mail：3916736@qq.com。

中国经济领域中最活跃、最热点的一个行业（见表 1）。

表 1　1999~2009 年中国物流发展趋势

年份	社会物流总额（亿元）	物流同比增长率（以上年为基准，%）
1999	139717	8.0
2000	171427	22.7
2001	195442	14.0
2002	233597	19.5
2003	296595	26.9
2004	383829	29.4
2005	481983	25.6
2006	595976	23.7
2007	752283	26.2
2008	898953	19.5
2009	966500	7.4

资料来源：根据中国物流与采购联合会资料整理。

然而，受全球金融危机影响，2009 年社会物流总额同比增长只有 7.4%，是近 10 年来增长幅度最低的一年。但这主要是由于进出口物流总额大幅下滑导致的。随着国家刺激经济一揽子政策的实施，特别是物流业调整振兴规划的出台，我国物流前景依然广阔。

（二）物流业对服务业与国民经济的贡献显著，但受国际金融危机影响较大

如表 2 所示，2003~2007 年，物流业增加值占服务业增加值的比例逐年提高，这充分表明，物流业对服务业的贡献作用正在增大，物流业的健康高速发展是服务业等相关产业发展的基石与保障。

2008 年由于面临严峻的经济危机考验，物流业增加值占服务业增加值和占 GDP 增加值的比例均有所下降，2009 年的数据也再度下滑。可以看出，全球金融危机对我国物流产业的影响已经产生，并从直接服务于外贸的物流相关行业开始，逐步向国内的生产物流、商贸物流和消费物流领域传导；从东部经济发达地区向中西部地区扩散。

表 2 2003~2009 年中国物流业增加值统计

年份	物流业增加值 （亿元）	占服务业增加值的比例（%）	占 GDP 增加值的比例（%）
2003	9112	16.2	6.7
2004	10776	16.6	6.7
2005	12271	16.8	6.7
2006	14120	17.1	6.7
2007	16981	17.6	6.9
2008	19965	16.5	6.6
2009	23100	16.1	6.3

资料来源：根据中国物流与采购联合会资料整理。

二、流通领域物流业发展的应对措施

（一）短期建议——应对全球金融危机的不利形势

1. 出台促进制造业物流分离与外包的鼓励性政策

在全球经济衰退的大背景下，制造业与物流业的联动发展是实现我国经济保增长、促发展的重要保证，也是扩大内需的客观前提。制造业与物流业的联动发展，首先就是促进制造业物流分离与外包，一方面提高制造业的核心竞争力，另一方面又扩大社会物流总额，保证社会生产力的高效率。

一些企业反映，物流业务主业分离成立专业公司，取得收入时部分原制造成本变成了营业收入，造成税负增加；制造业企业把原基础设施租给专业公司取得收入后也要纳税，这无疑增加了分离的难度。制造业将物流分离与外包时面临的富余人员及设备出路问题，都需要相应的政策支持。

2. 鼓励“物流银行”，解决中小企业融资难问题

在全球金融危机背景下，中小企业资金压力越来越大，帮助中小企业解决融资难问题，支持中小企业在逆境中成长起来，是应对全球金融危机不利影响的重要课题之一。“物流银行”正是顺应当前形势的金融服务新产品。

“物流银行”，即“物流质押银行贷款业务”的简称，是指银行以市场畅销、价格波动幅度小、处于正常贸易流转状态而且符合要求的物流产品抵押作为授信条件，运用物流公司的物流信息管理系统，将银行的资金流与企业的物流进行有机结合后向中小企业、客户提供融资、结算等一体化服务的银行综合业务。其基本思想是，需要融资的企业（即借款企业），将其拥有的动产/存货作为担保，向银行出质，同时，将质物转交给具有合法保管动产资

格的中介公司（第三方物流公司）进行保管，以获得银行贷款的业务活动。

“物流银行”是物流金融理论在实践中的一个重要应用，是传统储运向现代物流发展的一个延伸业务，它不仅能够解决中小企业融资难问题，而且还能提升物流企业的服务价值。“物流银行”的产生使物流企业可以为客户提供融资服务，这将大大提升物流企业的客户满意度，形成独有的竞争优势。2006 年，中国物资储运总公司质押业务增长高达 180%以上，与 200 多家银行分支机构开展监管业务，监管点多达 400 多个，质押贷款额超过 150 亿元。中远物流、中外运的该项业务发展速度也很快，三家国有物流公司成为该项业务的第一方阵。

“物流银行”虽然是一种新型的金融产品，发展还不完善，同时面临诸多风险因素，但可以预见，它的发展顺应时代的发展需要，能够解决实际问题，尤其在面临全球性金融危机的大背景下，它无疑是一支“强心剂”。政府应该创造更好的政策环境，金融行业应该加大对中小企业的扶持力度，第三方物流企业也应该扮演好监督担保角色，共同来促进“物流银行”的发展。

3. 引导国内企业走出“国门”

随着经济全球化的深入，中国已经有许多制造企业“走出国门”，活跃在世界市场上。这为本土物流企业伴随制造业“走出国门”奠定了良好的基础。事实上，本土物流企业伴随制造业“走出国门”，可以有效降低制造业的物流费用，也为物流企业吸收国外先进技术、经验提供了机会。尤其全球性的经济危机，海外固定资产，包括厂房设备的贬值，为本土企业走出国门收购、重组提供了机遇。政府应当引导国内企业把握机遇，“走出国门”进军国际物流市场，并在国际融资、收购、重组、审批等方面进行明确的政策指导。

4. 重视农村物流体系建设，加大投资力度

应对国际金融危机的首要任务就是扩大内需，而要实现扩大内需的目标，重中之重就是带动中国 7 亿农民进行消费。当务之急，就是加大对农村物流基础设施的投资力度，建成完善的物流配送网络，以保证农村商品市场的活跃，最终形成城市支持农村、城乡互联互促的一体化物流发展格局。

5. 对仓储企业的土地使用税进行一定减免

仓储企业是带有一定公共服务性质的微利企业，但土地使用税的大幅提高使它们不堪重负。据中国物资储运总公司反映，2006 年缴纳土地使用税 1353 万元，2007 年增至 4778 万元，增长 253%，这与其经营业务的增长不成比例。目前，我国仓储设施已经接近满负荷运转，应该鼓励支持仓储企业的发展与扩大，才能更好地为物流业应对金融危机以及未来发展提供基

础保障。

6. 进一步完善物流企业A级企业评定标准

2005年，中国物流与采购联合会依据《物流企业分类与评估指标》国家标准，对我国物流企业进行评审，评定出一批A级物流企业名单。行业协会在企业与政府间发挥着桥梁和纽带作用。行业协会进一步完善物流企业A级企业评定标准，既是对优秀企业的褒奖，也是给行业以示范带头作用，同时还为政府制订物流准入标准提供依据，尤其在国际金融危机大背景下，可以帮助企业树立信心，完成结构调整与服务升级，更好地迎接挑战。

（二）长期建议——促进物流业健康、稳定、持续发展

1. 物流要素资源的整合与建设

（1）整合公路、铁路、水运、航空运输各自的优势和潜能。加快交通运输基础设施建设，大力构建运输基础平台，整合公路、铁路、水运、航空运输各自的优势和潜能，形成符合现代物流业发展要求的多式联运中心。打破物流基础设施区域、城乡分配不平衡的格局，形成布局合理、配置高效的完善的全国物流网络。

（2）社会化的大型物流园区是构筑整个物流产业的基本保障。国外的城市物流业发展的历程表明，一般中等以上城市都需要建4~5个物流园区。现代物流中心城市加快发展现代物流产业应该根据城市总体规划、产业发展布局、交通发展布局、城市土地开发利用实际，规划建设城市物流中心，形成城市现代物流园区。

（3）发展全国性、区域性和地区性物流中心。按照国家规划和市场需要，逐步建立发展全国性、区域性和地区性物流中心，避免互相攀比、盲目投资和重复建设。要针对不同的主体功能区划分，实施不同的物流发展模式，加强区域间的物流合作。要根据物流业发展的规划，大力抓好物流功能、企业内物流、企业间物流、区域物流、物流基础设施、物流信息、人力资源和管理体制等各方面资源的整合，通过优化资源组合，降低成本，提高效率，改善服务。

2. 营造物流行业良性发展的政策环境

（1）落实国务院和有关部门支持服务业和物流业发展的政策。在政府领导下，抓好各相关部门对已有政策的落实，特别是企业关心的税收、交通、融资等热点、难点问题。

（2）研究建立符合我国现代物流发展需要的产业政策体系。第一，加快统筹物流产业整体规范发展的综合性政策法规出台，避免多头管理，进一步

促进不同领域相关行业在发展现代物流进程中的协调和配合，强调整体性发展，达到共同发展提高效率的目的；第二，根据行业发展遇到的新情况和新问题，及时研究出台新的支持政策，为现代物流持续、健康、协调发展营造良好环境；第三，继续推进以激发物流业发展活力的市场化改革和体制创新，构建统一、开放、规范、有序的物流市场体系；第四，建立现代物流行业的市场准入制度，从源头规范企业的各种行为，进而实现整个物流市场的规范发展。

3. 注重现代技术与先进管理方法在物流企业的应用与推广

（1）鼓励和扶持物流企业发展物流信息化技术。要鼓励和扶持物流企业特别是社会化综合物流企业采用数据库技术、电子订货系统（EOS）、电子数据交换（EDI）、快速反应（QR）、有效的顾客反应（ECR）等信息技术，推广应用条形码自动识别系统、语音自动识别系统、射频自动识别系统、自动分拣系统、自动导向车、自动存取系统等物流自动化设施，有条件的企业要支持发展货物自动跟踪系统。要大力建设完善现代物流信息化网络，争取早日实现物流配送系统的计算机通信网络化和物流组织网络化体系。

（2）加大对先进物流技术、设备的投资和推广力度。政府应加大对先进物流技术、设备的投资和推广力度，帮助企业实现物流技术及装备的升级。如冷链技术的推广、自动化仓库的普及等。

（3）引导企业加强供应链环节管理。在供应链条件下，供应链上各参与企业的相互协作、资源共享，对供应链整体竞争能力的提高起着重要的作用。物流企业要积极寻求资源整合和系统优化，尤其第三方物流企业作为供应链上重要的节点企业，全面参与供应链的运作管理，能为第三方物流企业本身以及供应链中的其他节点企业带来双赢。

（4）呼吁企业学习国外经验，实现物流可持续发展。国外现在很重视3R原则，即Reduce（减量化）、Reuse（再使用）、Recycle（再循环）。例如，对物流业中的包装材料的选择有严格规定，对回收、重新利用也有相应法规，还以法律形式确定对汽车排放的控制，明确测量方法、限值标准等。这些法规在一定程度上保证了国际物流业的持续性发展，是我国应与国际接轨的方面。在新的形势下，政府应呼吁企业重视物流中的节能减排和安全等问题，重视建设和谐社会中实现物流的新发展。

4. 引导社会化物流需求，发展专业化物流服务

要鼓励生产企业流通再造，分立、分离、外包物流业务，推动制造业与物流业融合渗透、联动发展。要鼓励各类批发市场升级转型，增强物流功能。要深入研究生产资料流通领域的改革与发展，创新流通方式，提升流通

业态。要为电子商务、流通配送、连锁经营和代理制等现代流通方式做好物流服务。要重视农村物流体系建设，形成城市支持农村、城乡互联互促的一体化物流发展格局。要鼓励大型物流企业做强做大，中小企业做精做细，发展各类企业在专业化分工基础上的联合协作。要扶持发展中小企业，积极支持民营企业，培育自主物流服务品牌。要针对企业物流的新需求，大力发展增值型、创新型业务，培育新的增长点。

5. 充分发挥行业协会的作用，加强行业的管理和自律

行业协会在政府有关部门和企业支持下，要坚持服务的根本宗旨，一方面向政府反映会员、行业的意见和要求，另一方面组织会员和行业认真贯彻落实政府的政策措施。对涉及物流全行业发展的一些基础性工作，行业协会应该加大投入精力。同时，行业协会还应帮助政府制定与国际化接轨的有效政策。

参考文献：

[1] 丁俊发. 中国物流年鉴 [M]. 中国物资出版社，2009.
[2] 国家发展和改革委员会. 物流业调整和振兴规划 [Z]. 国家发改委网站，2009.
[3] 洪涛. 中国流通产业改革 30 年 [M]. 经济管理出版社，2009.
[4] 尚建珊，李爱华. 外国物流制度借鉴 [J]. 中国物流与采购，2007(18).

我国城乡流通业协调发展初探

洪　涛[①]　郭　庆[②]

摘要： 建立城乡流通产业一体化格局是理论和认识的重大突破，意味着我国旧的城乡关系向新型城乡关系的转变，通过对我国城乡流通体系模式的回顾与总结，研究现存的问题，探讨我国城乡流通体系协调发展的途径。本文对我国城乡流通体系进行系统地研究，提出城乡流通一体化的基本设想，在遵循城乡流通一体化基本原则的基础上，提出了推进城乡流通产业协调发展的基本实现路径。

关键词： 城乡居民；流通产业；协调发展

一、问题的提出

由于历史上形成的城乡之间隔离发展，国内各种经济社会矛盾出现，城乡一体化思想逐渐受到重视。我国是典型的二元经济结构，农村人口占大多数，农业经济发展滞后于城市工业经济。从经济发展规律角度出发，城乡一体化是现代经济中农业和工业联系日益增强的客观要求。伴随流通体制的改革，流通产业已成为引导我国国民经济发展的先导产业，在促进城乡协调发

---

① 洪涛（1957~），男，湖北天门市人，教授、博士，北京工商大学经济学院贸易系主任、商业经济研究所所长，商务部市场运行调控专家，中国商业经济学会副秘书长、学术委员会副主任，全国高校教学研究会副秘书长，中国物流学会副秘书长，中国市场指导委员会副会长，北京市优秀教师。研究方向：流通产业理论与实践。E-mail：cearls2009@126.com。

② 郭庆（1985~），女，内蒙古包头市人，北京工商大学经济学院产业经济学硕士研究生，研究方向：电子商务。独立发表《直击商业焦点2——洪涛教授与媒体》，作为第一副主编发表中国销售管理专业水平证书考试系列教材中的《网络销售》，论文“加快我国城乡流通业协调发展”获2010年中国商业经济学会举办的“商业改革与创新发展”征文优秀奖。研究方向：流通产业理论与实践。E-mail：angel-851029@163.com。

展方面做出了积极贡献，城乡之间多角度、多环节的联系越来越依靠商品流通的组织模式、管理渠道以及基础设施现代化的流通。

改革开放以来，我国城乡流通体系在流通网络化、组织渠道多样化、流通方式多样化、市场模式多样化、国家扶持力度、家电下乡以及以旧换新、节能惠民工程八个方面发生了巨变。2004 年以来，粮食连续 6 年丰收，同时也带来相对供过于求的困境；2007 年以来，受国际金融危机的影响，我国出口下降甚至出现连续 10 多个月的负增长；许多产业结构趋同出现的产能过剩等都需要进一步开拓国内市场，城乡统筹、城乡互动促进城乡经济的发展。

虽然 2009 年农村社会消费品零售总额迅速增长，并且增长速度超过城市增速。但 1997~2007 年，中国城乡收入差距在不断地拉大并已突破 1 万元的关口，据 2008 年统计，城乡居民人均收入差别 3.31：1，社会消费品零售总额差别 2.12：1；2009 年城乡居民收入比扩大到 3.33：1，绝对差距由 2008 年的 11020 元扩大到 12022 元，农村内部收入差距也在不断扩大，目前仍有 4007 万农村人口尚未脱贫。2009 年社会消费品零售总额差别 2.11：1，2010 年 1~6 月城乡消费市场差别为 6.26：1，城乡流通过程中出现的商品进不来、出不去的“围城”现象仍然十分严重，需要认真研究城乡流通体系创新，协调发展城乡流通产业。

二、文献综述

1. 城乡农产品流通体系研究

早期杜润生、段应璧、万典武、吴硕、陈锡文、宋则等人研究了农产品宏观调控下的自由流通体制的目标，对不同的农产品的品种流通体制，许多研究人员进行了大量的研究。例如：①粮油流通体制改革；②棉花流通体制改革；③果蔬流通体制改革；④肉类流通体制改革；⑤农产品物流体制改革；⑥农产品市场体制改革。夏春玉《深化农村流通体制改革的系统性研究》(2008) 等。

2. 城乡生产资料流通体系研究

高铁生、郭冬乐等对我国化肥流通体制进行了认真研究，出版了《中国化肥市场改革与发展报告》(高铁生、郭冬乐，2006)，在河北、浙江、海南等地以及美国、巴西等国进行调研和考察的基础上，对国内化肥市场出现的主要问题进行了探讨，即化肥的生产、流通、消费及相应的价格和政府调节控制问题。此外，赵海燕、易法海（1999），张颢译、陈晓明（2006），陈建梅（2007），刘导波（2006）对我国农业生产资料流通进行了研究。

3. 城乡日用工业品流通体系研究

万典武、贾履让、乔刚等较早对我国日用工业品批发企业进行了研究，出版了《市场经济条件下的批发商业》（1993）。侯新华《城乡一体连锁经营——开拓农村供销社日用工业品经营新路子》（侯新华，2002）、张国藩、熊敦华《日用工业品批发商业改革的若干问题》（张国藩、熊敦华，1983）等具有较大影响。

4. 城乡统筹理论研究

城乡关系理论主要分为城乡不平衡发展理论和城乡统筹协调发展理论两大类型。城乡不平衡发展理论又分为城市偏向论和乡村偏向论。城市偏向论代表人物有弗朗索瓦·佩鲁、布德维尔、缪尔达尔、赫希曼和弗里德曼，主要观点分为两类：一类是基于对刘易斯模型的反思而发展的乔根森模型和托达罗模型，另一类是以增长极和核心——边缘关系为代表的城乡空间极化发展理论模型。弗里德曼和道格拉斯首次提出了乡村城市发展战略，20 世纪 80 年代，受依附论理论和新马克思主义发展思潮的影响，施特尔和泰勒提出了自下而上的“选择性空间封闭”发展理论。

国内学者在研究城乡发展时也先后提出了城乡协调、城乡一体化、城乡融合、乡村城市化、自下而上城市化等概念，这些概念之间虽有本质的区别，又有内在的联系，但核心思想就是把城市和乡村纳入统一的社会经济发展大系统中，改变城乡分割局面，建立新型城乡关系，改善城乡功能和结构，实现城乡生产要素合理配置，逐步消除城乡二元结构。

我国处理城乡关系比较典型的模式有义乌——城市发展主导下的以城带乡模式；龙港——以乡镇企业带动城乡发展模式；嘉兴——整体推进的城乡发展模式。

5. 城乡流通产业一体化研究

我国关于城乡流通产业一体化的研究目前还较少，比较有代表性的文章有林素娟的《新农村建设背景下西南地区城乡流通一体化体系构建》，周爱华、王艳的《流通带动型城乡一体化研究》。还有一些文章从各省市的实际情况出发，通过理论研究与实证研究，分析城乡流通一体化的困难、目标、实施路径等。

三、回顾新中国城乡流通体系的发展

（1）1978~1984 年，家庭联产承包责任制以后，农村流通体制改革主要是价格改革，体现在几次农产品提价，以大幅度连续的农产品提价来提高农民收入，这是城乡流通联动初期。

（2）1985~2001 年，这一阶段最重要的是 1985 年取消了 30 多年的统购和派购，如粮食的统购统销、生猪的派购等指令性生产和指令性收购，改革的重点由生产领域转变为流通领域，由农村的改革转变为城市的改革，这是城乡联动的发展时期。

（3）2001~2004 年，2001 年我国加入世界贸易组织（WTO），农产品对外关税大幅度下降，国外大量农产品进入我国市场，国内大量农产品也走出国门，这是城乡、国内外联动时期。

（4）2004 年至今，我国全面对外开放以后，其中也包括农产品市场的全面开放，对我国农业、农村、农民产生了很多积极的影响，但也有一些消极的影响，这是城乡国内外联动的深化时期。

四、城乡流通体系现状与问题

1. 体制性障碍问题

体制性障碍问题的原因之一是特大城市、大中城市之间、城市与农村之间存在许多体制性障碍，严重阻碍了城乡一体化的发展。主要表现在“分灶吃饭”的体制下，不少地方虽然建立了城乡合作共赢的思维模式，但是协同性较差，具体表现在市场流通效率不高、城市要素市场对农业化带动不强、农产品对城市居民的满足程度低、农民增收困难等。

2. 农产品进项税政策执行中存在的问题

国家制定了农副产品采购实行进项抵扣制度，对营业执照中有收购业务的增值税一般纳税人直接以现金形式、零星小额收购农业生产者个人自产的免税农产品，允许其自行开具由税务机关提供的“收购发票”依 13%的扣除率（2001 年 12 月 31 日前为 10%）扣除进项税额。该项政策的实施，减轻了农产品收购企业的税收负担，促进了农产品的流转和农业经济的发展。但在实际操作过程中，税务机关采取的一些诸如凭身份证复印件、自产自销证明抵扣、本人签字等一些管理措施来认定收购发票的真实性，则在客观上加大了农产品收购企业取得合法收购发票的难度。此外，根据现行政策规定，准予按 13%抵扣率计算抵扣进项税额的农产品是指种植业、养殖业、林业、牧业、水产业的各种植物、动物的初级产品。财政部、国家税务总局专门就初级农产品的范围发文进行了明确。但在实际执行中有两个问题：一是对一些农业产品是否属于初级农产品难以把握，争议较大；二是一些初级农产品经过简单加工后，不再属于初级农产品，按 17%税率征税，造成高征低扣，企业负担较重，也不尽合理，并且与国家大力提倡发展效益农业、加快推动农业产业化进程的宏观政策相背离。

3. 城乡龙头市场的牵引、辐射作用不强

至今全国有 600 多个城市，但是，尽管城乡流通一体化取得了长足发展，但从总体上看，仍存在城乡龙头流通企业总量不大、结构不优、水平不高、竞争力不强和发展不够充分等问题。具体表现为：大型专业市场规模小、组织分散和辐射力不强；流通企业规模偏小，组织化程度低，现代化水平不高，市场体系不够完善，未能培育出竞争力强、走向全国的流通企业；缺少专门原材料和产品的大型无形交易市场等。

由于缺乏龙头流通企业的带动，流通企业间在物流园区、配送中心、网点布局上存在无序竞争、各自为政、重复投资、重复建设、资源浪费严重等问题。特别是在城乡交界地、插花地以及农副产品、建材、生猪市场等处，重复建设比较突出。此外，市场集群机制尚未形成，如纺织服装市场、面料市场等未形成关联市场结构。在消费品市场上，网点过密和布点过疏的问题并存。

4. 基础设施建设的一体化存在问题

城市圈的交通、通信网络体系尚不健全，大城市、各城市与农村之间的高等级公路有部分工程尚未完工，存在不少断头路和“瓶颈”路。整个城市圈的公路缺乏网络功能，城市之间高等级公路尚未成网，各城市与中心城市的联系基本实现高速化，但相互之间的高速连通大多需绕道大城市，以及农村的公路明显缺乏网络功能等。公路收费站卡林立，加重了物流成本。信息网络尚未完全互联互通，信息资源的开发、共享不够，缺乏平台支撑。交通装备水平和服务质量不高，管理手段落后，保障系统不完善，公共运输信息传输慢，导致商贸物流配套体系也不够健全，运转效率低。

5. 资源要素流动和农村劳动力转移失衡

20 世纪 90 年代后，随着我国工业化和城市化进程的加快，乡村资源要素加速向城市流动。与此同时，农村剩余劳动力进入非农产业领域就业难和大量的农民被排斥在城市化之外使工农关系、城乡关系变得越来越尖锐。

6. 仓储物流企业的总体实力仍需提高

农产品仓储在近年来发展较快，但在仓储、物流的管理与技术水平同国际先进水平相比还有较大差距，多数物流主体的专业化程度不高，工作效率低，甚至有些仓库设施落后，服务质量满足不了农产品流通的服务要求，这在一定程度上制约了城乡流通产业一体化的发展。

五、城乡流通一体化的基本设想

1. 城乡流通规划一体化

在城乡已有的批发零售业、服务业、物流业发展规划及商业网点规划的基础上，根据城乡发展规划和总体方案，按照现代化流通网络体系要求，对流通业进行统一布局，形成城乡日用工业品流通体系、生产资料流通体系、农产品流通体系、再生资源流通体系、居民服务体系、信息服务体系六大体系，避免重复建设。

2. 城乡流通政策一体化

清理、取消阻碍一体化的政策规定，消除城乡间市场壁垒，统一城乡各城市流通业发展政策，形成圈内各城市间相互支持、相互融通的政策支持体系，使流通企业在圈内各城市能享受同城待遇。统筹政策协调，在城乡之间建立起均衡增长的良性互动机制，推动城乡市场主体之间联合，重组和经营网络的跨地区、跨城乡延伸。

3. 城乡流通基础设施建设一体化

按照城乡流通一体化规划，统一制定流通业基础设施建设专项规划，统一流通基础设施布局，对涉及流通发展相关的铁路、公路、水路、航空、管道等，以及园区、物流配送中心、大型市场、超市、电子商务等项目建设进行统一规划，并与城乡交通一体化和基础设施一体化相衔接。

4. 城乡流通物流一体化

统一商品配送是现代商业和物流业发展的基本要求，也是节省物流成本、防止假冒伪劣、净化市场秩序、保障消费安全的重要举措。应在现有物流企业、物流园区、企业物流等多渠道商品配送的基础上，建立分层物流配送中心和商业企业联合配送中心，逐步实现配送一体化。

5. 城乡流通信息一体化

建立城乡流通信息报送制度，建立城乡流通信息平台，实现流通企业、商品供求、商品流线、物流园区、商业网点、“万村千乡工程”、“双百市场工程”、“信福工程”、“百百万万工程”、“5520 工程”、“家电下乡”、“以旧换新”和“节能惠民”工程等流通业发展政策信息共享。城乡流通领域信息工作的重点应放在完善流通领域服务体系、丰富服务手段、培养专业人才、加强专业人才培训等方面，促进流通信息在产品生产经营、产品推广营销、市场流通和人民生活消费等领域的应用，以此推动整个流通业健康发展。

六、城乡流通一体化的基本原则

城乡流通一体化既是长远目标，又是一个长期过程，应按下列原则持之以恒地推进。

1. 改革创新，规划先行

城乡流通一体化是对传统流通模式和体制的改革，应把改革创新放在第一位，坚持用流通一体化所要求的新的理念、新的业态、新的体制、新的消费模式来推动流通业的改革与创新，用改革创新促产业发展。一体化的关键是规划的一体化，应在各市规划的基础上，率先研究和制定城乡流通发展规划，用有权威性、指导性、可操作性的规划推动一体化目标的逐步实现。

2. 政府引导、市场调节

推进一体化应正确处理好政府与市场的关系，科学确定政府与市场在一体化中的功能定位。政府的主要职责是用目标和规划来引导和推动一体化，用良好的政策环境、经营环境、体制环境和高效运行机制保障一体化进程加速推进。市场是推进一体化的主导力量，应充分发挥市场调节的作用，依靠市场力量，实现城乡流通资源在城市圈内的自由流动和优化组合。

3. 统筹兼顾，重点推进

统筹各城市之间、城乡之间、业态之间、企业之间发展，统筹城乡间流通信息交流与基础设施建设；重点推进城市商贸中心、大型商业企业、重点物流园区发展，以城市间互动项目为重点，大力推进大型流通企业到周边城市发展，加强农副土特产品与大型超市的对接。

4. 企业主体，合作共赢

企业是市场主体，也是推动城乡流通一体化的主体。在改革、规划、项目等各项工作中，应突出企业主体作用，创造各种条件，充分调动国有企业、民营企业、外资企业参与一体化建设的积极性，让城乡各类流通企业在一体化进程中竞相发展，以企业的扩张推动一体化发展；合作是一体化的基础，圈内各城市间、企业间应加强合作，形成一体化的合作机制，实现城市间合作共赢。

5. 技术先进、注重效益

按照城乡一体化要求，逐步建设培育大型的粮食、食用油、果品、蔬菜、水产品和鲜活农产品批发市场等，积极采用先进、适用、成熟的交易模式和技术。注重项目建设前的可行性调研，保证投资效益。努力探索传统交易方式与现代交易方式相结合的办法，充实、完善协商成交、竞价拍卖、委托代办等多种方式，并积极试办电子商务、网上交易。

七、推进城乡流通一体化的思路

1. 扶持一批大型流通企业做大做强

借鉴跨国零售商、批发商的经验，形成一批具有较强竞争力的大型企业，形成统一的商业标识、统一商品采购、统一商品配送、统一服务标准和统一信息管理。支持大型流通企业在城乡发展多层次商业网点，通过延伸式发展做大做强本土商贸企业；鼓励和支持一些有条件的流通企业探索农超对接等多种模式，探索 ASP 基础上的农产品协议流通模式等。

2. 支持一批特色商品交易市场集群发展

发挥城乡区位、交通、市场等优势，按照“合理布局、提升功能、服务发展、扩大辐射”的要求，支持一批专业商品交易市场集群扩大规模，加快发展。

（1）巩固和发展一批大型批发市场，增强其带动消费、服务生产的功能。主要是支持一批交易额过百亿元、管理水平较高、区域性的大型农产品批发市场、日用工业品批发市场、生产资料批发市场，进一步增强其辐射能力。

（2）选择性地支持和发展一批特色消费品市场。按照“特色鲜明、功能完备、提档升级、方便消费”的要求，根据当地发展规划和消费需求现状，发展特色市场。

（3）依托龙头市场优势，形成市场带动市场、市场带动生产的良性发展。如依托商品市场优势，整合城市圈内同类产品市场，带动相关产业发展，不断延伸产业链和产品价值链。

（4）发展和规划一批特色产业带，建设一批农产品交易市场、日用工业品交易市场和生产资料交易市场。

（5）积极培育和发展新的消费热点。推动生产、服务企业调整产品和服务结构，开发在农村适销对路的商品，开展“名品进名店”、“品牌到乡村”等活动，拓展乡村旅游、农业观光、文娱体育、教育培训、电子通信产品等热点消费，倡导个性化、时尚化、品牌化趋势，引导农民消费结构升级。

3. 发展一批规模大、标准化、有品牌的农副产品生产基地

流通企业带动农业发展已成为许多城乡经济良性发展趋势，对城乡一体化发展和完善以城带乡有着重要作用。农超对接，实现了流通企业的优势与农业的优势的互补共赢，应作为农业产业化重要模式来抓，把接纳农产品的超市类商业企业作为农业产业化龙头企业给予扶持。应发挥大型流通企业、地方政府、农产品协会、农业产业化龙头企业等各方面的积极性，建设一批满足市场需求的农副产品生产基地。

4. 建设一批现代化的物流园区

大力发展农产品和生活必需品的仓储、物流配送企业，加快建设已经规划的公共物流区，逐步扩大零售企业集中统一配送商品的比重，整合相关的物流资源。培育大型仓储、物流企业，发展专业化、社会化的仓储和物流。通过提升仓储、物流企业的管理机械化、自动化和信息化水平，大力提高商品流通效率。现代物流业发展状况是决定着一个地方的流通产业水平高低的重要标准，推进城乡流通一体化，必须高度重视物流园区规划和建设，发挥城市物流节点作用，重点建设以城市为中心的圈内各城市的 1 小时物流服务圈，积极发展面向城市及周边的 3~6 小时物流服务圈和面向全国城市的 8~10 小时物流服务圈，形成许多区域乃至全国的物流中心区。

5. 积极推进流通主体参与网上交易，完善绿色流通环境

通过网络开展农产品 B2B 的交易方式，建立“农产品网络交易平台”，在农产品信息网站上丰富并及时更新市场研究专栏，聘请经济专家及时对农产品信息进行整合和分析，普及营销知识，有效地指导市场行为，繁荣农产品的网上交易。在发挥传统流通职能的同时，彰显绿色经济的优势，将传统农业与现代流通技术相结合，实现农产品销售中的食品绿色化，通过绿色流通这一崭新目标打造特色，寻找自己的新增长点，提高信息的利用率，以信息促流通。

6. 健全社会信用体系，建立良好的市场秩序

一是建立信用的社会评价机制；二是政府建立以法律、制度为手段的信用保障机制；三是建立交易主体之间的相互制约机制。打破市场垄断局面，形成竞争氛围，使诚信成为一种商业价值。

城乡经济社会协调发展问题关键在于打通城乡壁垒，坚持城乡互动原

则，走“以城带乡、以乡促城、城乡结合、优势互补、共同发展”的城乡一体化道路，这是全面建设小康社会的有效途径，对深入贯彻实施科学发展观有重要的现实意义。构建城乡一体化的现代流通体系是农村劳动力转移，发展农村经济，增加农民收入的重要载体，是实现三大产业互动、城乡经济相融的关键环节，对统筹城乡发展，推进建立在城乡空间布局高度融合、城乡功能结构高度互补、城乡生态环境高度协调、城乡基础设施高度共享基础上的城乡流通产业协调发展具有重要意义。

参考文献：

[1] 杜润生. 农村形势与流通问题 [J]. 商业时代，1986 (8).

[2] 段应碧. 改革农产品统派购制度把农村经济进一步搞活 [J]. 农村经济问题，1985 (3).

[3] 万典武，贾履让，乔刚等. 市场经济条件下的批发商业 [M]. 中国商业出版社，1993.

[4] 吴硕. 中国粮食购销政策的演变及评价 [J]. 中国农村观察，1995 (6).

[5] 陈锡文. 农村经济结构调整的历史机会 [J]. 中国农村观察，1985 (3).

[6] 宋则. 从双轨制到市场化——经济体制改革总思路的调整 [J]. 财贸经济，1987 (12).

[7] 夏春玉，张闯，梁守砚. 城乡互动的双向流通系统：互动机制与建立路径 [J]. 财贸经济，2009 (10).

[8] 高铁生，郭冬乐等. 中国化肥市场改革与发展报告 [M]. 中国经济发展出版社，2006.

[9] 赵海燕，易法海. 当前我国农业生产资料市场的问题与对策 [J]. 华中农业大学学报（社会科学版），1999 (4).

[10] 张颢译，陈晓明. 农业生产资料价格对农民收入增长的影响——基于动态 VAR 模型的解释 [J]. 财贸研究，2006 (6).

[11] 陈建梅. 我国农业生产资料市场特点、问题与对策 [J]. 农场经济管理，2007(3).

[12] 刘导波. 稳定农业生产资料价格的对策研究 [J]. 商场现代化，2006 (12).

[13] 侯新华. 城乡一体，连锁经营——开拓农村供销合作社日用工业品经营新路子 [J]. 合作经济与科技，2002 (8).

[14] 张国蕃，熊敦华. 日用工业品批发商业改革的若干问题 [J]. 财贸经济，1983 (10).

[15] 林素娟. 新农村建设背景下西南地区城乡流通一体化体系构建 [J]. 商业时代，2008 (13).

[16] 周爱华，王艳. 流通带动型城乡一体化研究 [J]. 南昌大学学报（人文社会科学版），2008 (6).

[17] 洪涛. 中国流通产业改革 30 年 [M]. 经济管理出版社，2009.

中外流通产业管理的比较

洪 涛[①] 郭 庆[②]

摘要：流通业的发展不仅影响着我国国民经济的产出结构与就业结构，同时也决定着市场关系的发育成型乃至市场机制的成熟完善，对外开放已使中国流通产业实现了跨越式发展。在我国流通领域进一步开放的新阶段，中外流通企业的竞争将在更大的范围、更深的层次展开。本文从商品市场体系、流通产业结构、商业管理机构、市场价格管理、流通产业政策法规等角度出发，对比中外流通产业管理的发展，从而对我国流通企业现存问题进行分析，并对提高我国商业企业的竞争力提出对策建议。

关键词：流通产业；商业管理；政策法规

一、文献综述

自从20世纪50年代以来，作为流通研究的新领域——流通的国际比较研究逐步发展起来，在理论和实证研究两方面都取得了一些引人瞩目的成果，如冯昭奎、小山周三主编的《中日流通产业比较研究》，胡欣欣主编的《中日流通产业比较研究》，刘兴倍编著的《中外商业比较》，张奎等的《西方

---

① 洪涛（1957~），男，湖北天门市人，教授、博士，北京工商大学经济学院贸易系主任、商业经济研究所所长，商务部市场运行调控专家，中国商业经济学会副秘书长、学术委员会副主任，全国高校教学研究会副秘书长，中国物流学会副秘书长，中国市场指导委员会副会长，北京市优秀教师。研究方向：流通产业理论与实践。邮箱：cearls2009@126.com。

② 郭庆（1985~），女，内蒙古包头市人，北京工商大学经济学院产业经济学硕士研究生。研究方向：电子商务。独立发表《直击商业焦点2——洪涛教授与媒体》，作为第一副主编发表中国销售管理专业水平证书考试系列教材中的《网络销售》，论文“加快我国城乡流通业协调发展”获2010年中国商业经济学会举办的“商业改革与创新发展”征文优秀奖。研究方向：流通产业理论与实践。邮箱：angel-851029@163.com。

贸易理论》，高援朝等的《当代西方流通产业理论与实践》，朱绍文、生野重夫主编的《日本市场经济与流通》，洪涛的《流通产业经济学》等。按照日本流通经济专家田岛义博所下的定义，流通的国际比较研究就是“通过比较不同国家的商品流通的形态，识别这些国家在流通结构、行为、制度等方面的共同点与不同点，并阐明这些共同点与异同点赖以产生的文化背景以及它们对各自国家流通发展的影响”。[①] 迄今的流通国际比较研究主要在以下四方面取得了成果：

（1）在跨国企业活动日趋活跃的背景下，为了适应跨国企业加强营销管理而对有关各国的流通产业结构和营销状况展开比较研究。这类比较研究的宗旨是从微观的、企业的角度出发，为有关跨国企业营销战略与管理的研究提供背景资料。

（2）从宏观的、国民经济的角度出发，依据有关的统计和调查材料，对各国的流通产业结构和生产率进行比较研究。这类研究正在成为应用经济学的一个分支。

（3）在西方国家之间的贸易摩擦日趋激烈的背景下，针对某些国家的所谓“国内市场闭锁性”问题，对有关各国的流通结构和渠道，特别是流通系列化问题展开比较研究。

（4）对发展中国家的流通企业模式及其与经济增长的关系进行国际比较研究，其主要目的是从流通这个角度找出发展中国家经济社会发展中的共性问题，并探索解决的办法和途径。这类研究也是对第二次世界大战后兴起的发展经济学的一个重要补充，因为几乎所有的发展经济学流派都不太重视流通产业问题。

二、中外流通产业管理的比较

（一）商品市场体系的比较

（1）美国是自由的市场经济模式，强调市场配置的基础性和竞争性，政府对流通产业采取了比较自由放任的态度和宽容的政策，市场竞争充分，政府管理的目标主要体现在制定各种法律及监督其贯彻执行上，通过反垄断、反倾销、反不正当竞争实现贸易的公平。但对于关系到国计民生和市场风险

① 冯昭奎，小山周三主编. 中日流通产业比较 [M]. 中国社会科学出版社，1996.

较大的极少数重要商品，政府通过财政补贴的方式实现市场供求的稳定，如对农产品生产和经营的支持力度较大。

（2）日本实行的是政府主导型的市场经济模式，强调政府的宏观管理和对市场的必要干预，重视政府计划调节与市场调节的结合。在商业领域方面，日本采取了比西方发达国家较为严格的限制性政策，对商业从业人员及其交易行为进行了立法规范。如《批发市场法》、《商品交易法》、《关于调整大型零售店与零售业的活动法》（1999 年改为《大型零售店铺立地法》，俗称为《大店选址法》，2000 年起开始实施）。

（3）除美国、日本以外，其他国家属于不同的市场经济国家，如法国是计划市场经济国家、德国和瑞士等国家是社会市场经济国家、俄罗斯等国家属于由计划经济向市场经济“休克式”转轨型市场经济国家，这些市场经济国家具有不同的特点。法国的《大店法》以听证为主，美国没有《大店法》，但由联邦政府授权州政府把商业网点规划纳入地方整体规划中，限制哪些地方可以建店。

（4）中国实行的是社会主义市场经济模式。改革开放 30 余年，我国已经完成从计划经济体制向市场经济体制过渡，正处于完善市场经济体制的时期。在流通业的功能、结构和组织、流通的方式、商品的计划体制以及进出口体制等方面进行了改革，市场体系发生了很大变化，市场配置资源的基础性作用明显增强。但由于体制转轨还没有完成，仍然存在一些问题，如部门分割、行业垄断和地区垄断依然存在；流通产业发展缺乏总体规划；法制体系建设不力；宏观调控体系不完善、不稳定等。经过几十年的发展，2001 年我国市场发育程度达到 69%，超过 60%的国际基本线，已不是非市场经济国家（NMC）。至 2010 年 1 月，已有 80 个国家承认中国是市场经济国家。

（二）流通产业结构的比较

1. 流通产业所有制结构比较

（1）我国商业所有制结构的沿革与现状。改革开放 30 余年来，我国商业所有制结构已经发生了巨大的变化，形成了国家独资企业、各种形式的股份制企业、股份合作制商业、私营商业企业、个体商业、中外合作经营企业和中外合资经营企业等多种所有制形式的商业共同发展的格局。我国现阶段商业企业的所有制结构大致可以分为以下几种：①国有商业企业；②集体商业企业；③个体私营商业企业；④不同所有制合营的商业企业；⑤中外合资商业企业；⑥股份制商业企业。

改革开放初期，1978 年我国社会消费品零售总额为 1558.6 亿元，其中公有制经济占 97.87%（国有经济占 54.60%、集体经济占 43.27%），个体与私营占 0.13%，其他单位占 2%。改革开放 20 多年后，截至 2001 年底，我国社会消费品零售总额为 37595.2 亿元，国有经济和国有控股经济占全社会消费品零售总额的比重为 18%，集体经济占 15%，即公有制经济占 33%，个体经济和私营经济占 45%，外商投资及港澳台地区投资占 2%。2002 年全国餐饮业百强企业中，民营企业 52 家，营业额占百强餐饮企业的 45.1%。据报道，北京市餐饮业八成由私营个体主宰，并占据六成的从业人员和营业面积，四成的全行业营业收入。2002 年 6 月底，北京市共有私营个体餐饮企业 17841 家，从业人员 13.24 万人，营业面积 205.8 万平方米，2002 年上半年实现营业收入 23.42 亿元，各项指标分别为 83.6%、58.6%、59% 和 40.1%。

2009 年，在国家搞活流通、扩大消费等一系列政策措施的引导作用下，消费市场实现了较快增长。全年实现社会消费品零售总额 12.53 万亿元，同比增长 15.5%，扣除价格因素，实际增长 16.9%，增幅比 2008 年提高 2.1 个百分点，创 1986 年以来最高实际增速。2010 年 1~2 月，社会消费品零售总额达 2.51 亿元，同比增长 17.9%。

（2）国外商业所有制结构。各国的商业所有制结构均包括国有股份制商业、合作商业、个体商业和私营商业等几种形式，只是由于社会基本制度的不同，使得占主导地位的商业所有制形式在各国出现差异。在资本主义国家，私人商业和个体商业占主导地位。

西方发达国家的商业企业在所有制结构上的不同可以大致划分为以下六种：①独资商业企业；②合伙制商业企业；③有限责任公司；④股份有限公司；⑤无限责任公司；⑥股份两合公司等。

2. 流通产业结构比较

我国的流通产业主要由批发业、零售业、服务业、餐饮业、物流配送业、生活服务业、电子商务等组成，目前国内流通产业与国外相比，在经营规模、营销技术能力、品牌价值能力、人才聚集能力、快速扩张能力和成本控制能力等方面都存在着明显差距。这里重点进行批发和零售业的国别比较。

（1）中国的批发和零售行业结构。批发业和零售业构成了商品流通的主体，直接体现商业的社会职能，是社会商业结构的基础。批发商业结构是指批发商业企业的类型、数量的比例及其分布情况。零售商业结构是指各种商业网点之间、综合商店与专业商店之间以及大中小商店之间的比例关系。批零结构是指商业批发企业与零售企业之间布局及其比例关系，合理的批零结构是商品流通顺利进行的基本保证。

（2）美国批发和零售行业结构。美国商业由批发商业和零售商业组成。1929~1982 年的 53 年间，批发商业的机构数、雇佣人员数和销售额的增长速度均快于零售商业（批发销售额为零售销售额的倍数：1929 年为 1.35 倍，1982 年提高到 1.87 倍），其中，批发商业的机构和销售额所占比重呈上升趋势，零售商业机构和销售额所占比重呈下降趋势，而批发商业和零售商业占雇佣人员的比重均是有降有升，变化不大。在这期间，整个商业的批发与零售构成为：1929 年大体上机构 1∶9，雇佣人数 1∶4，销售额 3∶2；1982 年则大体上改变为机构 1∶4，雇佣人数 1∶3，销售额 2∶1。

2007 年，美国批发零售业的增加值为 16978 亿美元，占第三产业的比重为 15.6%，占国内生产总值的比重为 12.3%；而我国批发零售业的增加值为 2481.1 亿美元，占第三产业的比重为 18.2%，占国内生产总值的比重为7.3%。

（三）商业管理机构的比较

（1）美日欧等发达经济国家都设立了专门对流通产业进行规制的机构，负责管理商品市场流通领域的秩序。如美国的商务部（Commerce Department）、联邦贸易委员会；日本的通产省、公正交易委员会等。在机构的职能分工上，实行制定流通产业政策机关与实施行政、司法机关的分离，如美国的商务部和日本通产省都是负责制定产业政策、推动产业革新、促进贸易发展的政府机构；而美国的联邦贸易委员会和日本的公正交易委员会则是负责保障市场公平交易的准司法机关。

（2）由于我国正处在深化改革的历史阶段，所以我国的商业管理机构变化频繁且内外贸分割，直到 2003 年 3 月，我国才实现内外贸行政管理机构的统一。详见外经贸部、内贸部门沿革：

外经贸部沿革：

• 1952 年 8 月 7 日，中央人民政府委员会第十七次会议决定，撤销中央人民政府贸易部，成立中央人民政府对外贸易部和中央人民政府商业部。

• 1954 年 9 月，原中央人民政府对外贸易部改称中华人民共和国对外贸易部。

• 1982 年 3 月 8 日，进出口管理委员会、对外贸易部、对外经济联络部和外国投资管理委员会合并，设立对外经济贸易部。

• 1993 年 3 月，对外经济贸易部更名为对外贸易经济合作部。

内贸部门沿革：

• 1949 年 11 月 1 日，正式成立中央人民政府贸易部，统一管理国内商业和对外贸易。1951年，贸易部机关内设国内贸易司。

- 1952年8月7日，撤销中央人民政府贸易部，成立中央人民政府商业部和中央人民政府对外贸易部。
- 1958年2月，城市服务部与全国供销合作总社合并，成立第二商业部，商业部改名为第一商业部，同年9月合并为商业部。
- 1970年6月，商业部、粮食部、全国供销合作总社、中央工商行政管理局四个部门合并组建新的商业部。
- 1975年，全国供销总社从商业部分出，单独设立机构，列为国务院组成部门；1978年9月25日，成立中华人民共和国工商行政管理局，直属国务院；1979年6月12日，第五届全国人民代表大会常务委员会第八次会议决定设立粮食部。
- 1982年，商业部、全国供销合作总社和粮食部合并，设立商业部。
- 1993年4月，撤消商业部、物资部，组建国内贸易部。
- 1998年3月，国内贸易部改组为国家国内贸易局。
- 2001年，国内贸易部撤消，组建了国家经贸委贸易市场局。
- 2003年3月，国内外贸易行政管理机构合并，成立国家商务部。

2003年3月10日，根据十届全国人大一次会议通过的我国第5次政府机构改革方案，不再保留国家经贸委和外经贸部，国家经贸委的内贸管理、对外经济协调和重要工业品、原材料进出口计划组织实施等职能，国家计委的农产品进出口计划组织实施等职能，以及外经贸部的职能等将整合起来，组建新的商务部。新设立的商务部作为主管国内外贸易和国际经济合作的部门，其主要职责将是：研究拟定规范市场运行和流通秩序的政策法规；促进市场体系的建立和完善；深化流通体制改革；监测分析市场运行和商品供求状况；组织开展国际经济合作；负责组织协调反倾销、反补贴的有关事宜和组织产业损害调查等。这一改革对我国流通产业的内外贸统一具有重要影响。

（四）市场价格管理的比较

1. 中国的价格管理体制

（1）价格管理的组织机构。我国的经济体制由计划管理转向市场调节为主后，国家仍承担着部分价格管理的任务。这主要是由于市场调节存在着盲目性和滞后性等弊端，同时，我国目前市场体系的不完善、不规范及公平、公开、公正的市场竞争秩序远没有建立起来，也需要政府采取各种有效措施和手段，对市场价格行为进行规范和宏观调控。我国对价格的管理，主要由各级政府的有关主管部门承担。我国现行的价格管理机构的设置可分成三个层次，即国务院物价主管部门，各省、市、地区人民政府物价管理部门和县级人民政府物价主管部门。

（2）价格管理的手段与方法。政府对价格的管理，主要通过经济手段、法律手段和行政手段进行，辅之以社会舆论监督。经济手段主要通过控制社会总供求平衡；法律手段则主要通过制定有关的价格法律、法规、条例等来规范市场价格行为；行政手段主要通过行政管理部门发布行政命令来干预市场价格的形成与变动。上述手段各有利弊，在实践中往往配合运用。

经过多年改革，中国价格形成机制逐步完善，截至 2006 年底，目前中央定价商品和服务项目由 1992 年目录的 141 种减少为 13 种，95.3%的商品和服务已由市场形成价格。基本上实现了该放的已经放开，初步形成了以市场价格为主的价格管理体系，与市场经济国家的差距逐步缩小。

2. 美国的价格管理体制

（1）价格管理的管理机构。美国没有专业的价格管理机构，联邦政府各部门一般也不管具体商品价格，只有农业部例外，至今仍对粮食价格进行管理，并运用价格杠杆对农产品进行调节。

（2）价格管理的管理手段。美国对价格的管理，主要是通过建立与完善充分竞争的价格形成机制进行。其采取的主要措施有：第一，制定《反托拉斯法》，打击价格垄断行为；第二，运用财政货币政策，调节社会总需求；第三，控制工资成本的过度上升；第四，控制货币总量；第五，对部分商品和劳务的价格直接控制；第六，加强价格监督，保护消费者利益。

（3）价格管理的管理原则。美国联邦政府和地方政府管理价格的基本原则是：①保护生产者利益，对在竞争中易受到损害的商品价格，如农产品，政府要进行干预；②防止价格垄断，对容易形成垄断或天然垄断的商品和收费价格，政府要进行干预和管理；③规范重要的服务收费，以保护消费者利益。根据上述原则，美国政府管理的价格主要有三大类：一是农产品；二是军用品；三是公用事业。

（五）流通产业政策法规的比较

1. 中国改革开放以来流通业的政策法规

改革开放以来，我国一方面改革传统流通体制，向市场经济商业体制过渡；另一方面由传统商业向现代化的流通产业转变。因而，实现市场经济的改革和流通产业现代化，就成了改革开放以来我国商业政策法规的主要内容。改革开放以来我国商业政策法规主要包括以下五个方面：

（1）改革旧的计划经济下流通体制的政策法规。这方面涉及调整所有制结构的政策法规，如 1993 年国家工商局颁布的《关于促进个体私营经济发展的若干意见》等；改革流通方式的政策法规，如 1993 年的《中共中央关于建立社会主义市场经济体制若干问题的决定》等；国有商业企业转换经营机制的政策，如 1992 年商业部等部门颁布的《全民所有制企业转换经营机制实施办法》等。

（2）推进流通现代化的法律体系。全国人大常委会已通过《反垄断法》、《食品安全法》、《特许经营管理条例》等 10 部法律，国家发改委颁布了《物流业振兴规划纲要》，商务部等部门发布了 30 多项规章，新制定 50 多个国内贸易行业标准、技术与服务规范。这方面涉及流通科学技术政策，如 1990 年颁布的《国家标准管理办法》、《行业标准管理办法》、《企业标准管理办法》等一整套标准化法规和商业基础设施建设政策，其中包括城市商业网点建设、商品市场建设、储运设施建设、连锁店发展规划等方面的政策法规。

（3）规范流通行为。建立流通秩序的政策法规，这方面涉及流通行为，如 1993 年的《中华人民共和国反不正当竞争法》等；消费者保护方面，如 1993 年的《消费者权益保障法》等；商品价格方面，如 1998 年 5 月 1 日实施的《价格法》，以后先后出台了规范政府价格行为的《政府价格决策听证办法》、《政府制订价格行为规则》；规范经营者行为的有《制止低价倾销行为的规定》、《制止价格欺诈行为的规定》、《价格监督规定》（2003 年 6 月 1 日实施）、[①]《关于商品和服务实行明码标价的规定》（1994）等；调节和储备等政策法规，如《中央储备粮管理条例》等。

（4）对外开放方面的政策法规。如 1992 年，国务院批准先在北京、上海、天津、广州、大连和青岛等城市各试办一至两个中外合资或合作经营的商业零售企业等；1995 年，国家计委发布《指导外商投资方向暂行规定》及其《指导目录》等，其中规定了流通业的开放领域和范围。

（5）电子商务方面的政策法规。从 1999 年修改《合同法》起，我国出台了多部与电子商务密切相关的法律法规和部门规章、地方法规。这些法律法规和部门规章从不同的角度关注着电子商务的发展。①国家级电子商务法律，如2004 年 8 月全国人大常委会通过的《电子签名法》、《合同法》、《刑法》、《关于维护互联网安全的决定》等。②地方性电子商务法律，如 2000 年 1 月 5 日，香港特区立法会出台了《电子交易条例草案》；2003 年 2 月 1 日，中国内地首部电子商务地方立法——《广东省电子交易条例》开始正式实施；

① 李盛霖. 为依法治价营造良好的社会氛围. 经济日报，2003-04-30.

2004 年 10 月 1 日,《湖南省信息化条例》正式施行；2007 年9 月 14 日《北京市信息化促进条例》颁布，同年 12 月 1 日起施行。③电子商务标准，我国现已颁布信息技术标准 600 多项。2008 年 4 月，商务部出台了《电子商务模式规范》和《网络交易服务规范》，正组织制定《网络购物商品配送服务规范》。④电子商务产业政策，如政府的 14 大工程等。[①]

2. 外国商业政策法规

美国是世界上号称商业（贸易）政策法规最完备的国家，它在 19 世纪就开始了有关商业（贸易）的立法工作。美国的商业政策法规主要包括：

（1）禁止垄断、保护竞争的政策法规。

•《克莱顿法》（1914），禁止价格歧视、全面强制购买、连带销售、束缚性合同、排他性销售、连锁董事会和股票交叉所有制。执行机构是州际贸易委员会、联邦贸易委员会、联邦储备局。

•《鲁宾逊—帕特曼法》（1963），修正《克莱顿法》禁止价格歧视的条款，规定下列各种行为为非法：没有低成本为根据的折扣；以低于一般牌号的价格出售同一产品的私人牌号；对购买者特许的不平等的广告和推销补助。

（2）维护公正交易的政策法规。

•《联邦贸易委员会法》（1914），联邦贸易委员会是一个具有广泛调查权力，可以发布结束及停止执行第五款命令的团体。

•《消费品定价法》（1975），在州内商业中，禁止制造商和买卖商使用价格保持协议。美国各州有公平贸易法。公平贸易法是一种许可订立转售价格协议的州法律，制造商可根据协议对某些产品规定最低零售价，目的在于消除联号商店以廉价拍卖招揽顾客而排挤独立的零售商店的做法。

（3）保护消费者权益与安全的政策法规。

•《联邦食品和药品法》（1906），在州际商业中禁止掺假和贴欺骗商标的食品与药品的制造、销售和运输。以后又有《食品、药品、化妆品法》（1938）、《食品附加修正建议》（1958）等。执行机构是食品和药品管理局与联邦贸易委员会。

•《肉类检验法》（1906），规定肉类包装机构卫生规程实施和州际商业中对出售肉类所有公司的检查。1967 年和 1968 年国会还先后通过了《肉类批发法》和《家禽制品批发法》。

•《消费产品安全法》（1972），成立消费产品安全委员会，并授权这个委员会制定消费产品的安全标准，监督制造商遵守安全标准和销售的情况以

① 洪涛，郭庆. 我国电子商务发展现状、存在问题及对策建议. 网易，2009.

及违反标准的严格惩罚。

•《马奴逊—英斯保证——联邦贸易委员会保证法》(1974)，授权联邦贸易委员会决定有关消费者保证的条例，并规定消费者取得赔偿的手段，扩大联邦贸易委员会对不公正或欺骗行为与交易的管理权力。

20 世纪 90 年代以来，随着经济全球化、市场化、网络化、金融化等，新经济浪潮中许多发达国家也不断地制定出新的法律、法规。美国、日本等发达国家较早制定了较为完善的电子商务法律和法规。

三、中国流通企业的差距

随着我国商品流通体制改革的不断深入，由于多种经济成分的并存，且非公有制经济所占的比重逐年上升，进一步加大了商品市场的竞争，极大地推进了商业企业的自身改革。商业企业无论在经营方式，还是在规模、信息化程度和国际化程度上均有所突破，但与西方发达国家相比，我国商业企业仍然存在很大的差距，总体发展水平不高，这不仅表现在资金短缺、技术落后等硬件方面，而且商业体制、经营机制、经营方式、管理水平落后等问题也比较突出。

（一）企业规模相对较小

从规模上相比较来看，我国商业企业呈现小、散、乱、弱的状态，企业扩大规模的方式主要是单体扩张，限制了企业规模的发展，同时也导致了产业集中度的低下。而国外商业企业大多采取连锁经营的方式来扩大规模，与美国相比，我国商业企业的连锁经营比重较小，由于企业规模小，导致规模效益也很低。1998 年美国前 50 家零售大企业的销售额是 4910 亿美元，占当年零售总额的 21.4%；而 1999 年我国前 50 家零售企业的总销售额仅为 542.07 亿元人民币，只占当年零售总额的 1.74%。中国连锁 100 强企业的总销售规模占社会消费品零售总额的比重从 2002 年到 2006 年，分别为 6.0%、7.8%、9.3%、10.5%和 11.2%，2009 年为 11%，与发达国家差距仍然较大。

（二）商业企业信息化程度较低

自 20 世纪 70 年代起，西方国家就开始在商品流通领域内应用高科技技术，经过几十年的发展，已经达到了相当高的水平。例如，沃尔玛在美国的总部运用规模仅次于美国联邦政府的计算机系统，并拥有自己的商业卫星频道，各分店也拥有包括客户管理、配送中心管理、财务管理和商品管理的计算机系统。而我国商业企业才刚刚开始提出“信息化”，信息技术在我国流通企业中的应用尚处在初始阶段，技术装备远远落后于外国。这一方面是因为缺乏专业的技术人才和经营管理人才，人才结构不合理；另一方面是受到设备成本和网络条件的限制。

（三）经营方式和经营观念相对落后

在经营方式上，国外商业企业经过几十年的发展，不断创新，以其崭新的经营方式取得了竞争优势。就以零售业为例，美国的百货店已经进入了衰退期，取而代之的是超市、仓储店等一些低价位、低成本的业态方式。而我国目前的百货店虽然在市场份额上有所萎缩，但仍是零售业的主流，而且其他的一些零售业态如超市、专卖店、仓储式商店等还基本上处于成长期，其规模和成熟度无法与美国相比。

在经营观念上，国外的商业企业能够真正地把以消费者为中心落到实处，真正为顾客利益着想，处处体现了注重实效、着眼于长远的现代经营观念；而我国许多商业企业的经营观念仍然十分陈旧，如盲目地追求大型化、高档化，多年不变的营业时间，有名无实的促销活动等，这些都说明了国内的商业企业只注重形式、过分功利，这必将失去对消费者的吸引力。

（四）国际化程度较低

近年来我国在商品流通企业国际化经营方面取得了一些进展，如批准进行合资零售企业试点，进行综合商社式企业试点，赋予一部分内贸企业外贸进出口权。但总的来说，我国商品流通企业的国际化程度还是很低，进行国际化经营仍然任重道远。这主要是有两个方面的制约：一是受传统体制影响，内外贸分工严明，业务脱节，外贸企业不具有批发、零售的专长，内贸企业又不熟悉国际业务，使得两者都难以开展国际贸易；二是受企业规模小、实力弱的制约。

四、如何提高中国流通企业的竞争力

（一）中国商业面临的国际环境

2001 年 11 月 10 日，加入世界贸易组织（WTO）给我国商业领域带来发展的机遇，也带来了前所未有的挑战和威胁。按照《服务贸易总协定》（General Agreement on Trade in Services，GATS）和中国与其他成员方双边协议承诺的有关商业开放的内容，中国商品流通业将面临着严峻的考验，我国传统的内外贸体制在 WTO 的规则下会被彻底地冲破，商品市场的竞争格局也会有根本性的改变，中国的流通企业将要面临外国先进设备和规模优势的挑战，批发和零售市场将受到外资商业企业的大力冲击。

但是，我们也应该注意到这种市场开放具有双向性，在开放服务市场的同时，外国也对中国的服务提供市场准入，这样，中国商业就可以以平等的身份向世界市场进行开拓。根据《服务贸易总协定》的透明度原则，中国也可以了解到各成员方国内的所供所求、开放和限制的程度以及销售服务业的水平和相关法律，这将有利于中国商业企业制定相应的服务出口战略，提高销售服务业的水平。

（二）新形势下中国流通企业如何提高国际竞争力

1. 流通产业制度创新

我国已经成为 WTO 的正式成员方，因此要按照 WTO 规则和我国所做出的承诺，改善宏观调控手段，建立符合我国国情并与国际惯例接轨的宏观调控体系。

（1）转变政府职能，运用法律手段管理市场。政府要从以行政手段为主转向以法律手段为主管理市场，建立与社会主义市场经济体制和世界贸易组织相适应的商品流通法律体系。有关法律法规和规章的制定既要严格履行我国对外承诺，又要充分利用世贸组织规则保护和促进我国经济的发展，加强流通领域的标准化建设，加强执法力度，强化监督管理，维护市场流通秩序。

（2）进一步整顿市场秩序。打破部门、行业垄断和地区封锁、地方保护，清理并取消各地和各行业中阻碍商品流通的制度规定，加强对企业的监管，有重点、有步骤、分阶段地培育多元化的市场主体，尽快建立和完善我国统一、公平、规范和有序的市场分销体系。

（3）加强管理机构的职能。首先，商品市场的管理机构应制定和落实国家的消费政策，积极发挥消费对流通的引导作用，加强对重要商品和市场的运行分析和检测工作，及时对其发展趋势做出客观预测，加强信息发布工作，提供可靠的商品价格、供求信息，发挥对流通和生产的指导作用；其次，应指导各地对大型商业设施进行统筹规划，建立大型商业设施的审议制度，严格控制大型商业设施的盲目发展。

(4) 积极发挥中介组织的作用。加大力度培养和发展行业协会、商会等各种中介组织，充分发挥行业协会的服务、沟通、自律作用，依托各级商会和行业协会进行政府决策前的听证准备工作，利用行业协会的协调能力和行规行约维护业内企业的合法权利。

2. 流通产业组织政策创新

考虑到我国商业现状，并预测近期内不可能改变，我国政府在新时期制定产业政策时，应以避免过度竞争和追求规模经济为主要的政策目标取向，以培育一批大型流通企业，使之能成为与国外大型流通企业相竞争的“龙头企业”。为此，可以考虑制定以下的政策措施来实现我们的政策目标。

(1) 流通企业结构调整的政策。这里主要包括三方面的内容：

1) 流通企业兼并政策。政府制定兼并政策的重点是要促进流通企业间的兼并，并在税收、金融、被兼并企业的债务负担、职工安排等方面支持商品流通领域的优势企业兼并劣势企业，从而较好地发挥集团企业的规模经济优势。

2) 流通企业的联合政策。考虑到现有企业还受到“条块”的约束，我国政府应重视制定和实施商品流通企业的联合政策，通过组建跨地区、跨部门和跨行业的大型企业集团，减少企业间的摩擦、矛盾和无序竞争，降低交易费用，提高规模经济效益。

3) 对大中型流通企业的直接管制政策。近年来，由于我国流通产业的进入壁垒较低，全国出现了重复建设大型商场的问题，造成了商业资源的巨大浪费。从西方发达国家对大中型商业企业的直接管制来看，能有效地避免过度竞争，培育一批大的商业企业，较好地发挥规模经济效益。

针对国家进一步开放的形势，国家鼓励企业开展联合、重组、兼并，积极培育若干个销售额在500亿元以上的既大又强的零售集团。

(2) 加强流通基础设施建设，推动流通领域信息技术应用。加强流通领域的基础设施建设，完善标准化体系和统计信息体系的建设；改善商业企业融资环境，建立流通企业的信贷融资和信用担保体系；建立国债技改计划和政府导向性计划对大型流通企业基础项目的投入机制；积极推动信息技术在商业领域内的应用，缩小与国外流通企业的技术差距，带动流通企业营销观念、组织形式、流通方式和手段的变革。通过以上这些，以便使我国大型流通企业能充分利用我国作为后起国家的优势，直接使用完善的基础设施和先进的信息技术，快速赶超西方先进国家，积极培养自己的国际竞争优势。

(3) 进一步开展商业创新，加速商业人才的引进和培训。在鼓励和支持公平竞争、诚实守信的基础上，总结和推广与我国城镇化战略相适应的新型城镇商业发展模式，有计划地推动商品期货、中远期合约交易，健全市场价格信息形成机制，支持发展针对商业的保险制度，完善价格调节、风险基金和重要商品储备制度；引进国际管理人才，提高商业企业经营管理水平，加强商业理论研究和技术培训，充分依托科研、信息机构和中介组织专家库建立完善全国及各地方的商情咨询服务网络。

（4）努力构建电子商务交易模式。在积极参与电子商务国际框架构建的基础上，尽快出台国家电子商务发展总体框架，重视发展电子商务应用技术，实现商务活动各环节技术功能的衔接和平衡，大力发展与电子商务相关的技术来支撑和积极推进商品流通的现代化。

（5）流通产业的国际化经营政策。鉴于我国目前在外向国际化经营中存在多头对外、国内企业间过度竞争的问题，要求我国政府通过制定外向国际化经营政策加以矫正，其目标取向应是设置必要的行政壁垒，对从事外向国际化经营的企业实行资格审查，保证企业具有一定的经营规模和国际竞争实力。同时，在优化市场结构的基础上，还要规范企业的市场行为，特别是要在同类企业之间建立利益协调机制，以增强一致对外经营的合力。

（6）用信息化带动流通产业的现代化。十七大报告在“工业化、城镇化、市场化、国际化”基础上增加“信息化”。流通产业是传统产业，在新的时代下流通产业的发展应注重信息化建设，如 1993 年我国引入电子商务；1998 年第一笔电子商务成功交易至今；2009 年电子商务交易额已经超过 3.42 万亿元，网上购物销售额达近 2500 亿元。据统计，2006 年淘宝网交易额达到 169 亿元，2007 年超过 400 亿元，2008 年约为 999.6 亿元，2009 年达到 2000 亿元，预计 2010 年将超过 4000 亿元；2009 年北京京东商城交易额达到 40 亿元，2010 年将达到 100 亿元。正如 1998 年江泽民同志所讲，“21 世纪贸易的发展方向是电子商务”。

3. 流通企业制度创新

企业是市场竞争的主体，因此在面对现有的挑战和机遇时，企业应该大力加强自身基本功的培养，以便在激烈的国内市场和国外市场竞争中能找到自己的生存机会，并能发展壮大。为此，我国的流通企业在我国成为 WTO 的正式成员后，应积极进行创新，具体来讲有以下六个方面：

（1）企业经营者要尽快了解、弄懂 WTO 的法规、制度和协议。我国流通企业要参与国际竞争，必须先学懂竞争规则，真正理解每一条款的含义，弄懂企业自身的权利和义务，要善于在守法的前提下，利用规则谋取最大的利益。

（2）建立现代企业制度，促进商业产业的专业化分工。目前，我国大中型流通企业的公司制改造还不彻底，距规范的现代企业制度还有较大距离。因此，必须加快流通企业的现代企业制度改革过程，培植一批高水准的专业化商业经营管理公司，使得国内流通企业的经营权和所有权真正分离，使流通企业真正成为市场运行主体。作为商品流通领域市场主体的流通企业，按照流通经济运行的规律，通过资产重组等形式，促进流通产业分工，在规范的商业竞争中提高竞争力。

（3）加强企业管理，抢占有利市场。我国流通企业要通过提高从业人员的素质和经营管理素质来增强企业的主体素质，从而提高企业的经营能力、竞争能力、应变能力、盈利能力和发展能力。同时，流通企业要特别重视市场调研，收集把握信息资料，做到知己知彼，扬长避短，以尽快抢占能发挥自身特长的市场，并努力扩大市场份额。

（4）大力发展连锁经营，积极推进物流配送，发挥流通网络的群体优势。力图通过大规模连锁经营来降低进货成本，提高市场占有量，这曾经是一些国内零售商业公司的成功之路，是国外大型零售企业的制胜法宝，也是西方发达国家迎接国际竞争、在国际范围内实现资源优化配置和优势互补的必由之路。要积极推进物流配送技术应用，提高我国物流集约化程度和现代化水平。流通领域物流合理化的重心在于提高流通效率、降低流通成本，要充分调动生产企业、流通企业、专业储运业等各方的积极性，加强物流整合力度，提升集散能力。流通企业要在物流业务量增加的推动下，充分利用现有基础设施和存量资产，适时建设和改造功能完备的物流配送中心，为所属企业服务，并以实现社会配送为发展方向。

（5）完善流通企业基层群众民主管理制度。十七大报告在政治体制建设中，提出了加强基层群众自治管理问题，在流通企业改革和兼并重组过程中，应充分发挥员工积极性，发挥基层员工的民主自治，形成良好的监督关系和民主管理。例如，许多流通企业在实现“两个置换”后，应充分发挥员工的积极性，保证员工“三险一金”的待遇，不仅尊重资本的力量，也应尊重员工的力量，重新认识“商业劳动创造价值”这一马克思主义的新理念。商业劳动者在实现商品的价值过程中，同时也在创造商品的价值，如许多服务品牌就是商业员工创造的，许多自有品牌是商业员工与生产企业的员工共同创造的，许多老字号企业包含着多少年、多少代众多员工的辛勤汗水。

（6）建设绿色商业和绿色流通。十七大报告在物质文明、精神文明、政治文明的基础上，提出了建设生态文明的观点，这是一种进步。生态文明必然会带来适度消费模式的选择，生态文明对于流通产业来说，应把建设绿色商业/流通、和谐商业/流通、生态商圈作为现代流通产业的发展方向。近几年来，流通业在“三绿工程”（绿色市场、绿色通道、绿色消费）的基础上，又推行绿色商品、绿色包装、绿色商业/流通、和谐商业/流通、生态商圈、未来商店等，符合现代流通的发展方向。

4. 转变流通产业发展方式

十七大报告提出要“加快转变经济发展方式，推动产业结构优化升级”。过去人们谈的更多的是“经济增长”，这次提出“经济发展”，经济增长不等于经济发展，经济发展要在经济增长的同时转变经济发展方式，促进经济又好又快地发展。长期以来，我国流通产业经济发展比较粗放，具体来说，资金周转速度较慢、产品流通速度较慢、流通成本较高、商品库存量较大、流通浪费十分严重。有数据表明，我国水果、蔬菜等农副产品在采摘、运输、储存等物流环节上的损失率在25%~30%，而发达国家的果蔬损失率平均则在5%以下，美国仅为1%~2%。我国每年有3.7万吨蔬菜、水果在运送路上腐烂，如此之多的农产品足可以供养2亿人的生活。农产品流通过程中，环节多、收费点多，造成流通成本较大。我国农产品物流成本一般占产品总成本的30%~40%，而对于鲜活产品则占60%以上；而世界发达国家物流成本一般占产品总成本的10%左右。目前我国粮食从产区到销区的物流成本占粮食销售价格的20%~30%，比发达国家高出1倍左右；东北地区的粮食运往南方销区一般需要20~30天，为发达国家同等距离所需时间的2倍以上；由于运输装卸方式落后，每年损失粮食800万吨左右。

参考文献：

[1] 黄国雄，曹厚昌. 现代商学通论［M］. 人民日报出版社，1997.

[2] 高铁生. 中国流通产业政策研究［M］. 河南人民出版社，2001.

[3] 郭冬乐，宋则. 商业理论前沿Ⅱ［M］. 科学文献出版社，2002.

[4] 丁俊发，张绪昌. 跨世纪中国流通发展战略——流通体制改革与现代化［M］. 中国人民大学出版社，1998.

[5] 张奎等. 西方贸易理论［M］. 山西经济出版社，1993.

[6] 吴沉，王传维. 流通产业在我国产业结构优化中的作用［J］. 商业经济与管理，2000（12）.

[7] 秦群力. 美国零售业的特点［J］. 特区理论与实践，2000（12）.

[8] 李时雨. 健全有效的美国商品流通管理体制［J］. 国际商报，2000-02-17.

[9] 刘建堤. 西方商业发展趋势对我国零售业发展的启示［J］. 中国物资流通，2001（3）.

[10] 易牧农. 发达国家零售业发展新动向探析［J］. 现代财经，2000（3）.

[11] 刘联国，喻世友. 浅析美国零售业发展的规律性［J］. 陕西经贸学院学报，

2000（2）.

[12] 王俊豪. 中国流通产业组织政策探讨［J］. 商业经济与管理，1999（6）.

[13] 国家计委宏观经济研究院课题组. 加入 WTO 对我国商品流通业的影响和对策（课题）［D］. 2000.

[14] 徐从才. 加入 WTO 后中国流通产业发展的战略思路［J］. 南京经济学院学报，2000（6）.

[15] 曹家为. 加入 WTO 对中国商业的影响及应对策略［J］. 现代财经，2000（2）.

[16] 王晋卿. 走进新世纪的中国商业［J］. 香港经济导报社，2002.

[17] 洪涛. 重视和加快我国流通产业结构的调整和创新［J］. 商业时代，2001（11）.

[18] 洪涛. 高级电子商务教程［M］. 经济管理出版社，2003.

[19] 李晓西. 2003 年中国市场经济发展报告［R］. 中国对外经济贸易出版社，2003.

[20] 胡欣欣. 中日流通产业比较研究［M］. 中国轻工业出版社，1994.

[21] 冯昭奎，小山周三. 中日流通产业比较［M］. 中国社会科学出版社，1996.

[22] 刘兴倍. 中外商业比较［M］. 中国财政经济出版社，1999.

[23] 洪涛. 流通产业经济学［M］. 经济管理出版社，2007.

论流通产业发展方式的转变

李　丽[①]　黄　超[②]

摘要：金融危机对我国的波及暴露了我国经济发展长期以来积累的问题，其中包括我国流通产业层面。在我国部分产业产能过剩、失业率上升以及大生产呼唤大流通的背景下，流通产业应作为国家的战略产业提上议事日程。我国流通产业技术目前还很落后，结构还不协调，内外贸还没有一体化，要适应国内外经济发展形势，须转变流通产业发展方式，推动流通产业科学发展。本文首先分析了我国流通产业的现状，其次指出了我国流通产业目前存在的问题，最后提出了流通产业转变发展方式的对策，包括确立流通产业的战略性地位、调整流通产业结构、培养具有国际竞争力的大型流通企业、推动流通产业技术升级和加快推进内外贸一体化等。

关键词：流通产业；发展方式；内外贸一体化

一、中国流通产业的发展现状

1. 流通产业步入了相对独立的发展阶段

自改革开放以来，流通产业与三大产业的关系大致经历了四个发展阶段。第一个阶段是1978~1985年。党的十一届三中全会召开以后，实施家庭联产承包责任制，粮食和农副产品产量大幅增加，农村集贸市场和农产品专业市场得以恢复和发展，推动了流通产业的发展。第二个阶段是1985~1996年。国家开始对计划经济体制下的第二、三产业的产业结构和所有制结构进

① 李丽（1970~），女，河南南阳人，北京工商大学经济学院贸易系副教授、硕士生导师。研究方向：流通经济、产业经济。邮箱：lilillr6671369@sina.com。

② 黄超（1987~），男，湖南岳阳人，北京工商大学经济学院产业经济学专业2010级硕士研究生。研究方向：流通经济。邮箱：hc_2005@126.com。

行战略调整，扩大企业自主经营权，实施大中型企业经营承包制等改革措施，流通商品品种和数量迅速增加。第二产业的改革和发展为流通产业提供了广阔的需求空间和发展前景。第三个阶段是 1997~2000 年。1997 年后，我国商品市场物价结束了 20 世纪 80 年代末至 90 年代初的长期剧烈震荡局面。内贸部商业信息统计中心数据显示，1997 年的 613 种主要商品中，供求平衡的 408 种，占 66.6%；供大于求的 195 种，占 31.8%；而供不应求的仅占 1.6%；中国已由全局性的卖方市场开始向全局性的买方市场转化。第四个阶段是 2001 年至今，我国流通产业的产值第一次超过了第一产业。2004 年 12 月 11 日，我国商品流通领域全面对外放开。2000~2005 年，流通产业产值在 GDP 中的比重保持在 9.5%以上，增长速度超过 GDP 的增长速度。石明明、张小军（2009）认为，流通产业的发展已经开始不再严重依附于其他产业的发展，而走向相对独立的发展阶段，对其他产业发挥着巨大的引导作用。

2. 流通产业与其他产业有很强的产业关联性

产业关联性即一个产业对其他产业的影响和制约程度，是衡量产业战略性地位的标志之一。据李东贤、李成强（2010）测算，我国流通产业与国民经济各产业的关联系数很高，流通产业与第一产业增长的相关系数为 0.991，与第二产业增长的相关系数为 0.992，与第三产业的相关系数为 0.996，证实流通产业的发展对第一、二、三产业均具有重要的推动作用。迈克尔·波特认为，产业竞争力是国家竞争力的核心，流通产业作为连接生产与消费的中枢环节，决定了社会再生产的顺利进行，是产业竞争力的重要方面。另据冉净斐、文启湘（2005）测算，我国流通产业的产出弹性系数为 0.106，表明流通产业每增长 1%，将带动 GDP 增长 0.106%，外溢系数为 2.121。这表明流通产业增长 1%，在不考虑其他因素变化的情况下，非流通部门将增长 2.121%。由此可见，发展流通产业有助于提升国民经济竞争力。

3. 流通业已经成为吸纳劳动力的重要渠道

1993~2004 年，仅批发、零售、贸易、餐饮住宿业年均增加就业人口 177 万，占全社会新增就业人口的 23.6%，尤其是批发、零售、餐饮业吸纳劳动力能力较强，从业人员年均增加 141.5 万人，占社会新增就业人口总数的 17.1%。2005 年流通产业吸收劳动力 6054 万人，约占全国总人口的 4.6%，占第三产业的 24%，在非农产业中居第二位，其中个体私营从业人员占全社会个体私营就业人员的 45.4%，批发、零售、贸易、餐饮住宿业新增就业人口近 300 万，占全国新增就业人口总数的 30.9%。据估计，2010 年流通产业全年就业人口将达 7100 万（编者注：略少），占全国总人口的 5.2%。自 2001 年起流通产业的就业弹性开始呈现逐年持续攀升，2008 年流通产业就业弹性达 0.74，流通产业逐步成为实现就业增长的重要产业因素。

4. 流通组织已成为竞争性主体

经过 30 余年的改革，中国流通组织的面貌基本改观，已经形成以公有制为主体、多种经济形式并存的格局，绝大多数流通组织已成为自主经营、自负盈亏的市场主体。1978 年公有制流通企业社会商品零售总额所占比例为 97.8%，2001 年下降为 48.51%，其他所有制经济成分所占比例上升为 51.49%，外商为 3.8%。在餐饮业所有制结构中，公有制所占比例仅为 29.3%，外资占 20.52%，其他所有制经济成分占比为 70.47%。2005 年后，我国取消了外资零售业进入的一切限制（除少数重要商品和仓储式超市外），外资企业以国民待遇和国内同行进行平等的竞争。50 家世界最大的零售企业，目前已有 70%抢滩我国市场，如沃尔玛、家乐福、百盛、伊藤洋华堂等，流通产业竞争程度加剧。

5. 信息技术及网络系统在流通业广泛使用

我国近几年来电子商务迅猛发展，2003~2007 年我国电子商务交易额分别为 4290 亿元、4400 亿元、7400 亿元、1.1 万亿元和 2.17 万亿元。2008 年我国电子商务交易额达到 3.1 万亿元，同比增长 44.8%；2009 年达到 3.85 万亿元，同比增长 21.7%；连续两年创新高，反映了我国电子商务整体快速增长的态势。我国电子商务模式也呈多样化特征，除 B2B 、B2C、C2C 等模式外，B2G（政府采购）、B2B2C、企业内部的电子商务模式也得到广泛的运用。流通产业技术水平有所提高，条形码技术、POS 技术、VAN 系统、QR 系统、自动连续补货系统（CRP）、企业资源计划（ERP）等现代化信息技术、电子数据交易（EDI）、电子订货系统（EOS）、信息管理系统（MIS）、快速反应（QR）及有效客户反应（ECR）、地理信息系统（GIS）、仓库管理系统（GPS）、运输管理系统（TMS）和无线射频技术（FRID）等多种信息技术得到迅速发展。

6. 内外贸初步走向一体化

我国流通体制在“十五”期间有两次重大改革，2000 年国家国内贸易局撤销，职能并入国家经贸委；2003 年国家组建商务部，主管国内外贸易和国际经济合作，原国家经贸委的内贸管理与对外经济协调和重要工业品与原材料进出口计划组织实施、原国家计委的农产品进出口计划组织实施以及原外经贸部的全部职能划归商务部管辖。商务部的成立打破了我国内外贸分隔管理近 50 年的局面，有利于深化流通体制改革、促进我国流通产业地位的提升，适应了内外贸加快发展的要求。为实现内外贸一体化，我国政府加大了法律环境的改革力度。商务部成立之初，重点清除了 1993 年以来发布的法律文件 495 件，分两批废除了不适应当前市场流通形势的法律文件 110 件，从制度上初步提供了内外贸一体化的制度环境。许多地区和企业也已经在内外贸一体化方面初见成效，如浙江两大专业市场义乌小商品城和绍兴轻纺城在获得外贸进出口权后，在内外贸之间架起了桥梁，组织货源出口，组织经营者到境外办分市场，使外贸主体更加多元化，大大拓宽了出口的渠道。

二、中国流通产业存在的问题

1. 流通产业的战略地位被忽视

流通产业的战略地位一直被忽视，长期以来我国就没有将流通产业作为战略性产业看待。原因大致有以下三点：其一，新中国成立以来，工业现代化一直被认为是现代化的主要途径，计划经济体制下我国长期实行配给、承购、包销制度，流通产业发展受抑制。普遍认为，发展工业并不意味着要发展流通业，因此流通产业一直处于在其他产业带动下的被动发展地位。流通业发展的滞后，造成了我国市场分割严重，区域市场壁垒众多，国内统一的市场一直没有形成，这抑制了我国工业化进程，削弱了国家的宏观调控能力。其二，认为流通产业不创造价值。马克思认为，商品生产过程中创造价值，商品流通过程不创造价值，它只是价值实现手段。据此认为，流通是制造业的附属产业，或者应作为附属产业并入第二产业的范畴。其三，认为流通业是劳动密集型企业，技术水平低。部分学者认为，一种劳动密集型产业不应成为战略性产业。这种观念恰恰是长期以来流通产业资本投入和技术投入较低的原因，反过来又加深了对流通产业战略地位的忽视，形成了恶性循环。

2. 流通产业结构失衡

（1）组织结构失衡。流通大、中、小规模企业比例不合理，专业分工水平低，呈小、散、乱、弱等特点。我国流通企业扩大规模的方式主要是单体扩张而不是连锁化经营，缺乏能与国际巨头相抗衡的实力，如 2000 年我国 273 家大商场的销售总额为 1072.8 亿元，仅占社会商品零售总额的 3.8%，而 1993 年美国 50 家大型零售企业销售额达 4910 亿元，占全国零售总额的 21.34%。国内不同的行业、企业、地域间条块分割、地区封锁，分割下的批发、零售、仓储运输企业无法走向联合，无法分工协作，缺乏稳定的供应关系，流通企业不得不走向小而全的发展方向。

（2）区域结构失衡。流通产业在东西部、农村与城市间发展差距较大。

中西部人口总数约占全国人口总数的 60%，但零售网点和从业人员不超过全国的 50%。中西部人均流通产业活动单位数和活动单位内部的就业密度均低于东部，“较低的人均流通产业活动单位数必然加大劳动要素之间的竞争，从而使得流通产业活动单位带动就业增长的弹性被降低”（王晓东、谢莉娟，2009），中西部地区的劳动力优势难以得到发挥。城市与农村间流通业发展差距较大，城市商品流通量的比重要远远高于农村商品流通量的比重，2000 年农村市场的数量是城市市场的 2.36 倍，但城市市场的销售额远超于农村。

（3）行业结构失衡。近几年来，我国批发行业开始萎缩，表现为批发市场兼营零售，大型零售自行采购。据不完全统计，2005 年我国有 80%左右的商品交易市场是批零兼营市场。纯批发市场的存在起到了降低交易费用的作用，一国商品经济的规模越大，就越需要批发企业。实践证明，批零比在 2 左右是最合理的，而我国的批发业明显地滞后于零售业的发展。我国物流业也发展不足，虽然基础设施建设初具规模，但技术水平含量很低，与批发零售的衔接度不高，物流业的社会化服务程度也十分落后。据统计，我国物流成本占 GDP 的比重在 20%左右，远高于欧美（10%），整个物流业运作成本高，效益不佳。

3. 流通企业竞争力差

流通企业的规模优势在达到很大规模时才能得以发挥，但单体扩张的规模优势往往被限制在较小的规模之上，超过临界规模，规模扩大反而引起规模效益的降低。连锁经营突破原来的规模限制，通过连锁经营的方式，能够在很大的规模上维持规模效益。国外流通企业大多采取连锁经营的方式来扩大企业规模，无论是沃尔玛、家乐福还是麦德龙，在国内连锁店面达数千家，销售额达几百亿元，而我国连锁经营销售额仅占社会商品零售总额的 10%，规模优势没有充分发挥。低价策略，如远期、期货交易、代理经营、信用交易、网上交易和租赁经营等现代流通企业经营方式没有得到广泛运用，流通企业仍缺乏以顾客为中心、树立品牌形象和企业形象等现代经营理念，而这些都是现代企业提高竞争力所需要的。此外，发达国家的流通企业通过参股、控股、收购、战略联盟等形式组成稳定的合作关系，减少摩擦成本，或者与生产商间形成稳定的供应链，将传统的竞争变成供应链的竞争，提高竞争优势，弱化了竞争风险；而我国流通企业在资本运作、供应链战略合作这些方面表现不足，无法形成优势互补的局面。

4. 技术水平低

美国早在 20 世纪 60 年代便将老式的仓库改为配送中心，引进电脑管理网络，对装卸、搬运及保管实行标准化操作；20 世纪 90 年代初便开始实行

"高效消费者反应"（ECR）战略。日本的流通企业信息化始于20世纪60年代，20世纪70年代计算机就被运用于日本流通企业的商品管理、营业管理、库存管理和订发货系统等，零售企业和批发企业之间已经开始了EOS系统的应用；20世纪80年代，销售点终端系统（POS）、信用卡系统、增值网络系统（VAN）等被广泛应用；20世纪90年代，许多日本企业联合起来共同实现信息化，共同订发货，共同开展物流，共同进行信息处理。与发达国家相比，我国流通企业信息建设相对滞后，技术设备不足，专业人才缺乏，传统技术在一定程度上依然占主导地位。在我国，EDI技术、FRID技术、POS技术、自动连续补货系统（CRP）等现代化信息技术还只处于初期运用阶段，流通企业信息管理机构不健全，信息管理不规范，信息处理手段和传输手段还很落后，自动化信息网络基本没有形成。目前我国流通产业用于信息技术和装备方面的投资仅占总投资的0.3%，美国已在10%以上，信息化投入严重不足。

5. 内外贸一体化仍存在障碍

内外贸一体化并不能一蹴而就，虽然在制度方面有较大的改革，但也需要一个过程来推进，长期分离的内外贸管理体制给内外贸一体化进程带来诸多障碍，主要表现为：其一，中国原有的纵向化、条块分割、高度集中的计划管理体制与横向性市场流通体系相冲突，它使商品流程和流通网络被人为切割开来，这种冲突至今没有得到完全解决。商务部虽然在原外经贸部的基础上添加了一定内贸的职能，但其内部内外贸司仍各司其职，缺少联系和协作。其二，地方利益、行业利益、部门利益等利益分割格局严重阻碍了国内统一大市场的形成，国内统一市场没有形成将是内外贸一体化的巨大阻碍。其三，解决外资企业的超国民待遇等问题的法律法规还没有形成，内贸一直被边缘化，内贸立法一直滞后于内贸的发展要求。其四，观念上和能力上的障碍。由于长期以来内外贸的分割，流通企业还不能接受内外贸一体化，大部分企业在管理上还难以适应内外贸一体化或者缺少内外贸一体化的竞争能力。

三、转变中国流通产业发展方式的思路

1. 确立流通产业的战略性地位

波特认为，国家竞争力的核心是产业竞争力，离开了产业竞争力，国家竞争力就无从谈起。流通产业作为联系生产与消费的中枢产业对于社会再生

产的顺利进行具有不可替代的作用，在提高产业竞争力的选择上，许多国家都把提高流通产业的竞争力放在十分重要的地位。发展流通产业有助于提升国家竞争力，推动其他产业的发展，而且，流通产业能够吸纳很大一部分劳动力，涉及国家经济安全。因此，应将流通业政策纳入国家宏观经济政策，确立流通业的战略产业地位。我国现代流通产业已具备资本驱动与技术驱动的双重特征，应引导资金、技术、人才进入流通领域，推动流通产业发展由资源物质消耗向科技进步、劳动者素质提高、管理创新转变，具体措施包括：制定和完善对流通企业技术创新给予资金支持的政策；设立流通企业技术创新基金、流通企业技术创新风险投资基金；建立适应流通企业技术创新所需要的技术支撑体系；制定鼓励科研机构和高等院校与流通企业进行技术合作的政策，建立和完善流通技术创新政策和法规体系等。

2. 调整流通产业结构，促进流通产业协调发展

（1）加快培养大型流通企业，支持有实力的流通企业通过参股、控股、承包、兼并、收购、托管和特许经营等方式实现规模扩张，做大做强。在流通企业组织结构的调整中产生一批拥有自主品牌和自主知识产权、主业突出、核心竞争力强的大型流通企业集团。同时，也要利用中小流通企业的优势，进一步放开、搞活中小流通企业，争取形成以大型流通企业为核心、众多中小企业并存的流通产业集群。

（2）利用税收、信贷等经济杠杆对广大中西部地区以及广大农村地区的流通产业进行刺激，以增加它们的自我积累能力，引导生产要素以市场形式在流通产业内部合理配置，形成流通企业在东中西部、行业间的合理布局。

（3）借鉴美日做法，为流通产业发展和结构调整提供宽松的经济环境，支持第三方物流业的发展，形成第三方物流服务商、专业运输与仓储服务商和区域性配送服务商等分工合作的产业形态，推动物流组织社会化、物流渠道扁平化，发展便利店、折扣店、超市、购物中心、百货店、电视电话购物、网上商店、自动售货、目录商店等多种业态形式。

（4）统计部门应为流通产业构建相应的指标体系，反映流通产业发展状况，为流通企业的发展提供相应决策依据，避免盲目投资、趋同建设或者缺乏建设、投资不足的情况。

3. 培养具有国际竞争力的大型流通企业

降低经济性进退出壁垒，消除行政壁垒，为要素资源的流动提供宽松的制度环境，使流通企业的退出行为包括兼并、联合、破产等能够自由进行，从而为流通企业扩大规模、聚集优势资源创造条件。鼓励流通企业采取参股、控股、兼并、收购、战略联盟等形式扩大规模或组成稳定的合作关系；

或者整合产业链，将生产商与供应商、分销商、服务商、客户联成一个完整的供应链网络，将传统的竞争变成供应链的竞争，形成优势互补的局面。流通企业自身应改变管理理念，根据消费者的需求特点，创新服务方式，创造服务价值赢得竞争优势，将传统的以价格竞争为手段的盈利模式转变为渠道合作竞争和服务竞争的盈利模式，从分享价值转变为创造价值。培养具有国际竞争力的大型流通企业需要培养以下几类高素质人才：熟悉现代流通规则、世贸组织规则、国际惯例等的人才；熟知现代流通方式如连锁经营、电子商务、物流配送等，具备现代流通企业的管理能力的人才；具备现代信息技术处理能力的人才；具有创新能力的人才。

4. 推动流通产业技术升级

信息技术方面，优化信息网络资源配置，充分利用现代信息网络，建设电子商务平台，鼓励流通企业建立网站，积极开展电子商务，探索传统产业与电子商务、有形市场与电子商务、连锁与电子商务、现代物流与电子商务相结合的新型模式；加大信息化技术改造的投入，加大信息技术在流通企业及相关企业的普及应用，使流通产业站在运用新的信息手段、新的传导技术前沿；制定流通信息技术的规范和标准，鼓励有条件的流通企业与供应商、制造商的网络连接，实现信息交换，真正发挥流通产业的先导作用。硬件方面，加大流通产业基础设施建设，建立跨区域的集铁路、公路、航空、水运、集装箱运输于一体的物流体系，建设车站、港口、机场、道路各种运输方式相互衔接的网络，构成高效物流网络。

值得特别注意的是，在资源的枯竭和低碳生活得到世界性认识的今天，要鼓励流通企业积极运用绿色包装技术、低碳物流技术，支持流通企业和科研单位共同研发绿色技术，推广绿色技术，顺应世界发展形势，抢占流通产业发展先机。

5. 加快推进内外贸一体化

小生产小流通，大生产大流通，现代化的大流通决定现代化的大生产。流通产业已由基础产业转向战略产业，由依附产业走向相对独立产业、决定产业，因此，必须加快推进内外贸一体化。推进内外贸一体化要以打破体制障碍、扩大对内开放为重心，从政府、市场和企业三个层次切入，促进内外贸的实质融合和协调发展。首先，理顺政府机构管理职能，整合相关部门和资源，建立适合内外贸一体化的工作机制和协调机制，进一步完善相关法律，给予各流通企业平等竞争地位，促进公平竞争。其次，促进国内市场统一，建设健全规范的市场秩序管理机制，消除行政壁垒和行业壁垒，推进价格体系改革，纠正国内价格扭曲和失真现象，使价格反映真实国民经济状况。在保障商品价格体系安全的基础，逐步推进国内市场价格与国际市场价格统一，引导国内外资源的合理配置。最后，继续扩大开放，分阶段实现内外贸的自由化经营，加深流通企业对内外贸一体化的认识，一方面鼓励内贸企业积极参与跨国公司采购网络，另一方面鼓励有实力的企业分阶段走出去，到国外大力投资流通企业。

参考文献：

[1] 石明明，张小军. 流通产业在国民经济发展中的角色转换：基于灰色关联分析[J]. 财贸经济，2009（2）.

[2] 王晓东，谢莉娟. 论流通产业结构调整与就业增长 [J]. 财贸经济，2010（12）.

[3] 纪宝成. 流通竞争力与流通产业可持续发展 [J]. 中国流通经济，2010（1）.

[4] 于培伟. 关于内外贸一体化的再思考 [J]. 中南财经政法大学学报，2005（3）.

[5] 刘向东，张小军，石明明. 中国流通产业增长方式的转型 [J]. 管理世界，2009（2）.

[6] 洪涛. 流通产业经济学 [M]. 经济管理出版社，2007.

[7] 裴长洪，彭磊. 中国流通领域改革开放回顾 [J]. 中国社会科学，2008（6）.

[8] 宋则，王京. 新时期流通业的发展与经济结构的调整 [J]. 财贸经济，2002（11）.

[9] 李海舰. 中国流通产业创新的政策内容及其对策建议 [J]. 中国工业经济，2003（12）.

[10] 刘卫锋，但承龙. 我国流通产业组织创新的动因与方向 [J]. 中国流通经济，2009（3）.

[11] 郭士倜. 流通企业的功能及其规模 [J]. 当代经济管理，2008（6）.

转变流通产业发展方式的策略研究

李晓晨[①]

摘要：在《第十二个五年规划的建议》中，加快转变经济发展方式是核心任务。流通产业是国民经济的先导性产业，发展现代流通，实现我国流通产业发展方式的转变与升级，对于开拓市场、扩大内需和拉动经济增长具有重要作用。本文从发展现代流通系统、优化流通产业内部结构、促进城乡流通一体化、加大流通业的投入力度、加快流通法律法规建设及全面推进绿色流通等方面探讨了转变流通产业发展方式的策略。

关键词：现代流通；城乡一体化；流通政策；绿色流通

一、转变流通产业发展方式的时代背景

中国共产党第十七届中央委员会第五次全体会议上，审议通过了《中共中央关于制定国民经济和社会发展第十二个五年规划的建议》，加快转变经济发展方式是其核心任务。在当代中国，转变经济发展方式，是指经济发展建立在结构不断优化、资源利用效率不断提高、生态环境不断改善基础上的经济增长；在要素投入上，促进经济增长由主要依靠增加物质资源消耗向主要依靠科技进步、劳动者素质提高、管理创新转变。流通产业发展方式包括流通产业结构、产业技术创新、资源配置状况、从业者素质、产业发展效益和环保等多方面的内容。

在后金融危机时期，我国流通业发展面临着有利因素与不利因素并存的国内外市场环境。当前国际贸易保护主义日益加剧，国内经济结构调整压力

---

① 李晓晨（1986~），男，河南商丘人，北京工商大学经济学院产业经济学专业 2010 级硕士研究生。研究方向：流通经济。邮箱：haitun2020@163.com。

较大，流通业发展相对滞后，但是新兴市场需求空间大，我国经济回升势头良好，出口商品的竞争力有所提高，第三产业发展潜力巨大。流通产业是国民经济的先导性产业，发展现代流通，实现我国流通产业发展方式的转变与升级，对于开拓市场、扩大内需和拉动经济增长具有重要作用。

二、转变流通产业发展方式的策略研究

我国流通产业发展方式转变与升级可以从以下五个方面入手：

（一）进一步培育和发展现代流通系统，发挥流通对生产的先导作用

现代化的流通策略系统包括三方面：

（1）现代化的产供销系统。这个系统主要是通过物流、配送、代理、信息等组织形式和营销方式，与工业经济全方位的结合。今后主要有三种发展模式：一是紧密型产销业。这主要是大型生产企业内部派生出来的销售系统为自己服务。目前，国内石油、石化、家电行业以及 IT 产业中的大型企业，不少已建立了自己的配送体系和流通网络。二是半紧密型的产销业。这主要是大型或者特大型专业化生产企业与社会化的物流业、流通业建立长期稳定的供销关系，相互促进发展。三是松散型的产销业。这主要是大量的日用品生产企业，通过合同订单与流通企业建立销售或者代理关系。随着现代物流体系特别是国际化物流业的不断发展完善，半紧密型的产销业会较快地发展。

（2）现代化的连锁经营系统。连锁业要实行标准化管理、网络化经营和信息化运作。

（3）现代化的网上交易系统。与连锁经营系统相结合，充分发挥虚拟网络和现实网络结合的优势，扩大商品销售；与批发企业相结合，通过电子订货和合同订货，重振批发功能；与物流系统相结合，进一步延长产供销的产业链，使产销内在机制更加有机地融合在一起；与粮食、棉花、果蔬等专业批发交易市场相结合，使市场体系更好地发挥流通主渠道的作用。

（二）优化流通产业内部结构，促进国民经济的结构调整和优化

优化流通产业内部结构，是实现我国流通产业发展方式转变的关键。一是大力发展民间经营。由于零售企业是面向消费者服务的企业，那么消费者

需求的特征就必然会对零售业市场结构、布局结构、投资主体有一定的要求。在我国的改革开放进程中由于消费需求的分散性、多样性和层次性，流通产业的市场结构必然体现为“大、中、小”企业并存，其中以劳动密集型的中小企业居多。这就要求大量的民间资本进入，大力发展民营经济，搞活零售市场，满足各个层次的消费需求。二是大力发展规模经营。流通企业的规模经营能够降低运营成本、引导生产、促进大量消费，因此，通过兼并重组、资源的跨区域整合、制度规范，发展具有网络化、连锁化、富有社会责任感的国有控股或国资参股大型流通企业集团，发挥其平抑物价、稳定市场，应对突发的自然、经济事件的能力，从而提升我国流通企业的国际竞争力，维护我国的经济安全。三是流通企业与生产企业建立产销联盟，共享信息，通过降低流通成本获得价格竞争优势。此外，流通企业要根据消费者的需求特点，转变盈利模式，从单纯的价格竞争转变为渠道的合作竞争以及服务竞争，从分享价值转变为创造价值。

（三）继续推动农村流通的现代化，促进城乡流通一体化

加快发展农村现代流通业。中国农村是当前流通改革与发展的主战场。农村改革、农业发展可以释放出巨大购买力，这将是中国流通现代化进程的原动力。城乡流通一体化：一是城乡流通规划一体化。在城乡已有的批发零售业、服务业、物流业发展规划及商业网点规划的基础上，根据城乡发展规划和总体方案，按照现代化流通网络体系要求，对流通业进行统一布局，形成城乡日用工业品流通体系、生产资料流通体系、农产品流通体系、再生资源流通体系、居民服务体系、信息服务体系六大体系，避免重复建设。二是城乡流通政策一体化。清理、取消阻碍一体化的政策规定，消除城乡间市场壁垒，统一城乡各城市流通业发展政策，形成圈内各城市间相互支持、相互融通的政策支持体系，使流通企业在圈内各城市能享受同城待遇。统筹政策协调，在城乡之间建立均衡增长的良性互动机制，推动城乡市场主体之间联合、重组和经营网络的跨地区、跨城乡延伸。三是城乡流通基础设施建设一体化。按照城乡流通一体化规划，统一制定流通业基础设施建设专项规划，统一流通基础设施布局，对涉及流通发展的铁路、公路、水路、航空、管道以及园区、物流配送中心、大型市场、超市、电子商务等项目建设进行统一规划，并与城乡交通一体化和基础设施一体化相衔接。四是城乡流通物流一体化。统一商品配送是现代商业和物流业发展的基本要求，也是节省物流成本、防止假冒伪劣、净化市场秩序、保障消费安全的重要举措。应在现有物流企业、物流园区、企业物流等多渠道商品配送的基础上，建立分层物流配

送中心和商业企业联合配送中心，逐步实现配送一体化。五是城乡流通信息一体化。建立城乡流通信息报送制度和城乡流通信息平台，实现流通企业、商品供求、商品流向、物流园区、商业网点、“万村千乡工程”、“双百市场工程”、“信福工程”、“百百万万工程”、“家电下乡、以旧换新、节能惠民工程”等流通业发展政策信息共享。城乡流通领域信息工作的重点应放在完善流通领域服务体系、丰富服务手段、培养专业人才、加强专业人才培训等方面，促进流通信息在产品生产经营、产品推广营销、市场流通和人民生活消费等领域的应用，以此推动整个流通业健康发展。

（四）通过加大流通业的投入力度，提高流通效率，增强流通业的竞争力

1. 加大流通业人才的培养和引进力度

一方面，要创造条件，提高流通人才引进的有效性。通过制定吸引现代流通人才的有关政策，建立畅通的人才流进渠道，促成国内外各层次的具有开拓创新精神、熟悉现代流通规则、精通现代流通管理和掌握现代流通技术的高素质、复合型人才大量流入，以提高现代流通人才的总体比例。另一方面，要加快制定人才培养计划，提高流通教育培训的针对性。要调动各方面力量，整合多方面资源，坚持以市场需求为导向，加大对现代流通人才的教育和培训。一是加强对高校、科研机构人才培养工作的指导，鼓励高等院校、科研院所和行业协会等中介组织积极开设现代流通理论的教学、科研和实践活动，培养符合现代流通业发展需要的专业人才。二是调动行业协会和社会上各种教育培训力量，针对现代流通业发展的各种实际需要，采取多种形式，举办各种类型的培训班，培养各种层次急需的现代流通人才。三是鼓励企业内部培训机构建立人才培养机制，做好从业人员资格认定和岗位培训，共同培养多层次、多领域的流通专业人才。

2. 加大政府对流通产业技术创新扶持的力度

一是提供流通技术创新多元化融资渠道。我国应改革融资项目行政审批制度，拓宽融资渠道，吸收社会资本，建立流通技术创新的社会产业投资基金。重点流通技术创新项目应由国家直接投资或给予优惠贷款。应完善流通技术创新证券市场，建立风险投资机制，鼓励风险投资机构向流通技术创新企业进行风险投资。二是建立流通产业技术开发基地。应建立具有国内领先水平和国际先进水平的流通产业技术开发基地，建设拥有先进设备的大型国家实验室、国家工程中心等科研基础设施，加快流通产业技术创新步伐。三是由政府承担社会服务职能转向由社会中介提供服务。应发展社会化的流通

技术创新机构和中介机构，在流通企业技术咨询、科技成果转化、风险融资、人才培养、信息交流等方面提供全方位服务。

3. 提高流通产业信息化水平的投入力度

一是大力优化各种信息网络资源配置，充分利用现有信息网络，使其成为流通信息化的基本载体，建立各种电子商务中介网络平台，吸引广大中小工商企业上网开展广告宣传、咨询服务，并逐步向网上交易、结算服务等深层次业务拓展。鼓励大型生产企业、流通企业建立网站，积极开展网上交易，把电子商务作为企业开拓国内外市场的重要手段和途径，使网络营销成为企业营销活动的重要组成部分。二是加大信息化技术改造的投入，加快信息技术在流通企业及相关企业的普及应用，通过供应链管理的电子化，建立上下游客户的网上订货、电子结算和票证自动处理系统，改革企业业务流程、决策、管理和运作模式，实现企业经营管理和决策的科学化。三是加快制定流通信息技术的规范和标准，推广信息系统在流通企业中的应用，鼓励有条件的流通企业与供应商、制造商的网络连接，实现电子商务系统（ECS）、电子数据交换系统（EDI）信息交换，提供增值服务，真正发挥流通产业在国民经济中的先导作用。

（五）加快流通法律法规建设，实现流通环境的现代化，全面推进绿色流通

1. 加快流通法律法规建设，推进流通产业政策和制度创新是实现发展方式转变的制度保障

流通产业政策和制度的创新包括：彻底打破行业垄断和地区封锁，为流通企业的公平竞争和快速发展提供制度保障；制定企业兼并、联合的法规，建立相应的制度规范，并通过经济手段促进企业资产的重组和优化；妥善解决企业资产重组过程中出现的债务与职工就业问题，加速流通产业的组织化、规模化发展；完善市场竞争规则，规范企业竞争行为，特别是对企业的无形资产给予充分保护，以促进知识型流通企业的发展。政府要加强对中心城市、交通枢纽、物资集散地和口岸地区大型物流基础设施的建设，并兼顾近期运作和长远发展的需要，对现有资源进行有效整合和重新配置，防止重复建设，大力推进物流配送业的发展。同时，要大力推广信息技术及网络系统，探索传统产业、连锁经营与电子商务相结合的模式，打造现代流通设施平台，营造有利于流通业信息化和电子商务发展的良好环境。

2. 实现流通环境的现代化

一是市场将更快走向全面统一。内贸与外贸、生活资料与生产资料的经

营将完全融为一体，内贸企业向外贸开拓、外贸企业向内贸发展，各种经济成分的流通企业可以自由地开展贸易；有形市场通过计算机网络，连接零售、拍卖、租赁、旧货等市场形态，形成全国性的市场网络；无形市场将利用现代流通技术和营销手段，向多层次、多形式、多内容的方向发展；金融机构、科研单位、教育部门、运输企业、加工行业等，都将为商品流通提供广告宣传、信用结算、技术转化、人才培训、包装配送等多方面的服务，这种服务将进一步发展，并形成一体化的流通服务产业。这些都将构成我国统一开放、竞争有序的大市场。二是资源配送机制将更加现代化。从运行方式来看，流通应通过三个层次的架构进行运作：第一个层次是国家层，通过国家合同订购、订货、议购、进出口等形式，掌握一定比例数量的重要生产资料和生活资料，确保市场商品总量的平衡，通过有关法律法规，消除市场障碍，规范交易行为，保证商品高效有序地流通；第二个层次是商会与中介机构层，这个层次主要监督执行国家有关方针政策和法律法规，协调经济关系，发布市场资源、价格和供求信息，提供各种服务，引导和促进商品流通；第三个层次是企业，其将按照自主经营、自负盈亏、自我约束、自我发展的要求，自由地参与市场竞争，开展多元化贸易。这三个层次既相互独立，各自在市场的基础上运行，但又相互联系，按照市场经济规律互相促进，共同发展。三是市场秩序将更加规范有序。这主要表现在法制环境更加完善，市场的主体、客体、交易行为、调控方式等的法律法规将更加健全完备。信用体系更加成熟，企业和个人的社会信用管理制度不断规范，与社会主义市场经济体制相适应的社会道德体系建设会得到进一步加强。同时，经营环境会更加良好，交易秩序更加规范，市场的监督机制会更加健全。

3. 全面推进绿色流通，实现流通产业的可持续发展

绿色流通是一个完善体系，通常包括绿色商流、绿色物流、绿色信息流和绿色资金流。发展绿色流通经济的途径有：一是强化绿色流通理念，树立新型治污观。运用舆论工具进行环境伦理、绿色观念、绿色意识的大众宣传，提高全社会对发展绿色流通的认识及其自觉性。二是建立绿色流通的激励和惩罚机制，抓好对流通企业的规范和管理。利用税收和收费手段对资源浪费和污染制造行为予以限制和惩罚，以基金和财政补贴的形式对节约资源、保护环境的行为予以鼓励和资助，对环保商品生产、经营企业适当减免税收和价差补贴，同时对环保商品的生产、流通和消费，在品种性能、价格等方面进行干预。三是建立健全绿色物流服务体系，打破不同运输方式和部门之间的传统分割，加快物流社会化改革，着手建设和开发物流基地，统一利用物流设施，采用国外包装物回收、货物运输和配送集约化、社会化的先

进经验和技术，组建城市绿色环保物流队伍和绿色物流服务企业，同时承担包装物回收利用的组织协调任务。四是加大政府支持力度，促进绿色流通发展，尽快制定有关绿色流通的环保政策法规，采取有效的应对措施强化执行力度，尽快控制和减少流通领域各环节所致污染及其影响，实现绿色流通，进而实现流通产业的可持续发展。

参考文献：

[1] 王键. 谈现代流通产业发展与市场体系建设 [J]. 商业时代，2007(25).
[2] 纪宝成. 流通竞争力与流通产业可持续发展 [J]. 中国流通经济，2010 (1).
[3] 洪涛. 我国城乡流通业协调发展初探 [J]. 中国流通经济，2010 (7).
[4] 宋则. 中国流通创新前沿报告 [M]. 中国人民大学出版社，2004.
[5] 张弘. 信息化与中国流通创新 [J]. 财贸经济，2003 (10).
[6] 胡代光. 经济全球化的影响和我们的对策 [J]. 宏观经济研究，2002 (7).

网络团购对传统销售渠道的冲击及应对

徐晓慧[①] 钱晓辉[②]

摘要： 网络团购自诞生以来就迅速地普及，越来越受到消费者的青睐，也对传统销售渠道产生了较大的冲击和影响。本文在对网络团购的产生及其理论依据进行阐述的基础上，比较分析了网络团购与传统销售渠道的优劣势，探讨了网络团购对传统销售渠道的冲击，并就传统销售渠道如何应对网络团购的冲击提出相应对策建议。

关键词： 网络团购；传统销售渠道；冲击；对策

一、网络团购的起源及其理论依据

（一）网络团购的产生

网络团购最早产生于美国，第一个 B2C 网络团购网站 Mobshop.Corri 成立于 1998 年，随后美国和英国出现了一大批类似的网络团购网站。在中国，台湾、香港等发达地区是团购实践发展的最早起源地，而内地团购实践发展相对较晚。大约 2001 年后期，伴随着团购网站的大量出现以及为之主导的网络团购在北京、上海、广州和南京等中国东部发达一线城市率先流行起来，并逐渐成为普通大众尤其是青年人群的一种新型消费时尚。最初网络团购所涉及的产品主要集中在房产居所及装修、家具、家用电器、汽车、数码

---

① 徐晓慧（1964~），女，吉林通化人，北京工商大学经济学院教授、硕士生导师。研究方向：流通经济。邮箱：xiaobai_ 0507@sina.com。

② 钱晓辉（1985~），女，内蒙古赤峰人，北京工商大学经济学院产业经济学专业 2009 级硕士研究生。研究方向：流通经济。邮箱：qxh0627@163.com。

电子消费产品等相对“大件”有形品，之后逐渐拓展到一些“小件”甚至是无形品或服务上，如车票、车险、旅游、美容、教育培训、休闲、婚庆服务、健身卡，甚至团购基金等，其发展呈现出“四面开花”之势。

（二）网络团购的理论依据

1. 交易费用理论

1937 年罗纳德·科斯指出，企业产生的原因是企业组织劳动分工的交易费用低于市场组织劳动分工的费用。企业作为一种交易形式，可以把若干个生产要素的所有者和产品的所有者组成一个单位参加市场交易，从而减少了交易者的数目和交易中的摩擦，因而降低了交易成本，并且由此企业代替了市场。

交易费用主要由搜索成本、谈判成本、签约成本与监督成本构成。在传统销售渠道中，交易费用是一笔不能忽视的成本，尤其是在现代经济中，市场规模庞大，生产者和消费者数量众多，产品多样化质量参差不齐，信息繁杂扭曲失真程度高，这些都给消费者造成了很多选择困境。出于降低这些交易成本的需要，充当消费者和生产者之间桥梁的团购中介企业应运而生，通常这个角色由团购网站来扮演。团购发起的流程有以下两种：①团购网站收集消费者的需求信息，将其反馈给符合此种需求的生产者，生产者委托网站发布团购信息，将信息传递给消费者。②生产者为了增加已有产品销量，或减少库存，主动联系到团购网站，委托其发布团购信息，寻找潜在购买者。消费者中的组织者代表全体对此产品有需求的消费者与生产者谈判商定交易价格。谈判成功后，可以接受此成交价格的消费者纷纷加入，团购行为成功。

由以上流程可以看出，网络团购在很大程度上减轻了整个交易过程中的交易费用。①减轻了消费者的交易费用。首先，消费者减少了搜索、比较、筛选信息的成本，因团购产品通常是标准化的，能够很清楚地辨别是否符合自己的标准；其次，降低了谈判的成本，谈判通常由消费者代表与生产者进行，其他消费者是价格的被动接受者，不用参与到议价的过程中来；最后，节省了交易完成后的成本，如果产品或服务的质量有问题，消费者不用单独去和生产者谈判协商解决纠纷，而是众多的消费者去解决这个问题，大大增强了谈判成功率。②减轻了生产者的交易费用。生产者只需同消费者代表单独议价，将多次议价行为合并成一次，大大减少了谈判的时间成本。并且网络团购也减少了生产者广告营销的费用，提高了产品和生产者的知名度。

根据交易费用理论，网络团购中介是为了减少市场交易过程中的交易费用而诞生的一种企业。这种企业所收集加工处理的“原材料”主要是信息，既有来自消费者的，也有来自生产者的，加工完后再将其“出售”出去，获得利润。显然，由网络团购中介内部交易这些信息的交易费用要小于由消费者直接和生产者交易这些信息的交易费用。

2. 规模经济理论

马歇尔在《经济学原理》中提出，“大规模生产的利益在工业上表现得最为清楚。大工厂的利益在于，专门机构的使用与改革、采购与销售、专门技术和经营管理工作的进一步划分”。

选择网络团购的厂商绝不是只追求一次性的利润爆炸，网络团购可以提高产品的知名度，刺激销售，最终扩大市场份额，这是大多数生产者的最终目的。市场份额的扩大会迫使生产数量增加，生产规模也相应地扩大。

马克思在《资本论》中指出，生产规模的扩大，主要是为了实现以下目的：①产、供、销的联合与资本的扩张；②降低生产成本。他认为，大规模生产是提高劳动生产率的有效途径，是近代工业发展的必由之路。

通过大规模生产的厂商不仅可以降低成本，同时能分摊、消化企业研发、服务、广告等的费用投入，从而降低产品的单位成本。尤其是面对越来越昂贵的高新技术产品研发费，迅速缩短的产品寿命周期，要求更高的产品特色与服务等，都使得企业在建立成本优势过程中必须通过规模经济获得支持。换言之，规模经济使企业竞争优势获得多种驱动因素的支撑，从而使竞争优势更强、更持久，为迅速提升并维持企业的综合竞争力提供必要条件。这是生产者选择通过网络团购来销售产品的动力之一。

3. 消费者剩余理论

消费者剩余是指消费者在购买一定数量的某种商品时愿意支付的最高总价格和实际支付的总价格之间的差额。与之对应的概念是生产者剩余，指生产者出售一定数量的某种商品时实际支付的总价格和愿意接受的最低总价格之间的差额。

在现代经济条件下，社会物质产品极大丰富，买方市场已经形成，产品供大于求，买方在市场交易中占据优势地位。由于理性人假设，消费者总是希望商品价格越低越好，但是任何个人都无法影响市场的基本趋势，势单力薄的消费者不具备同厂商谈判的能力，只有供求关系能决定市场趋势。于是部分消费者联合起来形成一个团体，这个团体的议价能力远远大于个人议价能力，这个团体和生产商谈判产生了一个低于原始价格的新价格，交易成功。

如图 1 和图 2 所示，经过谈判，价格从 P 降低到 P′，这样在每一单位商品上消费者获得的消费者剩余就从 a 增加到了 a′，而生产者剩余则从 b 下降到 b′。对消费者来说，每一单位的购买获得的消费者剩余增加了，因此消费者愿意购买。对生产者来说，尽管每一单位商品的出售获得的生产者剩余减少了，但是如果仍然高于生产者愿意接受的最大值，那么交易就会成功。并且如果交易数量比较大，那么生产者在增加的商品交易数量上获得的生产者剩余就可以弥补每单位比按原价格出售所减少的生产者剩余，获得的总生产者剩余仍然要大于原来的，对生产者来说还是有利可图的。

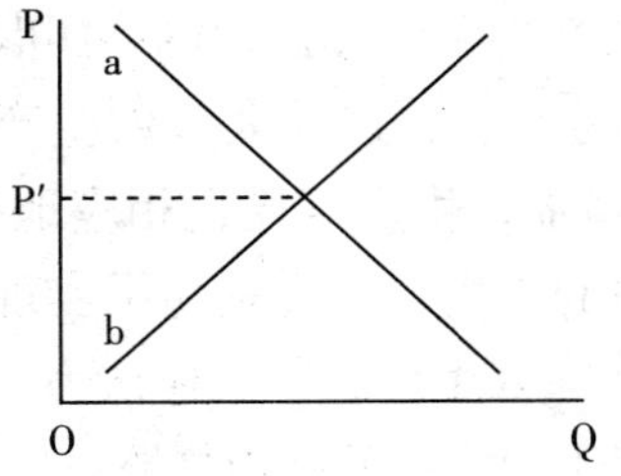

图 1

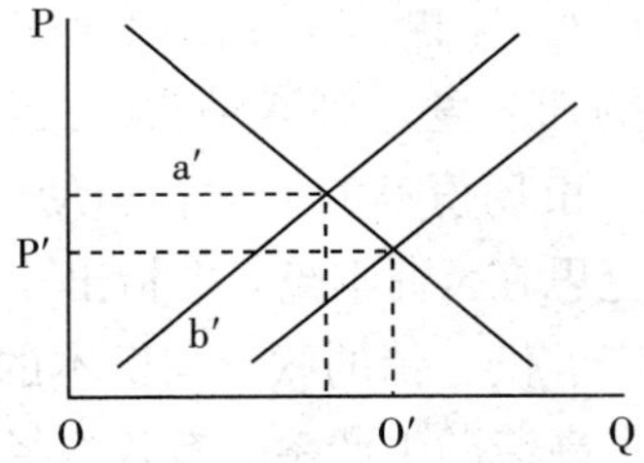

图 2

4. 摩尔定律

摩尔定律是指集成电路上可容纳的晶体管数目，约每隔 18 个月便会增加一倍，性能也将提升一倍。摩尔定律为网络团购提供了强大的技术支撑。①摩尔定律促进了信息的传播。信息技术进步的速度使得芯片储存信息的能力大大增强，而信息处理能力的提升有助于将日益丰富的信息流转化成数字代码和将数字代码转化为人们能理解的方式，并且通过数字网络处理和传播信息。自该定律诞生起 40 多年中，互联网迅速发展，信息技术日益发达并且进入普通人生活中。②摩尔定律促进了计算机的发展。由于制作芯片的高纯度硅的独特性，集成度越高，晶体管的价格越便宜。这样随着芯片上信息容量的日益增加，芯片的价格也就越来越低，这无疑能降低计算机的成本。③摩尔定律有助于现代物流业的发展。芯片上能够容纳的晶体管数量每隔 18 个月就能翻一番，IT 产品更新换代的速度也以几何倍数增长。而 IT 产品已渗入到我们生活的各个角落，其生命周期也越来越短。现代物流业的目的是把这些产品在被性能更高的新产品淘汰以前送到消费者手中。

二、网络团购与传统销售渠道的优劣势比较

（一）传统销售渠道的类型及特点

我们指的传统销售渠道主要有以下三种：

1. 网下直销

在固定零售店铺以外的地方，独立的营销人员以面对面的方式，通过讲解和示范将产品直接介绍给消费者，进行消费品的行销。商品流通渠道为“生产者—消费者”，但是由于市场范围受地域的限制，所以给交易带来了时间和空间的局限性。

2. 网下分销

最常见和普遍的交易方式。它的分销渠道是“生产商—分销商—批发商—零售商—消费者”。其过程复杂环节繁多，容易产生信息不对称，从而造成库存积压、资金周转不灵甚至影响企业决策及战略等问题。同时，经销商素质的良莠不齐也增加了管理的难度和成本。

3. 网络分销

克服了购物的时空限制，但是对于单位价值很低且空间距离很远的物品来说，这种方式也是行不通的。

（二）网络团购的特点

1. 参与者

网络团购的参与人员年轻化，大多拥有高等学历，精通现代计算机系统的使用，互联网操作经验丰富。据网银在线中国网上购物市场调查报告，“从网络购物人群的年龄来看，18~30 岁的年龄段以 69.8%的绝对优势比重成为目前网上购物市场的主要人群。他们比较喜欢和容易接受新鲜事物，多为学生和职业工作者。网上购物的便捷满足他们因为生活节奏较快而没有更多时间购物的需求。而 30 岁以上人群也占到 21.9%，消费能力相对较强，地位不容忽视”。从中国互联网中心公布的中国网络购物调查研究报告中的网络购物年龄特征状况分析，18~35 岁年龄段占到整体网民的 70%以上，可以说明网购已被主流消费人群普遍接受，已渐渐成为主流消费方式。而经常参加团购网站活动的人员基本来自于这一群体。

2. 主导者

网络团购主要由专业人员负责，依托专业网站运营，公司化运作，为普通消费者提供服务。它们把在空间和时间上存在差异性，但又有共同需求的零散客户聚集在一起，形成一股强大的购买集团，并借以实现获取高性价比商品的意愿。在有些团购网站组织的流程运作中，单个消费者只要参与团购活动，即可获得团购折扣，无需再等满足一定人数要求时方能去购货，大大缩短了普通消费者取得所需品的等待时间，使之省钱、省时又省心。

3. 团购商品

网络团购的商品或服务大多为拥有较高的利润空间的非紧缺商品，它们价值高，且可让利程度较大。通过团购，可以极大压缩这些商品的利润空间，使之与消费者的心理预期趋于一致。并且购物后顾客商品维权相对更加容易，从而使顾客得到了过去从未有过的更多让渡总价值。

（三）网络团购与传统销售渠道的优劣势比较

1. 网络团购与传统销售渠道的不同点

（1）两者的功能不同。传统营销渠道的功能主要是把商品从生产者手中转移到消费者手中，实现所有权的转移。参与者有生产者、中间商、消费者和一些辅助机构。中间商除了传递商品外，还可起到“蓄水池”的作用，对商品余缺进行调节。而在网络团购中，传统的中间商消失了，取而代之的是团购中介，其传递的也不再是厂商生产的商品，而是供求信息。

（2）两者的渠道长短不同。首先，传统营销渠道中的线下分销包含一级渠道、二级渠道、三级渠道，中间商的个数可能很多，线上和线下直销都只有零级渠道。而网络团购中只包含一级渠道，只有一个中间商即团购网站。其次，成本有所不同。与网上和网下直销相比，网络团购减少了管理员工的费用，降低了运输成本、仓储费用、管理费用等。与网下销售相比减少了中间商的费用。且网络团购中的生产者只需要把产品信息告知团购网站由其在网站上发布，从而省去了广告营销的费用。

2. 网络团购与传统销售渠道相比所具有的优势

（1）使消费者受益。首先，网络团购可以降低交易成本。通过参加网络团购，可以有效地降低交易成本，从而在保证产品、服务质量的前提下，以低于市场最低零售价格购入心仪的商品。其次，在网络团购中消费者掌握主动权。网络团购彻底打破了传统交易模式中消费者的弱势地位，改善了市场不透明、信息不对称等现象，使消费者更好地掌握主动权，选择自己所需要的最满意商品和最优质服务。再次，网络团购可以促使消费者权益得到保障。一般情况下，团购发起者具有较强的商品鉴别能力，加之团队的力量总是大于个体，在发生商品质量纠纷时，团体采购可以增加单人谈判的筹码，使消费者的利益得到更大程度的保障，不但可以买到物美价廉的商品，还能够享受到更为优质的服务。最后，网络团购满足了消费者个性化的需求。在传统消费模式中，由于巨大的搜寻成本，导致某些个性化的消费行为无法进行。但现在通过网络，消费者可以联合部分趣味相投的个性消费者，形成一定的市场规模，在合理的价格下享受最特别的产品和服务。

（2）使经销商和厂商受益。首先，网络团购可以降低销售渠道费用。通过网络团购，商家可以增加单笔的交易量，缩短交易渠道，从而有利于经销商和厂商降低销售渠道的费用，实现规模经济。其次，网络团购可以加快出货速度。网络团购集中了大批的消费者，购买数额较大，可以加快经销商的出货速度，降低厂商的库存，提高存货周转速度和现金的周转率，从而增加利润空间。再次，网络团购能够赢得顾客忠诚度。通过网络团购，厂家可以迅速抢占市场，获得一定的知名度，然后通过后续完善的售后配合，最终赢得顾客的忠诚度。最后，网络团购能够帮助生产者了解信息。对于新产品的推介，网络团购也有着不容小觑的作用。通过网络团购，厂商可以真实快速地了解到消费者的购买信息，从而生产出更为适销对路的产品，一定程度上缓解了信息的不对称性。

3. 网络团购与传统销售渠道对比所具有的劣势

（1）网络团购中信息传递比较抽象。同网络分销一样，网络团购仍然不具备直观性，只能通过平面的视觉形象和网站上的文字说明来了解产品信息，完全是一种抽象的符号及概念。在这个过程中信息传递难免产生偏差和失真，不如能够直接触摸到商品的感受具有直观性。

（2）网络团购不能满足消费者高层次的需求。根据马斯洛的需求层次理论，人的需求是分层次的，生理需求和安全需求只是低层次的，较高层次的需求有社交需求、自尊需求和自我实现需求。现在的大型购物中心通常是汇集“吃喝玩乐”的多功能娱乐中心，消费者不再是为了购物而去逛商场，而是去逛商场顺便购物，以满足其高层次的需求，这些是通过网络团购不可能实现的。

（3）团购商品可选择余地小于传统销售渠道。参加团购活动的商品毕竟有限，种类很少，许多品牌只有一个商品参加。参加团购的消费者只是浏览团购网站看是否有需要的商品，而基本上无法产生需求后去网站上寻找这种商品。

（4）网络团购无法满足人们对 24 小时便利店、超市等业态的需要。网络团购虽然在价格上具有很大优势，但由于其具有交易上的延迟性，即先付款，一段时间后才可以完成交易，所以其根本无法取代处处可见的24小时便利店和超市的业态。如在深夜，饥饿的消费者很容易在24小时便利店里买到食物，这个时候谁也不会想到通过参加网络团购来获得食物。

三、网络团购对传统销售渠道的冲击

1. 多渠道而引起的冲击

如果生产者通过两条或两条以上的渠道包括网络团购渠道向同一市场供应产品，那么就会对传统销售渠道产生冲击。目前，许多厂商认识到网络团购成本低、速度快、对销售量的巨大刺激作用以及良好的发展前景等优势，纷纷通过加入网络团购的方式来促进产品销售。但在建立这条新的营销渠道时，往往缺乏与传统渠道的整合，造成渠道之间的产品趋同，服务相近，使自己的新老渠道之间形成了客户争夺。在这种争夺中，传统渠道往往因其价格、成本等方面的劣势而处于下风。

2. 跨地域销售造成的冲击

在传统的分销模式下，渠道管理者对销售地域的控制可以通过在产品外包装加印标识、根据产品代码分地区供货、对区域市场进行明察暗访等手段轻易地实现。但互联网是一个全年365天每天24小时在线的全球运作商业平台，进入门槛非常低，因此造就了大批自主进入的、不受传统渠道管理者控制的小规模团购网站。加上强大而便利的现代物流，轻松地实现了跨地域销售。这在一定程度上造成了产品销售在地域上的混乱，使传统的对销售地域的控制失灵。

3. 跨越销售渠道层次的垂直冲击

垂直冲击是指同一分销渠道中不同层次成员中一方对另一方的冲击。传统销售中，垂直冲击问题并不突出。但是，随着网络营销的普及，尤其是网络团购的出现，这个问题开始变得严重起来。一些批发商利用价格优势，以互联网为平台接受团购订单，大量挤占了零售商的客户来源和利润空间，导致批发商与零售商之间的冲突。对于生产商来说，参与网络团购的消费者来自不同地区，不仅破坏了其制定的渠道销售框架，而且异地销售使经营商不再承担应由其承担的一些售后服务、安装等义务，这等于将部分渠道成本变相转嫁到了生产商身上，由此造成的冲击自然不可避免。

四、传统销售渠道应对网络团购冲击的对策

网络团购的产生给生产商提供了一种全新的销售渠道，这种销售渠道简化了传统营销中的许多环节和步骤，在很大程度上节省了成本，具有其独特的优势，也代表着未来销售渠道的一个主要突破方向。但传统的销售渠道也有着不可替代的独特性，因此生产者要不断完善各种销售渠道，减少它们之间的冲突，以吸引更多的消费者。网络团购的兴起对传统销售渠道的冲击还只是开始，传统经销商应主动应对网络团购的冲击，以尽量避免自己的损失。可以通过细分市场、差别对待等方法和策略，最大限度地减少网络团购冲击带来的危害。

1. 差别产品

为了保证传统渠道的利润，又利于网上市场的开拓，传统经销商可以针对网络和传统两条渠道不同的消费人群，提供不同的商品，如采用不同的品牌、型号、品种种类、包装等进行区分，这样既能满足网上消费者的需求，又能维护传统消费者的利益。如在以销售 3C 产品著称的京东商城，就有创新科技专为网上销售提供的特价声卡等产品。比较适合于网络团购的产品是消费价格弹性比较大的产品，因价格下降会引起需求量的大大增加。从产品的生命周期来看，处于投入期、成长期等阶段的新鲜产品可以通过网络团购来销售。因为消费者对此类产品性能并不熟悉，降低价格以及团购的群体效应可以增强其购买信心。而处于成熟期的产品则可以放在线下销售。

2. 差别定价

为了保护传统渠道经销商的利益可以通过制定不同的销售价格，控制各个渠道的盈利水平。通过不同单价、批发价以及 VIP 价格等，引导不同的消费者到不同的销售渠道购买。

3. 差别渠道

生产商通过主导网上营销平台，根据网上消费者的地点不同，给传统分销渠道中的经销商分配网上订单，平衡各方利益。这样不仅可以利用网络营销的优势开发新客户和留住老客户，补充原有销售渠道的不足，而且能为传统渠道的经销商带来更多的订单。

4. 差别促销

传统的分销渠道能满足消费者“眼见为实”的购物需求，增加消费者的现场体验；网络团购则缺乏这一优势。因此，两者的促销重点应有所不同。

网络模式下，促销重点应更突出完善专业的服务体系，注重特色产品的推广与销售。

参考文献：

[1] 科斯. 企业的性质（第 1 版）[M]. 商务印书馆，2007.

[2] 高鸿业. 西方经济学（微观部分）(第三版) [M]. 中国人民大学出版社，2004.

[3] 李文博，毛艳丽. 网络营销对传统营销渠道的冲击及对策分析 [J]. 商业现代化，2010.

[4] 杨树岗. 网络团购型服务企业营销运作模式及评价、优化研究 [D]. 石家庄经济学院硕士论文，2009.

[5] 中国互联网中心. 中国互联网络统计报告 [R]. 2009.

[6] 杨树岗，苗泽华，陈永斌，陈珍. 团购业务运作模式的新探索 [J]. 价格月刊，2008 (1).

[7] 宋祎旎. 基于 B2C 的网络团购模式研究 [D]. 华中师范大学硕士论文，2007.

[8] 柯青. 网络消费者购买行为模式研究 [D]. 华中师范大学硕士论文，2004.

[9] 吴国庆. 团购行为特点及影响分析 [J]. 商业研究，2003 (23).

确立新的粮食安全观念

洪 涛[①]

摘要：1974 年 11 月以来，联合国粮农组织第一次提出粮食安全概念，30 多年来粮食安全的概念在不断地变化和发展。在研究过程中，笔者认为，随着经济的发展，我国许多粮食概念已经过时，应确立新的粮食概念，具体来说，包括六个方面的内涵；同时将粮食安全分为粮食安全、粮食比较安全、粮食不安全、粮食危机，相对应为无警、轻警、中警、重警和巨警。

关键词：粮食安全观；粮食安全内涵；粮食安全等级

2009 年 10 月 16 日是第 29 个世界粮食日，主题是“应对危机，实现粮食安全”，当年全球饥饿人口 10.2 亿，比 2008 年增加 11%。也就是说，在地球上，每 6 个人中，就有 1 人正在遭受饥饿的磨难。在世界粮食安全日前，笔者主持的国家发改委粮食安全“十二五”前期重大课题报告也按期完成，在研究报告中，笔者执笔的主题报告提出了“新的粮食安全观”，与以往的粮食安全观不一样。

一、粮食安全概念及其完善

联合国粮农组织 1974 年 11 月于罗马的第一次世界粮食首脑会议上首次提出“粮食安全”的问题。几经演变，现在的表述是“所有人在任何时候都能够在物质上和经济上获得足够、安全和富有营养的粮食，来满足其积极和

---

① 洪涛（1957~），湖北天门市人，教授、博士，北京工商大学经济学院贸易系主任、商业经济研究所所长，商务部市场运行调控专家，中国商业经济学会副秘书长、学术委员会副主任，全国高校教学研究会副秘书长，中国物流学会副秘书长，中国市场指导委员会副会长，北京市优秀教师。研究方向：流通产业理论与实践。邮箱：cearls2009@126.com。

健康生活的膳食需要及食物喜好时，才实现了粮食安全”。这其中有三个含义，一是粮食供应量要有保证，二是保证大家要有能力购买，三是购买的粮食是符合食品卫生要求的。

在联合国粮食安全观念的基础上，笔者认真研究了许多粮食安全概念，觉得都或多或少存在某些片面性，于是给了一个目前最完全的、最系统的粮食安全概念，具体来说，包括以下六个方面的内涵：

1. 用通俗的语言来说

粮食安全是指粮食“供得够、送得到、买得起、吃得好”。具体来说：

“供得够”，即能够提供满足市场需求的粮食供给量，能够解决粮食的供给来源问题。

“送得到”，即能否有效地将粮食送达给居民，“有效性”有两个基准：一是便捷性，居民能以较小的成本获得粮食；二是稳定性，居民面对的粮食价格是相对平稳的。

“买得起”，即居民应有足够的购买能力来获得所需要的粮食。

“吃得好”，即居民要吃得饱，吃到健康、安全的粮食。

2. 从国家角度而言

粮食安全是指国家依靠经济和法律等多种间接管理手段，同时结合必要的直接行政干预，对粮食生产、流通、消费进行调控，以防止和避免粮食生产大起大落，保持粮食供求总量和结构的基本平衡，保持全国粮食供应和价格基本稳定，确保国家粮食安全。这里包括粮食的经济、政治、社会、生态等安全。其中粮食的经济安全是粮食安全的核心，包括粮食总量安全、质量安全、结构安全、空间安全等。

3. 从动态角度而言

粮食安全的内涵不断深化。由数量安全到质量安全、由国家粮食安全到家庭粮食安全、由营养安全到可持续安全，粮食安全的内涵不断充实。

（1）数量保证。我国人口众多，社会经济不断进步，保障粮食安全的首要标准是为社会提供足够数量的粮食供给。

（2）质量保证。必须以人为本，保证食物的生产、流通和消费安全，确保一定的质量标准，而且应具备足够的营养价值。

（3）生产能力。为了实现可持续的粮食安全，必须保证有足够和稳定的粮食生产能力，其中包括科技力量的足够支持、稳定的粮食播种面积、合理的农业和粮食结构以及粮食生产所必需的资源保障和配套设施。

（4）调节能力。国家必须具备足够的调控力量，以保持必要的年度间平衡，避免国内粮食市场价格出现剧烈波动。

（5）区域安全。中国幅员辽阔，粮食产销区不对称，必须保证全国各地，包括边远销区，能够得到充足、及时的粮食供给。

（6）应急供应。国家要具有应对突发事件的能力，包括保证粮食储备及时转换为成品粮，并供应城乡居民需要的能力。[①]

4. 从保障体系角度而言

粮食安全是包括粮食安全保障的组织机构、目标、原则、方式、机制等内容。粮食安全保障体系的建立应适应我国市场经济发展的要求，符合我国的国情和粮情，有利于充分发挥市场对粮食资源的基础性配置作用，确保实现国家粮食安全。

5. 从品种角度而言

粮食安全包括：①口粮安全、饲料粮安全、工业用粮安全；②谷物粮食安全、薯类粮食安全、杂粮安全；③全面粮食品种的安全与重点粮食品种的安全。当前有三种粮食概念：①Food Security，即食物安全，这里指谷物粮食、加工食品、饮料、肉禽蛋奶转化产品的粮食安全等；②Cereals Security，即中国人所讲的粮食安全，这里指稻米、小麦、玉米、薯类、大豆、杂粮等粮食安全；③Grain Security，即谷物粮食安全，这里仅指稻米、小麦、玉米等谷物类粮食安全。研究报告采用的是中国传统的粮食安全概念，同时在粮食消费方面考虑到粮食的肉禽蛋奶转化消费和工业用粮消费的安全，这是与中国实际相结合的粮食安全。

6. 从空间层次而言

粮食安全可以分为地方粮食安全、区域粮食安全、国家粮食安全、全球粮食安全（见图 1）。2009 年胡锦涛主席在联合国大会提出了新的安全观念，[②]即“应坚持互信、互利、平等、协作的新安全观，既维护本国安全，又尊重别国安全关切，促进人类共同安全”，如果将其应用到粮食安全的领域，就是不以一国的粮食安全来损害其他国家粮食安全，这是最高层次的粮食安全理念，当前世界粮食安全离这一目标差距甚远。

---

① 高铁生. 中国的粮食安全观 [N]. 现代物流报社，2009-07-21.

② 胡锦涛在联大提出新安全观 [N]. 重庆晚报，2009-09-25.

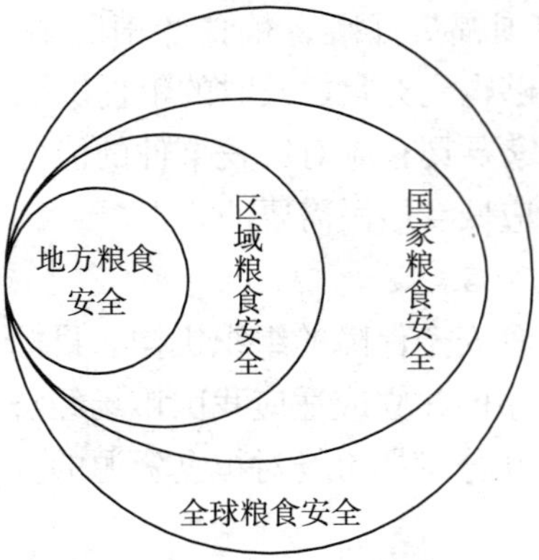

图 1　粮食安全空间层次分析

二、粮食安全的等级层次

按粮食安全的不同等级层次，我们将其分为粮食安全、粮食比较安全、粮食不安全和粮食危机。

粮食安全的警度级别一般分为五种，分别是无警、轻警、中警、重警和巨警，这基本上是约定俗成的。① 本课题中，粮食安全的等级层次指标以粮食供求平衡为中心形成无警——粮食安全，以粮食安全为中心向两边，分为短缺和过剩的八个不同的层次，因此，警度级别名称分为九种，如表 1 所示。短缺与过剩是粮食指标中常用的划分，相对应的粮食安全等级名称分为

表 1　粮食安全等级层次与预警级别对应

警度级别名称	安全等级名称
短缺巨警	粮食危机
短缺重警	粮食不安全
短缺中警	粮食比较安全
短缺轻警	
无警	粮食安全
过剩轻警	粮食比较安全
过剩中警	
过剩重警	粮食不安全
过剩巨警	粮食危机

① 李志斌. 粮食生产安全预警研究——以东北三省为例 [D]. 中国农业科学院，2007；马九杰，张象枢，顾海兵. 粮食安全衡量及预警指标体系研究 [J]. 管理世界，2001 (1)：154-162.

七种，表 1 中列出了两者的对应关系。

用粮食安全图（见图 2）表示，安全是曲线的最高理想和顶峰，纵轴从下而上，代表着安全等级的提高；横轴代表着供给量的增加。随着供给量的增加，曲线从危机到不安全（0），从 0 到安全，安全的等级是逐渐提高的；从安全到 0，安全等级是逐渐下降的。这里表示供给增加与安全度具有一定关系，但是超过一定量后，供给增加并不代表安全度的增加，可能会出现粮食危机。所以，对粮食安全度而言，生产量并非越多越好。我们不承认“过度安全”的概念，我们认为，所谓“过度安全”也是不安全。

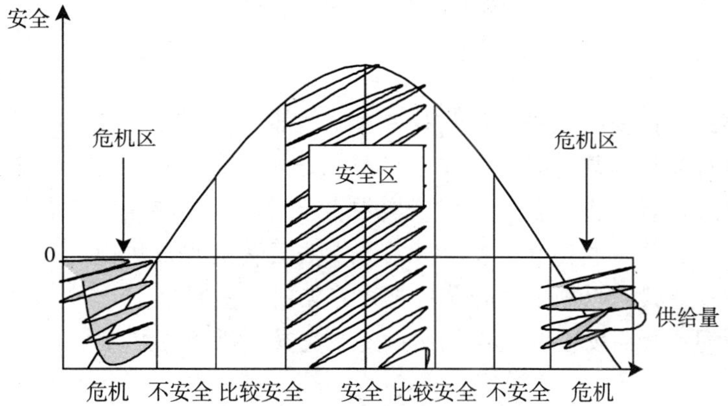

图 2 粮食安全等级曲线

从图 2 可见，从粮食安全的等级层次来看，粮食短缺出现粮食危机或者粮食不安全，粮食过剩也会出现粮食危机或粮食不安全，粮食库存短缺会出现粮食危机或粮食不安全，粮食库存过量也会出现粮食短缺或粮食不安全。

参考文献：

[1] 高铁生. 中国的粮食安全观 [N]. 现代物流报社，2009-7-21.

[2] 胡锦涛在联大提出新安全观 [N]. 重庆晚报，2009-9-25.

[3] 李志斌. 粮食生产安全预警研究——以东北三省为例 [D]. 中国农业科学院硕士论文，2007.

[4] 马九杰，张象枢，顾海兵. 粮食安全衡量及预警指标体系研究 [J]. 管理世界，2001（1）.

我国食品安全政府规制失灵的原因与对策

徐晓慧[①] 杨 彧[②]

摘要： 食品安全关乎人民生命健康，在市场失灵的情况下，需要政府规制对其进行管理和规范。食品安全规制既是对食品本身安全的监测，也是对市场主体及其行为进行监督。但现实中由于种种问题存在，又会导致政府规制失灵。本文拟对我国食品安全政府规制失灵的表现及原因进行分析，并提出相应对策建议，以期解决食品安全中存在的一些问题。

关键词： 食品安全；政府规制；规制失灵；原因与对策

一、食品安全中政府规制的必要性

政府规制是指政府为达到某种目的而凭借其法定权力对社会经济主体施加具有约束力限制或规范的工具。政府规制包括各级政府颁布的法律、正式或非正式法令与强制性规则，政府授予管制权的非政府机构或自我管制性机构所颁布的各种规则及其实施，其本质上是一种政府干预。

根据世界卫生组织的定义，食品安全是“食物中有毒、有害物质对人体健康影响的公共卫生问题”。食品安全是指食品无毒、无害，符合应当有的营养要求，对人体健康不造成任何急性、亚急性或者慢性危害。通过政府规制对食品安全问题进行规范和管理是十分必要的。

---

① 徐晓慧（1964~），女，吉林通化人，北京工商大学经济学院教授、硕士生导师。研究方向：流通经济。邮箱：xiaobai_ 0507@sina.com。

② 杨彧（1986~），女，湖南人，北京工商大学经济学院产业经济学专业 2009 级硕士生。研究方向：流通经济。邮箱：137735804@qq.com。

1. 消费者对食品安全的需求是客观存在并不断增长的

根据马斯洛的需求层次理论，人类的需求水平随着经济发展水平的提高而不断加强。马斯洛将人的需求分为生存需求、安全需求、社交需求、尊重需求和自我需要五个层次。生存需求与安全需求是基本需求，提供安全的食品满足的是需求初级阶段消费者的基本需求，只有满足了最初级的需求，才能为满足人们高层次的社会需要和发展需要奠定基础。因此，消费者对安全食品的需求是客观存在的，并会不断增长。由于生产者与消费者存在着信息不对称，只有政府可以通过制定相关安全标准、立法方式或行政手段，适时对食品生产、销售进行监管和控制，从而保障公民的人身及健康安全。

2. 由于信息不对称、负外部性等问题，有些市场主体的违法行为不易被发现

有些市场主体部分违法行为不易被发现，就促使了他们的投机行为，市场信誉和信用机制的不完善使市场的淘汰机制不能得到很好的发挥，导致资源不能得到最有效的配置，不能实现预期的社会经济目标，而政府所具有的公共管理能力，监督保障、协调服务职能，正可以弥补市场在解决市场失灵等问题上的失效。在食品安全风险管理过程中，信息的交流与传播是非常重要的，政府加强食品安全制度建设和食品安全管理的公开性和透明度，使得正规的企业能够得到市场的认可，使其产生的正外部性得到补偿，消费者的利益也能得到保障。

3. 部分生产经营者罔顾公共利益时，需要政府规制来进行必要管理

在市场经济背景下，企业主体对利润的追求通常是盲目的，正如马克思在《资本论》中引用的一段话，“一旦有适当的利润，资本就胆大起来，如果有10%的利润，它就保证被到处使用，有20%的利润，它就活跃起来，有50%的利润，它就铤而走险，为了100%的利润，它就敢践踏一切人间法律，有了300%的利润，它就敢犯任何罪行，甚至冒绞刑的危险”。在个人利益最大化驱使下，生产经营者罔顾公共利益，生产大量危害人民健康的食品，这时候就需要政府规制这只看得见的手来进行必要的管理。

二、食品安全中政府规制失灵的表现及原因

政府规制是政府的一种治理工具，用以弥补市场缺陷，矫正市场失灵，以提高经济效益和维护社会公正、实现经济性功能与社会性功能为目标。如果这一目标得不到真正实现，就可视为规制失灵。

（一）食品安全中政府规制失灵的表现

在食品安全方面，政府规制失灵主要表现为规制制定上的失灵和规制执行中的失灵，具体体现在以下四个方面：

1. 食品卫生标准的不完善

我国现行食品卫生标准仅对 104 种农药在粮食、水果、蔬菜、肉类等的 45 种食品中规定了允许的残留量，总含 291 个指标；而国际食品法典则对 176 种农药在 375 种食品中规定了 2439 条农药残留标准。而且随着科技的发展，科学技术的创新给人们带来了可观的经济和社会效益。但是有些新科技，在它可能存在的对食品安全的负面影响没有彻底明了或缺乏有效应对前，人们对其食品安全性却怀着深深的隐忧，如转基因食品。大量新科技食品的出现也使我国的食品安全法律存在不少的空白点，给了不法分子投机的可能性，造成生产经营者的机会主义。

由于标准的不完善，一些产品的标准基本由企业自行决定，企业自行添加工业用添加剂而将其加入自己制定的生产标准中，就会对食品安全构成重大威胁，但是政府却因为标准依据的缺失，对此无法通过事前的许可手段进行规制。标准的大量空白点也给政府留下了自由裁量权的余地，一方面权力容易被滥用，另一方面又容易造成行政不作为，由此导致了政府俘获。所谓政府俘获，大致可这样理解，政府规制的提供是为了满足特定利益集团的需要，规制者被特定利益集团所俘获，政府规制成为特定利益集团获得更多利润的工具。

2. 政府规制成本由市场主体承担

《食品安全法》第 32 条规定了县级以上地方人民政府卫生行政部门在管辖范围内行使食品卫生监督职责，同时第 33 条规定了食品卫生监督职责包括进行食品卫生监测等内容，但是这些监督活动中日常监测抽检等的费用需要企业缴费，无疑是将政府自身的规制成本加在了市场主体身上，将行政机关的职责和义务加在相对人身上。由市场主体承担政府规制的成本，对市场主体而言是不公平的，政府作为公共利益的保证人，其作用是弥补市场经济的不足，由各经济主体所作决定的社会效应比政府干预以前更高，然而让市场主体在进入市场之前和在市场机制运行过程中去承担政府本身的规制成本，所产生的社会效应不但比政府干预以前更低，而且还加重了市场主体的负担。[①] 规制成本一部分由企业承担除了直接增加企业的支出外，更为重要

---

① 刘恒. 典型行业政府规制研究. 北京大学出版社，2007：156.

的影响是导致了企业生产率降低、长期成本提高，而这些成本最终也会通过提高商品与服务价格、降低商品与服务质量或供给量、增加税收等形式部分转嫁给消费者。由此消费者剩余减少，消费者最终以高价格、低工资、高税收、高失业的形式承担了政府规制的成本。

3. 食品安全规制机构的庞杂导致其运行的高成本和低效率

政府规制机构过于庞杂。食品安全监管涉及多个监管部门而且职能交叉，造成食品安全监督力量和监督资源分散。分段管理，明确食品安全监管部门的职责，弥补了执法空白、 执法漏洞的缺陷，但在现实中，由于食品生产经营过程无法严格分开，如几乎所有企业都存在既生产又销售的行为；集贸市场属于流通环节，但其中有相当一部分是前店后厂式的加工作坊。对上述情况，若实行分段管理，则同一个单位可能同时接受两个或三个监管部门的监督检查。这种规制体制的设置，在运行中暴露出条块分割、多头管理的弊病，使相关部门在行使其规制职责时多头规制和规制缺位同时存在，从而造成了政府资源浪费和规制低效。政府规制的目的是弥补市场的缺陷，提高社会福利水平，目前政府规制虽达到了弥补市场失灵的目的，但成本昂贵而且规制机构存在普遍的低效率，使得规制的结果效率不高甚至可能出现效率低于规制实行前的情况。行使国家职能的政府机构制定政策的表现也不尽如人意，政府机构往往是高成本、低效率。

4. 监管者的监管不力

食品安全政府规制的执行过程，存在着监管行为与监管收益的“弱相关”。政府官员在缺乏有效的激励制约机制下，容易被食品利益集团“俘获”，造成他们的监管不力、查处不严。质检、工商等多部门之间的责任推诿，监管缺位，没有真正的责任实体承担相应的处罚，监督成为空谈，法律更无尊严可言。甚至企业和相关部门打得火热，把重大的食品安全问题遮得严严实实，不发布信息，不及时依法处理，纵容保护企业。例如，前段时间的“金浩茶油”事件，湖南省质监局内部人士透露，产品问题早在年初就已发现，已命令企业进行召回，但一直没有向公众发布。甚至也没有成立专门调查小组去核实究竟有多少批次茶油致癌物超标，更没有派执法队伍去检查工艺流程或者销售环节有没有违法行为。这种不负责任、监管不力导致一些不法厂商生产的产品都是证证齐全，还顶着“免检商标”的帽子到处欺骗消费者。

（二）食品安全中政府规制失灵的原因分析

1. 信息不对称

在市场交易中，卖家比买家拥有更多关于交易物品的信息，而且食品是后验性的产品，只有通过消费者才能验证品质，然而如果消费者在每次购物之后都要对食品的质量信息进行搜寻的话成本是相当高的，供应商了解食品的质量，即商品的真实价值，消费者却不了解。信息不对称极易引起这一市场的内部失灵，降低资源配置效率，使消费者权益受损。而且由于信息不对称所导致的逆向选择也使整个行业存在着严重的道德风险。由信息不对称引起的负外部性会导致出现“柠檬市场”，从而社会资源配置效率降低，同时消费者的食品安全没有了保障，社会福利下降。

对政府而言，政府决策者受到信息不对称的困扰，难以准确地了解企业的成本，规制者面对市场的庞大与执法机构和人员的匮乏，瞬息变化的市场和纷繁复杂的信息，并不能获取完全的信息，难以掌握企业真实的成本，更难以有效归类监控。企业不会把它所知道的信息告知政府，甚至还可能提供虚假信息，政企之间的这种博弈加重了政府的信息不完全性和决策失误的可能性。

2. 市场结构失衡，导致绩效低下

根据SCP理论，市场结构对市场绩效有决定性的作用。我国食品市场目前大部分还处在分散生产和分散销售的产销结构下，在这种市场结构中，产品之间缺乏品牌的竞争，缺乏品牌化的差别产品，因而价格竞争成为最主要的方式。中国现在的经济增长主要靠投资，而投资的重点又在公共建设和地产，对农业发展的资金投入是很有限的，而食品行业的主要原材料来源还是农业，于是农业以及农业加工企业就通过降低成本、制造伪劣商品、偷工减料来摆脱这种困境。为提高农产品产量，农药和化肥被大量使用；为提早农产品上市时间，早熟技术、化学制剂、激素类物质被普遍使用；等等。这些市场行为的直接后果是导致食品质量下降、安全性差、绩效低下。

3. 缺乏对规制者的监督机制

由于缺乏激励机制，规制者不一定有积极性去获取有关的信息，从理论上说政府作为公益人必须代表公共利益谋求公共利益的最大化。然而，政府也是由具体的人组成的，政府官员与公共性的政府机构的行为目标之间的差异与矛盾，就有可能出现政府官员为追求自身利益而做出有害于公共利益的决策，因而产生了监督制约机制的不完善；加上规制机构的设置缺乏完善的、透明的规制程序，会导致规制机构难以中立和独立，决策和执行难以分开。况且规制者也是垄断者，其行为是难以监督的，这就不能保证政府运用规制权力来纠正市场失灵，提高规制效率。此外，政府规制行为具有内在的扩张性，规制者会对供给一方推动规制的膨胀，即对一项不当规制的解决办法通常就是增加更多的规制，这就进一步推动和加强了政府的过度规制无据可依或依据不足。

三、解决食品安全中政府规制失灵的对策

1. 实现市场结构的转变

生产方面，把各种分散生产、分散销售的农产品整合成农产品生产基地并进行商标注册，形成品牌化的经营，用现代经营理念和组织方式管理农业，将农产品加工业和部分种养业集中化、企业化、规模化。流通方面，实现市场准入机制，有信誉、有实力的优秀企业才能进入市场为消费者提供放心的食品，形成完善的食物供应链体系。进一步加强食品生产经营资格管理，严格按法定标准和条件实施卫生许可、生产许可等与食品生产经营活动相关的行政许可。坚决取缔无证、无照生产经营食品的违法行为。通过以上措施，实现品牌化经营，利用品牌来保障食品安全。通过市场结构转变，实现由完全竞争市场转变为垄断竞争市场，充分发挥市场机制的作用，使市场调节在保障食品安全方面起主导作用。

2. 政府需承担自己的规制成本

本来政府为实现对食品安全卫生的有效监督而进行的必要的技术检测是在政府职责范围内的事情，但是企业要取得在监管过程中据以评定是否符合标准的相关检测报告等则需要向这些有关部门缴费，这些机关部门的日常运作也是靠这些技术性的费用来维持的。实际就是政府委托给部门从事技术性和专业性的检查工作却没有提供相应的经费，这样很容易导致国家工作人员与企业之间的弱相关，从而使质检工作成为虚设。政府承担自己的规制成本，弥补了市场经济的不足，同时减轻了市场主体的负担，使规制后的社会效应比干预前更高。

3. 健全食品卫生检验标准，完善食品安全标准体系

根据不同的社会发展阶段以及饮食结构的变化，不断对相关法律进行修改和完善，建立食品法典委员会，制定并公布食品卫生标准，食品生产及加工者将食品法典作为参照标准，保护公众健康和维护食品贸易的公平性。在食品生产、加工和经营等领域都应有法律法规对相关的技术指标和操作标准

进行规范。在此标准的基础上限定食品市场准入的门槛，在食品进入流通领域前就应该对市场主体的行为进行规制，制定科学统一的标准，再根据标准对企业的进入进行许可。

我国食品安全标准体系亟须进一步完善，如建议尽快建立安全预警机制，不要等事件已经闹得沸沸扬扬了国家才有所察觉，该机制的建立可以预防一些事件的发生，降低社会损失。建立食品安全事件的应急处理机制可以缓解人们的恐慌，监管部门不用再匆忙商讨解决方法，发生部门间互相推卸责任等问题，有利于增强我国的食品安全监管能力。

4. 建立健全法律体系，加大行政处罚的力度

食品安全的政府规制最终以法律法规为载体予以施行。通过健全相应法律法规可以有效控制食品生产中利益驱动下的恶性膨胀。

对人体健康造成严重危害以及销售金额巨大的犯罪分子，要坚决依法严惩，彻底剥夺犯罪分子非法获利和再次犯罪的资本。生产经营者的机会主义很大一部分原因是由于法律的漏洞，经济责任与利益严重的不对等，普遍的现象就是“惩罚一个人，富裕一家子”，这在一定程度上成了一种逆向激励。因此健全法律体系，加大对不法厂商违规行为的惩罚力度，提高不法厂商的犯罪成本，使不法厂商对惩罚的预期机会成本加上其他成本超过其预期收益，从而有效遏制逆向选择，维护广大消费者的权益。

对于贪腐渎职的国家工作人员，要依法从重处罚。要做到依法行政，就必须制定严密的工作纪律，在制定法律法规的同时不断完善行政执法人员责任追究机制，对质量监管中质量监管部门及相关人等在制度执行上的不作为、不坚决甚至寻租行为给予行政追究，从而不断强化执法和执法监督，使法律法规落到实处。

5. 建立地位独立、规制中立、有足够规制授权的规制机构

独立规制机构创设的经济动因是由于经济发展与上层建筑之间的矛盾，促使公共行政管理机构进行调整，导致了独立规制机构的创设。政府规制机构要想真正成为各方利益的协调者，就必须超脱于具体的利益纠纷之外，防止来自地方政府和行业管理部门的干扰。保证规制机构的公正性，独立规制机构以行政规章的形式创制法律和标准并加以执行，通过法律的监督和实施法律制裁来贯彻法律。

政府要指导行业组织和社会中介机构制定操作流程，尽快建立自律性运行机制，形成政府部门依法监管、行业组织自律管理、中介机构依法执行的模式，为政府公共组织的服务对象公民提供多元和优质的服务。

6. 建立企业市场信用制度，实行激励性规制，形成以诚信为主的非正式制度建设

对食品生产企业和销售企业进行信用等级评估，对不同的等级给予公布，通过社会信誉和信用机制来遏制食品生产者和销售者的机会主义倾向，对企业也有一定的自律作用。对于诚信守法、不断创新技术、改进管理、保障产品安全的企业，政府可以出台优惠政策如税收优惠等鼓励这些信誉好、实力强的企业从事食品生产和流通，逐渐淘汰信誉差的小商小贩、手工作坊式的食品生产和流通企业，做到优胜劣汰，保证市场机制发挥作用。同时监管机构可以在信息披露平台上披露信息，从而使企业受到消费者的信赖，生产进一步扩大，在一定程度上使其正外部性得到补偿。通过各种激励规制，使企业有竞争压力，从而提高生产效率和经营效率。国外有食品安全“一次出事终身禁入”或曰“终身退市”的做法，这样可以防止一些企业在一次出事利益受损后，变本加厉继续违法违规操作以期回本的心态，也能对行业自律起到足够的震慑作用。

7. 坚持统一管理、部门协调、职能不交叉的原则

为避免食品安全监督力量和监督资源分散，以及相关部门在行使其规制职责时多头规制和规制缺位的同时存在，我国可参照美国的食品监管原则，1998 年美国政府成立了“总统食品安全管理委员会”来统一协调美国的食品安全工作。目前美国的食品安全系统主要涉及六个部门，即农业部的食品安全检查局（FSIS），主管肉、禽、蛋制品的安全；卫生部的食品药品管理局（FDA），负责 FSIS 职责之外的食品掺假、存在不安全隐患、标签夸大宣传等工作；动植物健康检验局（APHIS），主要是保护动植物免受害虫和疾病的威胁；环境保护局（EPA），主要维护公众及环境健康，避免农药对人体造成的危害，加强对宠物的管理；商业部的国家渔业局（NMFS），负责海产品检测以及定级程序等；卫生部的疾病预防控制中心（CDC），负责研究、监管与食品消费相关的疾病。其他有关机构与各州和地方政府的相关部门配合，形成食品安全管理网络。

8. 可追溯性及食品召回原则

国家建立食品召回制度。食品生产者发现其生产的食品不符合食品安全标准，食品经营者发现其经营的食品不符合食品安全标准，应当立即停止经营，通知相关生产经营者和消费者，并记录停止经营和通知情况。同时食品生产者从市场和消费者手中收回问题产品，采取更换、赔偿等积极有效的补救措施，以消除缺陷产品危害风险的制度。食品召回制度的实施能够及时地收回缺陷食品，既避免了流入市场的缺陷食品对大众人身安全损害的发生或

扩大，又把厂商给消费者带来危害的潜在损失转化为企业的成本，防患于未然。

食品生产厂商对原料的管理、生产的管理和成本的追踪管理方面应全面加强可追溯性是确保食品安全的有效工具，可追溯性就产品而言可能包括原材料和零部件的来源、产品的生产历史、产品出厂后的分布及位置等内容。建立从农场到餐桌整条产业链各个阶段的可追踪系统，以保证可以确认各种提供物的来源与方向，从而在食品被发现存在危害时，可以及时从市场召回。

参考文献：

[1] 秦琪. 我国食品安全政府规制对策研究 [J]. 现代商贸工业，2009(22).

[2] 鲍长生. 食品安全管理的政府规制创新探讨 [J]. 特区经济，2008 (5).

[3] 黄浩，周清杰. 食品市场中的市场失灵与政府规制 [J]. 河南商业高等专科学校学报，2007 (2).

[4] 徐晓新. 中国食品安全：问题、成因、对策 [J]. 农业经济问题，2002 (10).

[5] 苏华，赵忠厚. 关于加强我国食品安全监督管理的研究 [J]. 中国公共卫生管理，2005 (6).

[6] 陈训建. 美国食品卫生监管特点研究 [J]. 江西食品工业，2003 (4).

[7] 刘进，胡晓平. 对我国食品安全监管体系的思考 [J]. 公共卫生与预防医学，2005 (5).

[8] 刘宁，张庆. 透视中国重大食品安全事件 [M]. 法律出版社，2005.

[9] 张涛. 食品安全法律规制研究 [M]. 厦门大学出版社，2006.

我国珠江三角洲地区产业结构调整与升级问题分析

杨国梁[①]

摘要： 珠江三角洲经过30余年的发展已成为中国乃至世界举足轻重的制造业中心之一，其一直所依赖的比较优势、成本优势、市场竞争力优势正逐步减弱，产业结构升级日益紧迫。只有及时进行产业结构的调整和升级，才能提高竞争力，实现发展的跨越，这已被许多国家和地区的发展历程所验证。本文指出了珠江三角洲地区目前的产业结构所存在的问题，并提出用产业转移的方式来优化珠江三角洲产业结构调整的建议。

关键词： 珠江三角洲；产业结构；产业转移

“珠三角”是由珠江沿岸广州、深圳、佛山、珠海、东莞、中山、惠州、江门、肇庆9个城市组成的区域。该区域面积为24437平方公里，占广东省国土面积的14%。2007年，珠三角常住人口4725万人，占广东省常住人口的50%；GDP总值达25450.2亿元，占广东省经济总量的83%，三次产业的结构为2.5∶51.4∶46.1。近几年来，随着外部市场空间压缩、环境容量约束以及生产成本提高，产业结构调整面临着越来越大的压力。积极主动应对各种挑战，变压力为动力，将有助于稳步提升珠三角产业的自我发展能力和竞争力。

一、珠江三角洲地区产业结构的现状和存在的问题

改革开放30余年来，珠三角地区经济社会取得了巨大的成就，但也面

① 杨国梁（1986~），男，山西沁源人，北京工商大学经济学院区域经济学专业2009级硕士研究生。研究方向：城市经济与区域协调发展研究。邮箱：54yangguoliang@163.com。

临不少问题和挑战，主要有传统发展模式尚未根本转变，自主创新能力不强，企业缺乏核心技术，产业发展后劲和竞争力面临诸多隐忧，城乡和区域差距扩大，影响科学发展存在的体制机制问题没有完全改变等。这些长期性、深层次问题使广东省全面实现科学发展的任务任重道远，面临的主要问题有以下六个方面：

（一）“离经”现象及程度

从近期看，珠三角经济发展与三次产业结构演变出现“离经”现象。美国著名经济学家钱纳里提出的产业结构转换模型和“配第—克拉克定理”曾被专家学者视为“经典”。他们的研究方法及研究结论，如按人均 GDP 水平划分产业结构转变过程，按三次产业比重排序划分发展阶段，已被学术界普遍接受。国家统计局关于中国全面建设小康社会统计监测指标体系中指出，2020 年人均 GDP 目标为 25000 元（2000 年价格），折合 3000 美元左右，第三产业比重超过 50%；珠三角 2010 年率先基本实现现代化目标中指出，人均 GDP 为 5000 美元，第三产业增加值比重为 50%。这些量化指标均采纳了钱纳里等人的研究参数，还考虑到价格变动对指标的影响。

然而，近期珠三角统计结果证实，人均 GDP 与第三产业比重变动方向并不一致。自 2003 年起，人均 GDP 已上升到“发达经济” 阶段，第三产业增加值比重不仅没有紧跟其后上升，而且连年下降。2002~2006 年，珠三角人均 GDP 从 3131 美元上升到 6166 美元，4 年间经济发展水平提高近一倍，也超过了率先基本实现现代化标准值；但第三产业增加值比重则从 48.7%下降到 45.9%，4 年间下降了 2.8 个百分点，距率先基本实现现代化标准值从 1.3 个百分点扩大到 4.1 个百分点。

在珠三角各市中，人均 GDP 不同程度提升，而第三产业比重普遍“离经”，只是“离经”现象各异。深圳、惠州两市“离经”现象始于 1990 年，两市人均 GDP 分别从 1824 美元和 486 美元，提高到 2006 年的 8712 美元和 3299 美元；而第三产业增加值比重则从 51.1%和 34.6%，下降到 47.4%和 33.1%，16 年间分别下降了 3.7 个和 1.5 个百分点。珠海、佛山、江门、中山四市“离经”现象始于 2000 年，人均 GDP 从 3345 美元、2444 美元、1552 美元和 1821 美元，提升到 2006 年的 6546 美元、6301 美元、2809 美元和 5276 美元；而第三产业增加值比重从 43.5%、41.4%、39.6%和 40.8%，下降到 41.9%、34.5%、37.0%和 35.3%，6 年间分别下降了 1.6 个、6.9 个、2.6 个和 5.5 个百分点。广州、东莞、肇庆三市“离经”现象始于 2005 年，人均 GDP 从 6569 美元、4061 美元和 2204 美元，提升到 2006 年的 7915 美元、4951美元和2605美元；而第三产业增加值比重则从57.8%、42.4%和43.9%，下降到57.6%、41.4%和42.3%，1年间分别下降0.2个、1.0个和1.6个百分点。从全国看，珠三角工业化程度较高，“离经”程度较大。2002~2006年，全国人均GDP从1135美元提高到2018美元，4年间提高883美元；第三产业增加值比重则从41.5%下降到39.4%，4年间下降2.1个百分点。珠三角与全国比较，4年间人均GDP提高3035美元，是全国的3.4倍，表明珠三角经济基础较好，发展也较快；2006年，珠三角第三产业增加值比重高于全国6.5个百分点，表明珠三角工业化进程走在全国前面。如果说全国产业结构仍处于工业化中期，那么珠三角则处于工业化后期。但是，2002~2006年，珠三角第三产业增加值比重下降幅度大于全国0.7个百分点，表明珠三角“离经”程度也较大，即产业结构调整力度相对较大。

（二）工业内部的重化工业特征日益明显

随着珠江三角洲产业结构的调整、升级和人均GDP的不断提高，居民消费结构由“衣食”方面转向“住行”方面，从而加快了珠江三角洲地区对汽车、房地产等一批与居民消费结构升级关联密切的行业普遍快速增长，从而带动了重化工业部门的超常发展。以石化、钢铁、汽车、造船、装备制造等重型化工产业集群为主导，使珠江三角洲重化工业特征越来越明显。1978年广东轻重工业的比例为52.6∶47.4（按工业总产值计算），到1999年轻重工业增加值比例为54.2∶45.8。进入新世纪后，广东适度加快重化工业的发展，以石油化工、装备制造及能源原材料等为代表的重化工业的迅速崛起，轻重工业的比例发生了变化。2000年广东轻重工业增加值的比例为47.6∶52.4，重工业首次超过轻工业。此后，重工业所占份额逐年上升，2007年广东轻重工业增加值分别为5800亿元和8304.21亿元，轻重工业的比例为41.1∶58.9。重化工业的发展伴随而来的高耗能，使工业能源消费增长较快。当然，重化工业部门的发展在工业化和城镇化等现代化过程中的一定阶段是必要的，但由此带来的土地、能源、资源等消耗量的大增以及对有一定技能的蓝领工人的需求增加，这些都是珠江三角洲经济转型的制约因素。

（三）服务业层次低、发展滞后，二、三产业关联度不高

第三产业分为流通部门（运输、餐饮等）、为生产和生活服务部门（金融、房地产等）、为提高科学文化和居民素质服务部门（教科文卫体育等）和为社会公共需要服务部门（党政机关、社会团体等）四个层次。2006年第一层次增加值占GDP的比重为14.6%，高出第二层次（11.1%）3.5个百分

点，表明珠三角第三产业中流通部门份额仍占主导地位，如加上香港地区在本地的运输业，其比重还要高些；为生产、生活服务的金融保险业、房地产业等还在发育之中，处于相对滞后地位。与亚洲“四小龙”相比，珠三角第三产业发展进程明显落后。目前，珠三角第三产业仍以第一层次为主，亚洲“四小龙”已进入到第二层次以上。香港地区第二层次服务业比重为25.6%，高于珠三角14.5个百分点；韩国第二层次服务业比重为18.6%，高于珠三角7.5个百分点；新加坡第二层次服务业比重为49.4%，高于珠三角38.3个百分点；台湾地区第二层次服务业占18.2%，高于珠三角7.1个百分点。尤其是珠三角最大的产业为通信设备、计算机及其他电子设备制造业，其增加值比重达到25.2%，但第三产业中的信息传输、计算机服务和软件业增加值比重仅占3.3%，小于其服务对象比重21.9个百分点，反映出二、三产业关联度不高，第三产业落后于第二产业发展的现状；也说明了珠三角通信和计算机行业的芯片技术、软件服务等主要由先进国家和地区提供的事实。

（四）核心技术缺乏，对外技术依存度高

企业缺乏核心技术，对外技术依存度高不仅给珠三角经济和产业安全带来巨大的风险，而且成为珠三角经济进一步发展的制约因素。1979~2006年底，广东省实际利用外资已达2000多亿美元，外商在整个珠三角地区注册的企业达5万多家，其中制造业就达4万多家，世界500强跨国公司在广东投资的有176家，设立了581家企业。仅引进技术一项，就花费了几百亿美元。大规模引进外资，抓住机遇接受国际产业转移，引进国外技术设备，推动珠三角产品技术的更新换代和产业结构的优化升级的出发点本身并没有错。但问题在于，从对外引进的指导思想看，重引进资金、项目，轻引进技术；重引进，轻消化、吸收、再创新。

从外资企业的产业技术转移战略看，只转移产业链的低端、低技术环节，不转移产业链的高端、高技术环节；只把珠三角当成加工装配基地，不把其当作研发基地，在珠三角建立了研发机构的外资企业屈指可数（根据广州市、深圳市、佛山市、东莞市的统计，由外企建立的研发机构仅262家，同四市3.18万家外资企业不成比例，仅占企业数的0.08%）。这就造成至少四大后果：①引进技术的恶性循环。重复引进—落后—再引进的恶性循环。②对外技术依存度高，全国的对外技术依存度50%，珠三角所在的广东省则超过60%，技术自给率仅38%。③掌握不了核心技术，只能居于国际产业链分工的末端。以广东省的九大支柱产业的技术现状为例，光纤设备的100%、集成电路设备90%的专利为外资企业占有，彩电、手机、DVD播放机的关

键芯片依赖进口，使手机售价的20%、PC售价的30%交给了专利费，DVD的专利费更高，巨额利润落入外商手中。④抑制了企业自主创新的积极性等。这些状况给珠三角经济、产业安全造成难以估量的风险。

（五）发展过程中的资源、环境问题凸显

珠江三角洲地区是广东省环境污染负荷最重的区域。珠三角工业化程度较高，工业废水和城市生活污水排放量大。2002年珠三角水量仅占珠江流域的6.67%，但其废水排放量34.1亿吨，占全省69.7%；城市生活废水排放量24.1亿吨，占全省70%。广州、东莞、深圳三市污水排放量占全省的46.9%，污水排放过于集中，城市附近水体，尤其内河受到严重污染。珠三角城市群的大气污染也十分严重。此外，珠三角的土地、能源和资源也构成了发展瓶颈。珠三角土地面积仅有4.17万平方公里，目前可供开发的土地相当有限。2005年珠三角每平方公里承载的GDP达到4331万元，是全省（1248万元）的3.5倍。深圳、东莞、佛山等市，已基本没有土地可供大规模开发。目前广东省实际建设用地已突破2010年用地规模255.3万亩，珠三角的大部分地区经济建设用地凸显有建设项目而无地可用的窘境。近年几番遭遇的“油荒”无不向珠三角地区拉响能源警报。仅2007年，从省外净调入或进口能源17731. 92万吨标准煤，占消费总量的80.9%。随着能源消费对国际、国内市场的依赖程度加大，加之近年价格高企，工业品出厂价格与原材料购进价格连续6年出现“剪刀差”，2007年达到2个百分点，2008年1~7月扩大到5个百分点，这样不仅压缩了广东省企业的获利空间，而且给后续经济发展带来较大的负面影响。人口、资源环境与经济发展之间的矛盾将越来越突出，生态建设和环境整治问题不仅成为高层关心的重大问题之一，而且成为平民百姓日益关注的焦点问题之一。

（六）珠三角地区产业同构现象严重

产业结构趋同是指在经济发展过程中区域间产业组成、数量比例与空间分布等方面演进变化趋于一致，结构差异逐渐缩小的过程。研判产业结构趋同问题必须以相对稳定的产业作为分析对象，由于第一产业受自然条件影响存在较大波动，第三产业具有产品无形性、消费与生产同时性的特点，第二产业尤其是制造业通常作为分析与判断产业趋同问题的主要依据。因此，产业结构趋同往往表现为区域间制造业各行业的产出比重趋于接近、地域属性日趋淡化、空间布局逐步均衡。从珠江三角洲制造业发展现状来看，以广州市与深圳市为例，从2007年两市规模以上工业总产值情况看，排在前10位

的主要工业大类中广州市与深圳市的有 6 个行业相同，同构率达 60 %（见表 1），而且位次较为相似。

表 1　广州市与深圳市产值居于前 10 位的制造业行业

排序	广州市	深圳市
1	交通运输设备制造业	计算机及其他电子设备制造业
2	化学原料及化学制品制造业	电气机械及器材制造业
3	通信设备、计算机及其他电子设备制造业	电力、热力的生产和供应业
4	电力、热力的生产和供应业	仪器仪表及文化、办公用机械制造业
5	电气机械及器材制造业	石油及天然气开采业
6	石油加工、炼焦及核燃料加工业	塑料制品业
7	黑色金属冶炼及压延加工业	金属制品业
8	通用设备制造业	工艺品及其他制造业
9	金属制品业	专用设备制造业
10	塑料制品业	化学原料及化学制品制造业

资料来源：根据《广东统计年鉴》（2008）整理得到。

珠江三角洲地区改革开放以来被视为是“世界制造基地”。随着全国统一大市场的形成，珠三角原有的体制机制灵活优势基本消失。珠三角“赶超型”的经济发展模式由于粗放型发展方式未根本改变而难以为继。目前各种污染比较严重，土地资源相当紧缺，且珠三角城市在产业分工中并未形成各具特色的产业，同质竞争现象相当严重。工业结构雷同成为珠三角地区实现一体化发展的最大难点和障碍。产业同构现象虽然在短时间内提高了地区产值，但从长远的目光来看，其不仅不利于良好竞争环境的形成，而且会导致区域抗风险能力的下降。

二、珠江三角洲地区产业结构调整的必要性

十六大把结构调整作为关系经济长远发展全局性的重大战略问题，全国各地都在发展经济的同时提出产业结构调整的议题。珠江三角洲依靠自身的资源优势取得了巨大的经济发展，走过了以数量扩张为特征的工业化初期阶段，进入到以结构调整、增长转型为主要特征的工业化中期阶段，面临从开始量的扩张到现在质的提高的迫切需要。如何把握产业结构调整的机遇，优化产业升级是经济发展的关键。珠江三角洲的产业结构调整是许多现实问题综合要求的，具体包括以下四个方面：

（1）珠三角产业结构变动方向“离经”，影响到今后经济结构调整的力度和进程“离经”越远，从第二产业为主转化到第三产业为主的调整进程就越长。而引发“离经”的工业适度重型化，又是工业化进程中不可逾越的阶段。完成工业适度重型化后，以工业为主的第二产业比重才会由升转降，逐步过渡到以第三产业为主。在现阶段，推进第二、第三产业优化和升级，使第二、第三产业科学发展，是珠三角产业结构调整面临的重要任务。

（2）目前珠三角经济发展已进入较高阶段，但是产业结构中第三产业即现代服务业所占比重不足，这一状况如不改变将阻碍珠三角经济的进一步发展。发展第三产业，一方面可以保障充分就业，提高居民生活质量；另一方面也可以提升制造业竞争的能力。在世界各国，第三产业在三次产业结构中的比例日趋优化并成为支撑经济发展的杠杆，而且，随着社会经济的发展其比重提升越来越快，这是市场经济的普遍规律。因此，加快发展现代服务业，优化服务业结构，提升产业素质，增强服务业吸纳就业能力，提高服务业的比重和水平成为重中之重。

（3）受国际金融危机的冲击，我国出口需求在危机中锐减。2007 年我国出口比上一年增长 26%；2008 年前 10 个月还有 21%的增长，但是从 10 月以后就逐月下降，特别是到 2008 年年底就变成负增长；2009 年上半年也都是负增长，最高的负增长达到–26.4%；也就是说，我国的出口增长从 2007 年正的 26%变为现在的–26.4%。珠三角地区处于外向型经济的最前沿，受国际经济波动的影响相当明显。2008 年各市的外贸依存度分别为：珠海 328%、深圳 267%、东莞 213%、惠州 160%、中山 128%、江门 71%、广州 69%、佛山 68%、肇庆 36%，广东省的平均水平为 133%。2009 年以来，珠三角九市的外贸出口一直处于负增长，1~10 月，出口降幅在 20%以上的市分别为：珠海（–22%）、江门（–21.9%）、肇庆（–20.7%）、东莞（–20.4%）；降幅在 15%~20%的有：佛山（–19.8%）、广州（–18.1%）、深圳（–15%）；出口形势较好的有：中山（–8.8%）、惠州（–10.5%）。

具体来看，外贸依存度居于最前列的珠海、东莞两市受影响最大，出口降幅均超过 20%；外贸依存度居较前列的深圳市，因其出口产品结构中，机电产品比重较大（约 74%），并以高新技术产品出口为主，因而出口降幅较小；同样，与深圳市出口结构相似的惠州、中山两市，在出口恢复性回升中处于领先的位次。广州、佛山、江门、肇庆四市的外贸依存度虽然在 72%以下，但其出口产品结构以服装等传统产品为主，受金融危机影响较大，出口降幅也比较大。佛山家电企业的出口基地主要设在中山，以美的、格兰仕为代表，这也是中山外贸出口降幅居珠三角最小的主要原因之一。

可以看出，没有核心竞争力和自主知识产权，对外依存度高的企业受到金融危机的冲击最大，这些企业又多是生产服装、鞋帽、玩具等的劳动密集型企业。我国是一个高度依赖出口的经济体，出口约占 GDP 的 40%左右。出口部门一出问题，经济增长的速度就受到很大的影响。而出口产品的结构状况也反映了一个国家的产业结构状况。因此，尽快增强产业的自主创新能力，提高产业结构水平，是提升我国产业国际竞争力的必然选择。

（4）产业升级的大势所趋。即使不发生金融危机，珠三角制造业的外迁和产业升级也是大势所趋。2008 年，珠三角核心市的人口密度、环境容量、土地开发程度已经使制造业的扩张无以为继（见表 2）。

表 2　2008 年珠江三角洲地区各市环境承载密度比较

	广州市	深圳市	佛山市	东莞市	中山市	惠州市	江门市	珠海市	肇庆市
人口密度（人/平方公里）	1370	4490	1547	2819	1395	352	434	877	256
污水排放密度（万吨/平方公里）	16.97	41.95	17.94	33.36	16.93	2.52	3.42	11.15	1.31

资料来源：广东统计信息网。

如表 2 所示，2008 年，按常住人口计算，广州、深圳、佛山、东莞、中山五市的人口密度每平方公里均超过 1000 人，深圳市高达 4490 人，居第 2 位的东莞市为 2819 人，这是众多劳动密集型企业集聚的结果。相应地，废水总量（工业废水与生活污水合计）和污水排放密度已经远远超过环境的承载负荷，这五个城市每平方公里的废水排放总量均超过 16 万吨，深圳市高达 41.9 万吨，东莞市 33.4 万吨。制造业猛烈扩张的另一个结果，是这五个城市几乎无地可用，土地开发已达到高强度的警戒线。因此，严峻的现实面前，产业转移和结构调整势在必行。

三、产业转移对珠江三角洲地区产业结构调整的影响

产业转移是产业结构调整的主要形式和手段之一，随着世界经济一体化的加强，国际分工体系的形成，产业结构调整更多地采用产业转移的方式。小岛清认为对边际产业进行转移，产业输出国会得到产业升级的预期效果。珠江三角洲地区产业转移过程中，通过正确的产业引导，可以有利于产业结构调整和优化。产业转移对产业结构的影响主要表现为以下三个方面：

（1）通过产业转移，淘汰传统的、市场需求萎缩的产业，腾出资源和空间发展高科技、高附加值的新兴产业。珠江三角洲地区在经济发展初期是凭借其土地价格低廉和劳动力资源丰富以及国家的优惠政策吸引了大量的外资，经过多年的快速发展，经济发展水平已进入全国前列。伴随经济发展水平的提升和初级要素需求的快速增长，劳动力、土地等初级生产要素的价格也越来越高，初级生产要素贡献率较高的劳动密集型产业的发展空间越来越小。多年的高速发展，人民的生活水平得到大幅提高，消费结构发生了阶段性的变化，即原来的基本生活用品的消费趋于饱和，基本生活用品的消费支出占收入比重正逐步下降，高新技术产品和资本密集型产业的产品的市场正不断扩大。也就是说，传统产业的市场空间趋于缩小将迫使生产者逐步退出该行业。在资本的逐利性和企业自身发展的驱使下，企业不得不向外寻求发展之道，扩展发展空间。此外，企业已经具备了向更高层次的产业发展的条件，只有通过把这些传统优势产业转移出去，才能为新兴产业发展腾出空间和资源。产业转移是一个地区发展的必由之路，也是地区产业结构升级的重要方式。珠江三角洲地区通过产业转移，把高污染、高耗能、低附加值的产业淘汰出去，降低这些产业结构中的比重，同时把节省的资源用到高效率、低污染、低耗能、高附加值的产业中，提高这些高层次产业的比重，从而优化了珠江三角洲地区的产业结构。

（2）通过产业转移，减少重复建设与恶性竞争，推动区域经济协作。从上述内容可知，珠江三角洲地区产业同构现象严重，那么通过产业转移，可以对产业进行合理的分工，产业转移双方都有着推动产业转移、优化产业结构的内在需求，因此有力地刺激区域政府、企业及社会各界观念的转变，应该从过去区域间的重复建设、恶性竞争向寻求协作、谋求共同利益转变。参与产业转移的各个地区都开始主动寻求并加强区域间的多方面协作，并围绕产业转移注重强化协作的机制，在产业的合理分工与协作方面有本质性的改善。这就要求各区域不是一味追逐高技术、新产业、新热点，而是在产业转移过程中，各地开始根据各自的比较优势考虑转出、引入不同的产业，这样能充分利用现有的产业基础和要素禀赋，找准优势、准确定位、突出特色，使特色产业成为区域经济的真正增长点。这对于提高区域资源配置效率、减少恶性竞争、推进区域经济协作具有重要的现实意义。未来一段时间，珠江三角洲无疑将充分发挥区位优势和比较优势，加快产业转移，推动区域的产业结构调整，加快区域经济一体化进程，以拓宽发展腹地和市场空间，在更大的经济圈内提升珠江三角洲地区的可持续发展竞争力。

（3）产业转移可以利用各地的优势资源，提高企业综合竞争力，对优化珠江三角洲地区的产业结构有重要的意义。企业是产业结构调整的主体，企业如果不能得到发展和改进，效益低下，是不利于产业结构调整的。珠江三角洲地区的资源优势是企业家资源优势，充分利用这一优势，进行跨区域企业并购活动，实行低成本的扩张，是一种理想的产业转移方式。特别是在中西部地区，许多陷入困境的国有企业，常常拥有比发达地区的民营企业更好的硬件设备、原材料，劳动力也不缺乏，缺乏的是经营资源，包括具有企业家才能的经营者、市场销售渠道和网络，或者是具有市场影响力的商业品牌等，如果发达地区的企业利用自己的经营资源优势，以跨区域兼并方式，进行企业重组，能够获得双赢的效果。企业的发展和壮大为珠江三角洲地区产业结构升级奠定扎实的基础。

同时，珠江三角洲产业转移对产业结构调整可能带来不利影响。从历史经验来看，我们要认清可能会带来的负面影响，才能制定出正确的产业转移政策来规范产业转移的发展方向。由于劳动密集型企业在珠江三角洲长期发展，成为某些区域的支柱产业甚至是唯一产业。如果只是单纯地将劳动密集型产业转移出去，而不引进新产业，区域产业将会呈现空心化，区域经济将会严重受损。所以各区域应该进行产业定位，确定未来发展的主导产业，转移和引进同时进行，保证区域经济的平衡稳定；要努力寻找适合企业发展的产业升级路径，使眼前利益和未来利益一致。

总之，产业转移是把双刃剑，一方面它有利于促进产业结构调整和向高度化升级，但另一方面又给产业升级带来了挑战。在现阶段的情况下，产业转移对珠江三角洲地区经济的长远发展是有利的，只有少数情况才可能对珠江三角洲地区经济产生负面影响。

珠江三角洲产业结构调整主要是向更高层次的调整，将传统的劳动密集型产业向劳动技术密集型、劳动知识密集型进行演化，提高传统产业中科技和知识的含量，同时促进第三产业现代服务业的发展。通过跨地区对外投资，把本地区逐渐失去比较优势的劳动或资源密集型产业转移到中西部地区，可以节省本地的资源来发展新兴产业和朝阳产业，提高资源配置效率。珠江三角洲进行产业转移的都是有一定核心竞争力以及一定资本技术的企业，这有助于开拓新的更广阔的市场。利用国家西部大开发的优惠政策，可以降低企业的成本，获得更多的竞争优势，为产业结构的升级提供了条件。产业是有前向和后向联系的，某一产业的转移也能带动其他产业的调整，所以是有利于产业结构升级的。

四、结 语

产业结构调整已经成了大势所趋，珠江三角洲的产业结构调整升级不仅带动全国各地的产业结构调整，而且还促进贸易结构的调整。产业结构调整最根本的是实现我国经济发展方式和贸易模式的质的转变，国民经济整体实力的大步提高。而通过产业转移的方式是有利于调整和优化珠江三角洲地区的产业结构的。

注：本文关于珠江三角洲各市的数据，均出自《广东统计年鉴》（历年）和广东统计信息网。

参考文献：

[1] 陈刚. 区域产业转移的效应分析及相应政策建议 [J]. 华东经济理论，2001 (1).

[2] 于治贤. 论世界经济产业结构调整和产业转移 [J]. 世界经济，2000 (5).

[3] 潘伟志. 论经济全球化与加快产业转移 [J]. 生产力研究，2003 (4).

[4] 向常清. 珠江三角洲产业结构的优化 [J]. 中国西部科技，2004(11).

[5] 原小能. 国际产业转移规律和趋势分析 [J]. 上海经济研究，2004 (2).

[6] 邝国良，方少帆. 珠江三角洲的制造业发展模式研究 [J]. 亚太经济，2004 (3).

[7] 祝国华，王泽强. 珠三角经济发展的经验及启示 [J]. 理论建设，2004 (6).

[8] 翁计传. 珠江三角洲工业结构趋同性研究 [J]. 世界地理研究，2006 (1).

[9] 邱俊. 产业结构“离经”与优化升级——珠江三角洲经济发展现象研析 [R]. 广东省统计局，2007-12-10.

[10] 李华，贝燕威. 珠江三角洲走向科学发展的分析与思考. 广东省统计信息网站，2008-12-9.

[11] 朱遂文，林瑜. 抓住机遇发展工业优化升级铸就辉煌. 广东统计信息网站，2008-11-6.

国际贸易

中国实现贸易强国目标的现实基础与困境对策

朱振荣[①]

摘要：2010年中国首次提出到2030年要初步实现贸易强国目标。考察目前已具有的现实基础，分析客观存在的发展困境，主要是贸易效益不佳、发展环境欠佳，试图综述相应对策，加快转变外贸发展方式，稳步实现贸易强国的数量指标，逐步落实贸易强国的质量指标。

关键词：贸易强国；贸易大国；对外贸易规模；发展路线；外贸发展方式

2010年4月，第107届“广交会”（即“中国进出口商品交易会”）期间，商务部研究院在“全国转变外贸发展方式报告会”上发布了《后危机时代中国外贸发展战略研究》，首次提出到2030年要初步实现贸易强国目标。为此，规划未来10年我国货物贸易额约4.3万亿美元，服务贸易额约1万亿美元，贸易总额达到5.3万亿美元左右，比当前贸易额增加1倍，以期大幅提升中国对国际贸易规则的制定权和主导权，实现中国外贸由大转强的目标，并建议分“两步走”：未来第一个10年，即到2020年的目标是巩固贸易大国地位，推动贸易强国进程；第二个10年，即到2030年初步实现贸易强国的目标。这被普遍誉为我国首份后危机时代外贸产业的“发展路线图”，表明了中国在全球经济步入调整发展新周期中加快转变对外经济发展方式的信心和决心。考察中国目前具有的贸易强国基础及发展困境，寻求突破困境的解决方案，是符合时代发展要求和外贸行业发展目标的现实需要。

---

① 朱振荣（1970~），女，安徽潜山人，北京工商大学经济学院副教授、硕士生导师，中国政法大学国际法专业博士研究生。研究方向：国际贸易。邮箱：zhuzhenrong88@sohu.com。

一、贸易强国目标的现实基础

改革开放30余年来，中国人的生产积极性和创造性获得很大的释放，对外贸易得以持续增长，1978~2009年外贸年均增长率为16.3%，大大超过此前1950~1977年10%的外贸年均增长率。中国对外贸易规模之大、发展速度之快，举世瞩目。

根据统计资料，1978年进出口总额为206.4亿美元，仅列世界第32位，其中出口97.5亿美元，进口108.9亿美元。短短10年后，1988年进出口总额突破1000亿美元，1989年出口在世界的排名由1980年的第26位上升到第14位，实现中国对外贸易的首次飞跃。

20世纪90年代以来，对外开放向纵深推进，全方位、多层次、宽领域的对外开放格局逐步形成。按照统一政策、放开经营、平等竞争、自负盈亏、工贸结合、推行代理制的原则，结合“市场多元化”战略（1990）、“以质取胜”战略（1991）、“大经贸”战略（1994）、“科技兴贸”战略（1999）、“走出去”战略（1999）五大战略的先后实施，1999年中国出口在世界的排名跃升至第9位，首次进入世界出口十强，对外贸易再次实现飞跃。

2001年中国加入世界贸易组织后，贸易规模不断跃上新台阶。特别是在修订的《中华人民共和国对外贸易法》正式实施后，2004年进出口总额突破10000亿美元大关，仅仅三年后，2007年进出口总额突破20000亿美元，成为世界第三大贸易国。对外贸易不断实现跨越式发展，并持续多年位列世界三甲。即使在2008年末金融危机爆发、2009年世界经济继续大幅下滑、国际市场严重萎缩、全球贸易普遍低迷的严峻形势下，得益于政府及时有效的稳定出口、扩大进口的方针政策，中国的进出口总额降幅收窄，规模仍然引人注目，出口居世界第一，进口居世界第二。据统计，2009年中国的服务贸易总额为2868亿美元；货物进出口总额为22072.7亿美元，同比下降13.9%。其中，出口额为12016.6亿美元，下降16.0%；进口额为10056.0亿美元，下降11.2%。2010年1~7月，进出口总额为16170.5亿美元，同比增长40.9%，其中出口额为8504.9亿美元，增长35.6%；进口额为7665.6亿美元，增长47.2%（见表1）。据悉，中国有700多种工业产品产量居世界第一，170多种商品出口量居世界第一。随着对外贸易的迅猛发展，中国建立了广泛的对外贸易关系（见表2），主要贸易伙伴包括欧盟、美国、中国香港、东盟、日本、韩国、印度、中国台湾、俄罗斯、澳大利亚、巴西。中国

表 1 2000~2010 年来中国进出口增长速度

年份	进出口总额		出口额		进口额		差额（亿美元）
	金额（亿美元）	增速（%）	金额（亿美元）	增速（%）	金额（亿美元）	增速（%）	
2000	4743.0		2492.0		2251.0		241.0
2001	5097.0		2661.0		2436.0		225.0
2002	6208.0		3256.0		2952.0		304.0
2003	8512.1	37.1	4383.7	34.6	4128.4		255.3
2004	11545.5	35.7	5933.3	35.4	5612.3	36.0	321.0
2005	14219.1	23.2	7619.5	28.4	6599.5	17.6	1020.0
2006	17604.4	23.8	9689.8	27.2	7914.6	19.9	1775.1
2007	21765.7	23.6	12204.6	26.0	9561.2	20.8	2643.4
2008	25632.6	17.8	14306.9	17.3	11325.7	18.5	2981.3
2009	22072.7	–13.9	12016.6	–16.0	10056.0	–11.2	1960.6
2010 年 1~7 月	16170.5	40.9	8504.9	35.6	7665.6	47.2	839.3

资料来源：国家海关总署。

表 2 2009 年中国对主要国家和地区货物进出口额及其增长速度

国家和地区	出口额（亿美元）	比上年增长（%）	进口额（亿美元）	比上年增长（%）
欧盟	2363	–19.4	1278	–3.7
美国	2208	–12.5	774	–4.8
中国香港	1662	–12.8	87	–32.6
东盟	1063	–7.0	1067	–8.8
日本	979	–15.7	1309	–13.1
韩国	537	–27.4	1026	–8.5
印度	297	–6.1	137	–32.3
中国台湾	205	–20.8	857	–17.0
俄罗斯	175	–47.1	213	–10.7

资料来源：国家统计局。

外贸是推动世界贸易增长的重要力量，对世界贸易影响力逐渐加大。可以说，从规模角度看，中国已经步入世界贸易大国的行列，具有贸易强国目标所要求的现实基础。

然而，中国仍存在商品国际竞争力不强、外贸企业抗风险能力较弱、在国际分工中依然处于被动地位等诸多问题，特别是以量取胜的规模速度型发展所导致的“大而不强”困境，毋庸置疑是中国经济发展的掣肘。中国迈入贸易强国之列，仍然任重道远。

二、贸易强国目标的现存困境

通常，判断一个国家是否属于贸易强国，要看它总体上是否具有强大的全球资源配置能力，具体而言看它是否同时具有出口商品竞争力、企业国际竞争力、行业组织协调能力、政府参与国际贸易规则制定能力。毋庸讳言，中国在这些能力方面并非“全能”，有些甚至处于“乏力”或乏善可陈的境地，因而面临亟待突破的困境。

1. 贸易效益总体不高

如前所述，中国仅是一个贸易大国，远非贸易强国，处于国际贸易分工价值链低端，欠缺“三自三高”（拥有自主知识产权、自主品牌、自主营销、高技术含量、高附加值、高效益）产品，自主品牌不足10%，且以加工制造业为主，甚至“出现卖什么什么便宜，买什么什么涨价的无奈局面”。

出口方面，工业制成品出口占中国总出口的比重在80%以上，“中国制造”产品可谓遍销全球，然而普遍以中低档产品为主，科技含量低、竞争力弱、贸易效益低、销售收入与产量极不匹配。例如，电动工具的中国产量占世界总产量的70%，销售收入却只有10%，利润则低于1%；中国具有传统优势的纺织行业，出口企业的利润率也只有微薄的2%~3%。进口方面，则是另一番景象。中国在其需求的黑色金属（如铁矿石）、有色金属（如铜、铝、铅、锌、锡、镍）、稀土资源等战略性资源产品上，缺少议价能力，没有定价主导权，只能是“价格追随者”，受制于人，被迫接受国际市场高价。总体权衡之下，中国获得的贸易比较利益较少。

2. 贸易发展环境面临挑战

因受2008年爆发的金融危机的影响，经济全球化呈现出由美国主导转向发达经济体与新兴经济体共同主导即多元化主导的趋势。有些发达国家还提出“再工业化”和“产业回归”，经济发展方式呈现“绿色化”和“低碳化”趋势，气候环境成为新型贸易壁垒工具。贸易自由化、投资便利化遭遇挫折，贸易保护主义苗头重现。中国出口竞争加剧，与发达国家和发展中国家的贸易摩擦明显增多，俨然沦为贸易保护主义的“重灾区”。2009年中国遭遇的贸易摩擦案件有116起，涉案金额127亿美元。出口虽只占全球9.6%，但遭受的反倾销占全球40%左右，反补贴占全球75%。2010年第一季度遭遇的贸易救济案件有19起，但涉案金额高达11.9亿美元，增长了93.5%。此外，贸易平衡问题突出，2009年中国贸易顺差1960.7亿美元，同比下降34.2%。2010年第一季度，贸易顺差144.9亿美元，同比下降76.7%。长期贸易不平衡虽然并非中国的政策选择，但显然不利于中国外贸可持续发展。从明智的角度而言，中国更应致力于推动经济全球化朝着均衡、普惠、共赢方向发展。

与此同时，近年来广受关注的人民币升值问题也是中国贸易发展环境必须直面的艰巨挑战。中国外贸人士担心，人民币一旦“被迫升值”，部分中小企业将难以在国际竞争中有立锥之地，更有甚者，还可能危及为这些中小企业发放贷款的银行等金融机构。假设果真如此，金融安全、风险防控等系列挑战将接踵而至。

三、贸易强国目标的困境对策综述

1. 加快转变外贸发展方式

贸易效益低下与外贸发展方式紧密相关，加快转变外贸发展方式是通向贸易强国的必由之路，更是改善中国贸易发展环境的有效解决方案。中国在实现2010年外贸“拓市场、调结构、促平衡”目标的基础上，还需放眼未来大力增强外贸的国际竞争力、可持续发展力。从战略任务角度看，为初步实现贸易强国目标，“十二五”期间中国外贸发展方式要进行适应性、主动性、战略性转型，具体着手于“四个提高”、“四个优化”、“六个协调”、“八项措施”。

“四个提高”包括提高出口商品国际竞争能力，更加注重从量的扩张向质的提升转变；提高企业国际竞争能力，更加注重从国际分工的低端向中高端转变；提高国际定价和议价能力，更加注重从价格接受者向价格制定者转变；提高参与国际贸易规则制定能力，更加注重从接受既定规则向主动参与制定规则转变。

“四个优化”指优化主体结构，做强做大企业，扶持中小企业发展，使之做壮做大、做长做久；优化商品结构，稳定传统优势产品，扩大“三自三高”产品，培育新兴战略性产品；优化市场结构，巩固传统市场，开拓新兴市场，培育周边市场；优化贸易方式结构，做强一般贸易，提升加工贸易，发展其他贸易。

“六个协调”即坚持出口和进口协调发展，促进贸易平衡；坚持货物贸易和服务贸易协调发展，提升质量与效益；坚持外贸与外资、外经协调发展，增强互动作用；坚持外贸和内贸协调发展，实现有效互补；坚持多种所有制协调发展，发挥各自优势；坚持东部和中西部协调发展，实现共同发展。

“八项措施”包括加快推进打造商务平台，提升商品质量，建立出口基地，拓展新兴市场，提升加工贸易，扶持服务贸易，扩大边境贸易，发展“走出去”带动出口。

2. 稳步实现贸易强国的数量指标

鉴于中国贸易增长的基数较大，结合后危机时代国际贸易发展的实际，中国贸易增长速度不仅需高于未来世界贸易发展的平均水平，而且要持续与GDP同向增长并要高于GDP增速。在规模份额上，要保持国际市场份额稳步提高。中国占世界货物贸易出口的比重，要从当前接近9%稳步提高到2015年10%以上，2020年达到12%以上，由此才能保持并巩固出口货物贸易规模居世界第一的地位。同时，要稳步提高进口货物规模，使其占世界货物贸易进口的比重到2015年达到9%，2020年达到11%，夯实中国货物贸易进口居世界第二的地位。服务贸易方面，应在世界排名中提升至三甲，规划2010~2015年中国服务贸易要闯入世界前三名，2015~2020年进一步巩固中国在全球服务贸易中的地位。

3. 逐步落实贸易强国的质量指标

质量指标要求，在贸易规模、进出口结构、贸易模式、产品质量（标准）、品牌国际化、技术、货币国际化、国际投资等方面达到世界领先水平。这就需要遵循科学发展，重点在下列六个方面逐步落实质量指标。

（1）培育更多的中国本土跨国公司。欧美的跨国公司和日本的综合商社，正是成就这些国家世界贸易强国的最基础单元，不仅世界贸易的70%属于跨国公司控制的公司内部贸易，而且大宗商品的定价权也多由跨国公司操纵。虽然活跃在中国市场上的跨国公司有3429家，占全球跨国公司总数的4.2%，然而《2009年世界投资报告》揭示，2008年在世界非金融类跨国公司100强（根据国外资产排名）鲜见中国公司的身影，实际上仅中信集团公司1家入围；在发展中国家100强中，中国有11家公司入围。因此，中国要争取在2015年前，有4~5家跨国公司进入世界100强，15~20家公司进入发展中国家100强；到2020年前，争取8~10家跨国公司进入世界100强，25~30家公司进入发展中国家100强；争取2010~2015年增加500家左右的中小型跨国公司，达到4000家；2016~2020年力争达到8000~10000家。

（2）创建一批世界级品牌。在Interbrand品牌咨询公司公布的2009年全球最有价值品牌100强中，中国无品牌入选。应当力争在2010~2015年，中国有1~2个品牌入选全球100强，2016~2020年争取有更多品牌入选全球

100强。

（3）逐步占据国际标准高地。2010~2020年逐步占据技术产品、环境、劳工等标准的国际高地；国家标准采用国际标准的采标率进一步提高，到2015年提高到65%，到2020年提高到85%，广泛参与原有标准的修改和新标准的制定，推动我国更多的产品标准成为世界标准，全面推进国际相互认证认可。

（4）逐步把握规则主导权。在多边贸易规则中掌握主动权，力争获取与自身实力相匹配的主导权，并积极参与以自由贸易区为核心、多种形式的区域优惠贸易安排。

（5）力争战略性资源产品定价主导权。由"价格追随者"变为"价格制定者"，尤其要注重提高黑色金属（如铁矿石）、有色金属（如铜、铝、铅、锌、锡、镍）及稀土资源的定价权。

（6）逐步推进人民币国际化。贸易强国的重要特征之一是货币国际化，人民币全面可自由兑换并逐步成为世界贸易结算、流通和国际储备货币虽然是个美妙的梦想，但它依赖于国家的综合实力的提升，必须考虑发展阶段择机行事，否则人民币升值对中国将是梦魇。日元被动大幅升值给日本经济带来的长期隐患，也警示人民币升值切勿步日元后尘。

总之，要实现贸易强国的目标与任务，既要贸易政策、体制机制、战略举措等方面的全方位支撑，又要从更加广泛的意义上依赖于人才强国、科技强国、产业强国、金融强国的强有力支撑。它们共同构成经济强国不可分割的重要有机组成部分，也是综合国力的具体体现。

参考文献：

［1］傅钧文. 建国60年中国对外贸易述评——基于可持续贸易发展视角的分析［J］. 世界经济研究，2010（7）.

［2］商务部研究院. 后危机时代中国外贸规划由大转强"路线图"［J］. 企业科技与发展，2010（13）.

［3］钟山. 加快转变外贸发展方式，努力推动外贸科学发展［OL］. 第八届企业发展高层论坛演讲稿，2010-5-6.

［4］朱振荣. 我国实现贸易强国目标的途径探讨［A］. 内外贸一体化大趋势. 经济科学出版社，2005.

中国离贸易强国的距离有多远

侯海英[①]

摘要：本文以世界传统贸易强国为例，通过选取经济总量、贸易规模、国际竞争力、科技水平、跨国公司及世界品牌数量、标准的制定权等指标来研究贸易强国应具备的基本条件及特征。在此基础上，本文通过对比分析明确了中国与贸易强国的差距，并指出尽快制定具体有效的贸易发展战略才能有效地推进从贸易大国向贸易强国的转变。

关键词：贸易强国；外贸战略；贸易政策

2010 年 4 月，商务部提出中国到 2030 年要初步实现贸易强国的目标之后，引发学者们对如何实现这一目标的众多思考。其中，最基本的问题就是如何界定贸易强国，只有明确了这一概念的内涵，我们才可能为推动贸易强国进程而采取相应的对策及行动。

目前，国内对贸易强国如何界定并没有统一的定论，本文希望通过对世界上公认的几大贸易强国的指标进行分析，找出贸易强国应具备的基本条件和特征，以及中国与贸易强国的差距，从而明确中国的发展目标。

一、世界贸易强国特征分析

我们以美国、德国、日本、英国、法国、意大利、加拿大、荷兰 8 个传统贸易强国为例，选取人均 GDP 水平、贸易规模及影响力、科技水平、跨国公司及世界品牌、标准的制定权几项指标来研究贸易强国的特征。

---

① 侯海英（1973~），女，辽宁大连人，经济学博士，北京工商大学经济学院副教授。研究方向：国际贸易、国际经济。邮箱：haiying_hou@hotmail.com。

（一）人均 GDP 水平

根据统计，8 个传统贸易强国的人均 GDP 相当于世界人均 GDP 平均水平的 4 倍（见表 1），达到 4 万美元左右，这一指标显示出各个世界贸易强国本身国内经济高度发达。

表 1　世界贸易强国人均 GDP（2000~2009 年）

单位：美元

国家	2000	2001	2002	2003	2004	2005	2006	2007	2008	2009
加拿大	23560	23017	23425	27335	31012	35088	39162	43185	45003	39599
法　国	21914	21991	23751	29060	33070	34228	35848	40644	44471	41051
德　国	23114	22967	24445	29588	33269	33811	35408	40398	44525	40873
意大利	19269	19609	21326	26164	29700	30332	31614	35641	38385	35084
日　本	36789	32210	30745	33113	36051	35627	34148	34264	38268	39727
荷　兰	24180	24969	27111	33177	37459	39122	41459	47511	53076	47917
英　国	25089	24885	27172	31238	36782	37859	40251	45901	43361	35165
美　国	34606	35344	36197	37572	40309	42534	44663	46458	47210	46436
8 大强国平均人均 GDP	26065	25624	26772	30906	34706	36075	37819	41750	44287	40731
世界平均人均 GDP	7726	7520	7913	9250	10710	11632	12844	14711	15222	10405

资料来源：根据世界银行数据库[1]数据整理。

（二）贸易规模及影响力

1. 贸易规模

通过分别统计货物贸易和服务贸易的进出口额及世界排名，可以看出各个贸易强国的贸易规模都非常大，世界位次几乎都处于前 10 位以内（见表 2）。这一信息同时也说明，各国对世界贸易的影响力很强。

2. 贸易竞争力指数

我们分别将 2007 年 8 个贸易强国的货物贸易和服务贸易的进出口额代入以下贸易竞争力指数公式，计算出货物贸易和服务贸易的竞争力指数：

$$TC = \frac{X - M}{X + M}$$

其中，X 代表货物贸易（或服务贸易）出口额，M 代表货物贸易（或服务贸易）进口额。计算的结果可以分为三种情况（见表 3）：①美国、英国、法国表现出明显的服务贸易竞争力优势以及较大的货物贸易劣势；②德国、

表 2　世界贸易强国贸易规模统计（2007 年）

单位：亿美元

国家	货物贸易					服务贸易				
	出口额	世界位次	进口额	世界位次	总位次	出口额	世界位次	进口额	世界位次	总位次
加拿大	4190	10	3896	10	10	612	18	800	12	13
法　国	5534	5	6152	6	5	1304	5	1201	6	6
德　国	13264	1	10586	2	2	1973	3	2454	2	3
意大利	4915	7	5045	7	8	1089	8	1167	7	7
日　本	7128	4	6211	4	4	1356	4	1574	4	4
荷　兰	5513	6	4916	8	7	909	9	890	10	9
英　国	4378	8	6196	5	6	2634	2	1933	3	2
美　国	11625	3	20204	1	1	4544	1	3356	1	1

资料来源：根据《世界经济统计报告（2008~2009）》[2] 数据整理。

表 3　世界贸易强国贸易竞争力指数（2007 年）

国家	货物贸易竞争力指数	服务贸易竞争力指数
加拿大	0.036359139	−0.133144476
法　国	−0.052883793	0.041117764
德　国	0.112285115	−0.108651457
意大利	−0.013052209	−0.034574468
日　本	0.068745783	−0.07440273
荷　兰	0.057244223	0.010561423
英　国	−0.171931152	0.153492446
美　国	−0.269534073	0.150379747

资料来源：根据《世界经济统计报告（2008~2009）》数据计算。

日本、加拿大、荷兰货物贸易竞争力优于服务贸易；③意大利货物贸易和服务贸易的竞争力都处于平均水平偏低的位置。

尽管德国、日本等由于制造业的强大而使其显现出货物贸易具有较强的竞争力，服务贸易表现相对较弱，但如果我们仔细观察服务贸易的世界排名就会发现美国、英国、德国、日本、法国还是占据在服务贸易前 6 名的位置（第 5 位是中国）。因此，我们还是可以得出贸易强国的这样一个特征，即服务贸易的竞争力优势相对明显。

（三）科技水平

我们选取本国居民申请的专利数、平均每百万人中的研发人员数、科研期刊论文数三个主要指标来代表科研能力；选取研发支出占 GDP 的百分比、教育支出占 GDP 的百分比两项指标代表科技投入水平。

统计结果显示（见表 4），贸易强国的平均专利申请数远高于世界平均水平，几乎达到世界平均水平的 8 倍，日本、美国表现得尤为突出，是世界平均水平的 16 倍以上。专利申请的优异表现显然会体现在技术的领先地位上。而贸易强国技术的领先是源自其非常高的科技投入水平的。从表 4 可以看出，贸易强国的研发投入占 GDP 的比重是世界平均水平的 2~3 倍，教育的支出也明显高于世界平均水平。这样，就会形成一个良性的循环，高的科技投入水平带来更多的研发人员，科研成果大量产生，新产品新技术随之涌现，这就确保了这些国家能够始终保持在技术的前沿。在贸易中，谁能够占据技术前沿，谁就占据了贸易的优势地位。

表 4 世界贸易强国的科技水平指标统计（2007 年）

国家	本国居民申请的专利数	平均每百万人中的研发人员数 *	科研期刊论文数	研发支出占 GDP 的百分比（%）	教育支出占 GDP 的百分比 *（%）
加拿大	4998	4157	27800	2.03	4.93
法 国	14722	3319	30740	2.10	5.65
德 国	47853	3302	44408	2.55	4.53
意大利	9255	1407	26544	1.14**	4.43
日 本	333498	5531	52896	3.45	3.52
荷 兰	2079	2488	14210	1.75	5.53
英 国	17375	2897	47121	1.84	5.51
美 国	241347	4584	209695	2.67	5.35
贸易强国平均水平	83891	3461	56677	2.34	4.93
世界平均水平	14390	1908	3964	1.21	4.85

注：*2005 年数据（2006 年以后数据不完全）；**2006 年数据。

资料来源：根据世界银行数据库数据整理计算。

（四）跨国公司及世界品牌

第二次世界大战后，跨国公司就开始逐步主导世界市场的竞争和利益分配，一国所拥有的跨国公司数量及公司规模必将影响该国在贸易中的地位。当前，世界贸易的 70%是由跨国公司控制的公司内部贸易，许多大宗产品的定价权也基本由跨国公司操纵，它几乎成了对外综合竞争优势的重要保障。

在 2010 年《财富》杂志公布的世界 500 强名单中，前 20 位的企业，除加拿大没有一家企业进榜、中国占据 3 家外，其余 17 家全部被 7 个贸易强国瓜分。其中，美国独占6家，行业分布于零售、石油、汽车、银行、科技金融等；法国居其次有3家企业进榜，包括保险、石油、银行业；荷兰、日本、德国各有两家公司；英国和意大利各1家。这些国家企业规模的强大，必然带来贸易中的强势地位，能够尽可能地追求经济利益的最大化。

同时，在贸易的过程中，拥有的世界知名品牌的数量也可以从一个侧面衡量贸易的优势地位以及贸易利得情况。全球最大的综合性品牌咨询公司Interbrand每年公布全球最佳品牌100强的榜单。在其2010年公布的榜单中，美国占据了半壁江山，共计50个全球最佳品牌。剩余的50个品牌，除13个品牌外，也全部分布在我们所列的贸易强国之内（见表5），由此可见，贸易强国对品牌的垄断地位及在贸易中的优势地位。

表5 全球最佳品牌100强分布（2010年）

国 家	最佳品牌数	国 家	最佳品牌数
加拿大	2	美 国	50
法 国	8	芬 兰	1
德 国	10	墨西哥	1
意大利	3	韩 国	2
日 本	6	西班牙	2
荷 兰	3	瑞 典	2
英 国	5	瑞 士	5

资料来源：根据 http://www.interbrand.com 资料整理。

从世界知名品牌所涵盖的领域看，大多集中在金融、快速消费品（多是化妆品品牌）、电子、汽车、奢侈品、酒、商业服务、饮料、互联网业务等行业，绝大多数属于服务贸易的范畴，这与贸易强国在服务贸易上的竞争优势是吻合的。

（五）标准的制定权

依据国际分工的基本理论，各个国家都是出口能够反映本国资源禀赋或要素禀赋优势的产品，原料资源丰富的国家主要出口资源性产品，劳动力资源丰富的国家主要出口劳动密集型产品，知识和技术丰富的国家主要出口知识与技术密集型产品。

但是，在当今社会，按照理论优势进行分工，其优势也要受制于一系列的贸易标准。因此，西方发达国家早就不青睐于制造硬件产品，而是倾向于制造标准。由于发达国家的技术水平高，其制定的标准就会高于很多国家的标准甚至国际标准。因此，发达国家只靠这种无形“商品”就能获得经济上的好处，同时也能在一定程度上达到保护贸易的目的。例如，欧盟有自己的标准组织，制定的标准涉及的产品目录包括电子设备、机械、玩具、医疗器械等，这些标准几乎都高于其他国家的国家标准。

在国际贸易中，标准的制定权之所以被发达国家所控制，与我们以上阐述的四个特征是分不开的。借着在世界贸易中的主导地位和技术优势，发达国家当然可以率先制定游戏规则，从而获得垄断利润、得到优先保护，因此使本国经济获益。

二、中国与世界贸易强国各项指标的对比分析

如果我们将世界贸易强国的特征归纳总结一下，可以得出成为贸易强国应具备的基本条件如下：第一，国民经济高度发达；第二，贸易规模大，对本国和世界经济影响大；第三，科技水平领先；第四，拥有的跨国公司数量及规模可观，拥有一定数量的世界知名品牌；第五，能把利益分配的决定权掌握在自己手中。从这几个角度来讲，中国目前都尚存在相当大的差距。

（一）中国的人均 GDP 水平

虽然近年来中国的 GDP 保持持续的高增长，但从人均 GDP 水平来看，21 世纪的第一个 10 年里，前 5 年人均 GDP 水平基本上在世界平均水平的 13%左右徘徊，从 2005 年开始逐步从世界平均水平的 14%上升到 35%，但也仅是世界平均水平的 1/3，更不要提与贸易强国 4 倍于世界平均水平的人

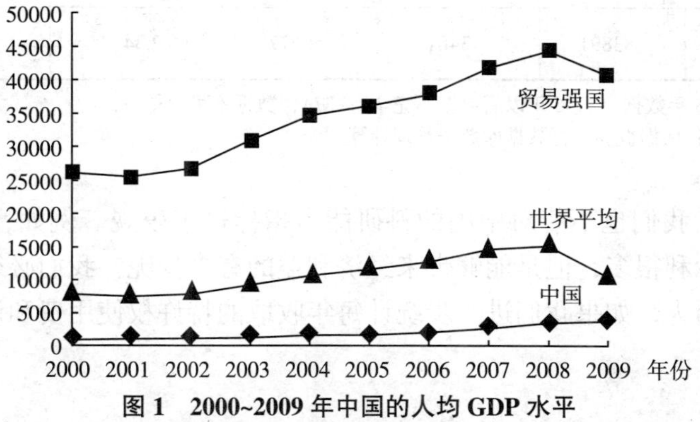

图 1　2000~2009 年中国的人均 GDP 水平

资料来源：根据世界银行数据库数据整理。

均 GDP 相比了。因此，中国的人均 GDP 水平与贸易强国的差距是巨大的。

（二）贸易规模及影响力

单就贸易规模总量来看，中国的规模已经相当可观，货物贸易进出口总额世界排名第三位，服务贸易进出口总额世界排名第五位。这个位次在未来的 5~10 年继续保持乃至提升似乎是可以预见的事实。

但是计算中国的贸易竞争力指数（为便于比较，这里使用 2007 年数据）就会发现，中国的货物贸易竞争力指数为 0.120434263，而服务贸易竞争力指数为–0.008607199。这种情形与大多数贸易强国是相反的，因为贸易强国的服务贸易是具有竞争力的，而我国的数据却反映出在服务贸易方面的弱势，这是我们明显的差距。虽然中国服务贸易进出口总额名次靠前，但是我们的总量也仅有第一位美国的 1/4，第二位英国的 1/2，并且我们的服务贸易主要靠的依然是传统的服务贸易领域拉动。

（三）科技水平

统计显示（见表 6），中国在平均每百万人中的研发人员数、每百万人中的研发人员数两项指标上都与贸易强国有几倍的差距。但是，在科研期刊论文数和本国居民申请的专利数两项指标上却已经赶超了贸易强国水平。这说明，中国的科研能力在提升，但是科研的投入水平低。

表 6　中国科技水平指标统计（2007 年）

国家	本国居民申请的专利数	平均每百万人中的研发人员数 *	科研期刊论文数	每百万人中的研发人员数（%）	教育支出占 GDP 百分比 *（%）
中国	153060	853	56806	1.49	N/A
世界平均水平	14390	1908	3964	1.21	4.85
贸易强国平均水平	83891	3461	56677	2.34	4.93

注：*2005 年数据（2006 年以后数据不完全）；N/A，数据不可获得。
资料来源：根据世界银行数据库数据整理计算。

当然，我们也不能对中国的科研能力指标过于乐观。例如，中国 2007 年申请的专利很多，但是能够带来经济利益的有多少呢？我们必须发出这样的质疑。因为，如果我们进一步统计每年收取的特许权使用费和许可证费用

(Royalty and License Fees)[①] 就会看到明显的结果：与贸易强国相比较，中国每年收取的特许权使用费和许可证费用相当有限，差距巨大。这说明我们的专利转化进入实际的经济领域带来收益的能力是相对低得多的。

表 7 世界贸易强国与中国收取的特许权使用费和许可证费用情况比较（2005~2009 年）

单位：美元

国家	2005 年	2006 年	2007 年	2008 年	2009 年
加拿大	2765030864	3173432906	3504910444	3569010211	3220686672
法国	6217036756	6230102425	8841134272	11033594772	9396708004
德国	7137586558	6959546074	8129412748	10019727536	13785314963
意大利	1129833295	1115505591	1049623867	863579735	1115444961
日本	17655253369	20095621606	23228568013	25700583120	21698003549
荷兰	3866472981	3481244499	4322439291	4870339178	5309070434
英国	13302161027	13753456064	15107533176	13903886940	12815555742
美国	64395000000	70727000000	83824000000	91600000000	84418000000
中国	157401786	204503785	342634075	570536223	—

资料来源：根据世界银行数据库数据整理。

（四）跨国公司及世界品牌

中国的贸易规模很大，但是企业规模及国际化水平却有限。2010 年，世界 500 强企业名单前 10 位的企业中有 3 家中国企业，前 100 位中有 5 家，分别是中国石油化工集团公司、国家电网公司、中国石油天然气集团公司、中国移动通信集团公司、中国工商银行。但是，这 5 家企业多不是标准意义上的跨国公司。应该说，中国进入世界 500 强的企业近年来有所增加，企业的排名也在上升，显示出中国经济实力不断增强。但与其他发达国家上榜企业相比仍存在很大差距，特别是在盈利率和生产率方面尤为突出。

2010 年《财富》（中文版）首次公布了《财富》中国 500 强。与《财富》世界 500 强对比，中国 500 强 13.7 万亿美元的收入，仅相当于世界 500 强的 8.7%；1.3 万亿美元的利润，则相当于全球 500 强的 19.9%。

而讲到世界级品牌，中国则是交了一张白卷。在 Interbrand 公布的全球最有价值品牌 100 强中，至今无中国品牌入选。

① 特许权使用费和许可证费用（Royalty and License Fees）是居民和非居民之间由于授权使用和使用无形的、非产品的、非金融资产，专有权利（如专利、版权、商标、工业流程和特许经营）等而收取和支付的费用。

（五）标准的制定权

目前，中国的国家标准正越来越多地与国际标准相衔接，国家标准采用国际标准的采标率在不断提高。但是，由于我国的技术水平等问题，导致我们的国家标准很多是国际标准中的最低标准，而标准的制定权方面也相应地极其微弱。同时，中国在包括贸易规则的制定权、主导权、战略性产品的定价权等方面的权利也十分有限。

三、结　论

从数量指标上讲，中国已经是贸易大国。按照质量指标的要求，中国在经济发展水平、贸易结构、贸易竞争力、科技水平、拥有的跨国公司和世界品牌数量，以及贸易主导权方面离贸易强国都有极大的差距。因此，中国要想实现贸易强国的目标必须针对国内国际两个市场制定全面的发展战略。

从世界主要贸易强国的发展历程看，要想实现贸易强国的目标，政府的适度干预是必不可少的，其中包括在世界贸易组织规则下干预贸易政策、产业政策、科技政策、投资政策等。适度的贸易干预政策，可以对国内产业进行适度保护，促进技术创新和进步，培育本国的竞争优势。例如，日本政府在“二战”后制定大量政策措施鼓励对外贸易和投资，实施贸易立国和投资立国战略，促进经济发展。为了巩固世界贸易强国的地位，2010 年美国推出了“出口倍增计划”，通过设立出口促进部和总统出口委员会、扩大贸易融资规模、改革出口管制体系、推动商务外交、实施国别贸易战略等手段，大力实施出口导向战略。欧盟也提出“未来工厂项目”，提升制造业竞争力，通过技术创新争取成为世界领先者；通过智能产品和新型商业模式争当工厂和工厂设备的生产者；实现将就业和利润都留在欧洲的目标。由此可见，世界贸易强国为了争夺世界经济发展的主导地位，巩固世界贸易强国地位，都进行了政府干预，制定了非常具体的贸易战略来有效地推动其目标的达成。

我国目前虽然提出了贸易强国的发展目标，但具体的贸易发展战略还没有及时跟上。我国先后制定和实施过的对外贸易发展战略包括“以质取胜”、“市场多元化”、“大经贸”、“科技兴贸”和“走出去”战略。虽然这些对外贸易发展战略的提出和实施，有效地推动了我国对外贸易的持续快速增长，也带动了我国相关产业的发展。但是，在新的形势和新的目标下，急需具体有效的贸易发展战略有效地支持从贸易大国向贸易强国的转变。

参考文献：

[1] 世界银行. World Bank Data [DB/OL]. www.worldbank.org.

[2] 国家统计局国际统计信息中心. 世界经济统计报告（2008~2009）[R]. 中国统计出版社，2009.

[3] 财富中国. http：//www.fortunechina.com/fortune500/c/2010-07/13/content_39375.htm.

[4] 李汉君. 后危机时代中国对外贸易发展路径选择 [J]. 国际贸易，2010（6）.

[5] 戴桂林等. 中国贸易战略的实施对外贸的影响分析[J]. 国际贸易问题，2006（6）.

从价格贸易条件分析探讨我国贸易强国之路

石艳艳[①] 潘 宏[②]

摘要：改革开放以来，对外贸易的快速发展表明我国已经是一个贸易大国，但对外贸易发展中存在的一些问题表明我国还不是一个贸易强国。本文从贸易条件的角度出发，分析由贸易大国走向贸易强国的制约因素，并提出相应的政策建议。

关键词：价格贸易条件；FDI；进出口商品结构

一、引 言

改革开放30多年来，我国的对外贸易取得了举世瞩目的成就。1978~2009年，我国进出口货物贸易总额由206.38亿美元扩大至22072.7亿美元，共计增长了105.9倍。2009年，我国占世界贸易比重达到9%，成为世界第二大贸易国，其中，出口超过德国，成为世界第一大出口国，进口则仅次于美国，为世界第二大进口国。我国的服务贸易也得到了较快的发展，1982年，我国服务贸易进出口总额43.41亿美元，其中，出口额24.76亿美元，进口额18.65亿美元；2008年，我国服务贸易进出口额已经达到3044.0亿美元，其中，出口1464.0亿美元，进口1580.0亿美元，分别增长了66.0倍、57.8倍和82.6倍。贸易伙伴分布广泛，贸易份额相对集中，充分发挥比较优势，成为全球分工体系重要一环，中国已经成为一个排名前列的世界贸易大

---

① 石艳艳（1986~），女，山东聊城人，北京工商大学经济学院国际贸易学专业2009级硕士研究生。研究方向：国际贸易。邮箱：shiyanyan_678@163.com。

② 潘宏（1965~），女，辽宁沈阳人，北京工商大学经济学院副教授，硕士生导师。研究方向：国际贸易。邮箱：panh@th.btbu.edu.cn。

国。但我国的对外贸易中还存在一些问题，决定了我国还不是一个贸易强国。判断一个国家是否属于贸易强国有很多因素，其中贸易条件也可以是一个因素。在国际贸易理论中，贸易条件是用来衡量一个国家对外贸易状况好坏的一个指标。传统的定义是：一国的出口商品价格与其进口商品价格的比率。当这个概念用于两种以上商品时，它的定义则是出口商品价格相对于进口商品价格的一种指数量值，即每单位出口商品其所能换回的进口商品的数量。如果报告期出口一单位商品所能换回的进口商品比基期增加了，则表明一国的贸易条件改善了；反之则是恶化了。贸易强国的贸易条件应该不断改善，获取更多的贸易利益。

二、2000~2008 年中国价格贸易条件变动的实证分析

（一）进出口商品的选取

本文数据主要来源于联合国统计司商品贸易 COMTRADE 数据库和历年的《中国统计年鉴》。由于在 1992 年之前我国对进出口商品贸易的统计是按照联合国 SITC 分类标准进行的，而在 1992 年之后则是按海关协调编码制度 HS 进行的，所以，为了保持数据的连续性和统计口径的一致性，本文依据 SITC 分类标准，以 2001 年为基期（贸易条件指数为 100），结合《中国统计年鉴》中 2000~2008 年主要进出口商品数量和金额，依照最大可能代表性原则，均衡选取初级产品（食品及主要供食用的活动物/SITC0、饮料及烟类/SITC1、非食用原料/SITC2、矿物燃料及有关原料/SITC3、动植物油脂及蜡/SITC4）、工业制成品（劳动或资源密集型/SITC6+SITC8、资本或技术密集型/SITC5+SITC7）各大类中有一定代表性的商品，选取了各类出口商品 126 种，其中初级产品有 48 种，工业制成品有 78 种；进口商品 63 种，其中初级产品 26 种，工业制成品 37 种。

在此基础上，为了反映其中进出口数量变动在价格指数构成中的作用，本文进出口价格指数采用帕氏公式。具体计算方法如下：

$$p_{xt} = \frac{\sum p_{it}q_{it}}{\sum p_{i0}q_{it}} \quad (i = 1, 2, \cdots, 126), \quad p_{mt} = \frac{\sum p_{jt}q_{jt}}{\sum p_{j0}q_{jt}} \quad (j = 1, 2, \cdots, 63)$$

$$Y_t = \frac{p_{xt}}{p_{mt}}$$

其中，p_{xt} 和 p_{mt} 分别表示第 t 期（t = 2000，2001，…，2008）的出口价格指数和进口价格指数；p_{i0} 和 p_{j0} 分别表示基期第 i 种商品的平均出口价格和第 j 种商品的平均进口价格，p_{it} 和 p_{jt} 分别表示第 t 期第 i 种商品的平均出口价格和第 j 种商品的平均进口价格，平均价格=总金额/总数量；q_{it} 和 q_{jt} 分别表示第 t 期第 i 种商品的出口数量和第 j 种商品的进口数量。

（二）中国总价格贸易条件变动的实证分析

经计算，2000~2008 年，我国出口价格指数和进口价格指数都呈现上升趋势，但是出口价格指数并没有进口价格指数攀升的幅度大，出口价格指数从 2000 年的 102.48 升至 2008 年的 170.78，上升了 66.65%，进口价格指数则从 2000 年的 90 攀升至 2008 年的 221.78，大幅度上升了 146.42%，因此，在此期间价格贸易指数呈现明显的下降趋势，从 2000 年的 113.87 滑落至 2008 年的 77，下降了 32.38%（见图 1）。

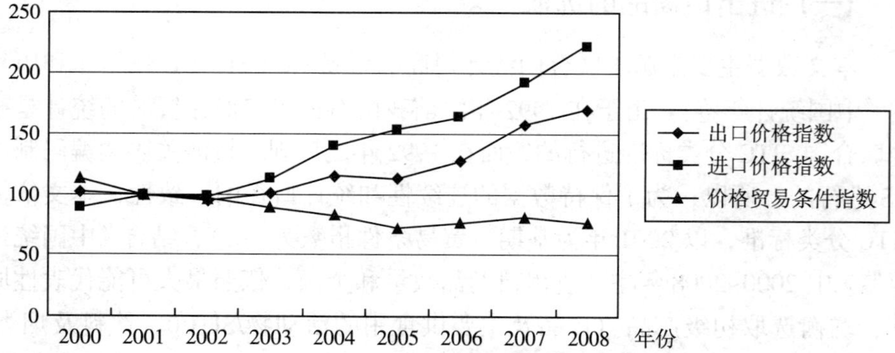

图 1　2000~2008 年中国价格贸易条件变动趋势

资料来源：本文作者据相关资料计算，详见附表。

（三）中国分类商品价格贸易条件变动的实证分析

1. 初级产品的价格贸易条件

经计算，2000~2008 年，初级产品出口价格指数总体上有所攀升，2008 年较 2000 年上升了 137.78%，初级产品进口价格指数也有大幅度的上升，但由于进口价格指数的上升幅度远远大于出口价格指数的上升幅度，结果使初级产品价格贸易条件明显地下降，2008 年较 2000 年下降了 46.82%（见图 2）。

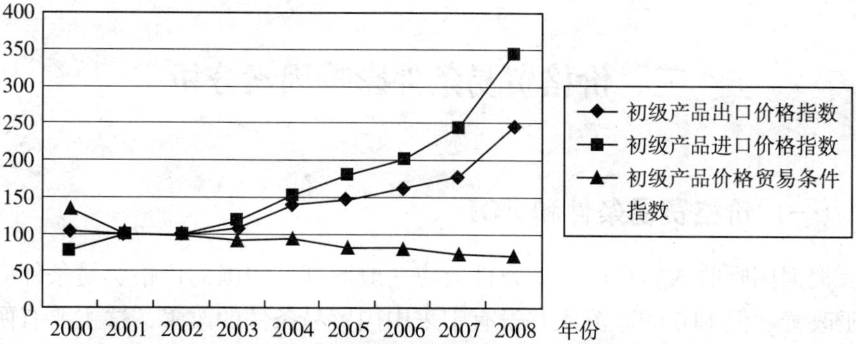

图 2 2000~2008 年我国初级产品价格贸易条件变动趋势

资料来源：本文作者据相关资料计算，详见附表。

2. 工业制成品的价格贸易条件

经计算，2000~2008 年工业制成品出口价格指数和进口价格指数都呈缓慢上升趋势，工业制成品出口价格指数由 2000 年的 102.44 上升到 2008 年的 162.68，上升了 58.41%；工业制成品进口价格指数由 2000 年的 100.77 上升到 2008 年的 167.09，上升了 65.81%；由于进口价格指数上升幅度大于出口价格指数的上升，因此，工业制成品的价格贸易条件指数由 2000 年的 101.66 下降到 2008 年的 97.36，下降了 4.23%（见图 3）。

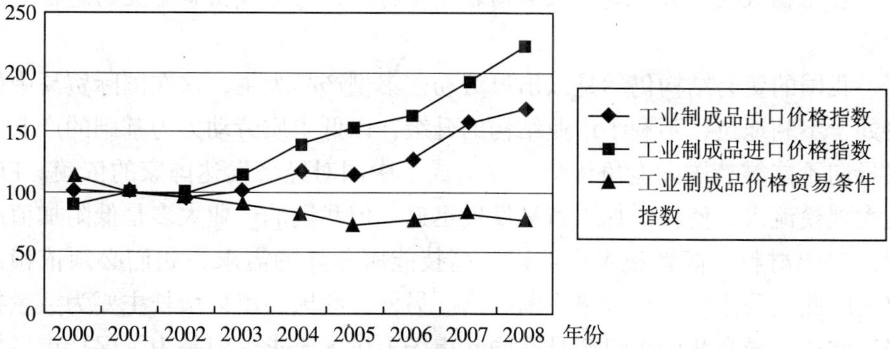

图 3 2000~2008 年我国工业制成品价格贸易条件变动趋势

资料来源：本文作者据相关资料计算，详见附表。

综上所述，我国的总价格贸易条件以及分类商品的价格贸易条件都呈下降趋势，这表明我国的价格贸易条件在不断地恶化，可见我国虽然是世界贸易大国，但获益并不多，与贸易强国还有相当的距离。

三、价格贸易条件影响因素分析

（一）价格贸易条件和 FDI

根据国际收入转移的贸易条件效应一般原理，中国的价格贸易条件应该趋于改善。但 FDI 的净流入并没有带来中国贸易条件的改善，这主要有两方面的原因：

1. FDI 形成的跨国公司内部贸易执行“转移价格”，影响了中国进出口价格

转移价格的目的是为了减少税负，调整利润，支持子公司的竞争，规避各种经营风险。外国企业为了达到减轻所得税负、转移资金和利润、逃避管制等目的，它们往往采取高价进口中间产品、机器设备等而低价出口制成品的策略。这直接导致了我国价格贸易条件的恶化。跨国公司的采购立足于全球市场，会优先考虑从公司内部采购。在我国的外商投资企业依靠“内部采购”的采购行为不但对我国进口产品的数量和金额产生影响，同时也导致了我国进口产品价格的上升，由此导致我国价格贸易条件的恶化。

2. 中国吸收 FDI 主要流入劳动密集型行业，易造成出口企业的恶性价格竞争

我国的贸易结构仍然是以出口劳动密集型产品为主，这在国际贸易中始终处于不利地位，不利于产业结构的升级，以低素质劳动力为基础的产业发展导向不能维持国际竞争优势，并造成了中国对经济发达国家的依赖。FDI 的大规模流入，使我国加工贸易发展迅速。但我国的产业大多是低附加值产业，对原材料、高新技术产业以及高技能服务业的需求，我们必须依赖进口。因此，我国的进口价格不断提高。另外，我国的出口增长主要为数量扩张性增长，导致我国出口产品在国际市场上供大于求，但是为了保持市场份额，势必会导致恶性价格战。

（二）价格贸易条件与进出口商品结构

目前，我国出口品中制成品的比例逐渐增大，但我国仍然处于初步工业化阶段，出口制成品大多是低技术的、低附加值的劳动密集型产品。高新技术产品出口占我国工业制成品出口很小比例，大部分所谓高新技术产业也仅仅是从事一些产品的来料加工和包装研究，产业格局还不是很完善，因此与

传统产业相比优势不明显，出口的高新技术产品的技术含量远远低于进口产品的技术含量。这样的工业制成品出口结构使得我国生产的产品技术更新能力薄弱、产品价值低、同质替代性强，并且大多已经进入产品成熟期，在国际市场上我国企业只能赚取平均利润，难以获得超额利润，在国际市场竞争中也只能采取价格竞争的手段，大部分出口商品价格不断下跌，因而造成了中国价格贸易条件的持续恶化。

四、由贸易大国走向贸易强国的政策建议

（一）完善外贸促进体系

完善外贸促进政策，建立以市场为导向的支出管理体系，提高资金的使用效益，提高出口商品的国际竞争力，降低出口企业的相关风险。促进贸易与产业结合，建立出口增长与产业发展的良性互动机制。加快进口结构的调整，加大高新技术和产业政策所需的先进加工制造设备的进口，推动产业机构调整和升级。积极扩大海外市场，避免出口市场的过度集中。扩大与发展中国家及周边国家的贸易往来，使中国的出口市场多元化，从而减缓主要贸易伙伴国经济状况及政策变化带来的冲击。根据需求偏好理论，发展中国家的需求偏好与我国有很多相似之处，发展与它们的贸易关系，不仅出口商品价格不容易下降，还有利于扩大中国商品的出口。根据引力模型，周边国家具有地缘优势，双边贸易具有明显的成本优势，且中国具有相对较高的发展程度，价格贸易条件改善比较容易。

（二）引导 FDI 流向资本密集型进口部门

外资大量流入劳动密集型出口部门，闲置劳动力获得就业机会，劳动力供给大量增加，从而劳动力密集型出口部门进一步扩张，比较优势得到进一步加强，而资本、技术密集型的进口部门却没有从大量流入的外资中受益扩张，反而可能进一步萎缩。出口部门的过度扩张导致产品的超额供给和进口部门对资本、技术密集型产品的超额需求，会使贸易条件趋向恶化。改善我国的贸易条件应该有效引导外商直接投资进入资本、技术密集型的进口部门，适当放宽外资进入相关领域的门槛和各种限制，增加外资在服务业中的投资占比，使我国利用外资投向结构趋于合理化，以有效改善我国的贸易条件。

（三）优化进出口商品结构

从出口结构来看，经过十几年的发展，我国虽然已经完成了主要出口初级产品向主要出口工业制成品的转变。但总体来说，我国现阶段的出口商品结构还是比较落后的。同时，我国所生产的产品大多数附加值低，随着越来越多的发展中国家加入到全球化进程中来，我国的相对优势降低。提高我国传统优势出口商品的质量、技术水平，实现发展方式从数量扩张型向质量效益型的转变，实现主要出口粗加工、浅加工、低附加值产品向出口精加工、深加工、高附加值产品的转变，提高我国在国际分工中的地位，是实现我国传统优势出口产业可持续发展的必然选择。

在进口方面，资本、技术密集型产品引进之后，还要引进专利和专有技术，进行消化吸收并进行技术创新，而不能过于依赖这些技术，否则我国在结构调整和产业升级过程中容易受制于人，核心技术的进步受到限制。

附表　2000~2008 年我国价格贸易条件

总产品 \ 年份	2000	2001	2002	2003	2004	2005	2006	2007	2008
出口价格指数	102.48	100	95.87	101.32	115.9	113.63	127.56	157.61	170.78
进口价格指数	90	100	98.04	113.34	139.62	154.48	164.44	192.19	221.78
贸易条件指数	113.87	100	97.79	89.39	83.01	73.56	77.57	82.01	77
初级产品 \ 年份	2000	2001	2002	2003	2004	2005	2006	2007	2008
出口价格指数	102.6	100	96.49	106.16	139.68	145.84	162.29	176.97	243.45
进口价格指数	77.28	100	98.77	116.59	151.24	179.6	199.62	245.02	344.82
价格贸易条件	132.76	100	97.69	91.05	92.36	81.2	81.3	72.23	70.6
工业制成品 \ 年份	2000	2001	2002	2003	2004	2005	2006	2007	2008
出口价格指数	102.44	100	95.67	96	111.06	108.14	122.83	154.84	162.68
进口价格指数	100.77	100	97.6	110.43	129.55	132.73	132.69	145.31	167.09
价格贸易条件	101.66	100	98.02	86.93	85.73	81.47	92.57	106.56	97.36

资料来源：本文作者据相关资料计算。

参考文献：

[1] 张莉. 当前我国对外贸易关系的格局及趋势 [J]. 国际贸易，2010 (7).

[2] 李汉君，孙旭. 中国价格贸易条件变动趋势与出口商品结构——基于 1981~2007 年的时序数据的研究 [J]. 国际贸易问题，2009 (3).

[3] 韩青. 中国的价格贸易条件恶化——基于影响因素的经验分析 [J]. 世界经济研

究，2007（10）.

[4] 崔津渡，李诚邦. 中国对外贸易条件：1995~2005 年状况分析 [J]. 国际经济合作，2006（4）.

[5] 张建华，刘庆玉. 我国贸易条件影响因素的实证分析 [J]. 国际贸易问题，2004（6）.

[6] 王允贵. 贸易条件持续恶化——中国粗放型进出口贸易模式亟待改变 [J]. 国际贸易，2004（6）.

贸易强国与流通产业的优化升级

龚晓菊[①] 郭 倩[②]

摘要：在市场经济条件下，流通产业的发展已经成为影响对外贸易发展的主要力量，同时也为中国从“贸易大国”向“贸易强国”的转变提供了强大动力。实施流通业的优化升级要有重点、分步骤地进行，要采取切实的对策，以完善流通业的技术结构、组织结构和市场体系，大力发展服务贸易，最终实现流通产业的合理化和现代化，从而全面推进中国向贸易强国的转变。

关键词：流通产业；结构调整；贸易强国

改革开放30多年来，中国对外贸易以年均超过20%的速度增长，一举成为世界第三贸易大国（见表1），取得了举世瞩目的成就。2009年中国对外贸易总额已达到22072.7亿美元。中国已然成为贸易大国，但是从人均GDP、服务贸易、商品竞争力等方面考虑，中国与贸易强国还存在很大的差距。

实现中国由“贸易大国”向“贸易强国”的跨越不仅要依靠科学技术与教育文化水平的提高及制造业领域的创新研究，更要依靠流通产业竞争力的提升。流通产业竞争力是一个国家竞争力的重要组成部分，流通产业作为国民经济的先导性产业，为各个部门的生产创造了前提条件。目前，中国流通产业效率低下、流通竞争力不强，严重影响了中国对外贸易的规模格局。从整个价值链来看，流通产业的相对滞后影响了链接点的协调，降低了国民经济运行效率，制约了第一产业、第二产业以及第三产业中非流通产业的快速发展。因此，发展现代流通，加快流通产业的优化升级，提升国内流通产业

① 龚晓菊（1963~ ），女，湖北黄石人，经济学博士，北京工商大学经济学院副教授，硕士生导师。研究方向：流通经济、产业经济。邮箱：gongxiaoju@126.com。

② 郭倩（1987~），女，江西吉安人，北京工商大学经济学院产业经济学专业2010级硕士研究生。研究方向：流通产业。邮箱：yingtaozhiyuan77@126.com。

表 1 1978~2009 年中国对外贸易一览

单位：亿美元

年份	贸易额	出口额	进口额	差额	年份	贸易额	出口额	进口额	差额
1978	206.4	97.5	108.9	–11.4	1998	3239.5	1837.1	1402.4	434.7
1980	381.4	181.2	200.2	–19.0	1999	3606.3	1949.3	1657.0	292.3
1985	696.0	273.5	422.5	–149.0	2000	4742.9	2492.0	2250.9	241.1
1989	1116.8	525.4	591.4	–66.0	2001	5096.5	2661.0	2435.5	225.5
1990	1154.4	620.9	533.5	87.4	2002	6207.7	3256.0	2951.7	304.3
1991	1357.0	719.1	637.9	81.2	2003	8509.9	4382.3	4127.6	254.7
1992	1655.3	849.4	805.9	43.5	2004	11547.4	5933.6	5613.8	319.8
1993	1957.0	917.4	1039.6	–122.2	2005	14221.2	7620.0	6601.2	1018.8
1994	2366.2	1210.1	1156.1	54.0	2006	17606.9	9690.8	7916.1	1774.7
1995	2808.6	1487.8	1320.8	167.0	2007	21738.2	12180.1	9558.1	2622.0
1996	2898.8	1510.5	1388.3	122.2	2008	25616.3	14285.5	11330.8	2954.7
1997	3251.6	1827.9	1423.7	404.2	2009	22072.7	12016.7	10056.0	1960.7

资料来源：根据《中国统计年鉴》和海关统计资料计算得到。

的竞争力，不仅能够在开放的条件下把握国内市场，同时对于开拓国际市场、促进贸易的可持续发展、提升整体产业乃至国际贸易的竞争力具有十分重要的意义。

中国应积极适应当前国内外形势，通过发展高新技术产业，带动流通产业的优化升级，实现中国比较优势的动态转变，加快发展技术含量高、附加值高的服务行业，依靠强大、高效的流通网络体系改善贸易结构，提高贸易质量，最终实现中国向贸易强国的积极转变。

一、现阶段中国对外贸易状况分析

——与贸易强国的差距

中国已经提出要在 2030 年以前发展成为贸易强国的目标。一国成为贸易强国主要有六个方面的体现：①经济高度发达，GDP 总量和人均 GDP 位于世界前列；②货物贸易规模大，服务贸易发达，对世界贸易影响力强；③对外开放度高，在对外经济贸易活动中，占据明显的竞争优势；④出口企业具有较高的参与国际合作能力、较高的国际市场竞争力和较强的抵御国际市场风险的能力；⑤掌握出口商品的关键技术、知识产权和销售渠道，拥有一批属于本国的跨国公司和一批具有相当高知名度的品牌；⑥参与国际经贸规则、惯例的制定和修改，在国际贸易舞台上具有一定的话语权。

中国作为一个发展中国家，与世界贸易强国相比，存在着经济发展水平较低、科学技术水平较落后、产品国际竞争力较弱、缺乏完善的营销网络等问题。具体表现为：

1. 人均生产总值过低

2009 年中国的经济总量为 335353 亿美元，位居世界第三，但人均仅有 3678 美元，居世界第 100 位之后。

2. 贸易比较优势集中于劳动密集型产品等低端环节

目前，中国出口的比较优势仍然主要集中在丰富的劳动力要素供给上，与贸易强国相比，中国的资本、技术、知识等要素供给处于劣势地位，尤其是在技术知识密集型产品方面不具备成本低的优势。按照比较优势定位国际分工的位次，中国大多数产业仍处在国际分工的低端层次上。即便是在资本、技术密集型产品的生产中，中国承担的也只是这种高技术产品增值链条中附加价值较低的加工组装环节，仍然属于劳动密集型。

3. 对外开放程度较低

中国对外开放时间较晚，且正处于经济转型时期，各项政策法规都有待进一步完善，同时需要与世界贸易规则接轨。与贸易强国相比，目前中国海关关税率相对较高，对外贸易规则和秩序不规范，此外人民币还没有实现全部可自由兑换形式，服务市场尚未完全对外开放，国际资本在中国不能自由流动，等等。

4. 外贸依存度过高，尚未形成一大批综合实力强，能够深度参与国际竞争的企业

中国的外贸依存度已达到 60% 以上，一旦遭受反倾销，出口受阻，国内经济和就业将受到严重打击。与欧、美、日贸易强国相比，绝大多数中国企业规模比较小，资金有限，技术研发实力较弱，缺少国际知名品牌，缺乏跨国管理人才。

5. 货物贸易国际竞争力较弱

中国传统的出口商品多数以低附加值的劳动密集型产品为主，缺乏自主品牌及核心竞争力。在中国的高新技术产品出口中，90%以上来自加工贸易，大多数的关键技术控制在外资企业手中，如通信、半导体、生物、医药、计算机等高新技术。中国产品具有强大的制造能力而缺乏较高的增值盈利能力，创造的大部分价值被外商占有。

6. 对外贸易中服务贸易与货物贸易发展严重失调，没有实现平衡发展

当今世界，国际贸易的发展已经不再是仅仅依靠货物贸易，大量国家和

地区特别是发达国家都已经大力发展了服务贸易出口。而中国服务贸易出口严重滞后于货物贸易的发展。服务出口额占贸易出口额比重偏低。2007年，中国服务贸易额仅占世界服务贸易份额的3.9%。中国服务贸易中比重较大的项目主要是旅游、运输、转口贸易、经营租赁等劳动密集型或资金密集型的低附加值项目，而金融、保险、计算机信息服务、技术咨询、专有权利和特许权、广告宣传和电影音像等技术密集型的高附加值服务产业，由于受制度、技术、知识和文化等基础因素的制约，发展速度缓慢。中国服务贸易尚处于发展初期，水平低、结构不合理，而且法律、法规不健全，管理落后，在其发展中还存在着许多问题。

7. 只是国际贸易游戏规则的接受者

由于中国加入世界贸易组织的时间不长，与贸易强国相比，在参与国际贸易规则的制定方面，存在很大的差距，不仅无法按照自己国家的利益主导贸易规则制定，还在某种程度上遭受很多的不公平待遇，表现为中国遭受国外反倾销、反补贴和保障措施及特保立案调查的数量不断上升，与国外贸易争端中处于被动地位。同时，对国际贸易规则的认知程度远不如贸易强国，在应对国外的贸易摩擦方面缺乏经验，很难灵活运用某些规则为自身利益服务。

8. 中国缺乏具有国际竞争力的流通企业

在国外贸易流通企业大举进入中国市场抢滩设点布网的同时，中国的贸易与流通企业真正走出去进入国外市场站稳脚跟的基本没有。随着加入世界贸易组织，世界上主要发达国家的著名贸易与流通企业，特别是国际连锁巨头已几乎全部进入中国各大城市市场，如沃尔玛、麦德龙、家乐福等，均已组建了在中国的销售网络与商品采购网，并准备从省会城市向二、三线城市扩张。相反，中国的贸易与流通企业因规模小，无法走出国门参与竞争。

二、实施流通产业优化与升级的迫切性

首先，当今世界经济正向服务型经济转型，服务贸易的发达程度已成为衡量一个国家对外贸易实力的重要标志。像中国这样一个发展中大国，大力发展服务贸易、改善服务贸易结构、加大流通产业的优化升级是提高中国参与国际分工和竞争的能力、切实转变外贸发展方式、调整和优化经济结构、从数量型贸易大国转向服务型贸易强国的有效途径。目前，服务贸易已成为新时期国际贸易发展的重要增长点。

现今，中国的服务贸易进出口结构呈现出不平衡的发展趋势，中国出口贸易主要是以货物为主，货物出口和服务出口的比例严重失衡，其比例接近10∶1，远远高于4∶1的世界平均水平，其中，只有旅游和其他商业服务的贸易保持顺差优势，具有一定的竞争力。中国服务贸易出口增长比较迅速，但由于服务业发展水平偏低，满足不了国内居民日益增长的服务需求，中国服务贸易呈现出更加强劲的进口趋势。中国的服务贸易在劳动密集型部门具有较强的国际竞争力，而资本、技术密集型服务部门的出口竞争力极弱。从国际贸易发展趋势来看，单纯依靠扩大货物贸易规模的外延式增长战略，日益受到资源能源和传统贸易壁垒的制约。作为流通产业部门中极为重要的部分，中国服务贸易发展滞后，将不利于外贸结构的优化升级，并且限制了商品贸易的进一步发展，影响中国外贸可持续发展的顺利实现。

优化流通产业结构，发展服务贸易出口不仅有利于提高货物贸易的效益，促进商品贸易的发展，而且能够优化中国的商品结构，提高中国的整体贸易条件和企业在国际市场上的竞争力，以较小的资源消耗换取更大的贸易利益，促进中国对外贸易的可持续发展。中国要改变现阶段对外贸易以货物贸易为主的现状，实现向货物贸易与服务贸易全方面发展的局面转变。

其次，实现贸易强国的目标必然要求更大程度地开放市场，流通业作为第三产业的重要组成部门，在对外贸易中扮演着重要角色。在国际竞争的大舞台中，高新技术迅猛发展，产业技术含量不断提升，技术进步成为经济发展和国际竞争的关键因素。现代意义上的流通业已不再是传统的劳动密集型行业，由于广泛地采用先进的科学技术，流通产业的技术含量大大提高。高新技术已成为推动流通产业进一步发展的最主要动力。因此，流通业必须大力推进科学技术的广泛应用，提升流通产业的技术含量，提高产业的竞争力和创新能力，为此，必须加速流通业的优化升级，加快流通业增长方式的转变，从而促进对外贸易结构的优化，增强对外贸易的实力，加速中国对外贸易的发展，推动中国向贸易强国的转变。

最后，全球化电子商务的应用对传统流通业的冲击有日趋强化的趋势。电子商务是以电子数据交换和互联网上交易为主要内容的新型贸易方式，它缩短了信息流动时间，降低了物流、资金流及信息流传输处理成本，是对传统贸易的一次重大变革。电子商务促进了销售方式的革命，也推进了流通技术的革命，从而实现产销一体化整合；电子商务更催发了流通业态的革命，使流通组织结构面临重大调整。目前，中国的电子商务还处于探索阶段，但是从战略上考虑，电子商务是一个发展方向，必须抓住时机、创造条件、积极推进。

三、中国实施流通产业优化升级的构想及战略重点

加快流通产业的优化与升级，构筑贸易强国的坚实基础。贸易强国的基础是产业，贸易强国一定要以产业的强势竞争力为基础。流通产业优化升级的目标是要形成充满活力的流通产业，发挥其对国民经济的先导作用，启动市场，带动其他产业的发展，加强中国对外贸易的实力，从而推进向贸易强国转变的步伐。

1. 中国流通产业所有制结构调整基本完成，但还需要进一步改善，即国有经济在流通产业的合理分布与退出

流通业的所有制结构是指流通业内部各种所有制的企业数目、人员、资产、经营额等方面的比例和相互制约关系。经过 30 多年的改革，中国基本上形成了“主体—并存”的流通所有制结构。从 1992 年中国商业对外开放试点至 2003 年底，累计批准设立外商投资商业企业 264 家，全球零售企业 200 强中，已有 12.5%的企业进入中国。2003 年外商投资商业企业销售收入占全社会消费品零售总额的比重不足 3.5%；餐饮业的个体私营所占比例较大。根据“有进有退，以退为主”的指导思想，在新的形势下，国有流通经济的发展战略，应该是“缩小阵地，调整结构，资产重组，规模经营”。进要上规模，发挥优势；退要放开搞活，有所为有所不为。积极发展现代流通，统一国内市场，促进扩大消费，从而带动对外贸易的发展。

2. 商业业态在繁荣中应形成以新型业态为核心的合理业态结构——电子商务与传统商业的有效结合

商业业态是商人针对某一目标市场所选择的体现商人意向和决策的商店。新中国成立以来中国主要实行计划经济体制，商业的业态形式较为单一，主要采用百货店和经销店的业态形式，直到进入改革开放时期，随着生产的发展，居民收入水平大幅度提高，再加上 1992 年中国对外开放商业零售领域，促使中国商业零售业态得到前所未有的发展和繁荣。近年来，中国业态呈现相互融合和创新趋势，业态之间的边界相对模糊。实践证明，商业的主力业态已由百货商店阶段进入超市等新型业态阶段。电子商务将成为 21 世纪最有影响的贸易形态。电子商务网站作为无店铺业态，在 21 世纪将成为贸易的发展方向，中国 B2C 网上交易额 1999 年、2000 年先后达到 5500 万元和 3.9 亿元，2000 年 B2B 电子商务达到 767.7 亿元。电子商务作为一种新型的交易方式，将会给传统流通企业带来一系列的制度创新。业态结构将

是多层次的、多样式的，不可能是单一的。传统流通企业与电子商务的有机结合，是顺应今后发展趋势的理性选择。

20 世纪 90 年代末期出现的电子商务，已经在短短几年中对世界经济和国际贸易进行了崭新的再造。在电子商务环境下发展中国的国际贸易，缩短与贸易强国之间的差距具有很大的优越性。首先，电子商务是否做得好，关键就是看相关服务实现的好坏，利用电子化的手段，势必在服务的质量和时间上较之传统贸易都具有了比较优势。其次，电子商务环境重组了全球贸易条件，为改善中国贸易条件提供了良机，一方面，电子商务促进国际商品贸易发展；另一方面，电子商务促进了国际服务贸易的发展，它突破了服务业固有的时空限制，使得人们可以在互联网上运作的服务范围大大增加。同时，由于电子商务服务过程的大部分就是信息传递或信息交换的过程，因此，电子商务可以在很大程度上提高服务贸易的效率、降低服务贸易的成本。再次，电子商务可以改善中国的资本流出规模。从 20 世纪 90 年代中期开始，越来越多的商业企业置身于电子商务及电子商务应用。伴随着电子商务活动而出现的更大范围上的信息技术基础结构和电子商务应用的发展，对于经济产生了显著而巨大的影响。这些活动都势必会带动中国的投资支出，改善中国的资本流出规模，使中国在国际融资中不再只是一个被动的接受者。最后，电子商务可以极大地加深中国的对外开放程度。构筑在互联网上的电子商务无疑使得地球变小了，国际性的贸易往来成为真正的可能。电子商务对国际贸易进行了深刻的再造，它深化了国际分工，统一了国际市场，更新了国际贸易的交易手段，改造了国际贸易的经济主体和经营方式，分化了国际消费偏好，使得国际贸易的成本和收益结构都发生了改变。

3. 改变物流配送业滞后的状态——物流系统的新发展

物流配送是 21 世纪的又一次革命，应引起人们的高度重视。流通业结构按经营环节划分，可以分为收购—储存—运输—加工—销售（批发、零售）等，随着社会的进步和分工的进一步细化，流通业中的许多经营环节逐渐独立形成一个物流配送产业。近几年来，随着第三方物流（3PL）配送、第四方物流（4PL）配送的出现，商业的物流配送开始形成一个面向社会的开放式、专业化、商品化的独立产业部门。电子商务的发展，需要有完善的物流保障系统与之相匹配，然而，由于中国物流配送业相对滞后，成为当前电子商务的瓶颈，也是中国流通产业现代化亟待解决的一个重要问题。完善的物流保障系统则意味着分布合理的配送中心、先进的物流机械与技术、高效畅通的路径、高质量的物流服务及管理等，这很大程度上会直接带动整个物流业的发展。对现在的物流企业进行整合，充分利用现有的物流设施并加快其更新改造的步伐，强化面向社会提供高质量物流服务的意识，创造条件兴办社会化的物流中心，以形成全社会范围内分布合理、功能完善的物流网络，进而实现产业化发展，这些理应成为结构调整的一个重点。

4. 引导流通资源的合理布局和有效配置

从流通业目前的现状来看，其产业结构不甚合理，首先，表现为地区布局不合理，东部发达地区限额以上的批发零售企业占60%，中西部只占40%，从销售额来看，68.8%集中在东部，超市在东部的比例占70%。其次，表现为企业组织结构不合理，组织化程度相对较低。最后，表现为流通业的空间网络结构不平衡，即城市和农村网络结构的不均衡，中国城市流通空间网络结构较为密集，而农村流通空间网络结构较为稀疏；城市三级商业区结构的不平衡，第三级商业区发展滞后。针对不合理的产业结构，加大商品流通业的组织结构调整力度，优化升级是必然选择。优化选择的目标是使流通业的先导作用能得以充分发挥，从而带动相关产业的发展。

5. 流通产业的技术装备水平的提升

流通业的结构调整和创新，需要先进技术和设施的保障和支撑，没有科技投入的增加，就没有科技水平的提高，一切高效率的流通活动都将无从谈起，流通业应有的作用也将无以发挥。提升流通业的科技水平，实现商品流通的机械化、自动化和现代化，应是今后相当一段时期内流通产业基础工作的重中之重，这是决定流通产业发展的至关重要的决定性因素。流通产业技术水平的提升和科技创新将进一步提升传统出口优势产业的竞争力。

四、结　论

向贸易强国目标迈进，就是既要保持中国中低端产品或生产流通环节的国际竞争力，又要提高和实现中高端产品或生产流通环节的国际竞争力，从而实现贸易增长方式的转变。在此过程中，要掌握和利用比较优势动态变化的规律，一方面，稳定和延续中低端产品或生产流通环节的比较优势，保持出口贸易的数量增长；另一方面，又要创造和积累中高端产品或生产流通环节的比较优势，扩大其产品出口，达到改善贸易结构、提高贸易质量的目的。

流通产业状况是评价一国经济整体发展水平的重要指标，是投资的主要领域，是利税的主要来源，是就业的主要渠道和科技开发应用的主要领域。正因为流通产业在国民经济中发挥着产业带动作用，而且还将成为新一轮产业经济的增长点，必须实施对流通产业的优化升级。中国流通业在国民经济中的地位整体偏低，除个别年份，中国流通产业占国民经济的产值份额均不足 10%，而世界各国流通业的产值份额一般都在 12%~16%。流通业的这种状况不仅影响了其自身的发展，也影响整个国民经济的持续、协调发展。对流通产业进行优化升级，不仅会加快流通产业的发展，也将成为第三产业发展、进而产业结构演进的主导力量，有利于实现第一、第二、第三产业的协调发展，形成合理的产业运行序列，从而优化经济结构，带动国民经济的发展。流通产业的优化升级与加速发展，也将缩小我们与发达国家产业发展水平的差距，它是实现产业国际化发展的促进力量，有利于实现国内产业结构与国际产业结构的对接，对今后参与国际经济循环创造必要的条件。

随着中国改革开放的不断深入和市场经济的发展，作为连接生产与消费的流通产业已从计划经济体制下的“末端产业”上升为社会主义市场经济体制下的“先导产业”，在引导生产，促进消费，启动内需市场，拉动经济增长方面发挥着越来越大的作用。重视和加快流通产业的优化升级，不仅关系到流通产业的协调发展和资源的合理配置，而且关系到整个国民经济的综合平衡和第一、第二产业各部门生产的协调发展。流通产业的发展必将有利于中国对外贸易的进步，推进中国从“贸易大国”向“贸易强国”的转变。

参考文献：

[1] 张绪吕，丁俊发. 流通经济学 [M]. 人民出版社，1995.

[2] 洪涛. 流通基础产业论 [M]. 经济管理出版社，2004.

[3] 洪涛. 重视和加快我国流通产业结构调整与创新 [J]. 商业时代，2001 (11).

[4] 马龙龙. 流通产业结构 [M]. 清华大学出版社，2006.

[5] 赵娴. 关于流通产业结构调整的战略思考 [J]. 现代财经，2004 (9).

[6] 晏维龙，韩耀. 我国流通产业发展及结构调整 [J]. 管理世界，2002 (12).

[7] 孙晓程，张亚洲，范晓男. 推进我国向贸易强国转变对策的研究 [J]. 商业现代化，2009 (2).

[8] 刘瓒彤，赖明勇. 电子商务环境下的贸易强国问题 [J]. 财经理论与实践，2004 (1).

[9] 刘思维. 从贸易大国走向贸易强国的战略思考 [J]. 湖南商学院学报，2005 (6).

[10] 周岳梅. 迈向贸易强国之路：构建中国服务贸易竞争优势 [J]. 经济研究导刊，2008 (16).

低碳经济与中国汽车产业的出口措施初探

孙菲菲[①]　朱振荣[②]

摘要：低碳经济是一种新的经济发展模式，是对传统经济发展模式的颠覆。低碳经济的发展必将掀起一场新的革命，对国际贸易产生重要影响。中国作为世界上最大的发展中国家和出口大国，既面临机遇，又面临挑战。同时，中国作为世界上最大的新车消费国和生产国，中国的支柱产业——汽车产业受低碳经济的影响较大。中国汽车产业必须转变经济发展方式，向低碳型转变，走低碳化道路，推动低碳经济的发展。

关键词：低碳经济；国际贸易；汽车产业；低碳化

低碳经济是一种新的经济发展模式，是可持续发展的经济形式。低碳经济是以低能耗、低排放、低污染为基础，以高效能、高效益、高效率为主要特征，以较少的温室气体排放来获得较大经济产出的经济发展模式。低碳经济是人类社会继农业文明、工业文明之后又一次重大的进步，其实质是提高能源利用效率、开发清洁能源和新能源，核心是发展能源技术和减排技术。低碳经济是对传统经济发展模式的颠覆，它的发展必将引起未来社会工业生产方式、人们生活方式和消费方式的巨大改变。发展低碳经济，是未来经济发展的必然趋势，是实现可持续发展的必由之路。低碳经济的发展趋势，已经成为全球的共识。这对所有国家而言，不仅是一个挑战，而且是一个机遇。谁能抓住低碳经济发展的机会，谁就将在未来赢得经济发展的主动权。而中国能否在未来几十年中走在世界经济发展的前列，在很大程度上也取决

① 孙菲菲（1986~ ），女，山东济南人，北京工商大学经济学院2009级国际贸易学硕士研究生。研究方向：国际贸易。邮箱：xiaobojy2009@sina.com。

② 朱振荣（1970~），女，安徽潜山人，北京工商大学经济学院副教授，硕士生导师，中国政法大学国际法专业博士研究生。研究方向：国际贸易。邮箱：zhuzhenrong88@sohu.com。

于中国顺应低碳经济发展趋势的能力。

一、低碳经济问题的由来

低碳经济的概念最早由英国政府提出。2003 年，英国政府发布的能源白皮书《我们能源的未来：创建低碳经济》明确宣布：到 2050 年从根本上把英国变成一个低碳经济国家，将实现低碳经济作为英国能源战略的首要目标。这是在一个国家政府文件中首次出现低碳经济概念。

2006 年，前世界银行首席经济师、英国经济学家尼古拉斯·斯特恩在英国政府及时任首相布莱尔的邀请下，经过一年的调研主持并发布了《斯特恩报告》，指出不断加剧的温室效应将会严重影响全球经济发展，其严重程度不亚于世界大战和经济大萧条。如果我们现在不采取行动，那么气候变化所造成的成本和风险，每年将至少相当于全球 GDP 的 5%~20%。如果我们现在采取积极的行动来减少温室气体的排放，避免气候变化造成的不利影响，采取行动的成本则仅相当于全球 GDP 的 1%左右。斯特恩呼吁全球经济向低碳经济转型，开发新能源，生产出更加清洁的能源，重新构建未来的能源供应结构。

2009 年 12 月 7 日举行的哥本哈根国际气候会议就未来应对气候变化的全球行动签署新的协议，这是一次被喻为"拯救人类的最后一次机会"的会议。哥本哈根会议涉及世界各国从高碳排放的工业文明向低碳消耗的生态文明的革命性转型。随着应对气候变化国际行动的不断深入，低碳发展道路在国际上越来越受到青睐，向低碳经济转型已经成为世界经济发展的大趋势。

二、发展低碳经济的必然性

1. 全球气候变暖带来严峻的气候变化

导致全球气候变暖的最主要原因是温室气体的大量排放。温室气体排放增加，使得地球表面温度升高。全球变暖将使气候异常，极端天气不断出现，高温、强降水、暴雪、干旱、沙尘暴、风暴等都给地球带来破坏，摧毁我们赖以生存的家园。全球气候变暖，导致环境恶化，资源枯竭，不断给人们带来灾难：海平面上升，很多国家将被淹没，甚至将从地球上永远消失。冰川融化，热带雨林减少，生态环境恶化。实际上，气候变暖已使很多动物栖息地发生变化，北极熊、企鹅等动物的生存环境受到威胁。

温室气体中排放最多的就是二氧化碳，二氧化碳主要是在化石能源（即含碳的煤、石油、天然气）消费过程中产生的，也就是说，煤、石油、天然气这三种能源使用得越多，碳排放量就越高。而这三种能源是当前工业生产和人们生活中最主要的使用能源，如要减少温室气体的排放，就必须减少这三种能源的使用，这似乎是个悖论。然而，自从工业革命以来，工业发展迅速，随之而来的环境问题也越来越严重。与工业革命对应的是与环境相对立的粗放的经济发展模式，即高能耗、高排放、高污染。人们开始注意到，这种传统的经济发展方式给人类的生存带来的严重威胁。如果不改变传统的经济增长方式，仅靠从自然界获取资源，容忍工业生产和人们的日常生活对自然界大规模排放温室气体，地球将难以承受。因此，减少生产、生活中二氧化碳的排放，走低碳经济道路，实现经济的可持续发展，已成为当前及未来社会经济发展的必然选择。

2. 全球能源短缺，需求增加，供给减少

据预测，在未来 25 年内，全世界人口将增长至 90 亿。随着人们生活水平的提高，社会将需要更多的资源和能源。国际能源署（IEA）发布的年度旗舰报告《世界能源展望 2009》，受到世界能源界广泛关注。在报告中，IEA 预计 2007~2030 年全球能源需求将以每年 1.5%的平均速度增长，最终将增长 40%。而全球能源的供给不断减少，资源是有限的，人们不可能无限制地开采，资源终有一天会枯竭。煤炭、石油、天然气是目前工业生产和人们生活的主要能源，作为国家的战略性资源，对一国经济发展和国家安全至关重要。但是，根据世界能源会议统计，世界已探明可采煤炭储量共计 15980 亿吨，预计还可开采 200 年；探明可采石油储量共计 1211 亿吨，预计还可开采 30~40 年；探明可采天然气储量共计 119 万亿立方米，预计还可开采 60 年。世界能源供应的减少，必然对那些严重依赖进口能源的国家极为不利。因此，世界各国应努力寻求新的能源，摆脱对煤炭、石油和天然气的依赖，开发新能源和清洁能源，走低碳经济发展道路。

三、影响国际贸易发展的低碳经济政策

当今世界各国已经意识到低碳经济是未来经济发展的主要模式，传统的粗放的经济增长模式已不能延续。为发展低碳经济，英国、美国、日本、德国等世界主要发达国家都制定了相关的政策，积极开发新能源，走可持续发

展道路。低碳经济不是一个简单的技术或经济问题，而是一个涉及经济、环境、社会的综合性的全球性问题。它的推广也必将对国际贸易的发展产生重要影响。发达国家在发展低碳经济时，制定了较为严格的政策。中国作为世界上最大的发展中国家和世界上最大的出口国，“中国制造”出口贸易将面临严峻的挑战。

1. 碳标签

碳标签是指将产品生命周期（即从原料、制造、储运、废弃到回收的全过程）的温室气体排放量在产品标签上用量化的指数标示出来，以标签的形式告知消费者产品的碳信息。利用在商品上加注碳标签的方式，引导消费者选择更低碳排放的商品，从而达到减少温室气体排放的目的。英国、日本、欧盟、美国等发达国家都鼓励本国企业推广碳标签制度，目前越来越多的国家采用该制度，要求出口国将产品的碳信息标注出来，消费者也更容易接受含碳较少的产品。

碳标签制度对中国的出口企业非常不利，严重削弱了中国出口产品和出口产业的市场竞争力。因为目前中国的能源结构仍是以煤炭为主，而每燃烧一吨煤炭产生的二氧化碳量大大超过石油和天然气产生的二氧化碳，因此中国出口产品的碳含量比较高。实行碳标签制度可能会导致发达国家以中国出口产品中含有较高的碳排放为由拒绝进口中国的出口产品。由于消费者会优先选择碳排放较少的产品，即使中国的产品出口到国外，在国外市场中也将丧失竞争优势。这就要求中国的出口企业必须转变经济发展方式，改变传统的高耗能、高排放、高污染的生产方式，走低碳经济之路。

2. 碳足迹

碳足迹是指由于人类活动或者产品和服务在生产、提供和消耗的过程中释放的二氧化碳和其他温室气体的总量。人们释放的二氧化碳越多，碳足迹就越多。国际贸易中的碳足迹是指国际贸易活动对气候变化的影响，可以从出口产品的生产和运输两个环节来考察。在生产中，产品会排放温室气体。在运输过程中，也会产生碳排放。运输距离越长，碳足迹越多。当今国际贸易发展迅速，国际分工细化，产品从生产到销售要经过很多过程，可能会在不同的地区生产，在世界各地进行销售，因此产品的运输距离较远，产生的碳足迹相应也会增加。中国要积极加快引入国际碳足迹认证标准，促进中国企业在生产和运输中减少碳足迹，使中国的国际贸易与世界接轨。

3. 边境碳调节税和碳税

2009 年 6 月 26 日，美国国会众议院通过了《美国清洁能源安全法案》，该法案提出建立一个相应的“国际储备排放许可”制度，规定从 2020 年 1

月1日起，要求进入美国市场的相关外国产品，购买该制度下的“排放许可”，以抵消美国企业生产相同产品所承担的碳成本。该法案赋予美国政府今后对因拒绝减排而获得竞争优势的国家的出口产品采取边境碳调节税措施的权利。欧盟预计在2010年6月23日开始讨论碳税方案，据悉，设想中的碳税价格大约为每吨二氧化碳征收20欧元。世界银行的研究报告指出，如果碳关税全面实施，在国际市场上，“中国制造”可能将面临平均26%的关税，出口量因此可能下滑21%。碳关税引起广泛争议，被视为发达国家对发展中国家出口产品实施的新的贸易保护措施，不仅违反了世界贸易组织的基本规则，也违背了《京都议定书》确定的发达国家和发展中国家在气候变化领域“共同但有区别的责任”原则，严重损害发展中国家的利益。虽然发展中国家强烈反对欧盟等国征收碳关税的行动，但是国际贸易的话语权不掌握在发展中国家手中，这就决定了发展中国家必须采取积极的行动，发展低碳经济，走低碳道路。

4. 碳泄漏

碳泄漏是指减排国家减排会引起非减排国家碳排放量的增长，碳泄漏会造成能源产品和高碳产品的世界需求发生改变，对国际贸易必将产生影响。对于能源产品而言，减排国家减排，会造成高碳能源需求下降，全球高碳能源贸易量会下降，世界高碳能源的价格会下降。从而非减排国家对高碳能源需求增加，对能源产品的需求增加。因此，非减排国家的碳排放量会增加。发达国家认为，发展中国家会从高碳能源价格下降中获益，增加对高碳能源的需求，增加碳排放量。对于高碳产品而言，减排国家减排，会使高碳产品的生产成本上升，因而减排国家的高碳产品的市场竞争力下降，对高碳产品的市场需求下降，高碳产品的世界价格会降低，因而非减排国家会增加对高碳产品的需求，增加碳排放量。目前，根据《京都议定书》的规定，发展中国家还不需承担减排义务，而发达国家的减排成本要比发展中国家高得多，因此，碳泄漏会造成能源密集型产业在国际贸易中的转移。这虽然会给发展中国家带来资金和技术，扩大出口，但是这也会加快发展中国家的能源消耗，增加对环境的污染，不利于经济的可持续发展。

四、低碳经济形势下中国的汽车出口措施

在向低碳经济转型的过程中，中国受影响较大的是汽车产业。由于汽车排放的二氧化碳较多，已成为全球气候变暖的主要原因，因此汽车产业的发

展必然大大增加碳排放量。发达国家在发展低碳经济时采取的碳标签、碳足迹、边境碳调节税和碳税等措施，都将对中国汽车产业造成重要影响，对全球汽车的出口和发展都将产生历史性的变革，全球汽车企业面临着自汽车诞生以来最深远的一次产业调整。而中国作为全球第一大新车消费国和生产国，作为世界汽车出口大国，面临着更加严峻的挑战。中国的汽车产业必须抓住发展的机遇，转变发展方式，进行技术创新，增强企业的核心竞争力，走低碳化道路，向低碳化转型。

各国政府对汽车排放的政策法规越来越严厉，欧盟、美国、日本等国都对汽车的出口制定了严格的标准。欧盟议会通过的乘用车二氧化碳排放标准规定，所有在欧洲市场上出售的新车的碳排放，将从目前的 140 克/公里降到 2012 年的 120 克/公里，2020 年要达到 95 克/公里，并以此为标准设置不同的汽车碳税。美国总统奥巴马要求，到 2016 年，所有在美国销售的汽车的排放尾气必须比目前减少 1/3。此外，小型汽车和轻型卡车的平均能耗需要达到每加仑汽油行驶 35.5 英里，相当于 100 公里耗油约 8 升，该项计划将于 2012 年开始实施，目标是使美国温室气体排放量减少 9 亿吨。日本也从 2009 年 10 月起对新销售的柴油动力车实施新的尾气排放标准，新标准的严格程度将为世界之最。现有的国产和进口柴油车也将于 2010 年 9 月起接受新标准的限制，不达标的将被禁止生产和进口。而中国目前的汽车排放量远远达不到发达国家的排放标准，中国的汽车出口面临严峻的挑战，形势非常严峻。中国汽车产业要应对低碳经济带来的冲击，必须依靠政府、企业和消费者的共同努力。

（一）政府措施

1. 政府要加大资金投入研发新能源汽车

发展新能源汽车离不开政府的支持，中国政府应加大对新能源汽车的支持力度，借鉴欧美等发达国家在发展新能源汽车方面的做法，发展中国的新能源汽车产业。

目前，主要的发达国家都积极支持汽车产业的发展，资金支持力度也较大。德国为促进本国汽车产业发展新能源汽车，规定到 2020 年德国的电动汽车的保有量超过 100 万辆，可再生能源占全部能源消耗的 47%，2010 年德国政府通过 500 亿欧元经济刺激计划，其中相当一部分资金是用于电动汽车的研发、汽车充电网络建设和可再生能源的开发；瑞典政府也在加大资金投入，2009 年底政府拨款 3850 万美元资助为期 3 年的绿色汽车 2 号计划，以鼓励本国汽车制造商研发节能汽车，减少能源浪费；美国则加紧研发新能源汽车，拨款24亿美元奖励研发新能源汽车和电池的企业，并且美国立法者在2010年6月初分别在众议院和参议院提出相关立法议案，提出投入110亿美元加速电动汽车在近期的快速推广应用；法国在出台措施发展小排量汽车的同时，还将投入4亿欧元，用于研发清洁能源汽车，还计划采取一系列举措，鼓励汽车行业逐步向节能环保的方向发展；日本作为世界上汽车生产大国，长期以来在发展新能源汽车方面一直在做巨大努力，将在未来5年之内耗资17亿美元开发便宜的混合动力车型以及更环保的燃料，以求降低原油用量和二氧化碳废气排放量，这就意味着日本在未来会走在世界新能源汽车行业的前列。

虽然中国政府在促进汽车产业转型方面已投入大量资金，但还需继续增加资金以支持汽车产业新能源汽车的研发及推广，尤其是电池的研发仍需要较多的资金支持。此外，政府要大力兴建电动汽车充电站，以满足新能源汽车电池充电的要求。

2. 政府应加大对新能源汽车的补贴和优惠

新能源汽车虽然比较节能环保，能够减少二氧化碳的排放，但是价格较为昂贵，尤其是对纯电动汽车而言，电池的研发成本较高。培育国内新能源汽车的消费市场，关键在于加大对产业的补贴力度，将补贴直接惠及消费者身上，从而有效刺激消费。目前，私人购买新能源汽车补贴试点工作已正式启动。财政部、科技部、工业和信息化部、国家发改委联合出台《关于开展私人购买新能源汽车补贴试点的通知》，确定在上海、长春、深圳、杭州、合肥5个城市启动私人购买新能源汽车补贴试点工作。《通知》明确指出，中央财政对试点城市私人购买、登记注册和使用的插电式混合动力乘用车和纯电动乘用车给予一次性补贴。补贴标准根据动力电池组能量确定，对满足支持条件的新能源汽车，按3000元/千瓦时给予补贴。插电式混合动力乘用车每辆最高补贴5万元，纯电动乘用车每辆最高补贴6万元。补贴资金拨付给汽车生产企业，按其扣除补贴后的价格将新能源汽车销售给私人用户或租赁企业。

政府除了可以补贴给汽车企业之外，也可以考虑给予消费者一定的优惠。对购买新能源汽车的消费者给予一定的价格补贴，或是给予一定的税收优惠或其他优惠措施。给予消费者真正的优惠比直接补贴给企业，效果可能更直接，作用更明显。如消费者真正得到优惠，可以提高其购买积极性，从而打开中国新能源汽车的市场，促进中国汽车产业的发展。

3. 政府要加强政策引导鼓励企业走联合开发的道路

单个企业分别投入资金开发，可能不会对中国的新能源汽车产生明显的帮助，会造成资源和资金浪费。各汽车企业不能闭门造车，应加强合作和交流。政府可以组织建立汽车研发中心，以产、学、研相互合作的研发体系，集中力量开发新能源汽车。鼓励汽车进行科技创新，提高企业的核心竞争力，使中国的汽车在国际市场中赢得市场。

（二）企业要加快科技研发培育核心竞争力

汽车产业的发展，关键在于科技创新。发展新能源汽车，要重视技术的研发和应用。电动汽车的未来，最大的障碍就是技术障碍，尤其是电池的研发。目前电动汽车难以推广，原因也在于电动汽车的电池续航时间短，充电时间长。而且能够生产电动汽车电池的企业也较少，电池的供应不能满足汽车厂商的需求。电池的价格偏高令消费者望而却步，更换电池的成本使其有所顾虑。因此，能否延长电池的使用寿命，同时降低电池的成本，是未来电动汽车能否商业化并取得成功的关键。可以说，谁能拥有电动汽车电池的先进技术，在电池的研发上取得创新和突破，谁就将占领未来新能源汽车发展的制高点。中国的汽车生产商要加快科技研发，才能在未来赶超世界先进的汽车制造商，以及在世界汽车市场中赢得主动。

（三）消费者要转变观念实现生态驾驶

发展低碳经济，实现汽车产业的低碳化发展，需要政府、企业和消费者三者的互动。没有消费者的参与，政策制定得再好，企业技术创新再高，汽车产业都不可能在未来取得成功。低碳经济关系到每个人的未来生存环境和生活方式，消费者应该具备绿色环保观念、低碳观念，积极购买新能源汽车，改变驾驶习惯，注意节能减排，实现生态驾驶，以支持汽车产业向低碳化转型。

总之，发达国家在汽车产业上的低碳经济政策，将影响到全球整个汽车产业的调整方向和未来汽车产业的走势。在新的低碳经济形势下，这就要求中国汽车行业转变经济发展模式，降低汽车的二氧化碳排放量，实现节能减排。开发新能源，改变汽车的动力来源，积极研发新能源汽车，即除汽油、柴油发动机之外所有其他能源汽车，包括燃料电池汽车、混合动力汽车、纯电动汽车、氢能源动力汽车、太阳能汽车等。新能源汽车是决定 21 世纪初汽车企业成败的关键，发展新能源汽车不仅关系到未来世界生态发展的大命题，更是汽车业本身形态发展的客观要求。在传统的汽车生产中，中国长期落后于发达国家，产业水平较低。而现在，面对新的机遇和形势，中国汽车产业应加快科技研发，积极开发新能源汽车，走科技创新之路，缩小与世界发达国家的差距。只有在新能源汽车的研发上取得领先，才能在世界汽车市场上独领风骚。

参考文献：

[1] 陈耀龙. 低碳经济与中国汽车产业低碳化转型 [J]. 中国市场，2010（10）.
[2] 陈洁民. 碳标签：国际贸易中的新热点 [J]. 对外经贸实务，2010（2）.
[3] 潘家华. 怎样发展中国的低碳经济 [J]. 能源战略，2010（2）.
[4] 吴英娜.《京都议定书》对国际贸易的影响 [J]. 对外经贸实务，2007（9）.
[5] 杨志. 低碳经济：中国用行动告诉哥本哈根 [M]. 石油工业出版社，2010.

全球气候变化博弈环境下中国应对碳关税的策略研究

星昕昕[①] 郑兰平[②]

摘要：全球气候变化和能源危机使国际社会日益关注低碳经济的发展，而美国清洁能源安全法案通过以来，碳关税就成为全球关注的热点问题。本文在分析碳关税的由来和中外学者对于碳关税的看法的基础上，结合已有研究定性分析碳关税对中国对外贸易和宏观经济产生的影响，并借此提出应对策略。

关键词：碳关税；对外贸易

自 1997 年 12 月《联合国气候变化框架公约》（UNFCCC）第三次缔约方大会通过了旨在限制发达国家温室气体排放量的《京都议定书》以来，全球气候变化与能源危机成为世界性的话题，各国家和国际组织相继提出保护环境、节能减排的单边或多边政策措施，发展低碳经济已经成为全人类的必然选择。碳关税是多数发达国家实施碳减排采取的措施。2006 年后，发达国家提出要在京都议定书第二减排承诺期（2012 年后）对来自不承担减排责任国家的高碳产品进口实施所谓的“边境调节税”。欧盟的“竞争力、能源与环境高层工作小组”在近几年来为欧盟委员会所撰写的报告及欧盟委员会关于修订欧盟碳交易计划议案及欧洲议会的决议等文件中已有“碳关税”的相关提议。2009 年 6 月，美国众议院通过了《限量及交易法案》和《清洁能源安全法案》，授权美国政府可以对包括中国在内的不实施减排限额的国家进口的碳排放密集型产品，如铝、钢铁、水泥和化工产品征收特别的二氧化碳排

① 星昕昕（1985~ ），女，山东曲阜人，北京工商大学经济学院国际贸易学专业 2008 级硕士研究生。研究方向：国际贸易。邮箱：beckylovely@163.com。

② 郑兰平（1962~），女，北京人，北京工商大学经济学院贸易系副主任、副教授，硕士生导师。研究方向：国际贸易。邮箱：zhenglp@th.btbu.edu.cn。

放关税。法国在2009年11月24日的欧盟成员国环境部长非正式会议上单方面提出将从2010年开始对从那些在环保立法方面不如欧盟严格的国家进口的产品征收“碳关税”，向外国进口商品征收的“碳关税”税率将为每排放1吨二氧化碳征收17欧元，此后还将逐步递增。目前，加拿大也正在酝酿开征“碳关税”，主要对那些不管在生产、运输还是在使用中会产生二氧化碳的进口产品征收“能源—气候税”。由于《京都议定书》并不限制碳减排的具体方式，因此，这种带有明显的单边主义色彩的碳关税成为了发达国家的选择。

一、碳关税的合理性分析

在全球气候变化博弈的环境下，对于碳关税是否合理，学术界存在着两种截然不同的声音。以克鲁格曼为代表的支持碳关税的经济学家认为碳关税将使世界经济处于一个更加公平的竞争平台上。克鲁格曼将碳关税看做一种增值税，认为如果美国国内实施了减排而没有对进口的未减排商品征收碳关税，将使美国企业处于不利的竞争地位，而在世界范围内来看这种结果是没有效率的。碳关税与增值税一样可以起到夷平竞技场的作用，是使美国与未减排国家的商品处于平等的竞争平台上的措施，而不是一种贸易保护主义。

大部分发展中国家的学者则认为碳关税是披着环境保护“外衣”的一种新型贸易壁垒。他们认为传统的贸易保护方式已经失灵，而以社会责任之名构筑贸易壁垒成为一种新的贸易保护手段。尤其是在金融危机的形势下，发达国家急需寻找到新的经济增长点来刺激其经济增长，延续其在世界经济领域中的领导地位，所以发达国家大力发展低碳经济，投入巨资进行低碳技术的开发，推动其经济复苏，形成新一轮产品出口、技术出口和投资的优势，以碳关税为门槛来阻碍发展中国家的对外贸易，遏制新兴市场国家的崛起。发展中国家的学者还对碳关税是否符合WTO规则提出了质疑。他们认为《1994年关税与贸易总协定》已经在其前言中明确表示“可持续发展”为其基本宗旨之一，同时也通过第20条的一般例外条款（General Exception）允许成员国采取不加歧视的、非扭曲贸易的手段促成包括环境保护在内的社会目标的实现，然而限制贸易与投资的政策做法不能假借环境保护之名，行贸易保护之实。黄晓凤（2010）认为对不同国家征收差别碳关税不符合最惠国待遇原则，也与贸易自由化的趋势背道而驰。孙晓霓（2010）认为碳关税违反WTO规则关于对过程税的征收的规定，WTO允许对融入最终产品的投入征收过程税，但碳关税却是针对未融入最终产品的投入征税，因此是被WTO协定所不允许的。梁咏（2010）进一步认为征收碳关税时难以确定不同国家生产的同类产品的碳含量问题，因此将违反WTO的国民待遇原则和最惠国待遇原则，证明碳关税正当性的唯一途径就是证明其符合GATT第20条之环境例外条款。何娟（2010）从法律角度着重探讨了碳关税是否可以得到GATT第20条的一般例外条款的豁免。夏先良（2009）认为由碳关税所带来的低碳技术开发将导致全球经济格局的调整。

二、碳关税的影响

自从美国众议院通过征收碳关税的法案以来，很多学者对碳关税对中国的对外贸易和宏观经济将会产生的影响进行了定量和定性的分析。刘小川（2009）、沈可挺和黄虹媛（2009）运用可计算的一般均衡模型，通过构建社会核算矩阵，得出了碳关税的影响。根据现有的定量分析表明，每吨碳30美元或60美元的关税率可能使中国工业部门的总产量下降0.62%~1.22%，使工业品出口量下降3.53%~6.95%。鲍勤、汤铃、杨列勋（2010）以2007年的数据为基期，利用一般均衡模型计算美国征收碳关税对中国对外贸易、经济、环境等方面的影响，得到的结论表明美国碳关税政策会对中国外贸、经济生产等方面造成极大负面影响，而起到的减碳排效果却很有限，这一结论意味着碳关税实质上是一种阻碍中国经济发展的贸易壁垒。此外碳关税的征收还将对中国能源密集型产业如机电、建材、钢铁、有色金属等产生消极的影响。据中国社科院的统计计算，假设碳关税税率为10美元/吨，以2002年贸易额为基准，中国电力、钢铁、有色、石化、建材、化工、轻工和纺织等八大高碳产业的税负共计108.5亿元，占贸易额的1.28%，这无疑将极大地增加高碳产业的成本，并且这种成本还将随着温室气体累计目标的增加而增加。

从定性分析来看，碳关税会直接增加企业的成本，而高成本将使企业在国际竞争中失去价格上的优势，这对于中国这种还处于竞争的初级阶段，大多数产品在国际竞争中是以价格低廉的优势取胜的国家来说尤其重要，高成本将带来竞争力的下降。进一步的企业国际竞争力的下降将导致国际市场份额的下降，企业将面临被淘汰的局面，这将继而对国内宏观经济产生一系列的不良影响，如国内生产总值的下降和失业率的上升。并且，碳关税的征收还有可能导致国际贸易摩擦增多，出口环境恶化。2009年美国清洁能源安全法案公布以后，在 10 月 27 日至 11 月 6 日的短短 11 天时间内，美国连续对中国钢铬栅板、钢绞线、无缝管、金属丝网托盘、油井管、铜版纸、焦磷酸钾、磷酸二氢钾和磷酸氢二钾 9 种高碳排放产品发起贸易救济调查和征收惩罚性关税。

三、应对策略

中国是世界上主要的贸易大国和制成品出口国，美国、欧盟和日本又是中国最主要的贸易对象，同时中国还是主要的温室气体排放国之一，因此中国必须在碳关税付诸实施之前做好充分的准备。

首先，在参加有关环境问题的国际多边谈判时据理力争，反对在确定责任和义务时实行平均主义，明确“共同但有区别的责任”原则，提出应以历史累计排放量作为确认温室气体损害责任的认定标准、以人均 GDP 或人均可支配收入作为确定减排成本分担的标准，建立发达国家的减排成本补偿机制等措施；同时借鉴《控制危险废物越境转移及其处置巴塞尔公约》，把通过 FDI 越境转移高能耗、高排放密集产业问题纳入一个专门公约的控制范围，来防止与 GDP 挂钩的碳排放差别标准可能导致的碳泄漏。要主动而非被动成为国际气候变化领域规则的主要参与者，争取制定互利共赢的规则，

其次，根据中国现有的条件，推动产业结构由高污染、高排放向低污染低排放的低碳经济发展，根据中国的现状，发展太阳能产业、风能、核能产业等新兴产业，加大对新能源技术的投入，从根本上减少温室气体的排放，提高中国在新兴产业领域的技术水平，实现中国产业结构的优化升级。

再次，积极建立碳排放交易市场。碳排放交易是指将碳排放总量目标按照一定的标准分解成碳排放配额，分配给不同的区域，这种配额可以在市场上进行交易。欧盟率先建立碳排放交易体系，这被认为是比税收更为友好的减排方法。以市场的方式促进减排将是未来市场的主要模式，这将给中国带来不小的冲击。中国很多企业在经营过程中缺乏减排意识，对碳排放市场比较陌生，缺乏专业知识，这成为中国在建设碳排放市场过程中应主要解决的环节。

最后，建立碳标签制度、碳足迹指标。国际社会已经形成了低碳消费的观念，英国率先成立碳基金，鼓励企业使用碳标签，日本、法国、美国、加拿大、韩国等紧随其后，也在国内企业间推广使用碳标签，消费者也越来越关注产品的碳足迹指数。因此，在未来的国际贸易中，显示碳足迹、加注碳

标签的产品会更容易进入国际贸易流通领域，更容易被别国的消费者接受，中国的出口企业应该未雨绸缪，以更好地应对碳关税壁垒。

参考文献：

[1] 樊纲. 走向低碳发展：中国与世界——中国经济学家的建议［M］. 中国经济出版社，2010.

[2] 韩文科，刘强，姜克隽等. 中国进出口贸易产品的载能量及碳排放量分析［M］. 中国计划出版社，2009.

[3] 钟筱红，张志勋，徐芳. 绿色贸易壁垒法律问题及其对策研究［M］. 中国社会科学出版社，2006.

[4] 鲍勤，汤铃，杨列勋. 美国征收碳关税对中国的影响：基于可计算一般均衡模型的分析［J］. 管理评论，2010（6）.

[5] 蔡高强，胡斌. 论 WTO 体制下的碳关税贸易措施及其应对［J］. 湘潭大学学报（哲学社会科学版），2010（5）.

[6] 龚韵秋，陈晓庆. 低碳经济形势下中国对外贸易面临的挑战分析［J］. 中国商贸，2010（7）.

[7] 何娟. 碳关税：新的绿色贸易壁垒抑或 WTO 环境保护豁免［J］. 世界贸易组织动态与研究，2010（3）.

[8] 黄晓凤. "碳关税" 壁垒对中国高碳产业的影响及应对策略［J］. 经济纵横，2010（3）.

[9] 梁咏. WTO 框架下碳关税可能引致的贸易争端与解决［J］. 法学，2010（7）.

[10] 吕海霞. 碳关税：全球金融危机下的新型绿色壁垒［J］. 中国物价，2009（10）.

[11] 王超. 后哥本哈根时代中国企业面对的新型绿色贸易壁垒及应对策略［J］. 商场现代化，2010 年 5 月中旬刊.

[12] 徐世腾. 美国碳关税及其对中国对外贸易影响研究［A］. 中国经济 60 年——道路、模式与发展. 上海人民出版社，2009.

[13] 夏先良. 碳关税、低碳经济与中美贸易再平衡［J］. 国际贸易，2009（11）.

中国离岸服务外包现状及发展对策

兰 梅①

摘要： 近年来，国际服务贸易发展迅速，其中服务外包发展引人注目。发展离岸服务外包对于中国调整产业结构、促进产业升级、实现经济的可持续发展具有重要意义。本文分析了中国离岸服务外包发展现状及存在的问题，并提出了相应的发展对策。

关键词： 离岸服务外包；国际服务外包；对策

20世纪90年代，发达国家跨国公司主导了制造业外包的浪潮，中国紧紧地抓住这次世界产业转移的机会，吸引了大量投资，加快了工业化进程，成为“世界工厂”。21世纪初，发达国家跨国公司又制造了新一轮产业转移的浪潮，而此次跨国公司将投资领域由制造业转向了服务业。服务外包行业具有能耗低、附加值高的特点，因而具有巨大的发展潜力。发展服务外包能够使中国实现产业结构升级，实现由粗放式向集约式的经济发展模式的转变，同时对中国参与国际分工，提高其在国际生产价值链中的地位具有重要意义。

一、中国离岸服务外包发展的国际背景

（一）服务外包简介

外包（Outsourcing）的英文翻译为“利用外部资源”。外包具体是指企业

---

① 兰梅（1984~），女，河北保定人，北京工商大学经济学院国际贸易学专业2008级硕士研究生。研究方向：国际贸易。邮箱：lanmeimei006@126.com。

将全部或部分生产环节或流程以合同形式委托给外部供应商的经济活动，从而达到降低成本、提高效率、提升企业核心竞争力的目标。服务外包是指服务企业或制造企业价值链中原本由自我提供的部分服务流程或环节以合同方式委托给外部服务供应商来完成的经济活动。[①] 如果外包合同的发包方与接包方属于不同的国家，则称为国际服务外包或离岸服务外包。委托方为发包国家，受托方为接包国家。

（二）全球离岸服务外包市场发展现状

1. 全球离岸服务外包市场发展速度快、潜力大

近年来，全球服务外包飞速发展，市场规模持续扩大。据统计，全球服务外包收入由 2003 年的 2201 亿美元增长到 2008 年的 1.2 万亿美元。根据联合国贸发会议的预测，未来几年全球的服务外包市场每年将以 30%~40%的速度增长，预计到 2010 年，全球服务外包的市场规模将突破 2 万亿美元（见图 1）。

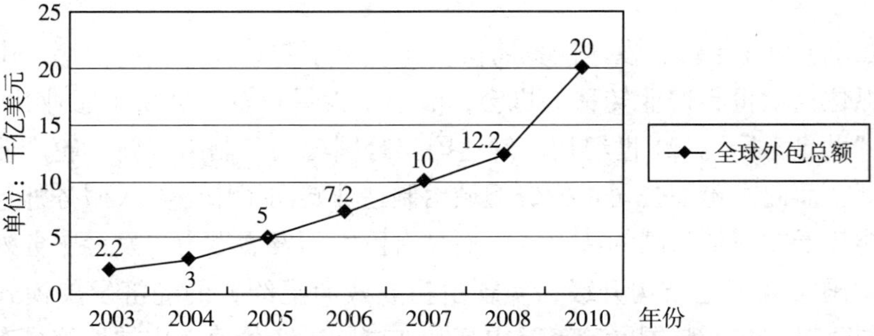

图 1　2003~2010 年全球服务外包市场规模及预测

资料来源：联合国贸发会议网站。

据麦肯锡的数据显示，2005 年全球服务可实现离岸的潜在市场规模达 4650 亿美元，仅有不到 10%的服务实现了离岸。到 2010 年，总的潜在市场规模有望增长到 6000 亿美元。[②] 据 Gartnerz 咨询公司预测，2010 年发达国家中 25%的传统工作将转向印度、中国和俄罗斯，但目前全球仅有 1/3 的 1000 家企业参与了离岸服务外包。因此，可以预见，离岸服务外包市场潜力远未被充分释放，潜在市场机遇相当巨大。

① 江小涓等. 服务全球化与服务外包：现状、趋势及理论分析 [M]. 人民出版社，2008.
② 杜英杰. 我国承接国际服务外包研究 [D]. 南京师范大学硕士论文，2008.

2. 全球离岸服务外包的发包国与承接国分布集中

世界服务外包市场发包国与承接国分布格局的发展大致经历了四个发展阶段（见表1）。在初始阶段，服务外包主要发生在发达国家内部。在美国，企业为了降低生产成本将服务环节外包，促进了服务业由美国东部地区向西部转移的浪潮。在第二阶段，服务外包主要集中在发达国家之间。服务外包模式发展的成熟，使得加拿大、爱尔兰、以色列成为重要的离岸服务外包承接国。在第三阶段，随着信息技术的发展和服务水平的提高，发达国家开始向印度、中国、菲律宾以及东欧、南美等国家和地区。在第四阶段，服务外包的全球化特征最为明显。

表1 BPO外包接包地区的发展阶段一览

地　区	第一阶段	第二阶段	第三阶段	第四阶段
亚太区	巴基斯坦 韩国	马来西亚 泰国 越南	中国 菲律宾	澳大利亚 印度 新加坡
美洲	巴西 智利 委内瑞拉	牙买加	墨西哥	加拿大
欧洲、中东及非洲	保加利亚 罗马尼亚	俄罗斯 乌克兰	捷克 匈牙利 波兰 南非	爱尔兰 以色列 英国

注：阶段级数与成熟程度成正比；第四阶段指发展最成熟的BPO外包市场。
资料来源：DTZ research。

在当今的离岸服务外包市场格局中，服务外包的发包国和承接国呈现出分布集中的特征。发包国家主要集中在北美洲的美国、亚洲的日本、西欧国家，其中美国约占2/3，欧盟和日本占近1/3，其他国家所占比例较小。发展中国家和地区是主要的离岸服务外包承接国，其中亚洲是承接外包业务最多的地区，约占全球外包业务的45%。[①] 服务欧美的印度、以色列等亚洲国家，主要服务美国的加拿大和墨西哥，以及主要服务西欧的爱尔兰、西班牙、波兰和匈牙利等形成了离岸服务外包的一级承接梯队；而中国、俄罗斯、菲律宾等东南亚国家及东中非个别国家近期发展较快，成为第二承接梯队。加拿大、爱尔兰和印度被视为发展最为成熟的离岸信息技术外包（ITO）与商业流程外包（BPO）接包国家，而中国、菲律宾、墨西哥等则成为最有力的竞

① 数据来源于《2008年中国服务外包发展报告》。

争者。[①]

3. 全球离岸服务外包领域呈纵深发展趋势

服务外包业务种类多样化，并呈现出高端化趋势。首先，服务外包业务范围在不断扩大。服务外包业务内容分为信息技术外包（ITO），商业流程外包（BPO）、知识流程外包（KPO）三大类别。KPO 是 BPO 最高端的一个类别，KPO 比 BPO 介入更为高端的知识工作的外包，包括在知识产权的研究和工作、产权和财务、市场研究和数据管理等。KPO 业务内容涉及金融、人力资源、保险、医疗等行业。其次，服务外包行业明显表现出向生产链高端攀升的趋势。随着服务外包行业业务内容的演变，发包方对承接方在专业经验、知识积累、专业素养等方面的要求也逐步提高。

从服务外包总值来看，全球服务外包市场发展速度快，规模大。从服务外包的类型来看，近年来，BPO 增长快于 ITO 的增长。虽然全球服务外包市场仍将以 ITO 为主，但 BPO 有超越 ITO 的趋势。根据 Gartner 咨询公司的数据，全球 ITO 支出 2004 年为 1928 亿美元，2008 年增至 2442 亿美元，增长率达 26.7%。到 2008 年，全球 BPO 支出将由 2004 年的 1113 亿美元上升至 1575 亿美元，增长率 41.5%。[②] BPO 外包成为服务外包发展中的亮点。IDC 的调研报告认为，全球离岸服务外包市场中 BPO 的份额将由 2006 年的 48% 上升到 2010 年的 51%。

二、中国离岸服务外包市场发展现状

（一）中国离岸服务外包市场起步晚，发展速度快

中国服务外包行业起步晚，总体水平不高，但发展速度较快。2005 年以来，离岸服务外包的年均增长率超过全球外包总量的增长速度，逐渐成为亚洲地区新兴服务外包承接国。据商务部统计，2009 年中国共签订服务外包合同 60247 份，同比增长 142.6%，协议金额 200.1 亿美元，同比增长 185.6%，执行金额 138.4 亿美元。在 2009 年中国签订的服务外包合同中，离岸外包协议金额 147.7 亿美元，同比增长 153.9%，执行金额 100.9 亿美元。2010 年一季度中国共签订服务外包合同 1.3513 万份，同比增长 42.75%；合同金额为

① 江小涓等. 服务全球化与服务外包：现状、趋势及理论分析［M］. 人民出版社，2008.
② 杜英杰. 我国承接国际服务外包研究［D］. 南京师范大学硕士论文，2008.

36.9 亿美元，同比增长 46.55%；执行金额 28.8 亿美元，同比增长 65.35%。其中，离岸外包合同金额为 22.9 亿美元，同比增长 14.35%，执行金额 17.8 亿美元，同比增长 28.81%。离岸服务外包在中国服务外包总值所占比例仍然较小，但呈现上升趋势。2009 年，印度离岸外包业务占印度外包整体市场比例高达 64%，而中国这一数据为 22%。据毕马威预计，到 2014 年，中国这一比例将上升到 35%。①

（二）中国承接离岸服务外包以技术外包为主

服务外包按照业务内容可以分为信息技术外包（Information Technology Outsourcing，ITO）和商业流程外包（Business Process Outsouring，BPO）。ITO 主要包括基础技术服务、系统操作服务、系统应用服务。BPO 主要包括企业内部管理服务、企业业务运作服务、供应链管理服务。② ITO 比 BPO 出现时间早，规模大，发展模式成熟，但 BPO 发展速度快，涉及范围广。

在中国信息技术外包（ITO）中，软件服务外包为主要业务方式。当前，ITO 处于高速发展阶段，其中软件服务外包占比达 60%以上。2006 年中国软件外包市场规模为 14.3 亿美元，2007 年为 21.7 亿美元，同比增长 21.7%，2008 年为 31.8 亿美元，同比增长 31.8 亿美元，2009 年软件外包市场规模为 45.3 亿美元，同比增长 42.5%（见表 2）。

表 2 2006~2009 年中国软件外包市场规模及同比增长

单位：亿美元

	2006	2007	2008	2009
市场规模	14.3	21.7	31.8	45.3
增长率		51.7%	46.5%	42.5%

资料来源：转引自中国国际投资促进会、中欧国际商学院、中国服务外包研究中心. 中国服务外包发展报告 2007 [M]. 上海大学出版社，2008.

（三）中国离岸服务外包市场以日韩为主

作为世界离岸服务外包市场的重要组成部分，中国离岸软件外包市场也呈现出市场集中这一特征。目前，日本是中国离岸软件服务外包的最大的发包国家。同时中国承接欧美国家软件外包的金额也在逐年攀升，欧美市场已

① 数据摘自中国服务外包网。
② 采用中华人民共和国商务部服务贸易司下达的《服务外包统计报表制度》中的分类。

经成为中国离岸软件外包市场重要的增长引擎。由于地理位置相近，存在历史渊源，同受儒家思想影响，中国软件外包企业具有与日本企业合作的天然优势。2009 年，中国与日韩离岸软件外包金额为 1818.8 亿元，占市场总份额的 46%。2009 年，在中国离岸软件外包市场份额中，欧美为 47%，同比增长 41.7%；日韩为 46%，同比增长 27.5%。这是自 2005 年来，欧美首次超过日本成为中国最大发包国家和地区（见图 2）。

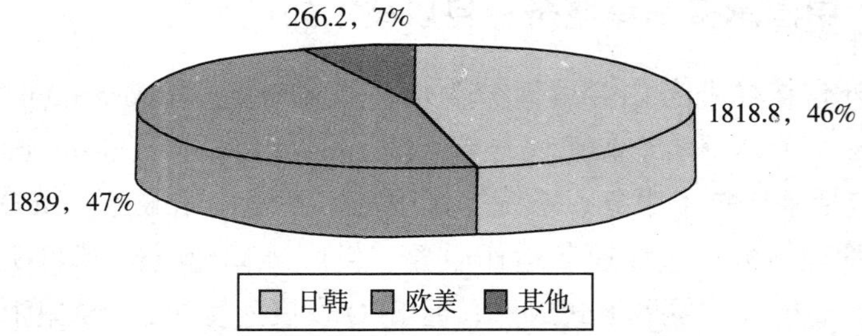

图 2　2009 年中国离岸软件外包市场构成

资料来源：转引自中国国际投资促进会、中欧国际商学院、中国服务外包研究中心. 中国服务外包发展报告（2007）[M]. 上海大学出版社，2008.

三、国内发展离岸服务外包存在的主要问题

（一）国内服务外包企业数量众多，规模较小

在离岸服务外包市场中，本土服务外包企业竞争力明显不足。本土服务外包企业数量众多，但规模较小，产业集中度较低。由于高端外包项目服务人才和资金匮乏，信用等级低，无法承接大额外包项目。企业规模直接影响企业的自主接单能力和盈利水平。在软件外包领域，大量软件外包项目单体规模大，持续时间长，对承接外包的企业规模和管理能力有较高的要求。从企业规模看，截至 2010 年 1 月，中国共 10000 多家服务外包企业，员工人数上万的企业较少，国内最大的软件外包企业东软集团仅 16000 名员工，而印度的服务外包企业中，前五大外包企业员工都在 5 万人以上。从产业集中度看，2009 年软件百强企业的软件业务收入为 2448.7 亿元，占全国软件产业总收入的 24.6%，而印度的十大 IT 公司共占市场份额高达 50%。[①]

① 数据摘自中国软件和服务外包网。

（二）国内服务外包企业产品产值和附加值水平不高

服务外包总是沿着价值链和科技阶梯从低端走向高端，从劳动密集型走向知识密集型。而目前中国离岸服务外包主要集中在价值链中低端。目前，中国的 ITO 比 BPO 发展成熟，规模大；中国服务外包企业规模小，实力有限，难以承接高技术含量项目；国内服务外包企业对 BPO 的认知度比较低。上述条件使得中国软件外包产业在全球软件产业的研发、生产、加工、服务等价值链中仍处于中下游的位置。

从业务内容看，中国软件外包主要业务为软件编码、系统测试、软件本地化和维护运营，而需求分析、系统架构、软件研发等高端项目较少，因此企业参与度不高，不利于提升企业技术能力，盈利较低。软件服务外包的用户群还很狭小，缺少金额大、技术含量较高的项目。高端项目具有增值率高、附加值大、带动性强等特点，有助于提升本地服务外包产业的核心竞争力。从外包模式看，大部分中国服务外包企业无法直接从服务外包商那里获取订单。在对日接单方面，国内服务外包企业主要从日本的二、三级分包商处获取外包业务；在对欧美业务方面，国内服务外包企业则主要从欧美在中国的离岸中心或子公司处承接外包业务，处于价值链低端。

（三）中国离岸服务外包市场过于集中

由于地理位置、历史渊源，及思想文化的相通，中国离岸服务外包的主要合作伙伴为日韩，中国软件外包行业表现尤为明显。这在某种程度上说明，欧美是中国软件服务外包发展的潜力市场。

离岸服务外包市场的过度集中，会使得中国软件外包出口对日韩市场依赖性较强，加大了软件外包企业的风险。在 2004 年科尼尔海外办公指数竞争力排名中，中国仅次于印度，位列第二。中国主要优势在成本低和大量受过高等教育的劳动力，但在信息技术、管理培训、语言能力等方面较弱，[①] 因此中国有发展服务外包的潜力，为了分散风险，也为扩展服务外包市场，中国服务外包企业应主动借鉴欧美企业文化，完善自身在管理、语言方面的缺陷，在世界服务外包上争取更多的市场份额。

---

① 姜春荣. 国际服务外包浪潮：理论、实证与中国战略研究 [M]. 对外经济贸易大学出版社，2009.

四、中国离岸服务外包市场的发展对策

（一）企业层面

1. 服务外包企业应积极取得国际资格认证，提高自身竞争力

在服务外包中，ISO 9000 质量体系认证① 与 CMM 质量认证体系② 是最重要的两项资格认证。国内服务外包企业只有通过国际资格认证，才能获得服务外包项目发包商的认可，在国际服务外包市场上增强自己的竞争力。在资格认证方面，中国与印度相比存在巨大差距。印度大多数软件公司通过了 ISO 9000 质量认证与 CMM 质量体系认证。全球每四家拿到 CMM5 级认证的企业中有 3 家为印度企业，并且印度已经有 200 多家软件与业务流程外包公司通过国际质量认证，其成为世界上获得软件企业认证最多的国家。而中国服务外包企业通过较高级别质量认证的企业很少，截至 2008 年 7 月，中国仅有 19 家软件公司获得 CMM5 级认证。服务外包行业为技术与知识密集型行业，为了满足国际服务外包发包商的要求，国内服务外包企业必须加强创新能力，提高软件开发、应用水平，取得 ISO 9000 质量体系认证与 CMM 质量体系认证促进 ITO 与 BPO 的发展。

2. 服务外包企业要注重自主创新，树立品牌意识

世界上主要服务外包承接国家如印度、爱尔兰的发展经验表明，如果在发展服务外包产业中不重视创新，没有自己的品牌，那么只能处于价值链的低端部分。20 世纪 90 年代，中国在承接制造业外包时，就经历了相似的问题。现在中国发展离岸服务外包产业时，就不能够再走制造业的老路，而是要注重技术创新，树立品牌意识，拥有自主知识产权的产品。只有这样在国际服务贸易产业链中，中国离岸服务外包企业才能处于产业价值链的上游，形成核心竞争力，在国际市场竞争中保持不败之地。

---

① ISO 9000 质量管理体系由国际标准化组织（ISO）制定，是一组技术标准的统称。其中 ISO 9001 是软件企业开展质量体系认证依据的标准；ISO 9000-3 是国际标准化组织制定的软件开发企业实施 ISO 9001 的指南。

② CMM（Capability Maturity Model For Software）即软件能力成熟度模型，它是由美国卡内基梅隆大学软件工程研究所研究出的一种用于评价软件承包商能力并帮助改善软件质量的方法，其目的是帮助软件企业对软件工程过程进行管理和改进，增强开发与改进能力，从而能按时地、不超预算地开发出高质量的软件。CMM 将软件过程的成熟度分为 5 个等级：初始级，可重复级，已定义级，已管理级，优化级。

（二）行业层面

行业协会组织在协调企业行为、规范行业秩序、维护企业权益、加强信息服务、推动行业发展等方面具有重要的作用。中国可以借鉴印度在行业协会建设方面的成功经验。印度国家软件与服务公司行业协会（The National Association of Software and Service Companies，NASSCOM）在推动印度软件外包产业方面起到了积极作用。NASSCOM 已经成为全球性的贸易组织，其主要目的是促进印度 IT 产业的增长，促进软件与服务贸易的便利化，鼓励、促进软件领域的研究，普及教育，推进就业，促进印度经济增长，通过鼓励全球外包使全球经济体都获益。相比之下，中国还没有全国性的服务外包行业协会，而现有的各省市的相关协会发展基本处于起步阶段，由此应该构造中国离岸服务外包业务交易平台，使该平台在收集企业资料、进行信息反馈，参与制定相关的服务外包产业发展战略方面起到重要作用，并且协助企业了解各种优惠政策措施。行业协会还可以帮助广大服务外包企业巩固并积极拓展市场。目前，中国服务外包的主要发包国家为日韩，在保持对日韩外包市场优势的同时，中国应开拓日韩的高端市场，并积极拓展新市场，如进入由印度占据较大市场份额的欧美市场。与此同时，服务外包行业协会还应该积极引导国内服务外包企业加强与跨国公司的合作。

（三）政府层面

1. 注重吸引和培养中高端服务外包人才

尽管中国接受过高等教育的人力资源比较丰富，但人才结构不合理，高端人才严重缺乏，这直接影响到中国发展离岸服务外包的能力。中高级服务外包人才包括项目管理人员、技术领导者、数据库管理员、系统设计师和高级开发人员。政府不仅要鼓励和动员社会各种力量建立适应多种需求层次的职业培训体系，还要建立起外包服务人才的引进和培养模式。企业、学校、科研单位加强合作，开发职员培训系统、教育系统、认证系统等，努力培养具备国际视野、英语水平高、文化交流能力和业务能力强的复合型人才。此外，政府还应鼓励海外留学人员回国创业，鼓励国内外服务外包技术人才通过调动、咨询、技术承包入股、设立研发机构等方式提供长期或短期服务。

2. 加强服务外包基地建设

中国服务外包业发展迅速，并且政府设立了 21 个服务外包示范城市，其中包括大连、南京、苏州、杭州、无锡、深圳等具有自身特色的服务外包示范城市。无论是商务部的“百千十”工程还是 2010 年 4 月国务院下发的

69 号文件，都表明了中国政府发展服务外包、建设服务外包基地的决心。根据国际服务外包承接的经验，服务外包基地建立通常有以下类型：一是在当地设立分支机构以负责本公司的部分业务或者承接其他国际服务外包业务；二是在承接国建立基地以承接服务外包业务。

中国各城市服务外包的发展状况存在较大的差别，由此应该实施差异性的制度安排以引导各区域的服务外包实现稳健发展。与此同时，在避免出现服务外包边缘化的基础上，加大加强服务外包的基地建设，以进一步促进中国服务外包基地城市的发展。以杭州为例，虽然没有矿产资源和港口资源，杭州市却拥有环境优势和人力优势这两大发展城市服务业的特质。作为国内 21 个服务外包示范城市之一，杭州市已经形成了自己的特色——金融服务外包。

3. 加强知识产权保护体系

中国发展离岸服务外包的法律环境还有待改善。法律环境建设的薄弱主要表现在：国家对知识产权保护力度不够，软件盗版率较高；而且外包企业对自身知识产权保护的意识也不强。知识产权的保护是企业不断地进行技术创新的动力和源泉，因此，建立和健全与服务外包相关的法律体系，加强知识产权保护力度，可以促进中国离岸服务外包产业的健康发展。政府可以着重从以下两个方面入手：一方面，完善中国服务业知识产权保护法律体系，严厉惩罚软件盗版等侵害知识产权的行为，倡导软件正版化，推动企业诚信体系建设，引导企业诚实守信，保守客户机密，遵守国际上的信息保密规则；另一方面，政府应提高企业自有知识产权保护意识。鼓励国家级软件出口基地建立境外知识产权信息服务平台，支持企业到境外申请专利、著作权、商标等知识产权，对申请和维护费用、代理费用等给予补贴。

参考文献：

[1] 付新明. 中国软件服务外包现状及其国际竞争力研究 [J]. 黑龙江对外经贸，2007 (7).

[2] 黄繁华，金建一. 国际服务外包：中国经济的新增长点 [J]. 中国对外贸易，2008 (10) .

[3] 黄志勇，曾林阳. 印度班加罗尔软件园成功之路 [J]. 国际贸易，2004 (1).

[4] 姜春荣. 国际服务外包浪潮：理论、实证与中国战略研究 [M]. 对外经济贸易大学出版社，2009.

[5] 江小涓等. 服务外包全球化与服务外包：现状、趋势及理论分析 [M]. 人民出版社，2008.

[6] 李宗元. 我国承接金融服务外包的对策选择 [J]. 对外经贸实务，2008 (6).

[7] 刘绍坚. 我国承接国际软件外包的现状、模式及发展研究 [J]. 国际贸易，2007 (6).

[8] 卢锋. 我国承接国际服务外包问题研究 [J]. 经济研究，2007 (9).

[9] 史薇，王钰. 业务外包：银行业发展的新趋势 [J]. 中国金融，2005 (17).

[10] 宋玉华，周均. 国际外包、就业和收入分配之文献综述 [J]. 国际贸易问题，2006 (3).

[11] 孙晓琴，黄静波. 国际服务外包动因：从“降低成本”到“提高服务质量”[J]. 国际商务，2009 (5).

[12] Lori G. Kletzer，Globalization and Job Loss，from Manufacturing to Services [J]. Economic Perspectives，2005 (2).

[13] Ngo Van Long，Outsourcing and Technology Spillovers [J]. International Review of Economics and Finance，2005 (14).

大力发展知识型服务贸易促进贸易强国的发展

蔡立勇①

摘要：本文通过分析金融危机期间中国主要贸易的发展情况，探讨知识型服务贸易的分类及其作用，针对中国知识型服务贸易的发展现状和问题，提出了发展知识型服务贸易、在金融服务贸易方面建立贸易强国的对策。

关键词：知识型服务贸易；金融服务贸易；贸易强国

自从人类经济从传统的工业经济形态向知识经济形态转变以来，知识对经济增长的贡献率已远远高于传统的生产要素，对各类高新科技知识的借鉴、引进与创新成为一国经济活力的重要源泉。作为知识型经济的重要增长点之一，"知识型服务贸易"是当代国际服务贸易的生长点与增长极。知识型服务贸易对贸易发展方式转变和促进长期经济增长的积极影响，已被一些发达国家的经验证实。研究中国知识型服务贸易发展的现状、特点以及整体和分部门的国际竞争力，大力发展知识型服务贸易，对于促进中国贸易发展方式的转变、实现对外贸易可持续的均衡发展，具有重要的理论和现实意义。

一、金融危机期间中国主要贸易的发展情况和启示

中国对外贸易规模已处于世界第三位，但在国际分工中仍处于生产链条的低端，对外贸易大而不强。如何实现"贸易大国"向"贸易强国"的转变，是中国经济发展中的重大问题，是中国实现下一个贸易体制改革需要迫

① 蔡立勇（1987~），男，河北秦皇岛人，北京工商大学经济学院产业经济学专业 2010 级硕士研究生。研究方向：产业经济。邮箱：cailiyong31@126.com。

切解决的问题，以下为2009年的一些主要贸易项目的数据与2008年数据的对比：

1. 运输出口和进口均呈下降态势，逆差大幅增加

运输出口236亿美元，比2008年同期下降38.5%；进口466亿美元，下降7%。运输进出口贸易逆差230亿美元，增长93.2%，仍为中国最大的服务贸易逆差行业。

2. 旅游出口下降，差额由顺转逆

旅游出口397亿美元，比2008年同期下降2.7%；进口437亿美元，增长21%。进出口差额由2008年同期的顺差46.9亿美元转为逆差40亿美元。

3. 通信服务进口降幅低于出口

通信服务出口和进口均呈现下降。出口额和进口额均为12亿美元，由2008年的贸易顺差变为基本持平。

4. 保险服务逆差减少，金融服务逆差增大

保险服务出口16亿美元，比2008年同期增长23%；进口113亿美元，下降11%；逆差97亿美元，同比减少17亿美元。金融服务出口4亿美元，同比增长29%；进口7亿美元，增长25%；逆差3亿美元，同比增长0.5亿美元。

5. 计算机和信息服务出口增速放缓

计算机和信息服务出口32亿美元，比2008年同期增长5.6%。进口32亿美元，与2008年同期相比基本无变化。

6. 专有权利使用费和特许费出口下降，进口微幅增长

专有权利使用费和特许费出口4亿美元，比2008年同期下降5.2%；进口111亿美元，增长7.7%；逆差107亿美元，比2008年同期略有扩大，为第二大服务贸易逆差行业。

7. 咨询进口下降，顺差有所扩大

咨询出口186亿美元，比2008年同期增长2.8%；进口135亿美元；顺差51亿美元，为最大的服务贸易顺差行业。

8. 其他商业服务出口大幅下降

其他商业服务出口247亿美元，降幅达5.3%；进口188亿美元，下降18.6%。由于出口降幅明显低于进口，该行业的贸易顺差增长了30亿美元。

由以上分析可以看出，在国际金融危机的大背景下中国各个行业的进出口贸易都受到巨大的冲击，特别是由于中国自己贸易发展的特点过多地依靠国外市场——外向型贸易经济。因此，从东南沿海大批依靠出口加工生存的工厂纷纷倒闭、大批西部工人返乡这一不争的事实可以看出，国外购买力的

下降给中国带来的影响是巨大的。中国需要而且迫切需要解决贸易发展方式这个问题已经被提及无数次了。而且在金融危机的大背景下，运输、旅游等传统行业均受到巨大冲击，中国迫切需要发展以保险、金融、计算机和专有权利为代表的知识型服务贸易。

二、知识型服务贸易的分类及其作用

（一）知识型服务贸易的基本概念

知识型服务贸易就是以提供各种知识服务为主要标的和服务对象的国际服务贸易，它是超出传统的运输、餐饮和房地产等经营范围，以知识、技术和信息为依托而发展起来的贸易。从《服务贸易总协定》（GATS）对服务贸易的划分中我们可以看出其中的专业服务贸易、信息服务贸易、金融服务贸易和技术服务贸易都与知识这一资源要素密切相关，属于知识型服务贸易。知识型服务贸易的核心也是蕴涵在上述四大载体（专业服务、信息服务、金融服务、技术服务）中的当代高新科学技术，特别是当代高新软科学技术知识。

1. 金融服务贸易

1990 年，经济合作与发展组织（OECD）对金融服务贸易的定义为：金融服务贸易是由金融机构在提供或者接受以下服务的收入或者支出：①得到的和付出的直接投资的收益，包括未分配收益和利息；②从其他金融投资得到的和付出的收益，即得到的和付出的利息和红利；③得到的和付出的手续费和佣金。1994 年，《服务贸易总协定》（GATS）中的《金融服务附录》对金融服务贸易做出了具体解释：金融服务贸易是指由一成员方的金融服务提供者向另一成员方提供的任何与金融有关的服务。

2. 信息服务贸易

信息服务贸易是指以提供信息内容和从属于信息技术产品的一切服务为目标的一种贸易形式。它包括知识产权转让、信息内容提供、信息技术服务的国际转让。

3. 技术服务贸易

国际技术服务是国际技术转让的主要形式之一。国际技术转让是指技术供应方将某种内容的技术，通过一定的形式，越出国界转让给技术的接受方使用的一种行为。国际技术转让主要有两种形式：一种是非商业性的国际技术转让，是指不同国家的政府直接以技术援助方式进行的无偿的技术转让；另一种是商业性的国家技术转让，是指政府机构或企业之间按照商业条件签订的协议进行的有偿的技术转让，它属于营利性技术转让，这种商业性的国际技术转让被称为国际技术贸易。

4. 专业服务贸易

专业服务贸易是指国家之间专业服务的交换，即一国对他国专业服务提供者在所在国获得的某些专业或商业营业执照、学位证书以及技术职称等资格予以承认，外国专业服务提供者采用各种方式，依靠自己的专业知识、经验和信息提供有关服务，并获得报酬的经济活动。

（二）知识型服务贸易的四个方面对中国发展为贸易强国的作用

知识型服务贸易的核心是当代高新技术，特别是高新软科学技术知识，这个核心蕴涵在《服务贸易总协定》（GATS）规定的信息服务贸易、技术服务贸易、金融服务贸易、专业服务贸易这四大类载体中，其作用也通过这四大载体得以体现。

（1）信息服务贸易大大拓展了国际贸易的空间和场所，缩短了国际贸易的距离和时间，简化了国际贸易的程序和过程，使国际服务贸易全球化、瞬间化、无纸化、简易化。因此，可以毫不夸张地说，信息服务贸易已经成为知识经济时代深化产业革命的重要角色。

（2）技术服务贸易是指以提供知识产品为标的的服务贸易，它包括专利、专有技术和商标等的贸易。一国发展技术服务贸易对提升其国家竞争力至关重要。不仅在贸易中双方可各得其所，而且这一贸易领域的竞争可以促使贸易主体加快自身科技水平的提升，尤其可以促进其提升自主科技创新能力。

（3）发展金融服务贸易主要是以此换取其他贸易领域的好处，其对国家竞争力的提升作用间接地反映在其他贸易领域的蓬勃发展所带来的一国经济实力的强大上。同时，金融服务贸易促进了本国金融业与国际接轨。当前先进的国际运行机制在竞争中能促进本国金融业的强大和金融人才的成长，因此，金融服务贸易也对国家竞争力的提升发挥着积极的重要作用。

（4）专业服务一般是当事人一方运用自己的知识、技术、经验和有关信息，采用科学的方法和先进的手段，根据委托人的要求对有关事项进行调查、研究和分析等，并提供可靠的数据、法律依据，进行客观的论证与判断。它使众多行业减少了负担、节约了成本，资源配置得到优化（人力、物力、财力得到了科学的运用），为社会减少了消耗，创造了财富。随着知识经济的进一步发展，以知识为主要经营资本的专业服务贸易更是显示出它在经济发展中的重要地位。通过参与专业服务领域的竞争，可以促使本国专业服务迅速壮大，加快专业服务水平的提高，从而提高国家竞争力。对于贸易输出国而言，通过开展对外提供专业服务，可以掌握更多的企业信息和市场动态，使国家在竞争中具备一定的先发优势。

三、中国知识型服务贸易的发展现状和问题

中国知识型服务贸易的发展迅速，特别是自 2000 年以来呈现出前所未有的速度，知识型服务贸易额呈现逐年增长的势头，知识型服务贸易出口总额由 2001 年的 71.63 亿美元增长到 2009 年的 743 亿美元，增加了 10 倍多。

中国知识型服务贸易的另一个特点是自 2000 年以后通信、保险服务出口在知识型服务贸易出口总额中的比重逐年下降，计算机信息和咨询服务出口额比重增加明显。具体到 2005 年计算机信息和咨询服务在中国知识型服务贸易中所占比重分别为 18.95%、54.82%，合计为 73.77%。中国知识型服务贸易进口主要集中在专有权利使用费和特许费、保险和咨询服务，三者合计平均每年占知识型服务贸易进口总额的 75%以上，2001 年和 2005 年都超过了 85%（见表 1）。

中国知识型服务贸易经过几十年的发展，在许多领域实现了由无到有、由落后到先进的突破。但是，与发达国家相比，我们的差距也是十分明显的，尤其是中国在知识型服务贸易发展中还存在很多问题。

1. 信息服务贸易方面的问题

中国“十五”规划中明确提出了大力发展信息产业、用信息化带动工业化的发展战略。这一战略的提出是高瞻远瞩的，对中国加快赶超经济发达国家具有重要意义。但是，纵观近年来中国信息服务贸易的发展，仍存在着不容乐观的问题：

单位规模偏小、竞争力较弱。极其微弱的资金投入、人员投入和经营规模很难参与国际竞争，特别是在大力发展信息服务贸易的今天，更显得中国信息服务贸易单位规模的偏小和竞争力的薄弱。区域发展极不平衡，与全国经济发展的总体趋势一样，东部发展较快，西部较慢。信息服务贸易的研究活动较为单一和薄弱，信息服务贸易涉及多个学科和领域，当前关于信息服务贸易的研究活动在中国主要集中在图书馆学、情报学领域，从产业经济学、国民经济管理学等学科角度进行的研究还非常欠缺。

表1 2001~2009年中国知识型服务贸易

单位：亿元人民币

行业	年份	2001	2002	2003	2004	2005	2006	2007	2008	2009
通信服务	进口	3.26	4.70	4.27	4.72	6.03	7.64	10.82	15.1	12
	出口	2.71	5.50	6.38	4.40	4.85	7.38	11.74	15.7	12
保险服务	进口	2.71	32.46	45.64	61.24	72.00	88.31	106.64	127.43	113
	出口	2.27	2.09	3.13	3.81	5.49	5.48	9.04	13.83	16
金融服务	进口	0.77	8.98	2.33	1.38	1.60	8.91	5.57	5.65	7
	出口	0.99	5.10	1.52	0.93	1.45	1.45	2.30	3.15	4
计算机和信息服务	进口	3.45	11.33	10.36	12.53	16.22	17.39	22.08	31.65	32
	出口	4.61	6.38	11.02	16.37	18.40	29.58	43.45	62.52	65
专有权利使用费和特许费	进口	19.38	31.14	35.48	44.97	53.21	66.34	81.92	103.19	111
	出口	1.1	1.33	1.07	2.36	1.57	2.05	3.43	5.71	4
咨询	进口	15.02	26.31	34.50	47.34	61.84	83.89	108.56	135.36	134
	出口	8.89	12.85	18.85	31.52	53.22	78.34	115.81	181.41	186
广告宣传	进口	2.58	3.94	4.58	6.98	7.15	9.55	13.37	19.41	20
	出口	2.77	3.73	4.86	8.49	10.76	14.45	19.12	20.02	23
电影音像	进口	0.50	0.96	0.70	1.76	1.54	1.21	1.54	2.55	3
	出口	0.28	0.30	0.33	0.41	1.34	1.37	3.16	4.18	1

资料来源：根据国家外汇管理局《2001~2009年中国国际收支平衡表》整理得到。

2. 技术服务贸易方面的问题

（1）对国际技术贸易活动规则缺乏了解和深入分析。由于中国对知识产权保护的国际规则缺乏了解和深入分析，致使近些年高新技术类无形资产流失达到了触目惊心的程度。

（2）技术的引进与输出结构不合理。在中国，技术进口远远多于技术出口，并且，在技术引进中成套设备等硬件占80%以上，软件技术占的比重较小。其结果是引进的技术很多，但真正奏效和起作用的技术有限，不能很好地利用当前引进的技术为国内急需的技术领域和相关的经济建设服务，造成一些资金的浪费和技术的搁浅。

（3）技术引进与输出的层次较低，技术的科技含量不高。虽然近几年来中国的高新技术得到了较快的发展，高新技术的贸易额逐步增大，但这些技术还远跟不上国际高新技术的发展。

3. 金融服务贸易方面的问题

（1）中国跨境交付金融服务贸易的发展问题。随着中国经济的不断发展，跨境交付金融服务贸易的出口规模和进口规模都保持了增长的趋势，但是这种增长却不平衡，从 2000 年以来，中国的金融服务贸易都处于逆差状态，并且这种逆差呈不断扩大的趋势。从金融服务贸易的内部结构来看，保险服务贸易占金融服务贸易的比重要比其他金融服务贸易所占的比重高得多，但是，保险服务贸易的增长也不平衡，2000 年以来一直都处于逆差状态，其逆差占整个逆差的比重也都在 98%以上。

（2）由于中国银行业特别是四大国有商业银行在整个金融业中具有代表性，也是银行业“走出去”的代表。因此，可以通过考察四大国有商业银行的国外资产和外资银行在华资产的相对数来反映中国商业存在金融服务贸易的整体状况。如果用四大国有商业银行国外资产数和外资银行在华资产数分别代表中国商业存在金融服务贸易的出口额和进口额，则中国以商业存在形式提供的金融服务贸易呈现出口远大于进口的态势。不过这二者的相对比例呈逐渐下降的趋势，主要是由于外资银行在华资产以更快的速度增长所致，这也从一个侧面反映了中国在加入世界贸易组织之后逐步放宽了外资金融机构在市场准入、业务范围等方面的限制，从而促进了外资金融机构在中国的发展。

4. 专业服务贸易方面的问题

中国的专业服务业起步很晚，虽已初具规模，但仍有四大“瓶颈”制约其迅速发展，其在中国国际服务贸易中的比例极其微弱。专业服务行业包括品牌顾问、管理咨询、广告创意、公关运作、整合营销、市场调研、企业策划、人力资源培训、专业咨询信息、商标专利代理等，在国外被称为“第四产业”、“智慧产业”、“创意工业”。专业服务贸易就基于上述各项内容进行。目前，专业服务正在世界范围内蓬勃发展。近年来，中国的专业服务行业发展较快，形成了一定的规模，作用日益显著，但其发展仍面临着四大“瓶颈”：专业服务质量还有待提高；缺少具有国际水平的规模企业和知名品牌；企业缺乏对专业服务的了解；社会环境上还缺乏对专业服务的应有重视。因此极大地制约了中国专业服务贸易的发展。可以说迄今为止，国内专业服务业企业所受到的外国企业的冲击远比制造业要少。或许正因如此，在温室中得到过多呵护的服务业的抗风险能力和生命力，就远远比不上在恶劣环境中发育和成长并结合了中国区位资源优势的劳动密集型的工业制造业。

四、发展知识型服务贸易，在金融服务贸易方面建立贸易强国的对策

2008~2009年美国引起的次贷危机带来的损失是巨大的，而中国金融体系、金融市场受到的影响并不是很大。这是由于中国金融机构特别是银行业发展还处于孤立状态——与国际联系不够密切。与此同时，中国并不能因为近两年发生的金融危机而因噎废食，恰恰相反，中国要在抓住这次美国金融危机带来的金融贸易方面难得的发展机遇，不断完善自身金融体系建设的同时，进一步加快金融国际化进程，努力发展国际金融服务贸易。

（1）实行市场化、层次化和制度化的人力资源战略，加强金融人才的培养和使用，金融业的竞争，本质上就是金融人才的竞争，特别是处于核心层次、核心岗位的高端国际化金融人才的竞争。因此，加强既有金融实战经验，又拥有金融服务贸易知识、通晓国际金融市场新产品运作、精通外语的金融高级人才的培养与使用，是增强中国金融服务贸易核心竞争力的根本途径。

（2）加快金融市场化改革，培育多元化金融主体，促进同业竞争金融市场化改革的长期滞后已成为制约当前中国经济健康发展的最大“瓶颈”。从转型经济国家金融体制改革的经验来看，在转型时期，要取得金融体制改革的关键性突破，必须彻底打破国有或准国有机构对金融业务的垄断格局。金融运行的非市场化或政府主导行为是广大转型经济国家金融“瓶颈”的关键，解决问题的唯一方法是引入有效的市场竞争，提高金融体系运行的市场化程度。竞争有利于提高效率，强化核心能力。应大力推进增量改革，尽快培育出更多的、具有活力的新型银行，不仅包括各种股份制银行，还应包括民营银行。

（3）加强金融创新，形成核心竞争力。随着银行业的全面开放，中资银行将与外资银行在同一起跑线上激烈竞争。中外资银行之间的一个重要差距，就是创新能力的差距。提高金融创新的能力，有利于形成中国金融服务贸易的竞争力，金融创新是银行业金融机构提高服务水平和竞争能力的重要基础，也是有效对冲和分散风险的重要手段。因此，加快金融创新已经成为中国银行业的当务之急。

（4）建立完备的金融监管体系，有效防范和控制金融风险。在新的形势下，迫切需要加强和完善对金融业的监管，特别是要按照国际化标准，科学

规范地进行行为监督和业务监管，并与国际监管标准接轨。

五、结 论

从长期来看，包括金融服务和各类中介专业服务在内的其他服务贸易增长潜力是巨大的，在经过一段时间的调整之后，它将重新成为服务贸易增长的主力，增长速度也可能在几年后重新加快。包括金融服务在内的其他服务贸易的年增长率在上次经济增长周期的后三年出现了加快发展的态势，其增长率快于运输和旅游等传统服务贸易的增长率。这一规律将在全球经济进入高涨阶段后重现，金融危机只能暂时中断服务贸易的发展趋势，而无法逆转它。因此，中国就要抓住这千载难逢的机会，大力发展包括金融贸易在内的知识型服务贸易，真正实现贸易产业升级，促进经济的快速稳定增长，完成由“贸易大国”向“贸易强国”的历史性转变。

参考文献：

[1] 潘菁. 知识型服务贸易与经济增长 [J]. 山西财经大学学报，2007 (2).

[2] 罗春燕. 我国金融服务贸易发展现状及对策研究 [J]. 时代经贸，2008 (Z1).

[3] 程大中. 中国服务贸易增长的特点、原因及影响 [J]. 中国社会科学，2004 (2).

[4] 潘菁，刘辉煌. 我国知识型服务贸易竞争力的国际比较研究 [J]. 山西财经大学学报，2008 (11).

[5] 潘鸿雁，汪安佑. 发展我国知识型服务产业的战略思考 [J]. 技术经济，2002 (3).

日元升值后日本对外贸易政策分析及其对中国的启示

都静燕[①] 朱振荣[②]

摘要：日本从20世纪70年代开始经历了日元的持续升值阶段，日元升值后日本对外贸易依然保持增长。鉴于近年来国际上要求人民币升值的呼声有愈演愈烈的趋势，本文结合目前人民币所面临的升值压力，考虑到中国出口贸易的具体特点，通过探讨日元升值后的日本对外贸易政策，给出对中国对外贸易政策的启示。

关键词：日元升值；人民币升值；对外贸易政策

近年来，人民币升值问题一直是世界经济的热点问题，人民币面临越来越大的升值压力。究其原因，主要是由于经济的高速发展，中国正在经历经济的转型，加速向城市化发展，而城市化的进程必然带来工业化，这为中国带来了每年8%~9%甚至两位数的平均增长率。即使是在金融危机席卷全球、各个国家经济低迷时，中国经济也依然保持着强劲的增长。而带动中国经济发展的"三驾马车"之一的出口对经济的持续稳定增长贡献最大，据统计，1990~2008年中国贸易顺差年均增长率达20.6%，2008年贸易顺差2954.7亿美元，虽因经济危机的影响，2009年贸易顺差同比下降8.9%，但仍顺差1960.6亿美元。

出口贸易的持续发展，导致贸易顺差不断扩大，外汇储备急剧增加，至2010年3月份，中国的外汇储备达到24471亿美元，这也就意味着外国货币的供给量增大，根据供求原理，这会造成外国货币价格下降，即外币贬值、

① 都静燕（1987~），女，河南洛阳人，北京工商大学经济学院国际贸易学专业2009级硕士研究生。研究方向：国际贸易。邮箱：anthea87@live.cn。

② 朱振荣（1970~），女，安徽潜山人，北京工商大学经济学院副教授，硕士生导师，中国政法大学国际法专业博士研究生。研究方向：国际贸易。邮箱：zhuzhenrong88@sohu.com。

人民币升值。

同时，经济的高速发展使许多外国投资者看好中国市场前景，纷纷到中国投资，引起国际收支经常项目中资本项目的顺差。2009 年中国国际收支平衡表中，资本项目顺差 40 亿美元，其中外国资本流入 42 亿美元，中国的资本流出仅有 2 亿美元，资本项目的顺差同样也增加了人民币升值的压力。

国际上，以美国为首的西方国家又频频向中国施压，要求人民币升值，美议会议员甚至上书要求将中国定为汇率操纵国。2010 年 3 月，诺贝尔经济学奖得主保罗·克鲁格曼也曾撰文公开批评人民币汇率机制。人民币升值压力日益增加，甚至可能会进入一个长期的升值阶段。人民币的升值，将会给出口部门带来巨大的挑战。尤其是，在中国的出口贸易中将近一半的出口是低附加值的加工贸易，利润空间本就不大，人民币升值将会使加工贸易的出口形势严峻。因此，如何有效应对人民币升值成为解决出口贸易“瓶颈”的当务之急。

而毗邻的日本当年也曾经历了相似的经济转型过程，经历了日元的大幅升值阶段，因此研究日元升值期间日本所采取的对外贸易政策及其对外贸易额的变化，对中国在人民币升值期间制定正确的对外贸易政策有着借鉴意义。

一、日元升值的历史背景

从 1945 年到 20 世纪末，日元汇率变化历程可概括为两个阶段：1971~1995 年的日元持续升值时期；1995 年至今的日元波动阶段。其中，20 世纪 70 年代初到 90 年代中期为日元主要升值期间。

日本的经济自 20 世纪 60 年代后迅速发展起来，出口贸易急剧增长。高速的经济增长，使日本一跃成为经济大国。加上日本产业政策调整，其钢铁产品、化纤产品、机械产品的竞争能力日益提高，对外出口贸易猛增，尤其是钢铁和汽车，日本对美国贸易从 1965 年开始出现顺差，并且越来越大，1975 年日本跃居世界汽车第一出口大国。1980 年，日本向美国出口的汽车数量为 394.7 万辆，而进口数量仅为 1.05 万辆，进出口的比例悬殊极大。在美国的施压下，日美双方达成鼓励日本的汽车生产商到美国投资的协议。尽管如此，1981 年日本的汽车出口量仍然高达 605 万辆，而一向以汽车大国自居的美国出口量仅有 69 万辆，市场的严重失衡引发了美日两国贸易摩擦。实际上，日本以物美价廉的商品很快占据了美国市场和世界市场，日本取代美国成为世界上最大的债权国。

而在此期间，美国国内不仅对外贸易赤字扩大，政府预算赤字也同时出现。美国政府希望通过提高基准利率引进国际资本来发展经济，结果又导致外来资本的大量流入，使得美元不断升值。1979~1980 年，世界第二次石油危机爆发，导致美国消费物价指数上涨，美国出现严重的通货膨胀，美国的贸易和经济状况给日元升值带来很大的压力。

1985 年 9 月，美国、日本、前联邦德国、法国、英国等五个发达工业国家财政部长及五国中央银行行长在纽约广场饭店（Plaza Hotel）举行会议，并达成协议：五国政府联合干预外汇市场，使美元对主要货币的汇率有秩序地下调，以解决美国巨额的贸易赤字。因该协议在广场饭店签署，故被称为“广场协议”（Plaza Accord）。协议中规定，日元与马克应大幅升值以挽回被过分高估的美元价格。

“广场协议”签订后的 10 年间，日元币值平均每年升值 5%以上，由最初的 1 美元兑 250 日元升到 1995 年 5 月的 1 美元兑 87 日元。然而，美元的贬值并没有促进美国出口贸易的增长，因为美国经济问题的根本在于其国内经济的不平衡（国内巨大的贸易赤字）。相反，日元升值却对日本经济产生了不可估量的影响。其间，日本的经济虽然开始出现下滑，但是日本的对外贸易并没有发生很大变化，直到 2000 年日本都是美国最大的贸易顺差国，2000 年之后中国才取代日本成为美国最大的贸易顺差国，可见，日元的升值并没有对日本的对外贸易产生很大的影响。

二、日元升值之后日本对外贸易额未见大幅下降

日元升值后日本适时调整其贸易政策，由原来的“贸易立国”理念转变为“贸易自由化”，积极推动对外贸易的发展，调整产业结构，由商品输出国逐步过渡为资本输出国，实现了经济的梯度转移。在此期间，日本的对外贸易额并没有因为日元的升值而大幅下降，以日本的最大贸易国美国为例，“广场协议”后日元兑美元汇率的变动所带来的日本对美国输入额、输出额的变化如表 1 所示。

“广场协议”签订后，日元大幅升值，由 1985 年的 1 美元兑 238.54 日元升值为 1986 年的 160.1 日元，随后除 1988 年外都一直保持持续升值，1995 年之后日元不再持续升值，而是开始了日元汇率的波动阶段。以表 1 中的日元兑美元汇率数据为基础，图 1 显示出日元兑美元汇率的变化趋势。

表 1 日元兑美元的汇率以及日美贸易盈余

单位：十亿日元

年份	日元兑美元汇率	对美国输入额	对美国输出额	贸易盈余
1985	238.54	6213	15583	9370
1986	160.10	4917	13564	8647
1987	122.00	4582	12148	7566
1988	143.40	5388	11487	6099
1989	135.40	6632	12816	6184
1990	133.89	7586	13057	5471
1991	128.04	7191	12324	5133
1992	124.04	6622	12121	5499
1993	109.91	6163	11735	5572
1994	100.18	6424	12035	5611
1995	101.85	7076	11333	4257
1996	113.98	8631	12177	3546
1997	129.73	9149	14169	5020
1998	117.07	8778	15470	6692
1999	102.58	7640	14605	6965
2000	112.21	7779	15356	7577
2001	127.59	7671	14711	7040
2002	121.89	7237	14873	7636
2003	107.74	6825	13412	6587
2004	103.81	6763	13731	6968
2005	118.37	7074	14805	7731
2006	117.40	7911	16934	9023
2007	112.54	8349	16896	8547
2008	91.25	8040	14214	6174

资料来源：日本统计局。

在日元升值期间，日美贸易顺差并没有因为日元的升值而得到改善。依据表 1 中的数据，可以得到如图 2 所示的更加形象直观的日美贸易变化折线图。从对美国输出额的曲线可以看出，虽然由于日元汇率的升值而引起出口额的急剧减少，但是经过短暂的调整之后，总体的趋势仍然是在波动中上升，说明日元升值后并没有大幅降低日本的对外贸易出口额，日元汇率的相对升值并未从根本上遏制其对美国的贸易顺差。

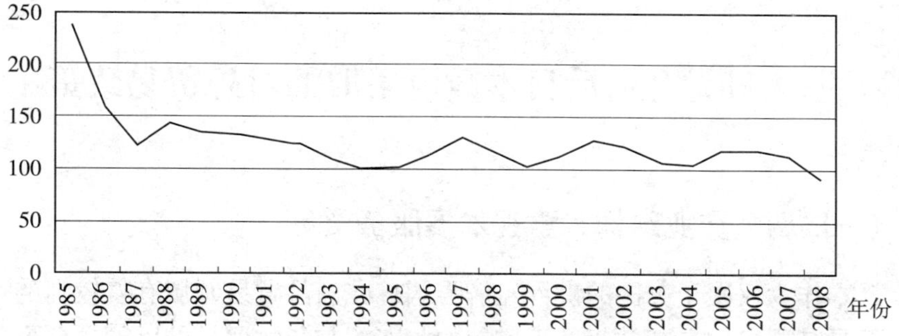

图 1 日元兑美元汇率走势

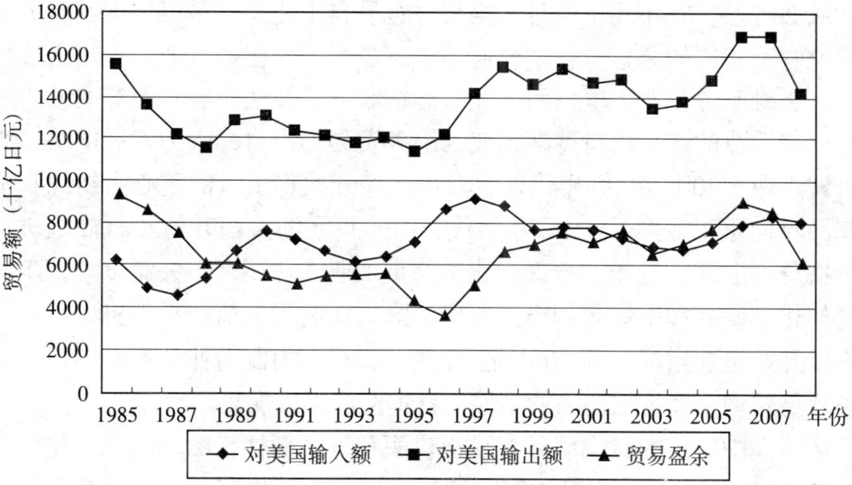

图 2 日美贸易变化

再看图 2 显示的对美贸易盈余额，1985~1989 年，由于日元汇率突发的大幅度升值，进出口企业的策略调整，以及政府政策的实行都需要一个过渡期，日本对美国的输出额有所减少，这一时期进口也呈现出降低趋势，日美之间的贸易盈余减少。1989~1997 年日美贸易盈余一直呈现出下降的趋势，原因并非日本对美国输出额的减少，而是进口行业的繁荣造成的。1997 年至今日本对美输入额保持稳定的态势，但是由于对美输出额的增加，引起日美的贸易顺差渐渐增加。

日元汇率的大幅升值，并未引起日本出口行业的长期低迷，这与日本政府所采取的正确的对外贸易政策是密不可分的。

三、日元升值后日本政府采取的对外贸易政策

（一）调整产业结构，重视发展服务贸易

日本作为仅次于美国的世界经济强国，在商品贸易领域有着较高的竞争力，但是其服务贸易却常年处于逆差的状态，与货物贸易的巨额顺差形成对比，服务贸易行业的国际竞争力比较薄弱，落后于其他同等水平的发达国家。从20世纪70年代中期日本推行“贸易自由化”政策以后，其服务贸易政策也有了相应的调整。日本政府逐步减少对一些服务行业的管制，放松对能源、金融服务行业，电信服务业、运输服务业及法律服务业等的监管。由主要以制造业的商品出口逐渐过渡为服务贸易的出口，大力发展电机、汽车等机械产业。20世纪50年代末，日本已经开始将出口的重心由纺织和轻工业制品转向重工业产品。到70年代，由于日元的大幅升值及石油危机，能源价格急剧上涨，造船、钢铁、化学等重工业产业逐渐失去竞争力，工业原材料如化学制品和钢铁等的出口有所下降，而高附加值产品如机械和电子产品出口开始迅速增加，到20世纪90年代，日本由制造业的商品出口贸易向服务贸易转型，经济结构的调整促使日本经济得以恢复。

从图3中显示的日本服务贸易出口额和进口额柱状图的差异变化可以看出，20世纪90年代以来日本服务贸易水平在逐渐提高。出口额基本保持逐年递增，进口额呈现出波浪形的上升态势。历年出口额均小于进口额，说明服务贸易一直处于逆差状态。但是，出口额和进口额的差额，也就是服务贸易逆差额水平在不断减少，说明了日本服务贸易水平的进步与发展。

（二）增加对外投资

为了减少与其他发达国家之间的贸易摩擦，日本企业增加在海外的直接投资，如在美国直接投资建厂，雇佣当地劳动力，避开竞争，绕开贸易壁垒，扩大对欧美的间接出口，平衡国际收支。此外，面对日元升值的压力，为了能够依然保持日本出口产品的价格竞争力，日本公司将低技术的劳动密集型产品的生产转移至中国和亚洲其他发展中国家，刺激日本对这些国家资本密集型产品的出口。1986~1988年，日本对外投资累计1028亿美元，超过1951~1985年35年间的对外投资累计额837亿美元，并且跃居世界第一位，2008年日本的对外投资额高达407亿美元。日本的海外直接投资同时呈现

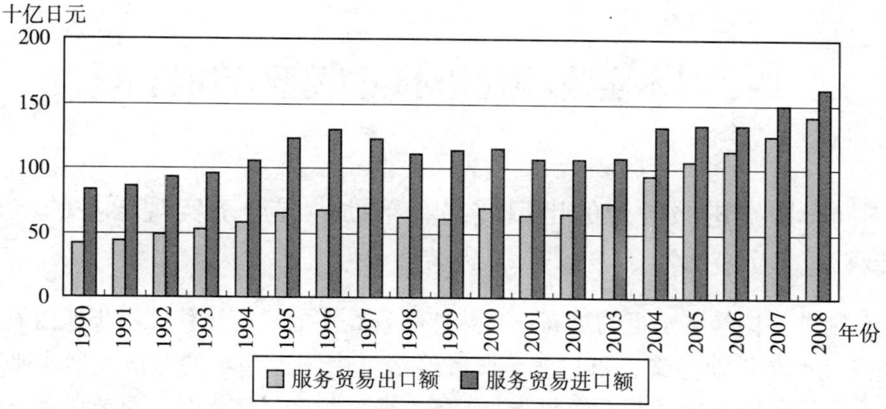

图 3 日本服务贸易进出口额

资料来源：OECD 国际贸易统计数据。

出区域分布的特点，对一些发达国家的投资，主要是为了绕开贸易壁垒，争夺当地的市场份额，而对亚洲的一些发展中国家的投资，主要是为了利用廉价的劳动力，降低生产成本，一般都是些技术层次比较低的产业，通过迂回出口，减少和避免贸易摩擦。

（三）积极建立亚洲自由贸易区，寻求双边自由贸易的互惠待遇

日本一贯奉行的是多边主义的对外贸易政策，近年来也开始积极参与双边的自由贸易谈判，从 2001 年 1 月起，日本开始与新加坡、韩国进行缔结自由贸易协定的相关谈判。2002 年 1 月，日本与新加坡自由贸易协定的签订，预示了日本对外贸易政策的新的转变。随着区域贸易在世界各地的深化发展，以及多哈回合谈判的艰难，日本加快了实现区域自由贸易的步伐，以获得规模效应所带来的经济效益。依据 2003 年《东京宣言》，2004 年日本开始与菲律宾、泰国、马来西亚进行关于自由贸易区的相关谈判，2006 年与马来西亚缔结的 FTA 生效，2007 年与菲律宾缔结的 FTA 生效。与泰国的 FTA 协议由于泰国局势的动荡，直到 2008 年才正式生效。伴随中国在亚洲区域贸易合作的领先性，日本逐渐意识到寻求亚洲区域贸易合作的重要性，从而保持其在亚洲的领先地位，目前，中、日、韩三国的自由贸易谈判也在进行当中。

四、日本实践对中国对外贸易政策的启示

(一)推进服务业的出口贸易，帮助中国经济实现自身的梯度转移

随着一国经济水平的提高，必然伴随着经济的梯度转移，逐步地由农业经济发展至工业经济，再过渡至服务经济。中国近些年的经济发展水平很快，但服务业的发展并不像制造业那样，成为拉动经济增长的重要因素。中国的服务业发展相对滞后，具有起步晚、虽然发展快但平均水平低的特点。中国服务业的就业人口占就业总人口近1/3，但占世界服务贸易的比率极低。服务业的出口在国际贸易收支中所占比重也很小，尽管服务贸易的出口额和进口额占世界的比重已由1990年的第26位上升至2008年的第5位，但是服务贸易的出口占世界比重也仅由1990年的0.74%上升至2008年的3.9%，而且服务贸易一直处于逆差状态。2009年服务贸易逆差高达294亿美元，且逆差总体呈现不断扩大的趋势（见表2）。

表2 2001~2009年中国服务贸易国际收支借贷差额

单位：亿美元

2001年	2002年	2003年	2004年	2005年	2006年	2007年	2008年	2009年
59.3	67.8	85.7	97.0	93.9	88.3	79.0	118	294

资料来源：国家外汇管理局统计。

服务贸易领域的明显落后，是中国产业结构调整落后的反映，这充分表明中国服务贸易在国际竞争中处于不利地位，但是也说明中国服务业的增长空间还很大。纵观日本经济的发展，尤其在日元升值后，日本虽然总体经济遭遇了一段时间的寒冬，但是对外贸易却一直保持增长的势头，这与日本成功的产业结构升级密不可分，其中即包括日本经济由制造业出口向服务业出口的结构转型。

(二)扩大内需

中国拥有世界上最大的消费市场，但是人均消费水平很低，储蓄额虽然年年攀升，国内的消费市场却一直处于疲软状态。随着工业化进程的加速发展，国内的市场潜力巨大。一直以来，出口是拉动经济增长的主要力量，加

之人民币升值所面临的严峻形势，中国经济受到世界发达国家的压力越来越大，由于长期的贸易顺差，贸易摩擦近年来频频发生。如何提高居民收入、增加就业，从而带动国内的消费需求，成为中国经济实现成功转型的关键。

（三）加大对高附加值产品出口的开发力度

虽然 2002~2007 年中国的外贸出口中高新技术产品出口年均增长率为 40%，但是其中大部分是进料加工、来料加工装配等加工贸易方式，属于外贸企业自身研发的高附加值产品很少。因此，外贸企业应重视产品的研究开发和自主创新，这样才能在竞争中立于不败之地。为此，国家应给予一定的优惠措施，如政府资助研发经费、提供信贷支持、提供风险投资信息等，同时外贸企业可以鼓励员工注重创新能力的培养，加大自身研发投资力度，与科研机构及高校联合开发，对其提供资金上的支持以获得共享知识产权等，并将其转化为高附加值产品的出口。尤其要提升企业的竞争力，注重企业的自主品牌的研发，由粗放型产品的出口转化为集约型产品的出口，而不再只是仅仅依靠低附加值的初级产品的出口来保持贸易大国的地位。

（四）扩大对外直接投资

由于中国的出口长期保持顺差地位，屡次受到外国的反倾销、反补贴等贸易制裁。自 1995 年世界贸易组织成立以来，反倾销案中涉及中国产品的调查占案件总数的 1/7，目前，全世界 1/3 的反倾销案都是针对中国的。直接在国外投资建厂、生产、销售则可绕开其贸易保护壁垒，变被动地位为主动地位。

近年来，中国的对外直接投资呈现波动中增加的趋势，2004 年对外直接投资借贷差额 181 亿美元（借贷差额中借方表示中国对外直接投资汇出的资本金、母子公司资本往来的国内资金的流出，贷方表示中国撤资和清算以及母子公司资金往来的外部资金流入），2005 年、2006 年分别为 113 亿美元、212 亿美元，2007 年略有降低，为 170 亿美元，2008 年又跃至 535 亿美元。同样，日本在 1981~1991 年对欧盟和美国的直接投资的增加，在很大程度上是受日渐增加的反倾销诉讼案的影响。2009 年中国对外直接投资借贷差额为 439 亿美元，即中国在外投资的净增加额。增加对外直接投资，可以一定程度上缓解人民币升值所带来的对贸易的影响。

参考文献：

[1] 陈建安. 经济全球化与 21 世纪日本的对策 [M]. 上海财经大学出版社，2003.

[2] 张季风. 挣脱萧条：1990~2006 年的日本经济 [M]. 社会科学文献出版社，2006.

[3] 周克. 人民币升值压力的根源及持久性分析 [M]. 中国农业出版社，2009.

[4] 左柏云. 日本在日元升值条件下保持出口强势的经验及其启示 [J]. 亚太经济，2005 (6).

[5] 张莉. 当前中国对外贸易关系的格局及趋势 [J]. 国际贸易，2010 (5).

[6] 黄彬. 日元升值之路对中国的启示 [J]. 统计与决策，2010 (1).

[7] 刘向丽，赵冲. 日元长期升值条件下日本对外贸易政策的调整 [J]. 党政干部学刊，2003 (9).

中国与东盟的贸易分析及策略

汪　磊[①]

摘要：随着中国与东盟双边经济的发展，中国与东盟之间的贸易额不断扩大，并且日趋成为中国对外贸易的重要组成部分。分析中国与东盟之间的贸易状况，并为促进区域经济的发展提出中国转变外贸发展方式的策略。

关键词：中国；东盟；贸易状况；转变外贸发展方式

目前，中国仅用30年的时间就跃升为经贸总量居世界前列的贸易大国，在经历了2008年国际金融危机后，中国逐步明确了后危机时代的经贸发展方向：中国不仅要巩固贸易大国的地位，同时还要充分发挥现有比较优势，创建新的竞争优势，转变对外贸易发展方式，实现贸易的可持续发展，最终实现贸易强国的宏伟目标。面对极具发展潜力的中国—东盟自由贸易区，中国应当调整外贸结构、转变对外贸易发展方式，从而推进区域经济的发展，提升中国国际竞争力。

一、中国与东盟贸易概况

自从世界贸易组织（WTO）成立以来，区域经济合作的发展大大加快，平均每年有15个区域经济合作组织成立。区域经济组织的迅速发展是与经济全球化的发展密不可分的。为顺应经济全球化的发展，中国在2001年加入WTO后，充分融入世界经济合作发展中，与各方合作积极建设双边自由贸易区。到目前为止，中国已与五大洲29个国家和地区商谈建立自由贸易

① 汪磊（1985~），男，安徽怀宁人，北京工商大学商学院技术经济及管理专业2009级硕士研究生。研究方向：技术经济。邮箱：leiw85@163.com。

区的安排，已签订协议并凸显地缘优势的自由贸易区包括中国—东盟、中国—巴基斯坦自由贸易区。其中，中国—东盟双边贸易在区域经济合作中处于非常重要的地位，仅 2010 年上半年，中国—东盟双边贸易额达到 1365 亿美元，同比增长 55%，东盟已成为中国第四大贸易伙伴。

从表 1 可知，自 1995 年以来中国对东盟贸易不断扩大，中国对东盟贸易总量由 1995 年的 203.69 亿美元增长至 2009 年的 2130.11 亿美元，双边的贸易额扩大了 10 多，而且中国对东盟出口与自东盟的进口基本都保持递增趋势。

表 1　中国对东盟贸易统计

单位：亿美元

年份	进出口金额	出口金额	进口金额	贸易差额
1995	203.69	104.74	98.95	5.79
1996	211.58	103.08	108.50	−5.42
1997	251.56	127.00	124.56	2.44
1998	237.98	111.64	126.34	−14.70
1999	271.01	121.75	149.27	−27.52
2000	395.22	173.41	221.81	−48.40
2001	416.15	183.85	232.29	−48.44
2002	547.67	235.69	311.98	−76.29
2003	782.56	309.32	473.16	−163.84
2004	1058.80	429.02	629.78	−200.76
2005	1303.70	553.71	749.99	−196.28
2006	1608.40	713.14	895.26	−182.12
2007	2025.08	941.39	1083.69	−142.30
2008	2311.17	1141.42	1169.74	−28.32
2009	2130.11	1062.97	1067.14	−4.17

资料来源：根据中国商务部亚洲司网站资料和《中国统计年鉴》各期整理。

在中国—东盟双边贸易取得显著成就的同时，由于双边发展水平不一，双方在经贸交往中既存在着互补性，又存在着竞争性。

二、中国同东盟贸易互补性分析

现阶段，中国与东盟各国同属于发展中国家，在经济结构和贸易结构上都存在着多样化和多元化。同时，各国的国情和发展水平都不相同，在对外贸易中各有所长，也各有所短，这就为各方在双边贸易中相互合作提供了良好的契机。

1. 实物形态商品的互补

从商务部官网《国别贸易报告》中的统计资料可以看出，东盟主要国家对中国出口商品类别主要集中在机电产品、塑料和橡胶、矿产品、动植物油脂、化工产品等。如 2008 年泰国的机电产品、塑料和橡胶、矿产品的出口额分别占其对中国出口总额的 45.3%、22.8%、11.5%，2009 年马来西亚的机电产品、动植物油脂、塑料和橡胶出口额分别占其对中国出口总额的 56.6%、14.7%、10.2%，2008 年、2009 年印度尼西亚的矿产品出口额分别占其对中国出口总额的 45%、46.7%等。而东盟主要国家自中国的进口商品主要集中在机电产品、贱金属及制品、化工产品等。如 2008 年泰国自中国进口的机电产品、贱金属及制品、化工产品分别占自中国总进口额的 48.5%、16%、10.9%，新加坡进口的机电产品占自中国总进口额的 61.2%，同样 2009 年马来西亚进口的机电产品、贱金属及制品分别占 64.9%、6.8%等。对其进行分析可知，由于东盟国家特殊的地理位置，它们拥有非常丰富的自然资源，如天然橡胶占世界产量的 83%，锡占 65%，热带硬木占 60%等，除新加坡外的东盟国家向中国出口原料型初级产品的比重自然较大，而中国又是一个自然资源相对缺乏的国家，这就使得双边在自然资源利用上具有很强的互补性。

东盟各国的工业化历史都比较短，而且工业基础相对比较薄弱，东盟各国的工业化过程也主要通过吸引外资投资，利用外资发展劳动密集型农产品加工和轻工产品出口加工产业。因此，使得东盟各国整体上在基础制造业和高新技术产业上处于劣势。中国改革开放 30 多年来，不仅创造了大量的外汇储备，而且在基础制造领域，尤其是机械制造业，具有相对竞争优势。同时，在一些高新技术产业，如航天技术、核应用技术等方面具有世界先进水平。从中国对东盟主要出口机电产品和化工产品可以看出，中国在技术密集型产业方面相对东盟来说具有比较优势。这也使得中国同东盟在产业结构上具有互补性。

从商务部的统计数据可知，中国同东盟的产业内贸易大部分集中在机电产品上。中国出口到东盟的机电设备大部分具有普遍和特殊用途，而东盟出口到中国的机电产品主要以电子零部件为主。同时双边的机电产品贸易额早在 1999 年和 2004 年占双边贸易总额的比例分别为 34%和 57%，年平均增长率达到 45.7%，超过了所有产品贸易的增长率。随着产业内贸易的不断扩大，双边也在逐渐形成互补性分工。

2. 技术和服务的互补

1982 年中国服务贸易总额为 44 亿美元，仅占世界比重的 0.6%。2006 年中国服务贸易总额达到 1917 亿美元，比 1982 年增加了近 43 倍，占世界的比重提高到 3.6%。2009 年中国服务贸易总额达到 2868 亿美元，比 1982 年增加了约 65 倍，其中运输和旅游两个传统行业仍占据中国服务贸易进出口的主导地位，以计算机和信息服务、咨询、专有权利使用费和特许费以及广告宣传为代表的高附加值行业进出口继续保持增长，在服务贸易进出口总额中的占比有所提升。中国规划，2010~2015 年中国服务贸易要闯入世界前 3 名，2015~2020 年要进一步巩固中国在全球服务贸易中的地位，到 2020 年服务贸易总额达到约 1 万亿美元。

虽然中国的服务贸易不断扩大，规划的前景非常令人鼓舞，但是中国的服务贸易却保持经常性逆差，逆差额从 1997 年的 32.21 亿美元扩大到 2006 年的 89.06 亿美元，而且运输、保险服务、专有权利使用费和特许费是保持大额逆差的主要部分。

业界常用服务贸易竞争力指数（TC 指数）来测定一国某一产业的国际竞争力，TC 值位于-1~1，TC 指数越接近 0 表示竞争力越接近于平均水平；指数值越接近于-1 表示竞争力越薄弱；指数值越接近于 1 则竞争力越大。表 2 显示整体上中国服务贸易竞争力指数一直为负，表明中国服务贸易整体竞争力水平低于国际平均水平，竞争能力偏弱。在运输、保险服务、专有权利使用费和特许费方面的竞争力劣势一直比较明显，尤其是专有权利使用费和特许费 10 年间的 TC 指数平均值为-0.88，说明该行业处于绝对竞争劣势。近几年来，TC 指数大于零的，仅仅在旅游、建筑服务、其他商业服务等方面，这些领域才具有一定的比较竞争优势。

中国服务贸易状况表明，中国发展服务贸易的产业基础薄弱。据统计，中国作为国际服务贸易发展基础的第三产业增加值占国内生产总值的比重为 40%，不但低于发达国家 70%的水平，也低于发展中国家 50%的平均水平。

东盟服务贸易在 2007 年就占世界比重的 5.2%，比中国高出 1.2 个百分点。同时，占东盟服务贸易主要份额的国家——新加坡、泰国、印度尼西亚、马来西亚的服务贸易总额排名都居于世界前 30 位。新加坡是东盟国家中发展水平最高的国家，服务贸易发展水平也高于东盟其他国家，在运输服务、旅游、金融、保险、信息技术等其他服务方面都具有较高的发展水平，如 2006 年新加坡的运输出口额占到出口服务贸易总额的 35.5%。泰国、马来西亚、菲律宾和柬埔寨在旅游产业上具有发展优势，如 2006 年泰国、马来西亚旅游出口额占出口服务贸易总额的比重分别为 51.5%和 47.8%，均超

表 2 1997~2006 年中国服务贸易分行业竞争力指数

行业 \ 年份	1997	1998	1999	2000	2001	2002	2003	2004	2005	2006
总体	−0.07	−0.05	−0.09	−0.08	−0.08	−0.08	−0.08	−0.07	−0.05	−0.05
运输	−0.54	−0.57	−0.53	−0.48	−0.42	−0.41	−0.40	−0.34	−0.29	−0.24
旅游	0.20	0.16	0.13	0.11	0.12	0.14	0.07	0.15	0.15	0.17
通信服务	−0.03	0.60	0.51	0.70	−0.17	0.08	0.20	−0.03	−0.10	−0.02
建筑服务	−0.34	−0.31	−0.22	−0.25	−0.01	0.13	0.04	0.05	0.23	0.15
保险服务	−0.71	−0.64	−0.81	0.92	−0.85	−0.88	−0.87	−0.88	−0.85	−0.88
金融服务	−0.85	−0.72	−0.20	−0.11	0.12	−0.28	−0.21	−0.20	−0.04	−0.72
计算机和信息服务	−0.47	−0.43	0.09	0.15	0.14	−0.30	0.03	0.13	0.06	0.26
专有权利使用费和特许费	−0.82	−0.74	−0.83	−0.88	−0.89	−0.92	−0.94	−0.90	−0.94	−0.94
咨询	−0.15	−0.19	−0.30	−0.29	−0.26	−0.34	−0.22	−0.20	−0.07	−0.03
广告、宣传	−0.01	−0.11	0.004	0.05	0.04	−0.03	0.03	0.10	0.20	0.20
电影、音像	−0.63	−0.44	−0.67	−0.34	−0.21	−0.53	−0.35	−0.62	−0.06	0.08
其他商业服务	0.19	0.07	0.02	0.07	0.12	0.28	0.40	0.31	0.28	0.27

资料来源：商务部网站。

过本国其他服务部门的比重。

可见，中国同东盟各国在服务贸易的产业格局上存在着差异性和相似性。中国在旅游、建筑服务和其他商业服务方面具有比较优势，而新加坡在运输服务、其他服务上具有优势，其他东盟国家主要以旅游见长。但是，中国传统服务行业长期处于低水平、低附加值的发展阶段，拓展国际市场和应对外来竞争的能力较弱；金融、保险、计算机和信息技术等新兴服务业起步较晚，尚处于学习和借鉴外来经验的阶段。另外，中国服务贸易企业规模普遍较小，技术水平不高，管理相对落后。中国国际客运服务企业规模较小，国际航线较少、业务起步较晚；货物运输企业也在运输成本、定价能力和服务水平等方面与国际知名货运企业存在差距。国际旅游企业需要提升旅游产品品质，加大相关宣传推广力度。近年来，尽管新兴知识密集型服务贸易企业发展较快，但在国际市场上的竞争力仍然不强。因此，在服务贸易方面，双边同样具有很好的互补性。

三、中国同东盟贸易竞争性分析

现阶段，中国同东盟各国同为发展中国家，工业化基础都比较薄弱，在国际分工中都主要从事劳动密集型产业和资源密集型产业，而且都属于出口导向型经济。两者之间的相似性使双边在贸易市场、出口产品上必然会产生竞争关系。

1. 市场的竞争

从产业结构总体上来看，同市场经济发达的国家相比，中国和东盟都还处在世界工业化的初级阶段，共同的优势都集中在劳动密集型产业上，在相当长的一段时间内都是凭借劳动力价格低廉的优势生产低附加值的产品出口到国外市场获取外汇。在发达国家同发展中国家的国际贸易中，由于发达国家处在产业链的高端，中国和东盟这些发展中国家都同处产业链的低端，贸易不公平，使得中国和东盟对发达国家市场的依赖性都很强。根据商务部综合司的商务统计显示，2003~2008 年，欧盟、美国、日本、东盟、中国香港一直是中国五大贸易伙伴，而欧盟、美国、日本也位列东盟的前五大贸易伙伴之中。因此，双边在主要出口市场上的竞争自然不可避免。

2. 产品的竞争

目前，中国和东盟的出口产品大部分属于资源密集型的初级产品和劳动密集型的制成品，产品的价格、种类和档次比较接近，双边的经济发展都比较依赖出口的拉动，这样势必就会产生出口产品的竞争。由于中国出口的产品主要是机电产品、纺织品和服装等，而东盟国家主要出口机电产品、纺织品和服装、橡胶、塑料和矿产品等，因此双边的产品竞争主要还是集中在劳动密集型的制成品上。

四、中国提升区域贸易竞争力的策略

虽然 2008 年的金融危机对中国的外贸出口产生了很大的冲击，但是也给中国的外贸发展提供了一些启示：未来中国要想成为贸易强国，就必须加快转变对外贸易发展方式，这也是中国应对国际经济贸易格局调整、谋求新发展的必然要求。要由目前的贸易大国转变为贸易强国，中国还必须立足于区域经济，谋求区域经济的主导权和话语权。近几年中国与东盟之间的贸易额占中国贸易总额的9%左右，具有相当大的份额。双边的贸易扩大对中国的经济发展具有积极的作用。因此，中国要促进中国—东盟自由贸易区的经济发展，需要有相应的对策来改变目前的外贸发展方式。

1. 调整与升级国内产业结构

目前，中国产业结构中第二产业比重偏高、第三产业比重偏低，而且内部结构不合理、效益偏低。经济增长主要靠投资、出口来拉动，经济发展方式转变进程缓慢。在雁行模式中处于雁尾的东盟国家产业结构调整和升级也趋于缓慢，使得中国与东盟在劳动密集型产品上产生越来越严重的同质化竞争。同时，随着中国“人口红利”的逐渐消失，劳动力素质的不断提高，中国在劳动密集型产业上的优势也逐步消失，这使得中国必须尽快调整和升级产业结构应对外界的挑战和竞争。

中国产业结构调整与升级的未来发展方向，应该是向以技术密集程度更高的产业结构和以创新能力为主的知识密集型产业发展。产业的发展要减少对有形要素如资源、能源、土地、环境、劳动力等的依赖，加大对科技、管理、创新等无形要素的投入。同时，面对区域经济的发展变化，需要政府制定和完善相关产业政策。产业结构的调整和升级，不仅可以加快中国经济发展方式的转变，而且对外贸发展方式的转变也起到决定作用。

2. 优化贸易方式

中国同东盟的贸易主要集中在货物贸易上，这就需在货物贸易方面做强一般贸易、提升加工贸易和发展其他贸易方式（边境贸易、易货贸易、转口贸易、租赁贸易、国际期货交易等），例如，加工贸易要向中高端产品或生产环节延伸和发展，要比过去更加密集地使用资本、技术和知识等要素。

虽然近年来中国与东盟之间的服务贸易不断扩大，但是服务贸易额只占总贸易额的比重10%左右，份额相对货物贸易比重很小。而且同欧盟、美国和日本相比，中国服务贸易的比重也明显偏低，其贸易竞争力指数近几年一直处于-0.1左右，服务贸易缺乏竞争优势。为此，应加快中国服务产业的发展，特别是现代新型服务业的发展，如金融、保险、通信、国际商务咨询、法律咨询、软件、现代物流等服务业。从地理位置上看，中国和东盟国家未来的大规模服务贸易将会围绕着大湄公河次区域发展，该区域总面积256.86万平方公里，总人口约3.2亿，流域内资源丰富，特别是水能资源、生物资源、矿产资源和旅游资源得天独厚，在运输服务上中国将有很大的发展潜力，可以培养大型航运企业，促进服务贸易的发展。

3. 注重外贸人才的培养

自从中国加入WTO以后，中国经济的持续高速增长和作为世界投资热点的地位日益突出，这为中国的对外贸易带来了良好的发展机遇，但是在机遇面前也面临一些挑战，尤其是外贸人才短缺的问题。如《中国人才蓝皮书》(2010)预计 2010 年中国外贸人才需求总人数将达到 79.344 万人，需求量相当大。因此，要加大外贸人才的培养，使他们不仅具备丰富的专业知识，而且具备熟悉 WTO 规则、掌握国际经贸基本技能等综合素质。总之，人才是实现中国由贸易大国向贸易强国转变的关键所在。

参考文献：

[1] 商务部研究院. 后危机时代中国外贸规划由大转强“路线图”[J]. 企业科技与发展，2010.

[2] 战勇. 60 年对外贸易的历史回顾及发展对策 [J]. 学术问题研究(综合版)，2009 (2).

[3] 冯艾凌，李国庆，赵静芳. 论中国与东盟贸易的互补性与竞争性 [J]. 石家庄经济学院学报，2009 (5).

[4] 巫才林. 中国与东盟的贸易互补与竞争研究 [J]. 技术与市场，2010 (8).

[5] 谷安平，安康. 中国与东盟贸易与中国经济增长的实证分析 [J]. 内蒙古财经学院学报，2006 (1).

[6] 刘志雄. 中国—东盟贸易结构演进分析 [J]. 东南亚纵横，2010 (5).

[7] 丁锋. 中国与东盟贸易的竞争性与互补性研究 [D]. 青岛大学硕士论文，2005.

[8] 吴喜龄. 中国与东盟服务贸易发展的比较分析 [D]. 广东外语外贸大学硕士论文，2009.

[9] 王娟. 中国与东盟国家服务贸易现状、结构与竞争力研究 [J]. 亚太经济，2008 (2).

[10] 吕世平，许新亚. 中国与东盟贸易合作发展趋势的探讨 [J]. 华北水利水电学院学报 (社科版)，2004 (2).

[11] 张乃坚. 东盟国家自然资源加工出口问题 [J]. 南方经济，1984 (2).

[12] 张文山. 促进大南宁建设是北部湾经济区发展的战略选择 [J]. 创新，2009 (3).

中国对外贸易现状分析

李 丽[①] 刘琦杰[②]

摘要：中国的对外贸易经历了起步和快速发展，在赚取大量外汇的同时也为中国经济的进步提供了巨大的动力，长期以来成为拉动经济发展最有力的一架马车，但其在逐渐成熟的过程中也暴露出了一些亟须解决的问题和缺点。本文旨在阐述中国对外贸易从改革开放以来取得的成绩，分析发展中的问题和原因，提出可以采取的措施，包括促进贸易平衡、培养人才和提供政策支持等；并结合近年来的国际金融危机，分析近两年中国对外贸易的表现和发展趋势。

关键词：对外贸易；现状；结构；转变

一、中国对外贸易现状

自改革开放以来，中国对外贸易发展迅速。2001 年中国加入世界贸易组织（WTO）后，更多的机会开始涌向国内企业，进一步扩大了对外贸易的规模，时至今日，中国已成为在世界市场具有举足轻重地位的贸易大国。其主要表现在：

1. 对外贸易总额不断增加

自 20 世纪 70 年代中国改革开放以来，中国逐渐恢复对外贸易并取得了迅速的发展。对外贸易总额从 1978 年的 206.4 亿美元上升至 2009 年的 22072.2 亿美元，增长了约 107 倍，且远远超出同期国内生产总值（GDP）

---

①李丽（1970~），女，河南南阳人，北京工商大学经济学院副教授，硕士生导师。研究方向：流通经济、产业经济。邮箱：lilillr6671369@sina.com。

② 刘琦杰（1989~），女，山西长治人，北京工商大学经济学院产业经济学专业 2010 级硕士研究生。研究方向：产业经济。邮箱：elssugar@hotmail.com。

年均增长速度，截至2009年11月末，中国出口量已经超过德国，成为全球出口第一大国。中国对外贸易在世界贸易总额中所占比重也逐年增加，货物贸易额从第32位上升至第2位，成为名副其实的货物贸易大国。

2. 进出口商品结构不断优化

中国的贸易方式长期以加工贸易为主，加工贸易自1981年以来取得了巨大的成就，拉动了中国经济的快速增长。在进出口商品中，工业制成品所占比重不断增加。近年来商品结构不断优化，劳动密集型产品的出口增速放缓，大宗商品、机电和高新技术产品出口增长速度大幅攀升，形成以IT产业为核心的高新技术产品出口高速增长的“第三个台阶”。由表1可知，中国初级产品所占出口总额比重由1980年的50.3%下降到2008年的5.4%，工业制成品占出口总额比重由1980年的49.7%上升到2008年的94.6%。

表1　中国出口结构情况

年份	初级产品		工业制成品	
	出口额（亿美元）	占比（%）	出口额（亿美元）	占比（%）
1980	91.14	50.3	90.05	49.7
1990	158.86	25.6	462.05	74.4
2000	254.60	10.2	2237.43	89.8
2005	490.37	6.4	7129.16	93.6
2006	529.19	5.5	9160.17	94.5
2007	615.09	5.1	11562.67	94.9
2008	779.57	5.4	13527.36	94.6

资料来源：《中国统计年鉴》（2009）。

3. 工业门类齐全，产品性价比较高

改革开放以来，中国大力发展现代工业和新兴产业，建立了较为完备的工业体系，劳动力资源丰富，且劳动力素质持续提高，造就了较高的生产效率。中国出口产品多为需求弹性较低的日用品，受经济波动影响较小，出口稳定。

4. 贸易主体是外资企业

20世纪70年代末中国的对外开放政策和巨大的市场潜力吸引了大量外国投资。在20世纪八九十年代，非外资企业对中国出口增长额的贡献率超过3/4，处于主导地位。外资企业对出口的重要性逐步提高，并在1996~2001年对出口增长额的贡献率大幅提升至接近3/4，取代非外资企业，占主导地位，成为中国出口的主要力量。从2008年起，外资企业进出口增长开始放缓，国有企业和民营企业增速提高，中国企业的国际竞争力开始缓慢提升。

5. 出口市场稳定

中国大陆的商品出口主要流向美国、欧盟、日本、韩国、东盟、中国香港、中国台湾、俄罗斯、澳大利亚以及加拿大等国家和地区，其中美国、欧盟和日本为中国的前三大贸易伙伴，出口市场较为集中。

由表 2 可知，在 2009 年东盟已取代日本成为中国的第三大出口市场。同时，在主要贸易伙伴中，与澳大利亚、东盟和美国的贸易比重略有上升，与欧盟和俄罗斯的贸易比重略有下降。

表 2　2009 年中国进出口贸易伙伴情况

单位：亿美元

主要出口贸易伙伴情况				主要进口贸易伙伴情况			
位次	国家或地区	出口金额	增速（%）	位次	国家或地区	进口金额	增速（%）
	总值	12016.6	−16.0		总值	10055.6	−11.2
1	欧盟	2362.8	−19.4	1	日本	1309.4	−13.1
2	美国	2208.2	−12.5	2	欧盟	1277.6	−3.6
3	中国香港	1662.3	−12.8	3	东盟	1067.1	−8.8
4	东盟	1063.0	−7.0	4	韩国	1025.5	−8.5
5	日本	979.1	−15.7	5	中国台湾	857.2	−17.0
6	韩国	536.8	−27.4	6	美国	774.4	−4.8
7	印度	296.7	−6.1	7	澳大利亚	394.4	5.4
8	澳大利亚	206.5	−7.2	8	巴西	282.8	−5.3
9	中国台湾	205.1	−20.8	9	沙特阿拉伯	236.2	−23.9
10	俄罗斯	175.1	−47.1	10	俄罗斯	212.8	−10.7

资料来源：《中国对外贸易形势报告》（2010）。

二、中国对外贸易中存在的问题

开展对外贸易、加入 WTO 等举措虽然促进了中国经济的发展，但也带来了新的问题。在发展对外贸易的过程中，还有一系列难题有待解决。

（一）国际方面主要的问题

1. 对外贸易商品结构不合理

近年来，中国的经贸格局发生了一些积极的变化，但总体仍表现为贸易结构的不合理。出口的商品以劳动密集型商品为主，以对美国出口为例，主要的出口商品包括纺织品、服装等工业附加值较低的商品，主要的贸易方式为加工贸易类，且货物贸易与服务贸易比例不均衡，服务贸易发展滞后，高附加值的服务出口较少，传统的服务贸易方式仍占主导地位，这一现状制约了中国对外贸易的发展，限制了中国充分利用两个市场、两种资源的能力(见表 3)。

表 3 货物贸易与服务贸易进出口情况

年份			2000	2005	2007	2008
货物贸易	出口	位次	7	3	2	2
		金额（亿美元）	2492	7620	12186	14283
		占世界比重（%）	3.86	7.26	8.7	8.89
	进口	位次	8	3	3	3
		金额（亿美元）	2251	6600	9561	11325
		占世界比重（%）	3.35	6.08	6.7	6.9
服务贸易	出口	位次	11	9	7	5
		金额（亿美元）	301	739	1217	1464
		占世界比重（%）	2.03	2.98	3.6	3.88
	进口	位次	9	7	6	5
		金额（亿美元）	359	832	1293	1580
		占世界比重（%）	2.47	3.54	4.15	4.53

资料来源：《中国统计年鉴》(2009)。

2. 顺差过大

迈入 21 世纪以来，中国的对外贸易蓬勃发展，在进出口贸易总额持续增长的同时巨额贸易顺差也开始引起关注。如表 4 所示，2004 年中国贸易顺差为 321.0 亿美元，到 2008 年增至 2981.3 亿美元，约是 2004 年的 9.29 倍。贸易顺差近年来的这一递增趋势说明了中国经济发展的内外失衡，国内消费需求不足，产能相对过剩，国内过剩产品通过出口流向国外，而外汇大量流入导致外汇储备规模急剧扩大进而影响中国货币市场的平衡。但 2010 年以来，中国进口增速持续高于出口增速，顺差规模继 2009 年 10 月之后继续大幅下降，并在 3 月份出现逆差。其主要原因在于经历金融危机之后的内外需复苏速度不同步，中国内需回升快于外需，进口价格涨幅高于出口价格。

3. 传统优势产业受国际市场影响较大

中国的传统优势产业主要为劳动密集型产业，近年来由于新兴国家的经济高速发展，国际市场对该类商品需求的萎缩等原因，传统优势产业在各方面受到了冲击。主要表现在：①新兴国家经济崛起，出口总体竞争力进一步

表 4 近年来中国进出口增长情况

年份	进出口		出口		进口		差额（亿美元）
	金额（亿美元）	增速（%）	金额（亿美元）	增速（%）	金额（亿美元）	增速（%）	
2004	11545.5	35.7	5933.3	35.4	5612.3	36.0	321.0
2005	14219.1	23.2	7619.5	28.4	6599.5	17.6	1020.0
2006	17604.4	23.8	9689.8	27.2	7914.6	19.9	1775.1
2007	21765.7	23.6	12204.9	26.0	9561.2	20.8	2643.4
2008	25632.6	17.8	14306.9	17.3	11325.7	18.5	2981.3
2009 年 1~9 月	15578.2	−20.9	8466.5	−21.3	7111.8	−20.4	1354.7

资料来源：据海关统计。

上升，并且可能通过货币贬值继续争夺国际市场从而对中国带来冲击，如墨西哥对中国纺织业的冲击；②随着中国经济的不断发展，一些国家取消了对中国作为发展中国家的优惠政策，如欧盟取消对中国乳蛋制品等六类产品的普惠制；③发达国家为了保护本国产业而限制进口，如美国和欧盟。

4. 贸易摩擦不断

到 2009 年为止，中国已经连续三年成为全球遭遇反补贴调查最多的国家，受贸易保护主义的影响严重。据世贸组织统计，中国遭受调查案件数量占全球的 35%以上。2009 年中国遭遇的贸易摩擦案件数量和金额都创造了历史最高纪录，尤其是一些优势产业在不同市场频遭调查。除了数量上的增多，遭受贸易摩擦产品的所属领域也不断扩大，从纺织品、农产品、化工产品到包括半导体、机电产品在内的高新技术产品，产品数量多达 4000 多种，贸易摩擦的手段包括反倾销、反补贴和较为隐蔽的技术性贸易壁垒。

5. 贸易对象集中，风险性高

如前所述，中国的贸易伙伴主要为美国、欧盟、日本和近年来表现活跃的东盟，将近占中国贸易总额的 1/2。这种过于集中的格局削弱了中国抵抗国际贸易风险的能力，如 2008 年开始蔓延的全球经济危机使得主要贸易伙伴不得不采用保守的贸易政策以抵御衰退，中国因此而遭到了出口的大幅降低。

（二）国内角度主要的问题

1. 各地区间对外贸易发展不同步

如今中国的经济发展呈现东部、南部整体比西部、北部发达的现状。由于地理、政策、环境等方面的原因，东南沿海地区开发较早，且交通便利，故吸引外资较多，对外贸易发展相对较快，在中国的对外贸易中承担主要的角色，而西部对外贸易与之差距较大。

2. 人才缺乏使企业竞争力不足

在“入世”后中国在国际贸易与金融方面存在较大规模的人才缺口，随着越来越多的企业开始参与对外贸易，这一缺口将继续扩大，企业将因此承担更大的风险，例如不熟悉国际投资环境与世贸组织规则所带来的风险和金融知识匮乏所带来的风险，而这些恰恰是参与外贸的企业应该注意的重点，否则些微差错就可能给企业带来巨大的危险。

3. 较弱的研发能力使产品竞争力不足

中国企业习惯以价格作为主要竞争手段、忽视产品的创新，而外国商品推崇创新、重视产品的质量保证和售后服务，人们的收入增加后开始追求生活的高品质，从而外国商品更为吸引人，在家电、数码产品等领域外国商品抢占了很大的市场。相较之下中国的产品被排斥在高档水平之外，难以敲开国外市场的大门，较弱的研发能力也限制了中国产品的附加值。

三、中国近两年对外贸易的表现

（一）由于国际金融危机的严重冲击，中国在 2009 年遇到了对外贸易发展的极大困难

1. 进出口总额大幅下降

2009 年中国进出口总额 22072.2 亿美元，下降 13.9%。其中出口总额 12016.6 亿美元，下降 16.0%；进口总额 10055.6 亿美元，下降 11.2%。贸易平衡状况进一步改善，贸易顺差 1961.1 亿美元，比上年减少 1020 亿美元，下降 34.2%。分季度来看，第一季度国际金融危机继续蔓延，世界经济深度衰退，外需严重萎缩，中国进出口也大幅下降；第三季度开始美欧日等主要经济体经济刺激措施逐步见效，世界经济开始企稳复苏，国际市场需求逐步回稳，加上国内稳外需政策效应不断显现，中国进出口形势逐步好转并在 11 月份转降为升。第一、第二、第三季度进出口额同比分别下降 24.9%、22.1%和 16.7%，第四季度进出口同比由负转正，实现了 9.2%的增长。

2. 劳动密集型产品出口下降比较平缓，机电产品出口回升相对较快

国际金融危机爆发后，由于中国出口的劳动密集型产品物美价廉，加上这类商品需求具有一定的刚性，下降相对平缓。2009 年，纺织品出口 599.7 亿美元，下降 8.4%；服装出口 1070.5 亿美元，下降 11.0%；鞋类出口 280.2

亿美元，下降5.7%；家具及零件出口253.3亿美元，下降6.0%。机电产品和高新技术产品由于大多属于耐用消费品和投资品，受金融危机的冲击更为明显，但在世界经济企稳复苏的带动下恢复得也比较快。第一季度机电产品和高新技术产品出口大幅下降，第二季度以后降幅显著缩小，11、12月份机电产品分别增长3.2%和26.8%，高新技术产品增长14%和40.7%，均领先于总出口回升。全年机电产品出口7131.1亿美元，下降13.4%，高新技术产品出口3769.1亿美元，下降9.3%，下降幅度均低于总出口降幅。

3. 一般贸易总体出口降幅较大，加工贸易出口比重继续上升

国际市场需求严重萎缩，一般贸易受到较大冲击，加上上年基数相对较高，出口下降明显。全年一般贸易出口5298.3亿美元，下降20.1%，占出口总额比重由上年的46.4%下降到44.1%。加工贸易与国际产业链联系紧密，在国际金融危机爆发初期受到的影响较大，但随着外部需求状况改善，下半年加工贸易订单和出口逐步恢复。2009年全年加工贸易出口5869.8亿美元，下降13.1%，在出口总额中所占比重为48.8%，比2008年提高1.6个百分点。其他贸易方式全年出口848.5亿美元，下降7.9%，在出口总额中所占比重上升0.7个百分点，主要是"走出去"带动了相关设备和产品出口。

（二）进入2010年后中国的外贸开始复苏，国内经济也开始回升

1. 进出口恢复加快

在国际市场需求回暖和国内需求增加的带动下，第一季度进出口总额达到6178.5亿美元，比2009年同期增长44.1%。其中出口3161.7亿美元，同比增长28.7%，比2008年同期增长3.3%；进口3016.8亿美元，增长64.6%，创季度增速历史最高。3月当月进出口总额2314.6亿美元，同比增长42.8%。其中出口1121.1亿美元，增长24.3%；进口1193.5亿美元，增长66.0%。

2. 顺差规模持续下降并在3月份出现逆差

由于进口增速持续快于出口，2010年以来中国顺差规模延续了2009年10月份以后大幅下降的态势。第一季度顺差144.9亿美元，下降76.7%，其中3月当月逆差72.4亿美元，结束了自2004年5月以来连续70个月顺差的局面。其主要原因在于内外需复苏不同步，内需回升的速度高于外需，进口价格的上涨幅度高于出口价格回升幅度，导致进口增速高于出口。

3. 主要商品进出口均实现持续增长

第一季度，中国机电产品和高新技术产品出口出现了较快的恢复性增长，出口额分别为1890.8亿美元和990.6亿美元，分别比2009年同期增长

31.5%和39.1%。机电产品中，自动数据处理设备及部件出口增长43.3%，集成电路出口增长54.3%。消费类商品出口总体平稳，其中纺织品出口增长26.6%，服装增长9.1%，家具增长20.6%，彩电增长48.2%。这说明全球经济形势继续好转，投资与消费有所回暖，也与企业库存正常化密切相关。与此同时，国内需求的持续增长推动大宗商品进口呈现量价齐升，原油进口额比2009年同期增长149.8%，铁矿砂进口额增长42.4%，初级形状的塑料进口额增长69.3%。机电产品和高新技术产品进口加快，增幅分别达到49.8%和50.5%。

四、改善中国对外贸易的途径

针对中国对外贸易中存在的若干问题，应采取相应的措施以促使中国对外贸易的健康发展。

1. 优化产业结构和出口商品结构

我国产业结构的不完善使得出口商品结构偏低，要达到出口商品的优化首先需要从内部进行产业结构的升级。第一，要重视先进技术、设备的进口和对自主创新的投入，增强研发能力，为高新技术产品提供技术支撑，增加商品的附加值。第二，重点建立战略性出口支柱产业，提高产业集聚程度，加强我国产品的国际竞争力。第三，应顺应潮流，大力发展低碳产业，控制高污染和资源性产品的出口，一方面可以减少资源消耗型的初加工产品的出口，对保护我国的资源促进可持续发展起到积极作用；另一方面可以加强企业的环保意识，规避碳关税和绿色壁垒给企业带来的损失。

2. 扩大内需，适当扩大进口

我国长期以来内需不足、产能过剩，由此引起了外贸的严重失衡，长期的巨额顺差增加了人民币升值的压力，加大了我国经济对世界市场的外部依赖。我国长期以来效率优先、兼顾公平的收入分配方式造成了城乡收入不均，限制了农村巨大的潜在需求的释放。因此应改善收入分配结构，重视社会公平的原则，完善社保体系，拉动内需，减少外贸依存度。此外还应在优化进口结构的基础上适当扩大进口，增加对高新技术和设备的进口，帮助我国产业进行更新改造；重视对稀缺性资源和战略性能源的进口，以扩大内需为契机增加对主要贸易伙伴的进口，减少贸易摩擦。

3. 建立完善行业组织，重视人才培养

为了加强外贸的行业联系，增加企业应对风险的能力，应建立并完善行业内部的横向战略联盟。在应对反倾销调查等贸易摩擦时，成员之间的紧密联系可以在国际谈判中取得更好的效果。在员工的管理上促进人才的自由流动，降低企业运行成本。在信息上通过行业信息平台实现信息互通，提高危机的事前感知力和控制力，缓解由于信息不对称引发的恶性竞争，规避市场风险从而减少损失。鉴于我国对国际贸易和金融领域人才的需求，企业应重视员工的培训，加大对高新技术的引进和学习，与高校建立长期的战略合作关系，吸引人才，掌握国际经贸规则，提高企业的经济效益。

4. 提供政策支持，完善政策环境

完善由上至下分级化管理的纵向体系。中央一级外贸部门应积极参与WTO规则的制定与修改，针对不利于发展中国家对外贸易的规则积极参与修订，为中国企业争取利益。为企业的国际投资、开拓海外市场等活动提供政策帮助和信息支持，增强企业抗击风险的能力。通过对国内及出口商品结构的分析制定适当的产业政策，进一步发挥中国的竞争优势，抑制过剩，补充不足，减少无序竞争，对产业结构的调整进行宏观引导。省、市两级外贸部门应积极确定本地区的优势产业，为其发展壮大和扩大出口提供帮助。

参考文献：

[1] 梁贞贞. 我国对外贸易的现状、问题、对策 [J]. 科海故事博览，2009 (10).

[2] 胡乃文，殷献民. 我国对外贸易现状、问题与对策 [J]. 经济理论与经济管理，2003 (2).

[3] 胡晓颖. 金融危机环境下中国对外贸易的现状及对策分析 [J]. 经济研究导刊，2010 (9).

[4] 计宏伟. 江西对外贸易现状及对策研究 [D]. 华中科技大学硕士论文，2006.

[5] 陈文玲. 认识发展服务贸易的战略意义 [J]. 商业研究，2008 (7).

[6] 裴长洪，盛逖. 中国进出口贸易不平衡及其调整战略 [J]. 财经问题研究，2007 (4).

论外贸发展方式的转变

李　丽[①]　邢俊兰[②]　邓博文[③]

摘要： 金融危机对中国外贸的冲击，表面上看是对外贸增长速度的冲击，实质上是对外贸发展方式的冲击。加快转变外贸发展方式，应着眼于推动经济发展方式转变，着眼于推动外贸自身科学发展，着眼于推动贸易强国进程。本文首先分析了中国外贸发展的现状和外贸发展存在的问题，然后指出了外贸发展的对策，包括完善政策环境、控制高耗能、高污染和资源性产品生产与出口、发展低碳产业、适当扩大进口，促进贸易平衡、促进货物贸易和服务贸易的协调发展、重视进口，尤其是加大高新技术的引进力度，促进贸易平衡。

关键词： 外贸发展方式；转变；对策

一、中国外贸发展的现状

1. 外贸交易额绝对数位居世界前列，超过国内生产总值（GDP）增速

自 1978 年改革开放 30 多年来，中国积极搞活对外开放，大力发展货物贸易，中国外贸的发展无论从数量和速度上都取得了喜人的成绩，2008 年由于受金融危机的影响，速度回落，2009 年出现了负增长，但对外贸易绝对额仍然较高。从图 1 可以看出，中国货物贸易总额呈逐年递增的趋势，从 1978

---

① 李丽（1970~），女，河南南阳人，北京工商大学经济学院副教授，硕士生导师。研究方向：流通经济、产业经济。邮箱：lilillr6671369@sina.com。

② 邢俊兰（1980~），女，山东德州人，北京工商大学经济学院产业经济学专业 2009 级硕士研究生。研究方向：产业经济。邮箱：weilanenrn@126.com。

③ 邓博文（1984~），男，河南周口人，北京工商大学经济学院产业经济学专业 2009 级硕士研究生。研究方向：产业经济。邮箱：deng0606@gmail.com。

年的206.4亿美元上升到2009年的2.2072万亿美元，增长了约107倍。从表1可以看出，2002~2007年中国对外贸易已连续6年以20%以上的速度递增，而且增速远远超过中国GDP的增速，也超过同期世界经济的增长速度，在世界贸易总额中所占的比重呈逐年增加的趋势，货物贸易额在世界各国中的排名从第32位跃居第2位，成为一个名副其实的货物贸易大国。

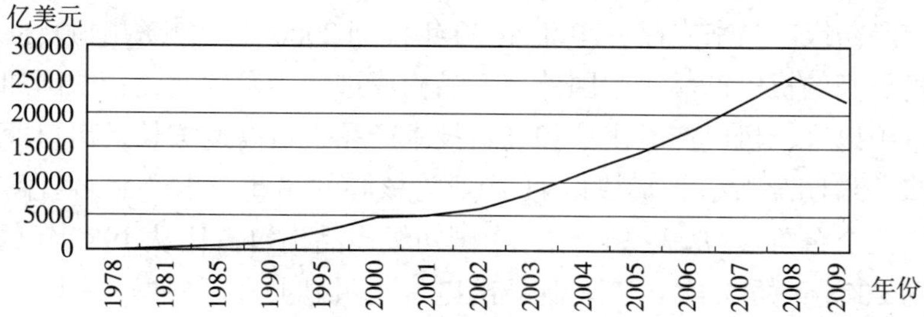

图1 中国货物贸易进出口发展情况

表1 中国货物贸易及GDP情况

年份	位次	进出口额（亿美元）	贸易增长率（%）上年=100	占世界比（%）	GDP增长率（%）上年=100	世界经济增长率（%）
1978	32	206.4	—	0.79	11.7	4.4
1981	22	440.2	—	1.1	5.2	1.9
1985	11	696.0	30.0	1.8	13.5	3.7
1990	16	1154.4	3.4	1.7	3.8	2.9
1995	11	2808.6	18.7	2.9	10.9	2.9
2000	7	4743.0	31.5	3.6	8.4	4.1
2001	6	5096.5	7.5	4.0	8.3	1.5
2002	5	6207.7	21.8	4.7	9.1	1.9
2003	4	8509.9	37.1	5.6	10.0	2.7
2004	3	11547.4	35.7	6.16	10.1	4.2
2005	3	14219.0	23.1	6.66	10.4	3.5
2006	3	17604.0	23.8	7.17	11.6	3.9
2007	3	21748.0	23.5	7.70	13.0	3.8
2008	3	25608.0	17.7	7.88	9.0	—
2009	2	22072.0	-13.8	9.1	8.7	—

资料来源：位次、进出口额、贸易增长率、占世界比来自中国海关统计；GDP增长率来自《中国统计年鉴》(2009)；世界经济增长率来自世界银行数据库。

根据国际货币基金组织（IMF）2010年7月预测报告，2010~2015年中国经济将增长10.5%，而同期美国经济预计增长3.3%，欧元区增长1%，日本增长2.4%。中国的经济增长速度将明显高于其他主要经济体。2009年中国 GDP 在金融危机的冲击下，仍保持了 9.1%的增长速度，同时跃居世界第一大出口国。而同期美国 GDP 增速下降 2.4%，欧元区下降 4.1%，世界经济下降 0.6%。

2. 出口商品结构不断升级

改革开放 30 多年以来，中国对外贸易出口商品结构可分为三个阶段：20 世纪 80 年代到 90 年代，中国对外贸易出口增长主要是靠轻工产品和纺织品服装等初级产品来支撑；20 世纪 90 年代到 2000 年，外贸出口转向依靠技术含量更高的机电产品，中国外贸产品构成进一步发生变化；中国加入世界贸易组织以来，机电产品出口和高新技术产品出口高速增长，出口商品结构进一步获得明显改善，形成以 IT 产业为核心的高新技术产品出口高速增长的“第三个台阶”。从表 2 可知，中国初级产品出口占比从 1980 年的 50.3%下降到 2008 年的 5.4%，工业制品出口占比明显上升。根据《中国对外贸易经济合作企业年鉴》(2006) 可知，2006 年农产品出口占比为 2.3%，机电产品出口占比为 56.7%，高新技术产品出口占比为 29%。出口商品结构从初级资源性产品转变为劳动密集型产品，而且机电产品已成为第一大类出口商品。

表 2　中国出口结构情况

年份	初级产品		工业制成品	
	出口额（亿美元）	占比（%）	出口额（亿美元）	占比（%）
1980	91.14	50.3	90.05	49.7
1990	158.86	25.6	462.05	74.4
2000	254.60	10.2	2237.43	89.8
2005	490.37	6.4	7129.16	93.6
2006	529.19	5.5	9160.17	94.5
2007	615.09	5.1	11562.67	94.9
2008	779.57	5.4	13527.36	94.6

资料来源：《中国统计年鉴》(2009)。

二、外贸发展方式存在的弊端

1. 贸易顺差规模较大，经济发展面临内外失衡问题

长期以来，中国外贸领域贸易顺差规模较大，如图 2 所示，2000 年贸易顺差为 241.1 亿美元，2008 年扩大为 2981.3 亿美元，约是 2000 年的 12.37

倍，2000~2008 年，贸易顺差基本上呈递增趋势，经济发展面临内外失衡问题。内部失衡主要表现为国内投资与消费的比例关系失调，产能过剩现象突出，在现有人民币汇率水平上，中国过剩商品通过出口流往海外；外部失衡主要表现为经常项目与资本项目的双顺差，在中国经常项目存在大量顺差的前提下，由于认为人民币汇率低估的市场心理因素与客观现状，导致大量外资通过资本账户涌入中国，形成资本项下顺差，并造成外汇储备急剧扩大，进而影响货币供应。“十二五”时期，中国进出口将趋于平衡，在外贸结构调整、限制“两高一资”产品出口等政策的影响下，贸易顺差将得以缩减，经常项目顺差与国内生产总值之比将继续下降，国际收支向均衡状态进一步趋近，困扰中国经济发展的内外失衡问题在一定程度上将得以解决。

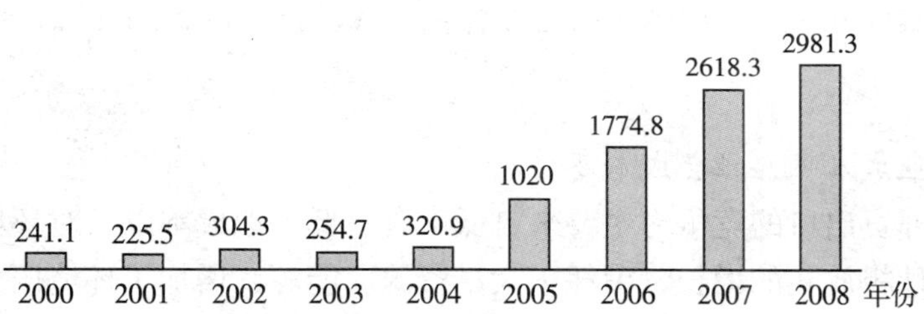

图 2　进出口贸易差额（亿美元）

2. 贸易摩擦增多

据世界贸易组织（WTO）统计，2008 年中国遭遇反倾销调查 73 起、反补贴调查 10 起，分别占全球案件总数的 35%和 71%；中国已连续 14 年成为遭遇反倾销最多的成员，连续 3 年成为遭遇反补贴调查最多的成员。此外，中国商务部最新数据显示，2009 年 1~8 月，共有 17 个国家（地区）对中国发起 79 起贸易救济调查，涉案总额约 100.35 亿美元，同比分别增长 16.2%和 121.2%。

2009 年 5 月 7 日，世界贸易组织秘书处发布《2008 年下半年全球反倾销报告》。该报告表明，2008 年下半年全球新立案数上升明显，与 2007 年同期相比增幅达 17%；实施反倾销措施的案件数也大幅上升，增幅高达 45%；中国仍是全球遭受反倾销最多的国家，但已加入到反倾销大国行列。

此外，贸易摩擦产品所属领域不断扩大，遭到调查的产品从农产品、纺织品、化工产品到机电产品、半导体等高新技术产品，涉案产品数量多达 4000 多种；贸易摩擦的手段由反倾销向反补贴倾斜，技术性贸易壁垒成为当前国际贸易中最为隐蔽、最难对付的非关税壁垒。

表 3 中国各类进出口货物贸易额情况

年份	货物种类	出口			进口		
		排名	金额（亿美元）	占世界比重（%）	排名	金额（亿美元）	占世界比重（%）
2002	农产品	5	188.0	3.2	4	218.5	3.5
	工业制品	4	2925.7	6.2	3	2368.1	4.9
	钢铁	10	33.2	2.3	3	136.0	8.9
	高技术产品	7	494.3	20.0（占制成品出口）			
	办公通信设备	4	755.2	9.0	3	664.1	7.8
	纺织品	2	205.6	13.5	3	130.6	8.1
	服装	2	413.0	20.6	14	13.6	0.6

资料来源：WTO 网站，其中高技术产品资料来源于 World Development Indieators 2003，World Bank.

3. 企业成本低，社会成本高

中国外贸出口的竞争力主要来自低工资、低土地成本以及对环境保护的缺位，这种粗放式的增长，消耗了大量资源、能源，增加了环境压力。一是资源消耗过大。2004 年中国出口总额为 5934 亿美元，与日本的 5655 亿美元的出口规模大体相同，但年出口所消耗的能源至少是日本的 10 倍。2004 年，中国电解铝、硅铁分别出口 168 万吨和 93 万吨，分别耗电 252 亿度和 84 亿度左右，合计相当于 6.5 个小浪底水电站的年发电量。二是环境污染严重。在中国目前出口产品中，高污染产品占有相当的比例。2008 年中国焦炭出口 1212.7 万吨，产量占全球的 60%、出口总值 58.1 亿美元。发达国家基本停止生产高能耗、重污染的黄磷，而 2004 年中国黄磷产量 55 万吨、出口 11 万吨。在出口的刺激下，中国纺织品产能迅速扩张，2004 年棉纺锭超过了 6000 万锭，比压锭前增加了 3000 万锭，导致棉纺业废水排放量比 2001 年上升了 60%，印染行业废水排放量比 2001 年上升了 70%。

2001~2005 年，中国的能源消费增长率分别为 3.5%、9.9%、15.3%、15.1%和 10.6%（根据各年《中国能源统计年鉴》得出），而中国同一时期的国内生产总值（GDP）增长率分别为 7.5%、8.3%、9.5%、10.1%、10.4%。在这一时期，中国部分地区频繁出现供电、供煤紧张问题。在 2006 年，中国的 GDP 总量达到了 21600 亿美元，占世界 GDP 总量的 5.5%左右。但是中国的能源消耗在当年达到了 24.6 亿万吨标准煤，大约占世界能源消耗的 15%左右；钢材消费量达到了 3.88 亿吨，大约占世界钢材消耗的 30%；水泥消耗了 12.4 亿吨，大约占世界水泥消耗量的 54%。从一定程度上讲，由于中国能源资源产出率较低，出口增长越快，资源消耗就越多，环境压力就越大，这种高消耗必然难以维持。

4. 货物贸易发展迅速，服务贸易进展缓慢

从表4可以看出，2008年中国的商品贸易出口总额高达14283亿美元，占全球商品出口贸易额的8.89%，较2007年增长了17.2%，列世界第二位；而在2008年全球商品贸易进口国排名中，中国依然以11325亿美元的商品贸易进口总额排名世界第三，较上年增长了18.5%，占到了世界商品贸易进口额6.9%的份额。2008年，中国服务贸易出口和进口世界排名均位居第五位，服务出口贸易占世界服务出口贸易的比重仅为3.88%，而美国的比重为10.54%，不到美国的1/3。这与中国的贸易大国地位是不相适应的，也与中国的商品贸易额不相匹配。

表4 货物贸易与服务贸易进出口情况

年份			2000	2005	2007	2008
货物贸易	出口	位次	7	3	2	2
		金额（亿美元）	2492	7620	12186	14283
		占世界比重（%）	3.86	7.26	8.7	8.89
	进口	位次	8	3	3	3
		金额（亿美元）	2251	6600	9561	11325
		占世界比重（%）	3.35	6.08	6.7	6.9
服务贸易	出口	位次	11	9	7	5
		金额（亿美元）	301	739	1217	1464
		占世界比重（%）	2.03	2.98	3.6	3.88
	进口	位次	9	7	6	5
		金额（亿美元）	359	832	1293	1580
		占世界比重（%）	2.47	3.54	4.15	4.53

资料来源：《中国统计年鉴》（2009）。

国际经验表明，服务贸易的发展很大程度上影响货物贸易的综合竞争力。国际金融、进出口保险、国际运输、国际物流、国际通信、咨询等服务贸易的发展，不仅为货物贸易提供了更快捷的信息、创造了更有利的条件，也可为“引进来”和“走出去”创造更好的环境。目前，中国出口结构不合理，高技术和高附加值的服务出口比重小，主要依靠传统的服务贸易方式。中国服务贸易优势部门主要集中在海运、旅游等比较传统的领域，传统服务业旅游、运输贸易比重较大，并呈逐年上升的趋势，占了中国服务贸易出口的半壁江山。

同货物贸易相比，中国的服务贸易发展明显滞后，制约了货物贸易核心竞争力的提高，影响了中国充分利用两个市场、两种资源的能力。

5. 过于重视出口，对进口的重要性认识不够

当前似乎有一种倾向，就是谈到经济增长动力必谈出口，而对进口重要性的认识却严重不足。按照 20 世纪 30 年代凯恩斯的国民收入恒等式，净出口直接形成一国 GDP。但是，凯恩斯没有考察进出口商品的微观结构，忽略了进口对经济增长的重要意义。直到 20 世纪 90 年代，保罗·克鲁格曼才提出“一国在国际贸易中真正获益的部分来自进口”的观点。随后，Grossman 和 Helpman 作了大量实证研究，证明了国际贸易的“技术溢出”效应，进口可以提高生产力，带来更加长久的利益。

三、转变外贸发展方式的对策

1. 完善政策环境

政策是加快转变外贸发展方式的重要支撑。一是在财税政策上，稳定财政对外贸的支持力度，重点支持外贸结构调整和转型升级；保持出口退税政策的连续性和稳定性；进一步优化关税结构，发挥关税的宏观调控作用。二是在货币政策上，保持人民币汇率基本稳定；扩大跨境贸易人民币结算试点地区和规模，积极开展海外人民币业务，稳步推进人民币区域化、国际化进程。三是在金融政策上，完善金融政策，支持外贸发展；扩大出口信用保险规模，提高出口信用保险覆盖率，降低保费费率水平，扩大对风险国别和市场的承保范围。四是在贸易政策上，不断提高贸易便利化水平，推进多双边和自贸区谈判；积极研究全球气候谈判对中国外贸发展带来的影响，提前研究调整相关贸易政策。

2. 控制高耗能、高污染和资源性产品生产与出口，发展低碳产业

环保已被纳入国际贸易规则，得到国际社会的普遍认可。一方面，中国要加速产业结构升级，减少资源消耗型产品和初加工产品的出口；另一方面，中国对耗能过大的产品出口，应取消出口退税，对造成环境污染的出口产品应增收环境税。

从企业层面上讲，出口企业应加强自主创新，通过引进技术或自主研发，提高能源利用效率，减少二氧化碳的排放；加大对低碳技术的投资力度，提升产业结构层次和企业的核心竞争力；建立长期的可持续增长机制，加强对新能源的投资，优化高能耗产品结构和能源使用结构，清洁生产；加

强企业的节能意识；企业可以通过“走出去”，把产品生产放在销售所在地，从而规避碳关税给企业生产经营带来的损失和伤害。

发展低碳产业，进行低碳产业集群规划试点并逐步推广。确立低碳型农业、工业和服务业作为重点产业领域；研究低碳产业集群体系规划；编制有利于低碳经济发展的产业集群地区的交通与物流规划、市政设施规划等。低碳产业集群规划试点既可以在特定的产业集群中展开；也可以结合部分市（县、区）开展的低碳城镇规划进行。规划试点工作要与低碳经济研究相结合，取得经验逐步推广。

3. 适当扩大进口，促进贸易平衡

金融危机后，为应对贸易保护主义，保持对外出口的稳定，中国应当在确定进口结构优化方向的基础上适当增加进口，逐步实现贸易进出口的基本平衡。一是尽快研究、制定措施，扩大技术进口，对国内支柱产业和技术落后产业，着重引进关键设备和创新技术，在分享国外技术进步和创新成果的基础上，加快中国产业结构的战略性调整；二是加大战略性、稀缺性资源的全球布局和进口力度，同时加快研究和完善大宗商品价格波动应对机制，建立相关组织协调大宗商品价格谈判中出现的重点难点问题，保证满足国内需求的同时实现市场平稳，确保中国的长期战略利益；三是利用扩大内需的契机，增加重点贸易伙伴和具有可观潜力的贸易伙伴的商品进口，实现贸易往来的可持续性，避免贸易争端。

4. 促进货物贸易和服务贸易的协调发展

虽然劳动密集型产品的生产和出口在一段时间内仍然是中国贸易增长的重要力量，但随着中国加入世贸组织过渡期的结束，服务市场更加开放，外资涌入并寻求服务外包的承接者，发展服务贸易，将是产业转移、外贸转型的战略选择。2010 年国务院提出从公共服务、人才培训、金融税收政策等方面进一步支持服务外包企业发展，以推动经济结构调整，促进中国服务外贸产业和服务贸易发展。种种迹象表明，在中国决定转变贸易发展方式的大方向下，转变的第一步将是发展服务贸易，这将有利于货物贸易和服务贸易的协调发展。

5. 重视进口，尤其是加大高新技术的引进力度，促进贸易平衡

目前，中国进口商品的构成基本是“三分天下”：机电产品约占进口总值的 50%，高新技术产品约占 30%，大宗商品约占 20%。从中我们可以看出中国进口的两大动力：投资拉动大宗商品进口，加工企业的出口引致型进口。金融危机后，为应对贸易保护主义，保持对外出口的稳定，中国应当在确定进口结构优化方向的基础上适当增加进口，逐步实现贸易进出口的基本

平衡。一是尽快研究制定措施扩大技术进口，对国内支柱产业和技术落后产业，着重引进关键设备和创新技术，在分享国外技术进步和创新成果的基础上，加快中国产业结构的战略性调整，从目前的国际分工来看，中国劳动力要素禀赋结构决定了短期内我们很难改变“国际代工”的角色。但是从战略眼光来看，我们在加强自身研发创新的同时，应该加大高新技术产品引进力度，或通过 FDI 资金带动技术进口等渠道，加快技术进步。当然，这还涉及其他经济体对技术和高技术产品输出的限制政策调整。美国等发达国家实施严格的高新技术产品出口限制制度，人为地给自由贸易设置了障碍。2010年，奥巴马提出了 5 年贸易翻番计划，而美国的优势恰恰是高新技术产品，美国政府正在修改出口控制体系。因此，中国在制定“十二五”规划的时候，要用战略的眼光，加大高新技术及其产品的引进力度，增强消化吸收能力，寻求外贸增长的长期动力。二是加大战略性、稀缺性资源的全球布局和进口力度，同时加快研究和完善大宗商品价格波动应对机制，建立相关组织协调大宗商品价格谈判中出现的重点难点问题，保证满足国内需求的同时实现市场平稳，确保中国的长期战略利益。三是利用扩大内需的契机，增加重点贸易伙伴和具有可观潜力的贸易伙伴的商品进口，实现贸易往来的可持续性，避免贸易争端。

参考文献：

[1] 商务部流通产业促进中心. 中国农产品流通发展报告（下）[J]. 中国流通经济，2009 (2).

[2] 毛玉峰. 我国农产品物流现状与发展思路研究 [J]. 物流工程与管理，2009 (6).

[3] 李贞，隋成君. 发展我国农产品物流的建议与思考 [J]. 物流工程与管理，2008 (12).

[4] 赵慧娟. 我国农产品批发市场发展问题研究与对策 [J]. 商业流通，2008 (6).

[5] 杨信廷，钱建，孙传恒等. 蔬菜安全生产管理及质量追溯系统设计与实现 [J]. 农业工程学报，2008 (3).

[6] 孟凡胜. 推进我国农产品批发市场现代物流的基本思路与对策 [J].物流经济，2008 (5).

[7] 陈炳辉，安玉发，刘玉国. 我国农产品批发市场升级改造的目标模式与重点选择 [J]. 农村经济，2003 (5).

对金融危机后长三角地区外向型经济转型的思考

李轶琴①

摘要：本文首先对金融危机发生后长三角地区进出口额和沿海港口货物吞吐量下降的现象进行了分析，并找出引发这一现象的原因——外向型经济结构，即对外贸、外资的依赖程度较高，迫切需要我们转变这种以外需为主导的经济结构。在此基础上分析了长三角在这种转变过程中自身的优势、劣势和外部的机会威胁，同时提出一些实现转变的建议。

关键词：外贸依存度；外资依赖度；SWOT 矩阵；内源经济

一、金融危机对长三角进出口的影响

2008 年爆发的全球性金融危机使得以外向型经济为主的长三角包括上海市、江苏省、浙江省在内都未能幸免，已经成为制约长江三角洲经济发展的重要因素。在此期间，不仅对外贸易总额的规模和增速有较明显的下降，而且各沿海港口的吞吐量也受到一定程度的冲击。

（一）金融危机对长三角三个区域的进出口增速的影响

在表 1 中，从对外贸易总额角度看，2009 年上海市、江苏省、浙江省的进出口总额，与 2008 年相比，都有明显的下滑，出现了近十年的首次负增长。其中上海市进出口总额由 3221.38 亿美元降到了 2777.31 亿美元，降幅达到了 444.07 亿美元；同期江苏省进出口总额下降了 534.38 亿美元；浙江

① 李轶琴（1985~），女，山西原平人，北京工商大学经济学院区域经济学专业 2009 级硕士研究生。研究方向：城市经济与区域协调发展。邮箱：lyqq850915@sina.com。

表 1　长三角地区三个区域的进出口变化情况

年份	上海市		江苏省		浙江省	
	进出口总额（亿美元）	同比增长（%）	进出口总额（亿美元）	同比增长（%）	进出口总额（亿美元）	同比增长（%）
2005	1863.65	—	2279.41	—	1073.91	—
2006	2274.89	22.07	2839.95	24.59	1391.47	29.57
2007	2829.73	24.39	3496.71	23.12	1768.56	27.10
2008	3221.38	13.84	3922.68	12.18	2111.09	19.37
2009	2777.31	-13.79	3388.30	-13.62	1877.30	-11.07

资料来源：《上海市统计年鉴》（2009），《江苏省统计年鉴》（2009），《浙江省统计年鉴》（2009）。

省进出口总额也减少了 233.79 亿美元。

从增长率角度看，总体上讲，2008 年上海市、江苏省、浙江省进出口总额的同比增速相对于过去几年平均降幅达到 10%左右，甚至 2009 年三个区域的进出口总额的增速出现了负值。其中，2008 年上海市、江苏省、浙江省的进出口总额的增速分别降到了 13.84%、12.18%、19.37%，明显低于2007 年平均 25%的增速。2009 年，三个区域都呈现出负增长趋势，均在-12%左右。

（二）金融危机对长三角沿海港口吞吐量的影响

由表 2 我们可以看到，从货物吞吐量总额角度看，2008 年的金融危机对上海港港口吞吐量影响逐渐显现，增长速度一定程度地下降。上海港总的货物吞吐量同比增速由 4.45%下降到了 3.61%，其中外贸吞吐量甚至出现了负增长，增速急速下滑到 7.07%，降幅超过了 10 个百分点。进入 2009 年，金融危机影响进一步加深，不仅货物吞吐量总额的增速继续降低，受冲击更严重的是外贸吞吐量甚至出现了负增长，即为-5.72%。

表 2　2005~2009 年长三角主要港口货物吞吐量统计

单位：万吨

年份	上海港		宁波—舟山港		连云港	
	港口货物吞吐量	外贸	港口货物吞吐量	外贸	港口货物吞吐量	外贸
2005	44317	18492	26681	—	6016	3893
2006	53748	21268	42387	—	7232	4481
2007	56144	25570	47336	—	8507	4983
2008	58170	27377	52047	23042	10060	5508
2009	59205	25811	57000	24000	11378	6603

资料来源：上海市、江苏省和浙江省历年统计年鉴。

另外，图 1 中从上海港货物吞吐量中的出港（出境）货物量角度分析，在 2009 年，不仅出港货物总量几年来首次出现负增长，并且其中包括的外贸吞吐量的增速也为负值。

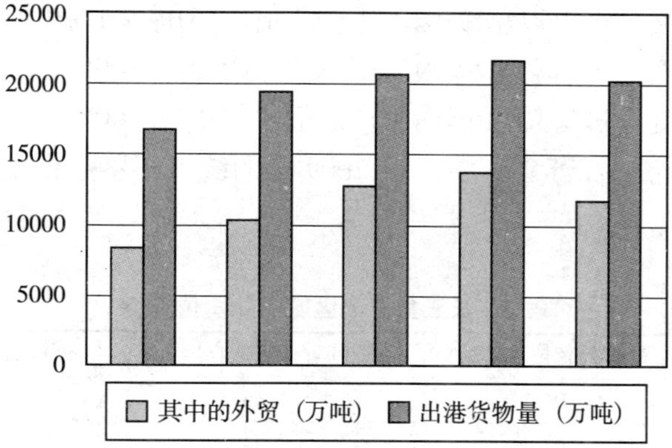

图 1　2005~2009 年上海港出境货物统计

资料来源：上海市、江苏省和浙江省历年统计年鉴。

同样地，2009 年宁波港和连云港的货物吞吐量总额的增速也呈现出下降趋势，其中宁波港由 2008 年的 9.95%降到了 9.52%；连云港趋势更明显，由 18.26%跌到 13.10%，下降了 5 个百分点。

根据上述分析，金融危机对长三角的冲击已经显现，即对外贸易总额和增速都在明显下降。这可能是因为长三角是外向型经济，对国际经济环境和外国市场的依赖性强，对外贸易对生产总值的贡献率高，并且一直以来以加工贸易为主，劳动密集型产品生产上拥有比较优势，而加工贸易的买方和卖方均在国外，所以导致很容易受到外部经济环境的影响，也就是说受到了由金融危机直接导致的国外市场需求下降的剧烈冲击。

二、长江三角洲外向型经济结构的主要特征

经济上，一般用外贸依存度和外资依赖度来衡量一国或一地区的经济开放程度及对外国市场的依赖程度。

（一）高外贸依存度

外贸依存度，简单地说就是用一国的进出口总额在国内生产总值中所占

的比重来表示，用来衡量一国或地区对国外市场的依赖程度。其比重越大，说明其经济发展的外向型水平越高，对外部经济环境和国际市场的依赖程度越高。因为对外贸易包括出口贸易和进口贸易，所以外贸依存度相应地可以分为出口依存度和进口依存度。公式表示如下：

外贸依存度 = 进出口总额/国内生产总值（GDP）× 100%

出口依存度 = 出口总额/国内生产总值（GDP）× 100%

进口依存度 = 进口总额/国内生产总值（GDP）× 100%

根据上海市、江苏省、浙江省 2009 年的统计年鉴数据整理，并计算得出表 3：

表 3　长三角三个区域的外贸依存度

年份	上海市外贸依存度（%）	江苏省外贸依存度（%）	浙江省外贸依存度（%）
2001	96.7	45.0	39.4
2002	104.8	54.9	43.4
2003	139.0	75.6	52.4
2004	164.1	94.3	60.6
2005	166.6	100.5	64.5
2006	174.9	102.5	69.0
2007	176.5	112.5	68.7
2008	189.3	107.2	71.7

资料来源：《上海市统计年鉴》（2009），《江苏省统计年鉴》（2009），《浙江省统计年鉴》（2009）。

从表 3 可以看出：2001~ 2008 年长江三角洲各地区的外贸依存度水平呈现上升趋势。但是，区域内各个地区之间的外贸依存度水平有着很大的差距。2003 年之前上海的外贸依存度水平是江苏省的两倍左右，2004 年开始江苏省的外贸依存度水平提升的速度很快，2005~2008 年超过了 100%，而上海 2008 年已经达到了 189.3%，仍然远超过江苏省。浙江省的外贸依存度水平是三者中最低的，尽管处于不断的增长中，但直到 2008 年仍然仅有 71.7%。在整个长三角地区的外贸依存度水平中，上海最高、江苏次之、浙江最低。但从总体上来说，长三角三个地区的外贸依存度水平都要明显高于全国平均的外贸依存度水平，这样就容易受国际经济环境的影响，并呈现出上面分析的对外贸易额下降的情况。

（二）高外资依赖度

外资依赖度一般用对外直接投资额（FDI）在国内生产总值（GDP）中

所占的比重来表示。由于统计数据的限制，本文中用实际利用外资总额代替了 FDI 来计算外资依赖度。用公式表示为：

外资依赖度 = FDI（实际利用外资额）/GDP

根据上海市、江苏省、浙江省 2009 的统计年鉴整理，并计算得出表 4：

表 4 长三角三个区域的外资依赖度

年份	上海市外资依赖度（%）	江苏省外资依赖度（%）	浙江省外资依赖度（%）
2001	6.98	6.24	5.42
2002	7.25	8.09	4.86
2003	7.24	10.52	6.47
2004	6.71	6.70	6.93
2005	6.03	5.81	8.37
2006	5.35	6.29	7.20
2007	4.74	7.04	5.57
2008	5.36	6.85	4.23

资料来源：历年《上海市统计年鉴》、《江苏省统计年鉴》和《浙江省统计年鉴》。

据表 4 分析发现：自 2001 年以来长三角各地区的实际利用外资额的绝对值在不断增加。8 年间上海市增加了 56.92 亿美元，江苏省增加了 179.98 亿美元，浙江省增加了 79.17 亿美元。并且在 2008 年，江苏的实际利用外资额最多，为 251.20 亿美元，其次是浙江，为 124.36 亿美元，最低的是上海，为 100.84 亿美元。从外资依赖度来说，上海下降了约 1.5 个百分点，浙江省下降了约 1 个百分点，只有江苏省不降反而上升了约 0.5 个百分点。但是从总体趋势来看，长三角各地区的外资依赖度要远高于全国平均约 2.5%的外资依赖度水平。

三、长三角地区经济转型的必要性与 SWOT 分析

（一）经济从外向型转为内外需兼顾的必要性

正是基于上述分析，我们知道长三角地区一直走的是外向型经济之路，但是这种经济发展方式很容易受到外部经济环境如全球性金融危机的冲击。面对金融危机后出现的对外贸易对 GDP 贡献下降的情况，我们必须充分发挥消费和投资的拉动作用，弥补进出口降低带来的产值损失，即大力开发国内市场需求，转型为内外需并重的经济道路，保证长三角经济健康稳定

的发展。

（二）转型的条件——SWOT 分析

SWOT 四个英文字母分别代表优势（Strength）、劣势（Weakness）、机会（Opportunity）、威胁（Threat）。在公司战略与风险管理中，SWOT 分析就是将企业内部环境的优势与劣势，外部环境的机会与威胁同列在一张“十”字形图表中加以对照。下面借用 SWOT 矩阵来分析由外向型经济转为内外需并重的过程中长三角自身的优势和劣势以及外部的机会和威胁（见图 2）。

优　势	劣　势
1. 交通便利 2. 地理区位优势 3. 人才与科技资源优势 4. 中心—外围理论的辐射作用	1. 产业核心技术少，自主创新能力薄弱 2. 产业结构的同构现象严重
机　会	**威　胁**
1. 强大的国内市场需求 2. 金融危机带来的经济结构调整要求 3. 国家的政策支持 4. 上海世博会的契机	1. 其他地方的崛起，竞争激烈 2. 节能减排政策

图 2　SWOT 矩阵

1. Strength 分析

（1）交通便利。长江三角洲地区是中国交通最为发达的地区之一，已经构建起集铁路、公路、航空、海运、桥梁为一体的立体的发达交通网络。如京沪高速铁路，沪宁高速公路、沪杭高速公路，上海浦东国际机场、虹桥国际机场，上海港、舟山港，南京长江大桥等，不仅为区域内城市之间的联动发展提供了便利的交通条件，更为大力开发国内市场需求奠定了坚实的基础。

（2）地理区位优势。按照国务院 2008 年关于进一步发展长三角的指导意见，正式确定将长三角扩大到两省一市，即江苏、浙江两省和上海市。长三角是长江的入海口，河海相连，既处在东亚和西太平洋地区的区域经济中心，又位于中国沿海的南部地区与北部地区交汇处的中心地带，同时还处于中国沿海经济带与内陆长江经济带的交汇处，并且地势平坦，土壤肥沃，气候宜人，水源充足，适宜发展。另外，它以整个长江流域为腹地，资源丰富，同时自古以来上海就是中国重要的经济中心，经济基础雄厚。

（3）人才与科技资源优势。长江三角洲地区具有着丰富的人才和科技资源，区域内拥有众多的高等院校和一流水平的科研院所，其中不乏国内外知名高等学府和中科院所属的院所。2007年，长江三角洲地区普通高校在校学生达到179.07万人，也就是说每十万人有在校学生3326名，这明显高于全国同期的平均水平。这种人才资源优势客观上也促进了大量外部资本和人才涌入长江三角洲地区。

（4）中心—外围理论的辐射作用。长三角位于长江"黄金水道"与太平洋西岸"黄金海岸"的交汇处，具有明显的区位优势和广阔的内陆腹地，辐射能力强劲，在中国的经济发展中起着不可忽视的重要带头作用。长三角的辐射能力可以以上海为中心对全国形成扇形发散，随长江一直延伸到中上游的武汉经济圈、长株潭经济带和成渝经济区。目前，这种辐射作用正随着区域联动、产业发展、信息网络、高速公路的延伸和城际铁路的完善而不断加强。

2. Weakness分析

（1）产业核心技术少，自主创新能力薄弱。长江三角洲地区在积极承接世界制造业转移的过程中，占主导地位的仍然是劳动密集型产品，依靠的是廉价劳动力的优势，缺乏拥有自主知识产权的核心技术。一些高新技术产品也大多停留在劳动密集型的加工装配环节，成套自主生产能力薄弱，还只是跨国公司全球布局的一个车间。

（2）产业结构的同构现象严重，即重复建设严重。由于外部的政府干涉和长三角各地区自身的地理区位和经济文化的相似，经济发展模式几乎都呈现出以工业为主体的第二产业的强劲拉动，导致区域内产业同构，重复建设。具体表现为：一方面，三次产业的构成趋同，几乎都呈现出"二三一"的产业结构格局，服务业比重明显偏低。例如长三角各个城市几乎都将汽车、石化、电子以及材料作为支柱产业来发展，形成了产业选择上的高度同构。另一方面，主要行业尤其是制造业构成趋同：各省市争相定位成为世界制造业基地。江苏提出"建设全球重要的制造业基地和全国产业层次较高的制造业高地"，浙江提出"建设先进制造业基地，走新型工业化道路"，上海提出"173"计划，三省市间受地方利益驱动，缺乏分工、重复建设。另外，工业产品的构成上也趋同。

3. Opportunity分析

（1）强大的国内市场需求。2009年，受金融危机的影响，对外贸易出现下滑，投资与消费表现抢眼，成为了拉动经济的重要动力。据统计，2009年长三角16个城市共完成全社会固定资产投资额28501亿元，同比增长18.3%，增速较上年提高4.7个百分点。同时，受扩大内需、家电下乡等政策带动，长三角16市2009年实现社会消费品零售总额突破2万亿元，达到

20291 亿元，同比增长 16.6%，扣除物价因素后实际也比上年加快约 2.6 个百分点。这些充分说明中国的国内市场需求有很大的开发潜力，内需可以成为同外需并驾齐驱的一个经济增长动力。

（2）金融危机带来的经济结构调整要求。由美国次贷危机引起的国际金融危机像海啸一般席卷全球，导致了经济的衰退。一直是外向型经济的长三角地区当然未能幸免。本文一开始就分析了受危机影响对外贸易出现下滑。但是这场危机同时也是一场机遇，很多以前没注意到的问题暴露了出来，如过度依赖外需、处于国际价值链低端等，我们可以利用这个机会对经济结构进行调整，将单纯依靠外需转变为内外需并重。

（3）国家的一系列政策扶持。如 2009 年上海出台的八项措施扩大内需促经济增长，2008 年底的江苏省“百项工程，千亿投资”即总投资 1286 亿元的 105 个重大产业项目，2009 年浙江省 1156 亿元的基础设施投资，这些振兴规划的出台和实施都很有力地促进了内需，及时地弥补了因对外贸易下降引起的经济发展减缓。

（4）上海世博会的契机。2010 年上海世博会是长江三角洲地区一个重要的发展契机，会促使现代化基础设施进一步完善，极大地提高了上海对周边地区的辐射力和带动力。这不仅对上海和长三角区域的经济发展有持续的拉动作用，同时也会有强劲的辐射能力，推动周边地区的经济联动发展。

4. Threat 分析

（1）其他地方的崛起，竞争激烈：

1）来自国内两大区域的竞争。长江三角洲、珠江三角洲和环渤海地区三大区域并称为目前中国发展的三驾马车，三足鼎立态势逐渐明显。珠江三角洲是中国改革开放的前沿地带，凭借深圳、珠海、汕头等经济特区的带动占据了市场经济发展和区域一体化的先发优势，《关于建立更紧密经贸关系的安排》的签署和实施以及包括粤港澳在内的“大珠三角”经济区的建设无疑又为珠三角经济的再一次崛起注入了新的活力；环渤海地区依托首都北京的政治能级及地区丰富的智力资源，将会成为中国重要的科技创新中心和北方重要的现代制造业基地。这两个地区的快速发展，必然要加强与长江三角洲地区在国内市场上的竞争，来争夺资源和市场。

2）来自国际市场的竞争。根据中国加入世界贸易组织时做出的对外开放承诺：外国企业的市场准入和国民待遇将会影响国内产业和企业的发展，进一步地冲击国内市场。长江三角洲地区包括现代制造业、旅游业、金融服务业等众多行业都要面临与外资企业的正面交锋竞争。

（2）节能减排政策。长三角地区由于发展工业的需要，长期以高能耗、高污染的粗放型发展方式为主，所以节能减排政策的实施可能在短期内会对经济的发展起到制约作用。

四、转型的具体政策建议

由上述的SWOT分析可知，长三角从外需向内外需并重的转型过程中有利因素和不利因素并存，机会与威胁同在，但总体而言，有利因素和机会是主要的和主流的。未来长江三角洲地区应该主要努力实现内源经济与外向型经济的互补结合，尤其是通过发展内需型服务外包来积极加以克服和避免不利因素和威胁，积极地实现经济结构的转型。

1. 内源经济与外向型经济互补结合

所谓内源经济就是指主要依靠本地的资金、技术、人才等生产要素发展经济，推动工业化和现代化进程。而外向型经济的经济增长源头有很大一部分来自于外国直接投资的技术扩散效应，主要表现为：一是外国直接投资即跨国公司在中国的分支机构进行的研发活动在一定程度上增强了技术扩散效应；二是跨国公司参与中国市场竞争而产生的竞争效应，必然引发本地企业增加研发经费，提高企业的技术水平。

但是就目前而言，跨国公司促进长三角本土产业升级的作用并不明显。由于实力强的跨国公司已实现生产、销售和研发全球化，本土企业与之相比存在较大的技术差距，因此外国直接投资的技术扩散效应不太明显。长三角大都仅仅为加工装配环节，主要利用本地的廉价劳动力、土地、原材料的优势。所以我们必须积极推进外需为主向内外需并重转变，实现两者的优势互补。将“内源经济”深深扎根于长三角，吸收、消化“外向型经济”的有益成分，做到由简单加工装配到实现整个生产环节的本土化；由核心技术研发异地化到实现核心技术研发本土化；由外销为主转变为内外销并重，实现营销本土化；由高层管理人员外籍化到实现中高管本土化；由境外融资为主到境内外融资并重，实现融资本土化；吸引跨国公司总部或地区总部逐步迁到长三角，实现营运管理本土化等。总之在以往国际市场开拓的基础上同时大力开发国内市场，实现长三角经济的长期稳定健康快速增长。

2. 发展内需型服务外包

在拓展服务外包业务的过程中，长三角地区存在认知上的偏差，即将服务外包的重心单向化，仅仅发展了外向型的离岸服务外包而忽视了国内的需求。事实上，按照国际公认的服务外包概念，其内容就达18个行业大类，当然内需型服务外包包含在其中。越来越多的人认识到，服务外包已成为中国企业提高市场竞争力、优化资源配置、降低综合成本的一种重要手段和必由之路。可以预见，长三角地区的内需型服务外包业务一旦被广泛采用，其巨大的发展空间和无限的市场商机，将是外向型服务外包所无法比拟的。

具体而言，长三角地区构建内需型服务外包至少具有以下两大模块：

（1）生产性服务外包。长三角地区一直是中国重要的制造业基地。随着近年来跨国公司的直接投资，长三角与之相配套的生产性服务外包业务已经取得了较显著的成效，其中包括：供应链与物流，装备制造业融资性租赁，第三方品质检验，第三方产品测试，产品 OEM 即委托加工制造，ODM 即委托设计加工制造等。事实上，发展生产性服务外包，最重要的就是实现从 OEM 向 ODM 或 OEM 和 ODM 结合的转变，即不再是单纯地为贴牌生产而生产，转而采取的是以研发设计带动生产制造的策略，也就是说将技术研发作为企业发展的生命线，打造自有品牌，并依靠跨国公司的销售渠道销售自主研发的产品，不断增强在生产经营中的主动权。

（2）园区共享型服务外包。长三角地区的工业园区正在加速实施功能服务转型，即从原先园区的三大职能即房产开发商、物业管理公司和招商引资办公室，向提供双值服务即超值服务和增值服务、努力使工业园区与入驻企业共同成长的方向转型，从传统工业园区向后工业园区转型，这就需要在工业园区内加快构建有力的共享型服务平台，其中包括全天候设备维修中心、设备租赁中心、品质检测中心、工装设计中心、样品制造中心、高技能人才推荐中心、循环经济指导中心、海外产业转移指导中心、会展传媒服务支持中心等，而这些都离不开共享型外包服务。

3. 大力推行“三农”政策和完善社会保障制度，激活内需动力

目前，很多专家将中国内需不足的原因归结为“贫富分化、区域发展不平衡和社会保障制度的缺失”等不利因素。因此，长三角区域首先需要大力推行“三农”政策，统筹城乡发展，深化农业改革，发展现代农业，提升农民的收入，从而有效地缓解收入差距，刺激中国这个最大的群体——农民的消费能力，改善经济目前对外贸依存度过高的状况。

另外，经济的不确定性也使得居民手里有钱也不敢消费。要解除居民消费的后顾之忧，需要依靠完善社会保障体系，如“农民免税”、“义务教育”、“全民医疗改革”、“最低保障”等来减少长三角大众过多的储蓄和全民炒股的倾向，引导资金转入正常的消费通道，从而带动企业供给的持续增长，以此进一步推动以内需促进经济增长的良性循环。

4. 继续加大科技创新，提高自主创新能力

各种产品的生产成本较从前都有大幅度的提高，如油价、劳动力成本等，使得长三角必须加快从以往的低成本竞争力为导向到创新竞争力为导向转变的步伐。

(1) 集中长三角地区的优势科研力量攻克关键技术并发展主导产业。我们需要集中资金和科研等力量，发挥产业、政策、区位优势，以其规模和雄厚的实力参与市场竞争，改变过去以量为主的发展方式，逐步淘汰那些初级、低值的产品，利用产业扶持、优惠政策，加快高新技术产业和资本密集型机电产业的发展，积极发展高附加值、高技术含量、精深加工的产品，增强长三角地区的竞争实力。

(2) 加大人力资源的开发。20 世纪 90 年代逐渐形成的关于人力资本与经济增长关系的“新增长理论”，直接得出了人力资本推动技术进步，从而成为经济持续增长之源泉的结论。对于长三角地区来说，加大人力资源的开发主要是指提高居民的教育水平，强化劳动力的技能培训。另外一个重要的方面是培养一种勇于开拓的企业家精神，总之尽可能地发挥人力资源对内需拉动经济增长的贡献作用。

(3) 加大企业与高等院校、科研院所的合作。建立以企业为主体，高等院校和科研院所广泛参与的综合技术创新体系是实现长三角以内需拉动经济增长的关键环节。即关键是通过科技创新提高企业的技术创新能力，迅速地使研究成果转化为产品，缩短产品从研发到生产的周期。

(4) 继续加大 R&D 经费的支出。R&D 经费的支出与科技创新存在着正向关系，即政府在 R&D 经费的支出越多，科技成果也就越多。以资源共享为核心，以机制创新为重点，加大国家实验室、国家工程中心及国家科技基础条件平台建设的支持力度，为科技创新活动提供坚实的后盾。

五、结　论

通过上述分析，我们知道金融危机后长三角地区的对外贸易额和沿海港口货物吞吐量均呈现出明显的下降，很大一部分原因是单一的外向型经济造成的。于是开始思考这种外向型经济的转型，即从以外需为主导向内外需并重转变。这种转变可以通过多种措施来实现，如充分发挥内源经济的优势以弥补过度依赖外向型经济的局面；大力发展内需型服务外包，开发国内市场；加大技术创新的力度，提高内需拉动经济增长的质量；完善社会保障体系激发

内需活力；等等，实现长三角地区经济健康稳定长足的发展。

参考文献：

[1] 岳颖，解凤敏. 金融危机对江苏省对外贸易的影响及对策探讨 [J]. 特区经济，2010 (6).

[2] 周卫东. 金融危机对长三角地区外向型企业的影响及应对策略 [J]. 特区经济，2009 (11).

[3] 卜海. 基于外贸视角的经济增长方式转型——以长江三角洲地区为例 [J]. 南京政治学院学报，2007.

[4] 张敬一，周学瑜. 对长三角地区经济增长方式转型的几点思考 [J]. 安徽农业科学，2006 (10).

[5] 汪勤，于雅蓓. 长三角地区的开放度研究 [J]. 今日南国，2008.

[6] 金柏松. 向内需主导型过渡——适时调整我国开放式加外向型经济发展战略 [J]. 国际贸易，2004.

[7] 曲泽静，史安娜. 金融危机下"好孩子集团"逆势成长对长三角地区 OEM 制造商升级的启示 [J]. 科技管理研究，2010 (10).

[8] 金锋. 略论长江三角洲地区产业结构调整 [J]. 华东经济管理，2008 (3).

[9] 陈秀山，张可云. 区域经济理论 [M]. 商务出版社，2003.

[10] 中国注册会计师协会.公司战略与风险管理 [M]. 经济科学出版社，2010.

[11] 上海市统计局. 上海市统计年鉴 (2009) [R]. 中国统计出版社，2009.

[12] 江苏省统计局. 江苏省统计年鉴 (2009) [R]. 中国统计出版社，2009.

[13] 浙江省统计局. 浙江省统计年鉴 (2009) [R]. 中国统计出版社，2009.

波特的五力模型在中国资源进出口定价权分析中的运用

杜　菲①

摘　要：作为进出口贸易大国，中国无论在进口还是出口方面都很难掌握到贸易定价权，这也成为制约中国贸易发展的一大重要障碍，波特的五力模型则为分析该问题提供了一个有效的工具。本文基于对国际定价权的分析，仅引入波特五力模型中的其中“三力”对进口和出口两方面进行分析，并在分析结论的基础上提出了中国争取进出口定价权的主要措施。

关键词：波特五力模型；定价权；集中度；竞争强度

一、定价权分析中的五力模型

在首次出版于1985年的被誉为竞争领域的又一圣经、迈克尔·波特的著名三部曲之一的《竞争优势——营造并保持最佳表现》（简称《竞争优势》）一书中，美国哈佛商学院名牌教授迈克尔·波特提出了著名的五力模型。如图1所示，五力模型认为：现有同业竞争者的竞争强度、供应商的议价能力、购买者的议价能力、替代品的威胁、潜在行业新进入者的威胁这五大竞争力量决定了行业的盈利能力。

五力模型可以帮助企业确定其在行业中的竞争优势和行业可能达到的最终资本回报率，但五力模型并非只能应用于微观领域，单就五力模型中的供应方和购买方的议价能力以及同业竞争者的竞争这几个方面就可以运用于中国国际贸易定价权问题的分析之中。针对国际定价权问题的分析，仅引入波

① 杜菲（1986~），女，北京人，北京工商大学经济学院国际贸易学专业2009级硕士研究生。研究方向：国际贸易。邮箱：joicedu@163.com。

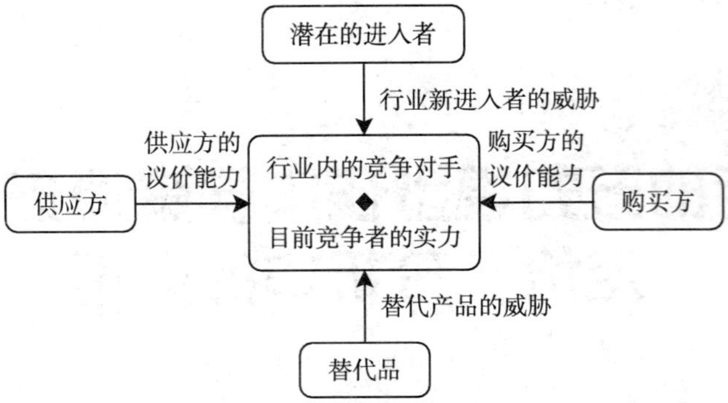

图 1　波特的五力模型

特五力模型中的其中“三力”进行研究，即供应方的议价能力、购买方的议价能力和同业竞争者的竞争强度三个方面。

对于同业竞争者的竞争强度可以单独考量，而供应方与购买方的议价能力的考量方面，由于双方在本质上来说其各自的议价能力往往是相反的，因而在议价能力方面将具体的因素和状况归纳为六点，即替代品，转换成本，供应市场的集中度，产品对于购买方的重要程度，产品购买量在供应方产量的占比和双方的谈判技巧。

二、中国资源进出口定价权的五力模型分析

（一）中国铁矿石进口定价权的五力模型分析

铁矿石是生产钢的重要原料，占钢成本的 30%~40%，拥有铁矿石资源对钢铁企业意义重大。自 1985 年中国铁矿石进口量首次突破 1000 万吨，达 1011.00 万吨开始，中国的铁矿石进口量就呈不断攀升之势。2002 年突破 1 亿吨，2003 年中国进口量超过日本，成为世界第一进口铁矿石大国，进口量为 1.4818 亿吨，2004 年中国进口铁矿石突破 2 亿吨，2009 年中国进口铁矿石再创新高，达 6.3 亿吨，同比增长 41.6%，对外依存度从 2002 年的 44%提高到 69%。[①]

作为世界铁矿石的第一大进口国，中国的铁矿石“话语权”却非常有限。国际上，铁矿石供应商主要有 3 家：澳大利亚两大巨头力拓公司、必和

① 相关数据来源于凤凰网财经频道及证券时报。

必拓公司以及巴西的淡水河谷公司。近年铁矿石谈判结果见表1，中国在铁矿石进口方面的大国优势并没有得到很好发挥，随着铁矿石的价格飞涨，由于中国缺乏“话语权”，而只能被动接受国际市场上的价格，铁矿石谈判举步维艰。

表1 2005~2009年铁矿石谈判结果一览

年份	达成协议时间	谈判双方		铁矿石价格涨幅（%）	
		购买方	供应方	粉矿	块矿
2009	2009年8月	宝钢	FMG	–35	–50.42
	2009年5月	新日铁	力拓	–33	–44
2008	2008年1月	宝钢	力拓	79.88	96.5
2007	2007年3月	日本新日铁 韩国浦项	巴西淡水河谷	65	71
2006	2006年12月	宝钢	淡水河谷	9.5	9.5
	2006年6月	宝钢	必和必拓	19	19
2005	2005年2月	日本新日铁	力拓	71.5	71.5

资料来源：凤凰网财经频道。

2010年1月份起，中国铁矿砂进口平均价格呈现逐月连续上扬态势。其中，继3月进口平均价格突破每吨100美元之后，6月份就已逼近140美元大关，创2008年10月份以来单月进口平均价格最高纪录。而2010年上半年，中国进口铁矿砂及其精矿3.1亿吨，价值343.9亿美元，比2009年同期分别增长4.1%和52.6%；进口的平均价格为每吨111.2美元，上涨幅度更是达到了46.5%。①

运用上面总结的五力模型中三力进行具体分析，会发现供应方和购买方的议价能力方面更能揭示出中国进口定价权缺失的原因。在供应方和购买方的议价能力方面，从六个方面进行分析。

（1）替代品。对于中国钢铁企业来说，铁矿石作为最基本的生产原料，在目前的技术条件下几乎没有替代品。同时由于铁矿石是不可再生的自然资源，这些对中国取得定价权造成不利。

（2）转换成本。中国的钢铁企业的转换成本非常高，中国作为产钢大国，钢铁企业众多，在短时间内进行产业结构调整是非常不现实的；同时，中国钢铁企业发展问题还会带来大量工人的安置问题。因此，与同样是铁矿石进口大国的日本相比，只是转换成本高这一个方面，就在很大程度上决定

① 数据来源于中国海关总署统计报告。

了中国的议价能力的弱势地位。

（3）供应市场的集中度。国际上，铁矿石供应商主要集中于3家，市场集中度很高。在联合国贸易和发展会议（United Nations Conference on Trade and Development，UNCTAD）发布的2009年统计手册中，以集中度指数（Concentration Index，CI）衡量国际贸易的集中度。2008年中国铁矿石出口市场的集中度指数达到0.43，[①] 供应市场的垄断性较高大大提高了购买方的议价能力，这无疑形成了中国铁矿石贸易定价权的不利的客观条件。2010年上半年，中国自澳大利亚进口铁矿砂1.3亿吨，增长5.3%，占同期中国铁矿砂进口总量的41.4%；自印度进口6490万吨，增长4%；自巴西进口5964万吨，下降1.9%。上述三大来源地合计占同期中国铁矿砂进口总量的81.7%。[②] 供应市场集中度如此之高，中国铁矿石进口定价难免会受制于人。

（4）产品对于购买方的重要程度。作为产钢大国，铁矿石对于中国钢铁企业生产是非常重要的。由于中国钢铁企业转换成本和退出壁垒都非常高，使得钢铁企业不能轻易破产或关闭，同时，企业停产则意味着巨大的固定资本支出无法弥补，于是很多企业会选择继续生产，也就不得不接受供应方越来越高的铁矿石价格。中国的铁矿石进口依存度仍然较高，2010年上半年，中国国有企业进口铁矿石2亿吨，增长了7.5%，企业发生短期违约，未来就可能会遭受三大矿商断供的威胁，因而即便现货价比长协价便宜18%左右，国内的大型钢企仍不得不以高价履行长期协议矿。

（5）产品购买量在供应方产量的占比。中国铁矿石总体进口量很大，但是一方面由于单个企业购买量在供应商产量的占比是比较小的；另一方面众多的钢铁企业并没有形成一个高议价能力的联盟，所以也导致了议价能力的受限。

（6）双方的谈判技巧。日本同样作为铁矿石的主要进口国，其进口量要比中国小，但是日本对铁矿石的价格的影响力却要大于中国。从铁矿石的需求角度来看，日本同中国一样，也是钢铁出口大国，对于铁矿石的需求同样很大，但是日本在铁矿石的议价中却往往能够掌握住主导权，这与双方的谈判技巧有很大关系。中国参与铁矿石谈判暴露出的主要问题就是国内钢铁企业太多，各方利益诉求很难达成一致。而日本的钢铁企业集中度高，每年铁矿石谈判中，谈判代表事前都要做大量市场评估，钢厂和下游用户形成了利益共同体。

---

① 数据来源于UNCTAD：Handbook of Statistics 2009。

② 数据来源于联合国贸易与发展会议组织：《2009~2011年世界铁矿石市场报告》。

（二）中国稀土出口定价权的五力模型分析

稀土是17种金属元素的统称，具有许多优异的光、电、磁等物理特性，能和其他元素组成品种繁多、用途各异的新型材料（如航天飞机、精确制导武器等），是一种重要的战略资源，每1亿元的稀土原料用于高科技产品中，可以创造200亿元的效益。

中国作为稀土资源最为丰富的国家，素有“稀土王国”之称，总保有储量约9000万吨，全国探明储量的矿区有60多处，分布于16个省，中国稀土矿产不仅储量大，而且品种多、质量好。自20世纪70年代开始，政府就针对稀土产业出台了很多政策，也带来了中国稀土产业的巨大发展。经过多年的积累，如今中国已占据国际稀土市场95%的供应量，生产量、出口量和消费量均为世界第一，中国的稀土采矿、选矿、冶炼、分离技术也都处于世界最高水平。既然世界上95%的稀土进口量都来自于中国，看似中国应该在稀土交易过程中占据定价权优势，但是事实并非如此。中国稀土的出口价格并不是由我们决定，而是由买方决定，我们只能被动地接受，近年来，中国的稀土出口价格更是出现了一路下滑的态势。与1998年相比，中国稀土出口量增长了10倍，但价格却降低了36%。

运用上面总结的五力模型中三力进行具体分析，以寻求中国出口贸易定价权缺失的原因，在供应方和购买方的议价能力方面，从六个方面进行具体分析。

（1）替代品。在资源日益紧缺的今天，稀土资源本身已经是众多常见金属资源的替代品了。尤其是在航空航天领域，世界各国都争相探索太空，无疑世界市场对于稀土的需求会不断增加。由于缺少性能更好的新型资源的替代，对稀土的需求弹性也会呈现出减小之势，因此在这一方面，中国稀土出口方面的定价权会随之提高。

（2）转换成本。虽然对于稀土的需求企业来说，单个企业的转换成本也许并不高，但是在开发太空资源已成为一种世界性趋势的时候，稀土价格的提高并不会带来其需求量的骤减。同时，由于稀土资源大都投入到一些高新技术领域，如果仅因为稀土价格提高就放弃使用，这无疑也是对新技术等智力成果的浪费。因而，作为稀土资源大国，中国的定价能力是有望提高的。

（3）供应市场的集中度。在稀土供应方面，虽然中国有巨大的储量优势，但是整个行业的集中度并不高，单个稀土企业的小而分散的出口量，并不能增加中国在这方面的定价能力。

（4）产品对于购买方的重要程度。经过上面对于替代品和转换成本的分析，可以发现稀土资源对于任何国家而言都是一种重要的战略资源。虽然其不像其他常见金属资源有着大范围、宽领域的应用，但是，顺应世界范围的发展趋势，未来对于稀土的需求和依赖程度都会大大提高，这对于中国获取出口定价权也是十分有利的。

（5）产品购买量在供应方产量的占比。由于自然资源的禀赋不同，中国在总量上的优势是十分明显的。因为稀土的应用范围的特殊性，航空业和军工业都是国家间实力制衡的重要和关键领域，因此，各国间都不可能做到完全的沟通，对于稀土的进口也就往往不能形成强大的购买方议价能力。

（6）双方的谈判技巧。涉及谈判问题，这方面正是中国出口定价权争取过程中的“软肋”。

三、中国巨大的资源进出口量却难获定价权的原因

（一）进口方面

1. 进口企业涣散，未形成统一的议价力量

通过五力分析模型可知，如果购买方的购买量只占供应方产量的一小部分，那么供应方则会拥有较强的议价能力；同时供应市场的集中度越高，购买方在议价能力方面越会处于弱势。面对如铁矿石这样出口市场集中度很高的资源，本来作为购买方在议价能力方面就处于弱势，如果国内进口企业没有一致的议价行为，虽然中国整体资源进口量巨大，但是由于众多小企业的购买量有限，也就很难获得资源的定价权。

2. 缺乏完善的资源战略政策

在资源的进口方面，中国一直以来都缺乏完善的资源战略政策，而同样是资源进口国的日本，却凭借其资源政策争取到了许多资源的定价权。以日本煤炭进口为例，为保证本国今后对煤炭的需求，日本的煤炭政策中首先加强了本国煤炭中心机构的建设和完善；为确保本国能源的稳定供应以及能源产业的健全发展，日本加强了对海外煤炭开发事业的援助，通过政府间贷款以及无偿援助等方式，帮助煤炭供应国开发煤炭，以满足其对煤炭的需求。日本这种既加强国内建设，又开展国际合作的资源战略，正是中国资源政策所缺少的。

由此可见，一国的进出口贸易定价权能力，客观的进出口现状和国际市场的集中度指标固然重要，但是，通过制定更为合理的进出口和行业发展战

略，同样可以实现对贸易价格的影响；而没有完善的战略，也有可能出现中国这种进口量很大，却没有价格“话语权”的情况。

（二）出口方面

1. 出口企业间的恶性竞争

五力模型对稀土定价权的分析中绝大部分都证明中国在稀土出口方面应该是拥有较大定价权的，但是现实却刚好相反。这其中的原因就在于波特五力模型中的另一个“力”——同业竞争者的竞争强度。

目前，中国国内经营稀土产品出口企业之间往往恶性竞争，造成了宝贵的稀土短线产品，如钕、铽、镝、铕等低价外销，同时钸、镧、钇等积压下来，使得企业亏损。这也就出现了一种怪现象，也就是出口产品质量提高了，出口量增加了，但是出口金额反而下降了。可以说，在中国天然禀赋优势极大的情况下，国际市场的稀土价格却不由我们控制，而是受制于国外，这种“天赋”毁于“人祸”的现象不能不算是一种悲哀。与稀土的情况相似，中国是世界第一产煤大国，煤炭除了国内使用外也大量对外出口，但是却也掌握不到定价权。

2. 资源出口的战略功能未得到发挥

一直以来，中国资源的出口都是为了出口而出口，殊不知资源的出口还有一项影响定价权的重要战略功能。还是以日本为例，虽然其是资源进口大国，但在某些情况下日本可以利用其长期的资源战略储备，以供应方的身份影响资源价格。而在中国，很多出口企业只贪图短期的出口利益，并没有以资源的出口来影响资源的价格。

四、争取资源定价权的措施

（一）进口方面

首先，在出口集中度高的市场上，中国作为进口国要做的就是统一国内企业的行动。由于出口集中度高，如果中国企业在进口时仍然是涣散、不一致的状态，那么我们是无法与出口市场上的垄断势力争夺定价权的，甚至连议价能力都十分有限。在铁矿石的例子中，日本在争取定价权方面的优势就在于日本的钢铁企业利益一致，集中度非常高，在谈判过程中以利益共同体的形式出现，这大大提高了其获得定价权的可能性。而中国在这方面非常欠缺统一的企业联盟，企业各方利益诉求很难达成一致，众多的国内进口企业的涣散状态与国外出口市场的高度集中形成了鲜明的对比，因而得到定价权自然是非常难的。

其次，要联合其他进口国，提高进口市场的集中度，只有“强强抗衡”才能真正提高议价能力。还是铁矿石进口的例子，如果在出口市场相对集中的情况下，中日两国在采购铁矿石过程中加强合作，强强联手，更有利于增加买方的议价能力，可以使中日两国实现双赢的局面。

最后，要加快产业升级改造，完善国内的产业布局。中国铁矿石进口受制于人，重要原因就是国内钢铁产业结构不够合理，加之该产业前期固定投入过大，抑制大量企业碍于退出成本较高的限制而不得不接受日益攀升的原料价格。在这种情况下，应该积极完善行业的退出机制，使产业布局合理化、效率化。

（二）出口方面

首先，在具有自然禀赋优势的市场上，作为出口国要控制国内企业的恶性竞争。由于对于重要战略资源的需求的增加，其需求弹性的减小，作为出口国，如果国内的出口企业进行的是恶性的低价竞争，那么本来已取得的优势会被混乱的出口局面所打破，在产品出口的定价权问题上，中国又会处于被动。在稀土的例子中，正是由于中国出口企业间的不良竞争，才使得我们丧失了定价权，使得中国大量的重要资源以极低的不公平价格抛售，这一方面是对自然资源的极大浪费，另一方面又没有给国家和人民带来实质上的经济效益。

其次，政府继续完善出口政策。近些年来，中国对于一些重要出口产品都采取了出口配额政策。以稀土为例，2010 年商务部已下达的稀土产品出口配额为 30258 吨，比 2009 年骤减了 19887.1 吨，降幅达到 40%，这导致国际市场的需求出现了缺口。而为了弥补这个缺口，各国都开始实施或筹备、计划开发本国的稀土矿。在这种形势下，中国稀土企业要面对的就不仅是争取合理价格的问题，还要面对市场份额可能降至 60%的威胁。因此，对于特殊资源的出口，政府不能仅靠限制资源出口，对于一些战略资源应建立起完善的战略储备体系。

最后，要建立出口企业的议价联盟。没有同一行业组织进行有效的价格谈判，只靠个别企业的力量是根本无法实现中国出口产品的定价权的。

（三）其他措施

1. 积极发展期货市场，建立市场定价中心

目前，国际大宗商品定价主要有两种方式：一种是通过商业谈判议定价格，比如铁矿石贸易，一般都是进出口两方谈定价格，签署远期合同；另一种是采用基差定价的方式，比如大豆的国际贸易，一般以芝加哥期货交易所某个合约的期货价格为计价基础，以期货价格加上或减去双方协商同意的基差来确定双方买卖现货商品的价格的交易方式。这种基差定价方式意味着，大宗商品国际贸易以谁家期货交易所的相关品种合约作为定价基础，谁就掌握了定价话语权。

期货市场的一种重要功能就是价格发现功能，但并不是所有的期货交易所都能成为如芝加哥期货交易所这样的市场定价中心。中国的商品期货交易所，即使交易量和交易规模世界第一，但是国际贸易不是以我们的期货价格作为定价基础，我们就谈不上有定价权。因此，中国必须大力发展期货市场，来争取定价权。如稀土产品，由于没有专门的稀土期货合约，使得中国虽然出口量大，但是由于缺乏基准的价格，没有完善的定价体系，只能被动接受买方的价格。除此之外，利用期货市场夺取定价权，一方面需要鼓励企业参与期货市场管理风险；另一方面也是最为重要的，是要鼓励企业将期货价格作为一种工具进行贸易定价。

2. 建立重要大宗初级产品的战略储备

国际定价权属于国家之间的大买卖博弈，充足的储备则能够在价格博弈中获得主动的话语权。随着中国经济的快速增长和资源产品需求量的不断加大，应该在政府的指导下，尽快建立重要大宗初级产品的战略储备体系，根据国内需求在国际市场上采购原材料产品，只有形成一定数量的原材料商品战略储备，才能保证稳定的供应，才能平抑不断上涨的价格。

3. 与资源国建立良好稳定的关系

在铁矿石进口的例子中，日本在铁矿石的议价中却往往能够掌握住主导权，其主要原因在于日本通过经济、技术援助等措施改善与资源国的关系，其财团参股矿产资源勘察开发的战略，挤进各资源国。其次，是日本采用财政、金融、税收等措施，全力支持跨国矿业经营，特别是善于控制潜在的矿业资源，以获取长久利益。在这方面，日本的经验值得借鉴，中国政府也需要组建专门负责海外资源开发的机构，统一协调国内企业的海外资源开发，负责制定海外资源战略开发规划，指导企业海外开发的方向和方式，避免企业多头向外、竞相加价、盲目一窝蜂式的资源开发行为。选择资源蕴藏丰

富、和中国有着良好的政治经济关系的国家和地区，在企业海外资源开发的实施环节，使企业资源开发遵循市场经济的规则，降低政治敏感度，避免政治性风险发生。

参考文献：

[1] 汝小洁. 国际贸易定价权的获取 [J]. 中国金属通报，2005（Z2）.

[2] 牛玉清. 国际定价权缺失——中国对外贸易之痛 [J]. 三峡大学学报（人文社会科学版），2007（6）.

[3] 白明. 中国对国际市场大宗能源类商品定价的影响 [J]. 中国对外贸易，2006（6）.

[4] 唐衍伟，王逢宝，张辰宏. 中国大宗商品国际定价权的缺失及相关对策研究[J]. 中国物价，2006（1）.

[5] 何维达，万学军. 铁矿石国际贸易定价权与议价力的博弈分析 [J]. 国际经贸探索，2008（2）.

[6] 褚永，贺婷婷. 国际铁矿石贸易结构和定价机制的经济学分析 [J]. 中国物价，2007（5）.

[7] 郑建明，孙娜，何为. 铁矿石供求格局、中国的市场地位与博弈策略 [J]. 宏观经济研究，2006（8）.

[8] 王中亮. 国际定价权缺失的原因及其对策 [J]. 价格理论与实践，2006（8）.

[9] 傅燕燕. 我国在世界铁矿石贸易中定价权丧失的原因及对策 [J]. 黑龙江对外经贸，2006（9）.

[10] 简新华. 产业经济学 [M]. 武汉大学出版社，2001.

[11] 迈克尔·波特. 竞争战略 [M]. 陈小悦译. 华夏出版社，1997.

[12] 罗维燕. 日本铁矿石战略对中国的借鉴意义 [J]. 现代经济信息，2009（9）.

[13] 李天明. 日本的煤炭需求与政策 [J]. 煤炭加工与综合利用，1999（1）.

出口退税的调整对中国钢铁出口及产业结构调整的影响

杨　辑[①]

摘要： 政府将出口退税调整为零，旨在限制钢产品的出口，这对于控制高污染、高耗能的钢铁工业的发展有着直接的作用，通过压缩出口，改变中国过度依赖国际铁矿石的进口，在铁矿石谈判中总处于劣势地位的状况。本文从出口退税政策取消对钢铁行业的影响来分析钢铁行业产业结构调整的必要性并提出调整建议。

关键词： 出口退税；钢铁行业；产业结构

一、中国钢材出口退税政策的历史回顾

1. 中国钢铁行业出口退税政策的演变

出口退税，是指国家运用财政手段鼓励出口、增强出口竞争能力的一种措施。某些部件或制成品的出口，如果它已缴纳了所用进口原料的进口税和国内税导致加大了生产成本，可以退还全额或部分税款。为了摆脱 1998 年亚洲金融危机的负面影响，进一步扩大出口，1999 年中国大幅度提高了出口退税率，将平均出口退税率由 6%提高到 15%。而随着对外贸易额的增加，中国自 2003 年开始陆续降低各类商品的出口退税率。

2. 中国钢材出口退税政策调整的背景与目的

如表 1 所示，1994 年至今中国曾多次调整钢材的出口退税政策，每一次调整所面对的环境不同，政策目的也不一样。

---

① 杨辑（1986~），女，云南昆明人，北京工商大学经济学院国际贸易学专业 2009 级硕士研究生。研究方向：国际贸易。邮箱：yangji1225@126.com 或 bulemagic@sina.com。

表 1 中国钢铁出口退税政策的多次调整

1994 年	钢材出口退税率确定为 17%，中国新税制实施
1995~1996 年	钢材出口退税率下调至 9%
1998~1999 年	钢材出口退税率上调至 15%
2004 年 1 月 1 日	现行出口退税率为 15%的钢材及制品，其出口退税率一律调低到 13%
2005 年 4 月 1 日	对税则号为 7203、7205、7206、7207、7218、7224 项下的钢铁初级产品，停止执行出口退税政策主要为生铁、钢坯等钢铁初级产品
2005 年 5 月 1 日	对税则号 7208、7209、7210、7211、7212、7213、7214、7215、7216、7217、7219、7220、7221、7222、7223、7225、7226、7227、7228、7229 项下的钢材，出口退税率由 13%下调为 11%包括热轧、冷轧、镀锌、彩涂、盘条、型材、钢丝、不锈钢板卷、不锈钢盘条、不锈钢丝、合金钢板、合金盘条、合金钢丝等产品
2006 年 9 月 15 日	钢材（142 个税号）出口退税率由 11%降至 8%。包括热轧花纹板、热板、冷卷、镀锌板、彩涂板、盘条、型材、不锈钢卷板、钢丝等
2006 年 11 月 1 日	铁合金、生铁、钢坯等 30 项钢铁产品加征 10%出口关税
2007 年 4 月 15 日	部分特种钢材及不锈钢板、冷轧产品等 76 个税号，出口退税率降为 5%；另外 83 个税号的钢材取消出口退税
2010 年 7 月 15 日	取消部分钢材 9%的出口退税优惠政策，涉及普通热轧卷、中厚板、冷轧、彩涂、镀锌板带等在内的 48 个税号

1994 年中国开始实行新税制，对出口货物实行了零税率，钢材出口按 17%的税率退税。由于出口退税规模增长过快，1995 年和 1996 年连续两次调低出口退税率。1998~1999 年，为了摆脱 1998 年亚洲金融危机的负面影响，增强钢材产品的国际市场竞争力和外贸出口对经济增长的拉动作用，中国将钢材出口退税率由 9%逐步上调至 15%。

从 2004 年开始，为减轻环境污染，优化产业结构，中国钢材出口退税政策共进行了三次较大的调整，出口退税率均为向下调整。2004 年 1 月 1 日，国家将钢材产品退税由原来的 15%统一下调至 13%；2005 年 5 月 1 日，国家再次下调板材、线棒材出口退税，由 13%下调到 11%；2006 年 9 月 15 日，国家再次下调板材及线棒材出口退税，下调幅度为 3 个百分点。其中，后两次出口退税调整，主要以板材和线棒材为主，目前无缝管等管材仍保持 13%的出口退税政策。而 2006 年 9 月 15 日进行的出口退税调整，只针对钢材 142 个税号，而非所有板材和线棒材。

2006 年 11 月 1 日，对铁合金、生铁、钢坯等钢铁产品加征 10%的出口关税。 2007 年的调整，彻底取消了主要以热轧为主的 83 个税号的钢材出口退税率，并将部分特种钢材及不锈钢板、冷轧产品等 76 个税号的出口退税率降为 5%。

在 2010 年的政策变化中，部分钢材品种的退税实际上是在 2009 年 6 月

1日之后提高的，意味着涉及的品种在政策出台前就已经没有退税。在此次48个钢材品种中，比2009年6月1日之前退税率低的只有两个品种。此次调整虽然延续了危机之前的调整政策，同2007年调整的1718种相比，仅为当年调整的23%左右，显示出政策的审慎。

国家对钢铁行业出口退税政策的调整，目的就是为了直接对钢铁工业进行调控。钢材出口退税下调幅度正在不断增加，直到2010年7月的新政策：部分钢材出口退税为零。其主要针对低附加值产品进行下调出口退税率；同时还相继出台了一系列产业发展政策，就是为了推动钢铁产业结构调整和产业升级，提高钢铁产业整体素质，使中国钢铁产业具备较强的国际竞争力，尽快成为钢铁强国。

二、2010年中国钢铁出口退税再次调整的情况分析

从品种上来看，此次取消退税的钢材品种是大型型材，普通热轧卷，中厚板，宽度在600mm以下的普通热轧、冷轧、彩涂、镀锌板带产品，没有涉及钢管和铁道用材，不锈钢和合金钢大多也没有涉及；从退税率上来看，原来具有13%退税率的产品没有涉及，除不锈钢窄钢带（9%）、不锈钢型材和钢丝（5%）、合金钢板（9%）、合金钢盘条（9%）、合金钢条杆和钢丝的退税没有取消外，退税率为9%或5%的产品退税大多取消，包括归于合金钢的硅锰钢条杆（9%）（见表2）。

据海关统计，2010年上半年中国出口钢材2358万吨，比2009年同期（下同）增长1.5倍；价值186.8亿美元，增长83.2%；出口均价为每吨792.2美元，下跌27.4%。同期，中国进口钢材843.7万吨，增长3.8%；价值99.6亿美元，增长7.6%；进口均价为每吨1181美元，上涨3.7%。

在2010年上半年新政策出台前，钢铁出口量有一个时期的增长，九成以上是一般贸易出口方式，加工贸易有快速的增长，在这些出口的企业中，国有企业出口居首位，外资企业主导进口，出口国家中出口主要来自韩国、东盟、印度和欧盟，进口则主要来自日本、韩国和中国台湾。钢铁行业出口有一个短时期的增长原因有：在出口退税政策刺激企业前抢出口，制造业的扩张，中国—东盟自由贸易区的建成，国内的钢铁价格下滑缓解出口的压力等。

表 2　2010 年 7 月调整后钢材出口税率总体水平

分类	品种	规格	出口关税（%）	出口退税（%）	备　注
碳钢	铁道用材			9	
	大型型钢			9	
	中小型型钢		5		
	棒材		15		
	钢筋		15		
	线材		15		
	特厚板			9	
	厚钢板			9	
	中板			9	
	热轧薄板			9	
	冷轧薄板			13	
	中厚宽钢带			9	
	热轧薄宽钢带			9	
	冷轧薄宽带			13	
	热轧窄钢带			9	
	冷轧窄钢带			9	
	镀层板（带）	宽度>600mm		13	
		宽度<600mm		9	
	彩涂板（带）	宽度>600mm		13	
		宽度<600mm		9	
	电工钢板（带）			13	
	无缝管			13	石油、天然气用
				9	其他用途
	焊管			13	石油、天然气用
				9	其他用途
其他钢材				9	
合金钢		宽度>600mm 板材		13	电工钢 13%，热轧卷、涂镀板带退税 9%
		宽度<600mm 板材		9	电工钢 13%
		长材		13	合金钢盘条、硅锰钢条杆、钢丝退税 9%
不锈钢		宽度>600mm 板材		13	厚度<4.75mm 热轧 200 系卷材关税 10%
		宽度<600mm 板材		9	
		长材、钢丝		5	盘条退税 13%

三、再次降低出口退税对钢铁产业结构调整的影响

出口退税政策的调整表明了一种产业导向，目的是促进资源节约、节能减排、转变经济发展方式。在经济运行基础还不完全稳固的时候政府出台如此举措，显然，国家已经把节能减排与结构调整放在了促进产业发展之前来考虑。

1. 有利于抑制钢铁行业产能过剩和过度出口

中国钢铁业产能过剩的问题依然突出。2009 年，中国钢铁产能已达到7亿吨，当年国内市场粗钢表面消费量为 5.65 亿吨，其中约有 3000 万吨进入社会库存，实际消费不到 5.3 亿吨。但是产能还在盲目扩张，2009 年钢铁行业固定投资增速保持在 20%左右。

政策永远是最好的“指挥棒”。钢材、化工产品等高耗能的商品取消出口退税，必然会对企业转型升级，促进产业结构调整，遏制行业重复建设和产能过剩起到积极的促进作用。就中国的钢铁行业而言，只依靠调整出口退税来控制和压缩过剩产能，不能达到短期内在国际铁矿石市场上增强话语权。国家有关部门对钢铁行业准入门槛越提越高，淘汰指标也日益提高，但始终没有从根本上去除产能严重过剩的痼疾。在金融危机的背景下，一些地方不仅没有在结构调整上下工夫，反而利用国家推出的“积极财政政策”这个机遇，逆势而上，大力发展早被国家明令禁止的“两高一资”项目，其

表 3 2000 年以来中国钢材产量、出口量及出口占比的变化

年份	钢材出口量（万吨）	钢材产量（万吨）	钢材出口占总产量比重（%）
2000	621	13146.00	4.72
2001	474	15745.40	3.01
2002	545	19218.30	2.84
2003	696	23581.60	2.95
2004	1423	29738.70	4.79
2005	2052	37117.00	5.53
2006	4301	46685.40	9.21
2007	6265	56460.80	11.10
2008	5923	58177.30	10.18
2009	2460	69244.00	3.55
2010 年 1~5 月	1796	32629.00	5.50

资料来源：中华人民共和国海关总署，http://www.customs.gov.cn/。

中，以钢铁项目为最甚。尤其不能忽视的是，钢铁行业的盲目建设和重复建设，直接导致的结果不单单是产能严重过剩，还引发了铁矿石供不应求、铁矿石国际市场价格一路飙升等一系列连锁反应。由于中国铁 98%是贫矿，在质量上与进口铁矿石无法抗衡，同时，由于开采成本和税费负担较重，致使国内钢铁行业的对外依存度越来越高，对外依存度在 50%以上。这无疑是自毁基业，也使其丧失了国际铁矿市场上的话语权。

抑制钢铁产能过剩，压缩出口规模，缓解铁矿石进口压力。根据中国《钢铁产业发展政策》的规划，2010 年前 10 家钢铁生产企业产量要占到全国产量的 50%以上，而目前这个数字只有 36.79%。这种高度分散的产业结构无法在谈判中形成“一致对外”的整体议价能力，进口铁矿石的规模优势难以转化为议价优势，这一点在 2009 年的谈判中再次得到印证。

中国钢铁企业与世界大钢铁集团的兼并步伐存在一定的差距。面对严峻的国际形势，中国钢铁企业的重组要顺应世界钢铁企业发展趋势，尽快向集团化方向发展，要促进几大钢铁集团向 3000 万吨规模发展，为企业兼并重组培育具有市场优势的核心企业。同时，要从构筑未来钢材市场国际化竞争优势出发进行跨地区整合、并购钢铁企业。可以起到抑制钢材出口的功效，在市场供需形势进一步恶化的过程中，在价格下跌和生产成本上升的“双重挤压”下，钢铁企业将再度面临大面积亏损的局面，一部分钢铁企业不得不退出市场，这也将实现国家以市场倒逼机制推进钢铁工业淘汰落后产能的目的。

2. 有利于减少钢材出口，从而减少对进口铁矿石的依赖

2010 年是中国钢铁行业就铁矿石进口价格对外进行的第七次谈判，也是第七次国内钢铁企业和海外矿山之间的较量。多年来，中方一直在努力寻求“中国价格”。在一个正常的市场环境中，由于买方客观条件比如购买规模、购买次数等因素的影响，谋求有利于己方的“买家价格”是情理之中的事情，作为全球铁矿石的重要消费方，根据国际贸易中大宗商品多年形成的惯例，重要消费方在定价机制中必须也应该发挥重要作用，到 2010 年国内港口库存铁矿石达到 7000 万吨，国内正常的港存应为 3000 万吨，这对谈判的矿山一方是不太有利的。过去 5 年来，铁矿石价格上涨了 4.12 倍，大矿山取得了高额利润，这个数据已经超出了正常水平。

据海关总署数据显示，2009 年中国 1~12 月累计进口铁矿石 62778 万吨，同比剧增 41.6%，已占全球铁矿石贸易量的 60%。尽管手握 6 亿吨以上的铁矿石采购总量，中国人一直期待的“中国价格”却遥遥无期。细究起来，这是由于以往谈判主体不够团结、谈判力量比较分散等各种复杂因素所致，造

成巨额筹码没有发挥应有威力。

尽管手握6亿吨以上的铁矿石采购总量，中国人却无法拿到一个满意的“中国价格”。多年下来，谈判双方力量严重失衡，三大矿山基本形成了一个价格同盟，一再推高价格，让中国钢铁企业无法喘息直至逼近生存底线。按照现有价格，如果铁矿石提价40%，就已造成中国钢铁企业的实际亏损，而海外三大矿山的报价是上涨90%甚至更高且死不松口。这样的矛盾，必以无解告终。对中国钢铁业而言，没有优惠的“长协价”就只好买高价的现货来维持一段时间，但以后中国钢铁业的发展令人担忧。

据国信证券测算，2010年中国生铁产量在6.1亿吨左右，其中60%由进口铁矿石生产，而进口铁矿石中又有40%左右是长期协议矿，如果2010年铁矿石价格上涨30%~100%，合18~60美元/吨，由此带来的中国钢铁行业的成本将增加276亿~919亿元。

铁矿石成本占据了整体制钢成本的40%，铁矿石若涨价100%的话，那么整个钢铁行业成本将会大大提高，将使本来就处于不盈利状态的钢铁产业面临很大压力，可能会全面亏损。

2010年7月取消部分钢铁出口退税的政策起到开源节流的功效，在当前国际铁矿石市场上，随着铁矿石金融属性的不断增强，中国的话语权越来越弱，中国在多元化开拓铁矿石进口渠道的同时，通过减少钢材出口和提高钢材利用率，减少对国外铁矿石需求，降低对国外铁矿石的依存度。国内大型钢铁企业可以在矿产资源丰富的国家和地区投资或与外方合资建立矿山，取得矿业资源的控制权，保证铁矿石等资源供应，以应对国际市场的波动，提高抗风险能力。把完善铁矿资源和钢的深加工作为一个完整的产业链，作为企业安全和形成系列产品市场优势来构筑钢铁企业并购和集团化发展的

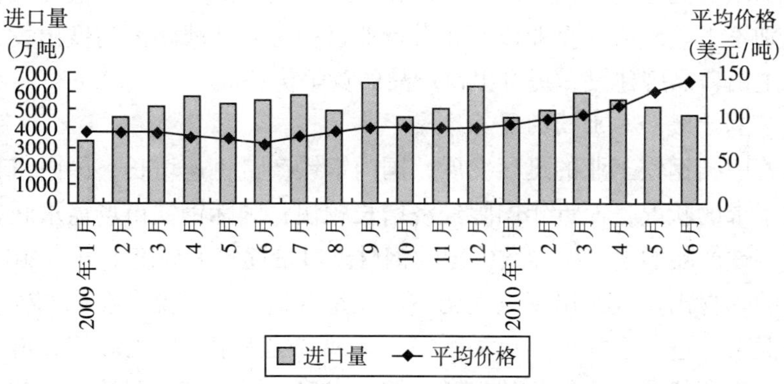

图1 2009年1月至2010年6月中国铁矿砂单月进口量价走势

资料来源：国家统计局网站。

取向。

3. 有利于钢铁企业淘汰产能、实现产业升级

就钢铁行业的销售收入利润率来看，它在 2008 年的时候是在 4%~5%这样的水平上；但是 2009 年它下滑到了 2.9%；在 2010 年 1、2 月份，也就是销售收入利润率在 3%左右。如果成本大幅度上扬，无疑会给行业的经营带来很大的困难。如果价格上涨的压力不能够减轻或消除，或者不能通过产品涨价转移价格压力，这个行业可能就面临很困难的局面。

目前，中国要达到国家规定的节能减排的目标任务仍然十分艰巨，截至 2009 年底，全国单位 GDP 能耗相比 2005 年下降了 14.38%，远低于“十一五”规划的下降 20%的目标。2009 年第三季度以来，各地区高耗能、高污染行业淘汰产能的速度加快。2010 年一季度因电力、钢铁、有色、建材、石化、化工六大高耗能行业导致能耗大幅上升，使该季度单位 GDP 能耗同比上升了 3.2%，12 个地区的单位 GDP 能耗由降转升。为遏制高能耗企业的快速发展，政府在 2009 年下半年以来，出台了一系列政策与措施，特别是进入 2010 年，政府在淘汰落后产能上不但加大了力度、确定了范围，而且确定了限期淘汰时间，同时要求限期彻底取消优惠电价。

2010 年 7 月政府取消了部分钢材出口退税，通过减少钢材的出口获利，有效地遏制高耗能产业的发展，以达到淘汰落后产能的目标。

此外，从当前钢材出口结构看，中国出口的钢铁产品多为低端、低附加值产品，而进口的多为高端、高附加值产品。目前，中国每年需要约 1300 万吨高附加值钢材产品，其中有 1100 万吨需要进口。中国钢铁行业目前比较突出的问题是如何尽快提高产品质量，提高产品的附加值，从而进一步替代进口产品。

中国缺乏拥有核心技术的知识产权，自主出口品牌的附加值偏低，有无品牌差别不大。政府和企业以及相关行业机构必须从战略的高度出发，大力推进自主出口品牌建设，提升出口产品的竞争优势。

4. 有利于缓和与别国的贸易摩擦

随着中国钢铁工业的迅猛发展，国内钢铁产量迅速增长，国内市场呈现出供过于求的状况，而近年国际经济增长较快，国际钢铁市场需求旺盛拉动了中国钢铁产品的出口，导致中国的钢材出口量逐年大幅度上升。2010 年虽然中国的钢材出口政策出现重大调整，先是取消出口退税，在未产生明显效果的情况下，进一步加征出口关税等一系列“奖入限出”的政策，努力改善进出口不平衡状况，但是收效甚微。钢材出口大增是贸易摩擦多发的主要诱因。从产品结构上看，近年管材的贸易摩擦立案率明显高于板线材，2007 年

针对钢铁产品发起的7起贸易救济案件中，针对管材所发起的案件为3起，所占比重为43%。从中国贸易救济网上的统计资料可以看出，2004年以前国外对中国板材发起的反倾销案件所占比重较大，而2004年以来，国外对中国钢管及管件发起的反倾销案明显增多。主要原因是中国出口的产品品种过于集中，近年管材产品出口数量急剧增加所致。2007年上半年钢材出口量仍主要集中在板材、棒线材和管材上。板材出口量为1441万吨，同比增长83.61%；棒线材出口量为991.07万吨，同比增长116.15%；管材出口量为476万吨，同比增长85.36%，其他产品增长幅度均较小。以出口美国的产品情况为例，由于美国对中国热轧板卷、中厚板和螺纹钢等采取了反倾销措施，中国上述3种主要出口产品出口美国受限，导致中国钢材出口美国的管材品种过于集中：2005年，中国出口美国的钢材品种主要是线材和钢管为主，其中管材约占50%；2006年，中国出口美国的钢材品种仍以线材和钢管为主，管材所占比例逐年下降，占42%。由此可以看出，出口量过大，出口增长速度较快的钢铁产品被立案调查的可能性偏高。

中国一直在寻求被国际市场承认为市场经济国家的地位，但迟迟难有起色，而恐怕出口退税政策也是其中障碍之一，有违世界贸易组织的国民待遇法则，而取消政府保护正是积极争取市场经济国家地位的重要措施。

从出口国别上看，韩国和欧美地区一直是中国钢铁出口的主战场。2007年上半年中国钢材出口目的国排名前五位的分别为：出口韩国614.85万吨，同比增长51.29%；欧盟25国590.88万吨，同比增长131.85%；美国234.29万吨，同比增长1.17%；意大利185.09万吨，同比增长44.91%；伊朗182.24万吨，同比激增2272.9%。但是，上半年出口印度、西班牙、新加坡、比利时、阿联酋、泰国、印度尼西亚、沙特阿拉伯的总量同比也都翻了一番，中国的钢材出口弥补了各国的不足，出口国别进一步向多元化态势转变。

面对激烈的国内竞争市场，有条件的大企业要继续推进国际合作，实施走出去战略。可以有选择地与国际钢铁技术领先企业合资、合作；通过参股或收购扩大海外投资，保证国内铁矿石供应和化解铁矿石价格上涨压力；适度收购海外产能闲置的钢铁企业，满足内需。同时，积极发挥行业协会、商会作用，提高企业对外定价谈判实力，降低采购的风险和成本。尽管中国钢铁企业并没有兼并国外钢铁企业的先例，这与中国钢铁企业目前产业集中度比较低，受资本市场不发达和体制、规模的制约有一定的联系，但是，中国钢铁企业积极向东南亚、澳大利亚、南美和印度寻求合作伙伴的努力，证明了这一并购重组模式的可能性。

部分钢材出口退税取消，钢材出口企业只有提高出口价格，才能达到盈利目的，这将有助于中国钢铁工业减轻国际反倾销、反补贴调查的压力，保证中国钢铁对外贸易持续健康发展。此外，也有利于钢铁企业在国内同质化竞争严重、国外出口受阻的形势下，推动企业加大钢材品种的研发力度，从根本上提高钢铁企业在国内以及国际市场的竞争实力，这将有助于中国钢铁工业由粗放型向集约型发展。贯彻落实经济发展方式转变和调整经济结构，加大节能减排、结构调整的力度，部分钢材出口退税的取消无疑能够对钢铁工业转变发展方式起到一定的推动作用。

综上所述，由于中国钢材产量总体消费的90%仍是国内市场，出口量仅占6%左右，因此整体影响有限。

2010年对一些行业低端产品取消出口退税，调整行业产品结构。在行业层面上，有利于淘汰落后产能，节能减排，推进结构调整。钢铁行业是“两高一资”行业的典型代表，同时也是中国大力推进城市化及工业化的支柱产业之一。金融危机以来，中国钢材产量不降反升，但集中度低。特别是近几年由于产量的高增长，对进口铁矿石的依赖越来越大，对外依存度达到60%，造成铁矿石的价格持续大幅上涨，给钢铁行业的正常发展带来很大压力。这样的效果是消耗的原料出口了一部分低端产品，又增加了能耗和环境的压力，不利于节能减排，同时也给行业在原料谈判上造成很大困难。国家此次推出取消部分钢材的出口退税政策，力度超预期，凸显国家淘汰落后、节能减排、推进经济结构调整的决心。

钢材需求疲软而供应压力不减，预计钢价仍将弱势运行，地产调控等政策对钢铁行业的抑制作用已经开始显现，机械、汽车、家电等行业增速下滑，钢铁库存维持高位，而此次取消出口退税政策的实施将加大国内钢铁供给的压力，使得国内竞争加剧。全球金融危机后，各国为恢复本国经济，都加大了贸易保护的措施，中国也不例外，在危机初期，增加了部分产品的出口退税，对恢复信心起到积极作用。与此同时，各国纷纷推出保护措施，使得贸易摩擦不断升级，特别是对中国的反倾销案例逐渐增多。

国家此次推出取消部分钢材的出口退税政策，短期来看，可能会对行业造成很大的价格压力，抑制出口，造成钢铁行业的很大冲击；长期来看，对于国家的节能减排政策，对于钢铁行业的整体结构调整，对于调整内需，调整中国的对外贸易地位，都会产生很大的积极影响，引导中国钢铁行业更好地发展。

参考文献：

［1］新文. 中国钢铁产业政策需要形成“整体聚焦”战略框架［N］. 中国建筑报，2007-7-12.

［2］王琼杰. 钢铁行业仅取消出口退税还不够［N］. 中国矿业报，2010-6-29.

［3］杜文. 取消出口退税并非不可承受［N］. 中国企业报，2010-7-1.

［4］何晓曦. 铁矿石谈判：降幅难以达成共识［N］. 国际商报，2009-5-6.

［5］李霞. 我国出口退税政策变化对钢铁行业的影响及企业对策分析［J］. 经济界，2008（3）.

中国如何走上贸易强国之路

刘　丹[①]

摘要：近年来，中国的贸易总量稳中有升，尤其是对外贸易取得了巨大的成就，中国已成为名副其实的贸易大国。然而，大国并非强国，中国的贸易产业仍然存在技术含量较低、创新能力较差、出口商品结构不合理的弊端。如何使中国未来的贸易之路走得更好，如何缩短与贸易强国之间的差距、实现从贸易大国到贸易强国的转变是我们需要探索的问题。本文指出，产业转移、技术革新、有效分工、政策支持等是中国在通向贸易强国之路上必不可少的助力。

关键词：贸易强国；产业转移；分工；创新

一、贸易大国并非贸易强国

自改革开放以来，随着政府对经济策略的不断调整及产业链态的自我革新，中国的经济发展势头强劲，几十年间，中国的贸易交易量发展之迅速令世界惊叹。2001年底，中国正式获批加入世界贸易组织，这一时刻在某种意义上标志着中国在世界贸易的舞台上拥有了更为广阔的发展空间。继而，中国经济趁势扶摇直上——国内生产总值的连年增长、对外贸易的常年顺差、跨国公司的争相入驻，为中国成为贸易大国添砖加瓦。近年来，中国贸易大国的地位越来越稳固，越来越被世界所认可。

然而，中国作为一个新兴的贸易大国，与世界贸易强国相比还有很大差距，在通向强国的道路上还有很长的路要走。

通常，“贸易大国”是这样被认定的——生产的产品种类很多、数量庞

① 刘丹（1991~），女，北京工商大学经济学院经贸093班学生。邮箱：xxym_ld@sohu.com。

大，但产品本身却不一定具有核心竞争力，所谓“贸易大国”仅仅是就商品贸易交换的数量而言的，科技含量却并不占有优势。然而，真正有效率的贸易，需要从大到强的本质变革。显然，对于当今的中国来讲，劳动密集型企业占据大多数的市场份额，我们被喻为“世界的加工厂”，虽然具备强国的种种条件，但实现成为强国的目标还需要更多的努力。

综观世界上的其他国家，被公认的贸易强国须具备以下几个特点：生产的产品质量好、技术含金量高，拥有良好的市场竞争力，可以使其商品在贸易交易过程中谋取更多的利益；本国经济繁荣发达，支持促进贸易企业创新发展；产品贸易规模大，支持服务业优先发展；对外开放程度高；产品能满足国际化需求。

从贸易大国向贸易强国的完美转身，有助于中国贸易更加迅速稳定地发展，有助于经济的绿色发展。衡量中国的现有贸易情况，不难发现，想要跨过这道“坎儿”，走入贸易强国之列，进而提升中国的贸易综合素质，仍需我们下一番工夫。

二、中国的贸易现状

自 2008 年以来，由美国次贷危机引起的全球性金融危机、债务危机全面爆发，世界经济形势不断变化，美、欧、日三大经济体都在不同的程度上走了下坡路。因此，中国的经济市场也受到了不小的冲击，经济增长速度减缓，国际市场的需求量下滑，贸易出口量减少。继而，政府积极快速地出台应对策略，对贸易市场进行有效的调控和管理，使金融危机对中国整体的影响降到最低，避免了经济增长过程中过大的波动。

在后危机时代的大背景下，中国的贸易形势并没有太大的改变，贸易交易量虽大但品质普通，集中于资源型、劳动密集型产业，贴牌、加工贸易较多，企业分散，分工混乱，凝聚力不强，忽视创新，对低成本的劳动力过度依赖等问题都是中国贸易的弊端。

三、中国如何走上贸易强国之路

作为一个新兴的贸易大国，倚仗丰富的资源和低廉的劳动力，中国的进出口总量很大，在未来的几年里，稳中有升不是问题。那么，我们和贸易强国的差距在哪儿，如何通过改变缩短差距，就成了现在最需要关注的问题。

(一) 技术革新，产业转移

在经济学中，通常认为贸易的优势来自于四个方面：生产率比较的优势、资源的优势、规模的优势和交易成本的优势。然而，有经济学家戏言，这四个主要优势现在的中国一个也不具备，因为中国的贸易优势来自于低廉的劳动力成本。虽是戏言，却也不无道理。悉数中国现在的贸易企业，其产品依然摆脱不了技术含量不高、工业附加值低的困境。显而易见，自始至终我们的贸易都在围绕着“人多势众”打转，以劳动密集型产品为主，妄想通过庞大的产品数量、低廉的价格水平在世界贸易的舞台上赢得一席之地。

不可否认，国内企业凭借低廉的劳动力成本获得了一种其他国家企业无法抗衡的比较优势，这种路径使中国的贸易初见成效。然而，不能忽视的是，在科学技术越来越被重视的今天，这样的方式始终有其本身无法避免的局限性——对廉价劳动力的过度依赖使企业的创新能力故步自封，没有属于自己的创新品牌，没有合理过硬的科学技术，长久依靠低端的制造手段获利少，资源浪费多，环境压力大。

因此，时下中国贸易最应该解决的问题是如何戒除中国贸易企业长久以来对于低劳动力成本的过分依赖。在未来贸易强国的发展上，应以低价格、低劳动力成本为辅，注重开创属于中国特有的技术型产品。由“低成本策略”向“品牌竞争”转型，注重品牌塑造、技术追求，保留中国贸易现有的低价优势，从价格、品牌两方面同时入手、共同发展。

(二) 重新分工、提高效率

当市场对产业进行重新定位后，对现有的贸易企业格局进行重新分工，细化各产业的生产、经营范围，避免贸易的低效率，是十分必要的。

亚当·斯密的分工理论早就向我们证实了这一点——分工可以提高劳动生产率，每个人专门从事于一种物品的生产，然后彼此进行交换，对每个人都是有利的。而国际分工，是各种分工形式的最高形式，不仅可以提高劳动生产率，通过各国的贸易往来，更能够使各个国家在贸易上达到共赢的局面。因此，不仅应该及时调整中国国内的分工格局，中国亦应该积极参与国际分工，使资源、劳动力和资本得到最有效的利用，提高中国经济的国际竞争力，缩小与其他强国之间的差距。

在如今金融危机的大背景下，“后危机时代”由美国主导的经济全球化被大大削弱，世界经济进入新的周期，开始向多元化发展，中国贸易应该充分利用这个局势，从而在国际贸易的舞台上分一块更大的蛋糕，进而巩固中国贸易在世界贸易中的地位。

（三）开放市场、自由贸易

自始至终，政府应该尽力为贸易活动营造一个开放、公平的市场，支持自由贸易、公平竞争。加入世界贸易组织后，国门开放，使得中国在世界贸易的范畴内领略到其他国家的先进技术和理念，所以在欢迎国外企业“走进来”的同时，还应该加大力度鼓励中国企业“走出去”，增加中国贸易在世界贸易舞台上的不可或缺性。

（四）政策支持、本质变革

美国杜克大学社会学系教授高柏在研究日本经济的时候特意对“经济繁荣与停滞的制度性根源”进行了论述，阐明政府制度性对经济走势的重要影响。为使中国在成为贸易强国的路上走得更快更稳，2010 年 4 月 18 日，商务部举行全国转变外贸发展方式报告会，会上首次发布《后危机时代中国外贸发展战略研究》，提出到 2030 年要初步实现贸易强国的目标。这个目标具体分两步走：在 2020 年前，巩固贸易大国地位，推动贸易强国进程；在 2030 年前后，则要初步实现贸易强国目标。于是，有人就对此提出“十年做大，十年做强”的观点，认为由大转强是贸易发展进步的必然趋势。可是，仔细想想，如此两步顺次进行并不能完全确保中国贸易完成从“大”到“强”的转变，这条贸易转型之路并非水到渠成，想要成为贸易强国就必须对技术进行革新，转移产业类型。

值得一提的是，在重贸易、搞经济的同时，政府必须明确相关政策，注重发展的可持续性，充分利用资源，注意环保和低碳，使我们的经济能够持续地绿色发展。美国以及欧盟国家产业升级后，开始发展金融服务业、旅游业，这些行业环境污染小，经济利润高，适合长期发展，所以，中国应该借鉴外国的先进经验，不再仅做“世界的加工厂”，不再为他人做嫁衣裳。

四、强国之路需要政府与企业共同努力

为贸易营造一个公平开放的市场氛围，自由贸易、公平竞争是做大变强的前提条件；对现有的贸易企业格局进行重新分工，提高生产效率，产业更新，节能减排是一条仍需探索的道路；培养创新型高科技人才，打造有特色

的中国品牌，是今后需要恶补的功课；国门开放，取长补短，向邻邦、大国借鉴经验，站在巨人的肩膀上远眺，是一条可取的捷径。

中国通向贸易强国还有很长的路要走，究竟能走多远，不仅依靠政府的“制度性根源”，也依赖于企业的“自我革新”。唯有政府、企业一起努力，才能尽快营建双赢的局面，使中国走上贸易强国的阶梯。

参考文献：

[1] [美] 高柏. 日本经济的悖论——繁荣与停滞的制度性根源 [M]. 刘耳译. 商务印书馆，2004.

[2] 赵春明. 国际贸易学 [M]. 石油工业出版社，2003.

[3] 李刚，李俊. 迈向贸易强国——中国外经贸战略的深化与升级 [M]. 人民出版社，2006.

[4] 刘旭. 迈向贸易强国之路——加快转变外贸增长方式研究 [M]. 中国计划出版社，2007.

[5] 贸易强国，http：//baike.baidu.com/view/3095752.htm.

[6] 中国稳步走向贸易强国，http：//news.xinhuanet.com/world/2010-09/09/c_12533120_5.htm.

[7] 贸易强国不是做大那么简单 [N]. 北京商报，http：//finance.jrj.com.cn/opinion/2010/04/2007397321667.shtml.

[8] 中国对外贸易的现状及对策，http：//shipsupply.org.cn/hk/hk-0404/0404-11.htm.

人民币汇率变动对一般贸易和加工贸易出口的不同影响

盖淑芬[①]　郑兰平[②]

摘要：自 2005 年 7 月以来，中国开始实行有管理的浮动汇率，汇率对贸易的影响开始放大，对汇率变动与贸易方式的研究是十分必要的。故本文选取了 1996~2008 年的数据，通过计算相关依存度来简单地分析人民币汇率变动与不同贸易方式下出口之间的关系。

关键词：人民币汇率；一般贸易；加工贸易；出口方式

一、国内文献综述

对于一般贸易与汇率之间关系的研究有：厉以宁等（1991）通过对中国 1970~1983 年的数据分析得出，中国进出口商品的需求价格弹性严重不足，人民币汇率贬值。陈彪如（1992）研究得出中国进出口需求价格弹性为 1.0248，说明人民币贬值或升值对于改善贸易收支微不足道，经济总体增长能够使贸易收支改善。戴祖祥（1997）认为，中国进出口价格弹性大于 1，满足马歇尔—勒纳条件，人民币贬值可以改善贸易收支。谢建国和陈漓高（2002）、赵德胜（2005）认为，1978~2000 年人民币汇率贬值对于中国的贸易收支没有明显的影响。尹翔硕和俞娟（2004）、沈国兵（2004，2005）、任兆璋和宁忠忠（2004），分别对中日、中美、美日之间的贸易与汇率关系进行了实证分析，认为汇率并不是影响一国贸易收支长期变动的主要因素。强

① 盖淑芬（1979~），女，内蒙古扎兰屯人，北京工商大学经济学院国际贸易学专业 2009 级硕士研究生。邮箱：gaishufeng@yahoo.com.cn。

② 郑兰平（1962~），女，北京人，北京工商大学经济学院贸易系副主任、副教授，硕士生导师。邮箱：zhenglp@th.btbu.edu.cn。

永昌（2004）、余珊萍和韩剑（2005）认为，人民币汇率变动对出口影响很小，而对进口没有影响。许和连、赖明勇（2002）分析了中国工业制成品贸易与汇率的关系，认为中国的制成品贸易与实际有效汇率存在长期且稳定的关系。毕玉江（2005）表明汇率对进口影响不大。朱真丽、宁妮（2002）对中国对外贸易的多边和双边价格弹性进行了分析，认为货币贬值可改善贸易收支。王晓天（2005）认为中国贸易收支、FDI、实际汇率三者之间存在长期的因果关系。许少强、马月（2005）研究表明，人民币汇率升值能够缓解中国贸易收支和中美贸易收支顺差。辜岚（2006）表明，马歇尔—勒纳条件只有中国和美国、欧洲各国之间成立。对于加工贸易，陈治中（2005）认为中国加工贸易行业中的外资企业将受到人民币升值的影响。喻卫斌、苏国强（2006）通过对广东省 1995~2005 年进出口数据的实证研究，得出人民币升值导致加工贸易进出口都下降的结论。

二、人民币汇率变化与不同贸易方式下的出口情况

从 1994 年人民币大幅度贬值以来，中国对外贸易收支情况不断得以改善，一直以来保持贸易顺差。2005 年 7 月 21 日，中国开始实行以市场供求为基础、参考一篮子货币进行调节、有管理的浮动汇率制度。人民币汇率不再盯住单一美元，形成更富弹性的人民币汇率机制。再加上中国经济的连年增长，外贸顺差和高额的外汇储备使得从 2006 年底开始人民币的升值速度加快。而人民币汇率升值会对贸易出口产生很大的影响。近十年来，人民币兑美元汇率由 1998 年的 8. 2791 下跌到 2007 年的 7.5215，人民币升值对国际贸易的影响在逐渐显现，这些会成为影响中国经济未来更好的发展的潜在风险。同时巨额贸易顺差也给人民币汇率形成机制改革带来很大的压力。由于在不同的贸易方式中，一般贸易与加工贸易是两种主要的形式，在人民币汇率改革以来的近三年里，这两种主要的贸易形式占贸易总额的 89.85%，其中，一般贸易占 44.22% ，加工贸易占 45.63%；一般贸易顺差为 2258.2 亿美元，加工贸易顺差为 6402.1 亿美元。[①] 中国贸易顺差基本上是由加工贸易完成的，2009 年中国已首次超过德国成为了世界第一出口大国。汇率改革三年来出口年均增长 21.23%，一般贸易出口年平均增速为 25.51%，快于加工

① 翁雪琴. 人民币汇改后汇率对不同贸易方式进出口的影响［J］. 改革与战略，2009（3）.

贸易出口年平均增速16.14%。① 即一般贸易的出口增长快于加工贸易的年均增长。只就出口而言，一般认为：汇率升值对加工贸易的影响小于对一般贸易的影响，原因是加工贸易两头在外。

三、人民币汇率变动与一般贸易和加工贸易出口的相关依存度分析

到目前为止，众多的经验研究也说明了汇率变动与贸易关系的复杂性。而在本文分析中，由于笔者知识有限，只采用Pearson线性相关系数进行实证检验，是一种相对简单的分析方式。选取了1996~2008年的两种主要贸易方式下的出口数据和名义汇率年度平均值。对它们的相关性进行计算和分析，来进一步证实结论。其中，x和y分别代表一般贸易出口额和加工贸易出口额，人民币汇率，采用的是年度名义汇率中间价的平均值和直接标价法。得出的相关系数越大表示两者相关程度越高。一般认为，相关系数在0.3以下为不相关，0.3以上为有相关，0.3~0.5是低度相关，0.5~0.8是显著相关，0.8以上是高度相关（见表1）。

表1 中国1996~2008年主要贸易方式下出口额与人民币汇率情况

年份	x一般贸易出口（亿美元）	y加工贸易出口（亿美元）	年平均汇率
1996	628.40	843.30	8.3142
1997	779.74	996.02	8.2898
1998	742.35	1044.54	8.2791
1999	791.35	1108.82	8.2796
2000	1051.81	1376.52	8.2784
2001	1118.81	1474.33	8.2770
2002	1361.87	1799.28	8.2770
2003	1820.34	2418.51	8.2774
2004	2436.06	3279.70	8.0192
2005	3150.63	4164.67	7.9735
2006	4162.00	5103.55	8.2770
2007	5384.57	6175.60	7.5215
2008	6628.62	6751.14	6.9444

资料来源：中国人民银行国家外汇管理局和国家统计局网。

① 人民币汇率变动及其政策走向对厦门市企业的影响及对策（总报告），http：//www.xmsk.cn.

在分析人民币汇率与不同贸易方式下出口额的相关依存度时，我们采用Pearson 线性相关系数进行实证检验。计算后，一般贸易出口额与汇率之间的相关系数为-0.8803。而加工贸易出口额与汇率之间的相关系数为-0.8261。可以看出，无论是一般贸易出口还是加工贸易出口，都与汇率之间呈高度的负相关，即出口贸易和汇率的增长均会引起对方的进一步下降。如果一国的本币升值，就会相应提升本国的出口成本，降低本国的贸易竞争优势，因而会降低出口。但是一般贸易与汇率之间的相关系数要比加工贸易的相关稍微大一些。原因是加工贸易两头在外，原材料和零部件从国际市场上来，产成品到国际市场上去，而在国内只进行简单的加工装配，本币升值使进口原材料等的本币价格降低，导致加工贸易的生产成本降低，因此在一定程度上抵消了本币升值造成的出口商品外币价格上升的不利影响，即人民币升值后加工贸易出口比一般贸易受到的冲击要小。

四、建 议

人民币汇率变动对一般贸易出口的影响比对加工贸易的影响要更大一些，但是，并不是说在人民币不断升值时我们就要全力发展加工贸易，因为加工贸易与中国国际贸易不平衡的问题关系十分密切，容易引起国际贸易摩擦。因此，我们要积极推动加工贸易转型升级，不断提高产品的附加值，由低附加值向高附加值转变的战略性转变。从长远来看，汇率波动对出口贸易的负面影响是必然存在的，而且随着人民币汇率形成机制改革的深化和人民币汇率波动幅度的增大，汇率波动对出口贸易的不利影响将越来越明显，中国出口企业承受汇率风险的能力将面临严峻挑战。所以，为了保持对外贸易长期稳定、快速发展，我们就要根据企业自身的实际情况，有效地减弱和抵消人民币汇率波动给对外贸易带来的负面影响。具体措施如下：

（一）出口企业要在保证质量的基础上，进一步控制和降低产品的成本，尽可能地化解汇率波动造成的损失

汇率波动对出口的影响程度与一国贸易品竞争力的来源相关，对劳动密集型、以成本取胜的产品影响很大，对技术含量高、有持续竞争优势的产品影响小。[①] 无论哪类产品，它最后的售价一般都是由制造成本、运输成本、

① 全球陶瓷网. 两部门推八项措施改善贸易环境降低企业成本.

渠道成本等多个方面构成，不同环节的成本的可控程度是不相同的。首先，中国的出口企业现阶段对于渠道销售成本的可控性很小，而这部分往往占到最终销售价格的一半以上。其次，中国企业在控制制造成本方面能够改善的余地也不多，尽管这些年来中国出口企业一直在通过技术革新，采用新的制造设备等来降低成本，但是制造成本的降低总是有极限，所以，从供应链的角度来看，中国出口企业应该更多地把重点放到降低运输成本上，即尽力确保产品的品质，安全性以及交货的及时性。最后，目前出口企业面临的一大问题是：隐性成本太高，即出口商检环节手续较为繁杂及其较高的费用带来了巨大的出口隐性成本。[①] 所以，政府应该采取必要的措施使出口审查环节适当地简化，把一部分出口的隐性成本降低下来。

（二）对于波动频繁的人民币汇率，外贸出口企业应提前做好应对汇率风险准备

首先，企业可通过加快销售发货进度、缩短货款回收期、提前收汇以减少汇率损失。尤其当人民币升值明显时，可通过协商在合同中约定，缩短款项结算的周期，加快结算速度，尽早回收应收的款项。其次，利用金融手段规避风险。可采取远期结售汇、货币期货套期保值，应收账款买断、远期合同套期保值票据保理业务等金融手段规避汇率风险。最后，在交易过程中，企业可在部分销售合同中约定汇率风险承担条款。

（三）调整中国出口商品的贸易结构，促进产业升级

中国对外贸易商品结构特点是：劳动密集型产品占有较大比重；工业制成品的出口有了快速发展，但是技术含量和知识含量仍很低，依然是高科技产品的主要进口国，服务贸易所占比重仍然很小，新兴服务业的出口竞争力明显不足。这样的贸易商品结构是由中国较低层次的产业结构决定的。[②] 在国际贸易活动中，要逐步提高中国出口产品和服务的竞争力。不仅要继续不断完善出口产品和服务的质量，从根本上增强企业自身在国际市场的竞争力，扩大中国产品在国际市场的市场占有率同时，还要重视加快出口商品结构升级，通过出口附加价值高的制成品，从而提升资源的利用率，降低环境污染水平。同时，还要逐步提高产品和服务的创新水平，充分发挥自身比较优势，创立品牌，实现品牌价值。

---

① 汪琳. 人民币汇率与中国贸易结构互动关系［J］. 武汉工程大学学报，2010（4）.

② 人民币汇率变动及其政策走向对厦门市企业的影响及对策（总报告），http：//www.xmsk.cn.

参考文献:

[1] 吴玉兰. 人民币实际有效汇率对我国加工贸易影响的实证研究 [J]. 黑龙江对外经贸，2008 (2).

[2] 强永昌等. 有关人民币汇率问题的对外贸易分析 [J]. 世界经济研究，2004 (8).

[3] 胡洋. 人民币汇率变动对我国外贸的影响 [J]. 学术园地，2009(12).

[4] 毕玉江. 汇率、国民收入与商品进出口——基于标准国际贸易分类的实证检验 [J]. 财贸研究，2005 (4).

中国出口企业遭受美国反补贴调查的原因及对策

高 山[①]

摘要：中美两国的贸易随着中国加入世界贸易组织得到了快速的发展。据中国海关统计，2009年双边贸易额达2982.6亿美元，[②]中美两国已经互为第二大贸易伙伴国。但是，正是由于中国对外贸易的蓬勃发展，也增加了对外贸易摩擦。除了经常使用的反倾销措施之外，美国又对中国启动了反补贴这一救济措施。特别是自2006年开始，美国对中国输美产品发起了24起反补贴立案调查，这在中美贸易发展史上极为罕见。根据这样的现实情况，中国出口企业陷入美国反补贴调查旋涡的趋势迫近。积极研究美国对中国出口企业反补贴调查的原因及影响，探索应对之策，具有重要的理论价值和现实意义。本文从理论层面提出了中国出口企业遭受美国反补贴调查的原因，并从原因入手结合现实分析提出了相应的对策。

关键词：贸易壁垒；补贴；反补贴；补贴与反补贴措施协议；市场经济地位

近几年来，中国对外贸易发展迅猛，其中对美国的出口贸易更是快速增长。凭借低廉的劳动力价格带来的国际竞争优势，中国对美出口的贸易顺差额不断上升，而这也引起了美国国内贸易保护主义者的仇视。他们为了保护国内的产业，纷纷采取多种经济、政治、法律手段来维护本国的贸易利益。自中国加入世界贸易组织以来，各种贸易摩擦接踵而至。在2006年11月20日中美铜版纸案件之后，美国对华贸易政策已经发生了重大的变化，反补

---

① 高山（1984~），男，北京人，北京工商大学经济学院金融学专业2010级硕士研究生。研究方向：资本市场、公司金融。邮箱：13810738958@163.com 或 gaoshan1024@163.com。

② 唐文雯. 中韩贸易逆差与美中贸易逆差的比较分析 [D]. 对外经济贸易大学硕士论文，2010.

贴正在成为继反倾销之后美国针对来自中国的出口企业输美产品所设置的新的贸易壁垒。

诚然，在世界经济发展的过程中，补贴与反补贴的斗争一直是全球贸易体制下的一个重要的贸易摩擦问题。自加拿大 2004 年对中国发起首起反补贴调查以来，美国一直在试图通过修改其反补贴法而使反补贴这一贸易保护措施对中国得以适用。自铜版纸案件之后，美国又连续对中国发起了 24 起反补贴立案调查。由此可以看出，如何应对反补贴调查已经成为中国对外贸易领域内各行各业不可回避的一个问题。

中国政府和企业在这一问题上应当积极应对。在不断完善市场经济体制的同时，努力调整国内不合理的出口补贴政策，转换产业补贴的方式，加强反补贴法律法规的研究与建设，使其适应世贸组织《补贴与反补贴措施协议》（简称《SCM 协议》）的要求，从而在最大程度上维护本国的贸易利益。

一、中国出口企业对美贸易现状

中美两国贸易随着中国加入世界贸易组织得到了快速和长足的发展。根据中国海关统计，2009 年中美贸易额为 2982.6 亿美元，同比减少 10.6%。对美出口 2208.2 亿美元，同比减少 12.5%。从美国进口 774.4 亿美元，同比减少 4.8%。从 2009 年全年来看，中国仍然以 1433.8 亿美元成为美国对外贸易的一大逆差来源国，但比 2008 年的 1708.6 亿美元的逆差绝对值减少了 274.8 亿美元。从 2005 年到 2008 年同比增长 42.3%、26.2%、13.2%、10.5%，已经呈现逐年递减趋势。[①] 与此相伴随的是中美贸易摩擦发生次数的增多、频率的加快、范围的扩大。随着世界贸易组织规则不断深入自由贸易领域，诸如反倾销、保障措施等贸易救济手段已明显不足以应付贸易自由化发展的大潮。因此，以反补贴为首的其他各种贸易保护手段开始登上贸易保护主义的舞台。表 1 显示了 2007 年以来中国出口产品遭受美国反补贴调查的案件数量和裁决结果。

---

① 胡麦秀，薛求知. 美国对华实施反补贴的动因及其经济学分析 [J]. 世界经济情况，2010 (1).

表1 2007~2010年中国出口产品遭受美国反补贴调查的案件统计

序号	涉案产品	起诉时间	裁决时间	裁决结果
1	新充气工程机械轮胎	2007年6月18日	2008年8月21日	（初裁）中国涉案企业补贴幅度为2.45%~14.00%，造成了实质性损害。（终裁）中国胜诉
2	薄壁矩形钢管	2007年6月27日	2008年7月28日	（初裁）中国涉案企业的补贴率为2.17%~200.58%。（终裁）中国胜诉
3	环状焊接碳素钢管	2007年6月28日	2008年6月20日	（初裁）中国涉案企业的净补贴率为29.57%~615.92%，造成了实质性损害。（终裁）中国胜诉
4	复合编织袋	2007年6月28日	2008年7月31日	（初裁）中国涉案企业的补贴率为29.54%~352.82%，造成了实质性损害。（终裁）中国胜诉
5	低克重热敏纸	2007年9月19日	2008年9月4日	（初裁）中国涉案企业的净补贴率为0.57%~59.50%，造成了实质性损害。（终裁）中国胜诉
6	未加工橡胶磁	2007年9月21日	2008年7月3日	（初裁）中国涉案企业的净补贴率为9.95%，造成了实质性损害。（终裁）中国胜诉
7	亚硝酸钠	2007年11月30日	2008年4月8日	（初裁）所有中国涉案企业临时反补贴税率为93.56%，造成了实质性损害。（终裁）中国胜诉。
8	不锈钢焊接压力管	2008年1月30日	2009年1月28日	（初裁）中国涉案产品的补贴率为1.10%~299.16%，造成了实质性损害。（终裁）中国胜诉
9	环形碳素管线管	2008年4月3日	2010年3月31日	（初裁）中国涉案企业的净补贴率为18.89%~31.65%，造成了实质性损害。（终裁）中国胜诉
10	柠檬酸及柠檬酸盐	2008年4月14日	2009年4月7日	（初裁）中国涉案企业的补贴率为3.60%~118.95%，造成了实质性损害。（终裁）中国胜诉
11	后拖式草地维护设备及相关零部件	2008年6月24日	2009年7月15日	（初裁）补贴率为0.56%~264.98%，造成了实质性损害。（终裁）中国胜诉
12	厨房用金属架（筐）	2008年8月27日	2009年8月18日	（初裁）中国涉案企业的补贴率为13.30%~170.82%，造成了实质性损害。（终裁）中国胜诉
13	非公路用轮胎	2008年9月4日	2007年12月10日	（初裁）中国涉案企业的反补贴率为2.45%~14%，造成了实质性损害。（终裁）中国胜诉
14	石油管材产品	2009年4月8日	2009年11月24日	（初裁）中国涉案企业的净补贴率为10.90%~30.69%，造成了实质性损害。（终裁）中国胜诉
15	预应力混凝土结构用钢绞线	2009年6月17日	2010年5月21日	（初裁）中国涉案企业的补贴率为7.53%~12.06%，造成了实质性损害。（终裁）中国胜诉

续表

序号	涉案产品	起诉时间	裁决时间	裁决结果
16	钢格板	2009 年 6 月 19 日	2010 年 6 月 23 日	（初裁）中国涉案企业的补贴率为 7.44%，造成了实质性损害。（终裁）中国胜诉
17	钢丝层板	2009 年 6 月 26 日	2010 年 6 月 4 日	（初裁）中国涉案产品的补贴率为 2.02%~437.73%，造成了实质性损害。（终裁）中国胜诉
18	带织边窄幅织袋	2009 年 7 月 30 日	2010 年 7 月 13 日	（初裁）中国涉案产品的补贴率为 0.29%（微量）~118.68%，造成了实质性损害。（终裁）中国胜诉
19	镁碳砖	2009 年 8 月 19 日	2010 年 7 月 27 日	（初裁）中国涉案产品的补贴率为 0.07%~0.88%。（终裁）中国胜诉
20	无缝钢管	2009 年 10 月 14 日	2010 年 11 月 10 日	（初裁）中国涉案产品的补贴率为 11.06%~12.97%，造成了实质性损害。（终裁）中国胜诉
21	铜版纸	2009 年 10 月 14 日	2010 年 9 月 21 日	（初裁）中国涉案产品的补贴率为 3.92%~12.83%，造成了实质性损害。（终裁）中国胜诉
22	钾磷酸盐和钠磷酸盐	2009 年 10 月 15 日	2010 年 5 月 25 日	（初裁）中国涉案企业的补贴率为 109.11%，造成了实质性损害。（终裁）中国胜诉
23	钻管	2010 年 1 月 27 日	待定	（初裁）中国涉案产品的补贴率为 15.72%，造成了实质性损害。（终裁）结果待定
24	复合木地板	2010 年 11 月 10 日	待定	（初裁）结果待定

资料来源：根据中国贸易救济信息网表（http://www.cacs.gov.cn）资料整理。

从表 1 中我们可以得出以下几点结论：①仅三年的时间内就发生了 24 起反补贴调查案件，这一现实足以说明美国对中国出口企业进行反补贴调查已成为当前中美贸易摩擦的新热点。②涉案企业涵盖了钢铁、木材、纸业、信息技术产品、纺织品等产业，而中国这些产业对美出口产品的数量占国内对美出口总量的绝大部分比例。很明显，反补贴调查正在成为严重影响中国出口企业经济效益的手段之一。③可以预测，在经济全球化的背景下，随着中国市场经济程度的不断加深，美国必然会越来越频繁地使用反补贴调查来遏制中国的出口贸易。

二、美国反补贴调查概述

鉴于美国已经开始启动反补贴调查来遏制中国的出口贸易，而中国出口企业对美国这一新的贸易保护手段缺乏全面、深入的了解。因此，对美国反补贴调查的基本理论知识进行学习和研究是十分必要的。

（一）补贴与反补贴的含义①

1. 补贴的含义

补贴（Subsidies）是国际贸易中的一项常用措施，即一成员政府或任何公共机构（Any Public Body）向某一企业或某一产业提供财政捐助（Financial Contribution）或对价格或收入的支持，结果直接或间接增加从其领土输出某种产品或减少向其领土内输入某种产品，或者因此对其他成员利益造成损害的政府性行为或措施，是一种促进出口、限制进口的国际贸易手段。

2. 反补贴的含义

所谓反补贴是指进口方主管机构应国内相关产业的申请，对受补贴的进口产品进行反补贴调查，并采取征收反补贴税或价格承诺等方式，抵消进口产品所享受的补贴，维持公平的竞争秩序，保护受损的国内产业。

（二）美国反补贴调查的产生背景

美国反补贴法最早见于《1897 年关税法》。19 世纪 90 年代，美国国会在糖业托拉斯的敦促下对自欧洲进口的受到出口补贴的食糖征收反补贴税，从而引发了国内外对反补贴问题的激烈讨论，并最终导致《1897 年关税法》的通过。根据《1897 年关税法》的规定，反补贴税的确定和征收都由美国财政部及财政部部长全面负责。随着《1979 年贸易协定法》的通过，反补贴调查的主管机关才由美国财政部变为美国商务部。

（三）美国反补贴调查的内容

1. 美国反补贴调查适用的情形

美国政府参照世贸组织的《SCM 协议》，将反补贴调查适用于以下几种情形：

（1）红灯补贴。红灯补贴是指那些被认为本质上令人难以接受，应该采取行动予以抵消的补贴。红灯补贴具有法律所认定的“针对性”特征，是根本就应该被禁止的补贴，它包括出口补贴和进口替代补贴两种类型。

（2）绿灯补贴。对于绿灯补贴，WTO 的成员国不能对其采取诉讼行动，

---

① 赵昕. 补贴与反补贴措施协议研究 [M]. 对外经济贸易大学出版社，2007.

即使它们可以对其采取其他措施予以抵消。最普遍的绿灯补贴或者说是不能提起诉讼的补贴包括那些为研究和开发提供的补贴，为一个国家不发达地区提供的补贴，或者是那些对环境问题提供的资助。

这里值得一提的是，商务部对绿灯补贴的解释非常严格和狭窄，这样做的目的是阻止绿灯补贴范围的扩大。根据美国法律的实践，如果对补贴是否属于绿灯补贴存在疑问，那么疑问最终解决的结果都是认定补贴项目可以提起诉讼。

（3）黄灯补贴。黄灯补贴是指那些既不属于直接被禁止的红灯补贴，也不属于不能采取抵消行动的绿灯补贴的补贴。

2. 美国反补贴调查的程序

美国反补贴调查的实施要先由美国商务部的国际贸易管理局负责调查是否存在补贴，并做出初步裁决和最后裁决。如果初步裁决发现存在补贴，初步裁决就构成了商务部国际贸易管理局可能提供救济的第一步。第一步救济通常采取押金的方式，以保证最终征收反补贴税时能够支付。除征收反补贴税外，在做出最后裁决前，也可以通过接受中止协定的方式结案。美国反补贴法还允许商务部国际贸易管理局提供接受中止，即世界贸易组织协定规定的承诺，来中止反补贴调查，并监督对协定的遵守。美国国际贸易委员会负责调查补贴是否对美国同类产品工业造成重大损害，做出初步裁决和最后裁决。对于商务部国际贸易管理局已做出肯定性终裁的对象商品，国际贸易委员会应就美国产业是否由于对象商品的进口或用于进口销售的原因受到实质损害、实质损害威胁或其建立受到实质阻碍，做出终级裁定。

3. 美国反补贴调查的制裁措施

在美国的反补贴实践中，征收反补贴税（Countervailing Duty）是最主要的制裁措施。它是指美国在本国关境内对享有补贴的外国进口商品征收的一种进口附加税，其作用即是抵消进口产品因补贴而获得的不公平优势。如果国际贸易委员会认定补贴成立，则由商务部国际贸易管理局在委员会做出终级裁定的 7 日内发布反补贴税令，征收反补贴税。反补贴税令的发布，导致整个调查程序的结束。

三、中国出口企业遭受美国反补贴调查的原因

（一）美国方面的原因

1. 美国本土企业利益及生存受到威胁

中国出口产品的竞争优势是低廉的劳动力成本导致较低的出口商品价格。当这些产品出口到美国市场的时候，必然因其相对较低的价格而受到美国消费者的偏爱，从而将其作为本国产品的替代商品。对美国企业而言，这无疑使自己受到了致命的打击，具体表现在企业利润骤减、市场份额被不断分割、有些规模不大的企业甚至直接面临破产倒闭的危险。在这种情况之下，它们必然会联合起来寻求政府的保护，要求政府制定相关的贸易政策将中国的低价出口产品堵在国门之外，使其无法进入美国市场。在贸易救济政策的选择上，美国企业考虑到，对中国企业来说，反倾销已经不再是其惧怕的贸易保护手段，并且一旦反补贴诉讼成功，有可能使中国企业面临反倾销反补贴的双重征税，这更能弥补美国企业因此受到的损失。因此对华启动反补贴调查才成为这些企业的首要选择。

2. 巨额的贸易顺差导致的政治压力

诚然，遭遇反补贴调查的主体是中国的出口企业。但是，在认识这一问题上，我们仍有必要从更深的层面去分析研究这一贸易问题。中国出口企业以廉价的原材料和劳动力作为竞争优势，与美国高福利、高工资、高成本的出口产品相比，必然会造成巨额的贸易顺差。

如图 1 所示，中国对美国的贸易长期以来一直处于顺差的地位，并且持续保持大幅增长的态势。2009 年中国对美国的贸易顺差为 1433.8 亿美元，①顺差仍然保持较高的数额。巨额的贸易顺差必然会使美国经济受到不利的影响，如国内资源外流、对外债务增加等。在这个时候，美国的贸易保护主义团体必然会对国会进行游说，使国会从国家利益的角度出发制定保护本国产业的政策。

① 崔日明. 中美贸易摩擦转向升级与对策研究［J］. 国际经贸探索，2010（3）.

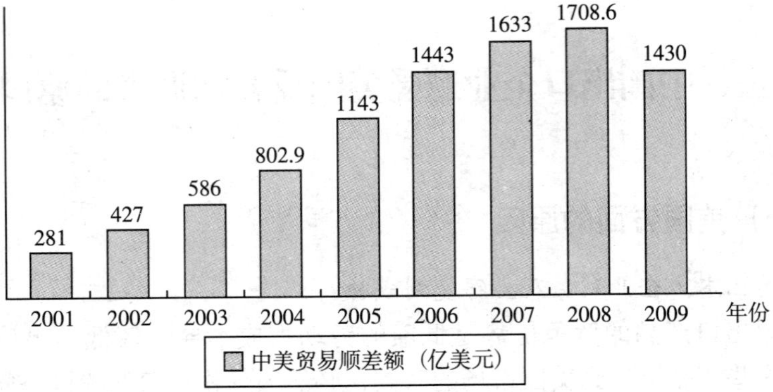

图 1　2001~2009 年中国对美国的贸易顺差统计

资料来源：《中国统计年鉴》（2001~2009）。

（二）中国方面的原因

1. 企业出口结构存在不合理因素

前商务部部长薄熙来曾在记者招待会上就中美贸易摩擦谈到："中国向美国出口 8 亿件衬衫才能换来一架波音 747 飞机。"① 由此可以看出，长期以来，中国企业都是依靠生产市场上原料丰富和劳动力价格低廉的比较优势参与国际竞争，获取利润的方式依然是传统的低价营销，以便达到抢占国际市场的目的。这样一来，中国出口企业就容易引起进口国尤其是美国这一高福利高工资国家生产者的不满，从而便会对中国产品的价格产生怀疑，最终招致反补贴调查。典型的例子就是纺织品贸易中存在的反补贴调查问题。中国纺织品出口的重镇是东南沿海各省，这些地区的劳动力资源丰富，劳动力价格便宜，这一原因直接导致纺织品价格十分具有竞争力，从而严重冲击了美国的纺织品市场，招致了美国反补贴调查。②

2. 各级政府的补贴政策缺陷与世界贸易组织规定相冲突

中国现行补贴政策虽说是逐步接近市场经济规律要求和世界通行规则的，但仍带有相当程度的传统计划经济成分和色彩，带有发展中国家传统发展模式的很多特征，这集中体现在补贴严重向国有经济倾斜。在中国的法律法规中，国有企业在财政、金融、物资供应、产品销售和人才供应及管理方面均享受国家的优惠政策，而这些优惠往往又是与世贸组织《SCM 协议》和国民待遇原则的部分条款相冲突。在市场经济环境下，所有企业应当享有同

① 刘志彬. WTO 贸易救济措施 [M]. 清华大学出版社，2007.

② 钱叶，马野青. 中国应对美国反补贴的对策 [J]. 经济纵横，2007（17）.

等的地位。但目前国有企业在中国还不是完全的市场竞争主体，政府对国有企业实施的补贴政策，则很容易成为美国贸易保护主义者针对的目标。

3. 反补贴特别立法工作不完善

市场经济是法制经济，完善的法律体系对市场经济的作用正如游戏规则对于游戏的作用。中国的法律体系不完善也是中国出口企业遭受美国反补贴调查的原因之一。目前，中国出台的《中华人民共和国反补贴条例》只是针对其他国家的受补贴产品出口到中国的情况进行了一些限制性的规定，对中国出口补贴的禁止并没有规定，因此不完善的法律体系很容易招致世界贸易组织政策审核机构和其他国家国际贸易政策研究评估部门的质疑。

4. 政府和行业协会调控不力

根据市场经济自由化理论，政府不应当直接参与具体的经济活动，但这并不意味着政府对辖区内的企业放任不管，而是应当充分地履行经济职能。然而，在中国的市场环境中，政府的职能并没有得到充分的履行。例如，中国现有的贸易环境并不理想，商品出口领域秩序混乱，缺乏相应的规制。企业之间为了达到创汇的目的，擅自压低价格，打价格战。这一系列的行为，容易导致中国出口产品在国外的价格低廉，因而招致反补贴调查。同时，行业协会作为产业内部企业之间的协调者，也没有充分发挥桥梁作用。在信息的交流和传达，组织反补贴集体应诉方面也没有起到统领作用。

总的看来，如果从根本的层面来认识反补贴调查的话，就是以自由贸易之名，行经济制裁之实。美国作为世界经济的中心，享受着对世界其他国家经济力量的话语权，主导这些国家经济的发展。所以，美国势必会竭尽全力去维系这一至高无上的地位。中国自 1979 年对外开放以后，不断融入世界经济体系，积极加强国际经济交流。同时，其自身的市场经济体系也在不断地完善。这些积极的因素导致了近年来中国经济一直保持两位数的增长趋势，这对作为世界经济霸主的美国而言必然会造成动摇其地位的威胁。而美国政府也清楚地认识到，中国经济之所以如此高速地增长，很大一部分动因是来源于俗称“三驾马车”之一的出口高速增长。因此，当反倾销、技术性贸易壁垒、汇率压力、知识产权等工具都不能遏制中国出口的高速增长之后，在对华贸易中，美国国内与进口相竞争的产业和有关政客无法抑制援引反补贴工具来打击中国出口商品的强烈冲动。

四、美国反补贴调查对中国出口企业的不利影响

（一）现实影响

1. 使中国出口企业出口规模缩小

一旦裁定出口补贴成立，美国政府便开始征收反补贴税，有时还可能是反倾销与反补贴双重征税，税额通常是在100%以上甚至更高。其目的就是为了挽回由于国外政府对出口企业补贴所带来的低价格的影响。根据商品价格学的通常理论，产品价格等于成本加利润，对出口企业的产品也不例外。如果美国政府一旦加税，而出口企业为了保证预期利润，便会提高价格，把所加税额转嫁于美国消费者身上。但这同时意味着同类产品竞争力的急剧下降，美国的消费者会寻找出口产品的替代品。最终的结果就是出口数量的急剧下降，企业被排除在选择的范围之外，丧失美国市场。最典型的例证就是2006年11月的江苏铜版纸反补贴调查案件。如图2所示，在经历了美国反补贴调查之后，2007年1~11月江苏口岸对美出口铜版纸数量分别在4月份和7月份连下两个台阶，对美出口铜版纸占当月出口总量的比重由1月份的29.7%降至7月份的0.8%，最为严重的是10~11月江苏口岸已停止向美国出口铜版纸。

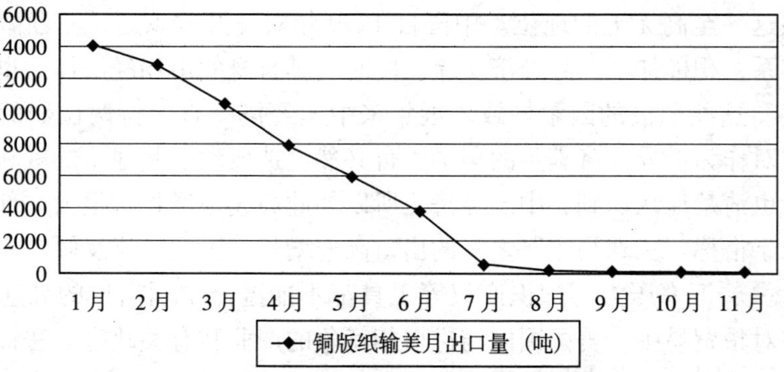

图2　2007年1~11月中国江苏口岸铜版纸输美量统计

资料来源：中国海关统计资讯网，http://www.chinacustomsstat.com/customsstat/Default.aspx。

2. 使中国出口企业承受沉重的诉讼负担

反补贴调查的程序非常复杂和专业，涉及的信息资料收集的难度很大，

因此，如果选择应对调查，就意味着企业将要耗费大量的人力和财力。

从表2中可以看出，以2006年美国对中国出口铜版纸反补贴调查案件为例，整个调查过程历时10个月。冗长的诉讼时间会使企业搁置生产。在这段时间内，企业还要支付巨额的律师费和调查费用，这使企业生产环节缺乏资金，那么提高生产效率就更无从谈起了。可以看出，如果让所有企业都去积极应诉，是一个十分不现实的要求。可是如果不应诉，企业又将面临退出美国市场的威胁，出口企业在其中处于两难局面。

表2 美国对中国铜版纸反补贴调查案件程序

程 序	日 期
美国提交申请	2006年10月31日
美国商务部立案	2006年11月20日
美国贸易委员会初裁	2006年12月15日
美国商务部对反补贴调查初裁	2007年3月30日
美国商务部做出补贴终裁	2007年4月9日
美国商务部终裁	2007年6月25日
美国贸易委员会终裁	2007年8月7日
发布征税令	2007年8月14日

资料来源：根据中国贸易救济信息网表（http://www.cacs.gov.cn）资料整理。

（二）潜在影响

1. 使中国宏观的贸易条件恶化

若美国对中国发起反补贴调查后，最终终裁征收反补贴税，其最直接的结果是中国政府将一笔补贴资金白白地奉送给美国。我们以2007年7月24日美国对中国出口薄壁矩形钢管反补贴调查案件为例做一个假设。

如图3所示，中国是钢管的出口国，美国是钢管的进口国，假设世界市场上钢管每吨500美元，中国出口到美国市场上的出口量为30万吨。中国政府为了增强企业出口竞争能力，增加对美国的钢管的出口量，给出口每吨钢管补贴40美元。中国将出口钢管每吨的价格下降至460美元，从而美国进口钢管的需求量上升至80万吨。美国政府进行反补贴调查，对从中国出口的钢管征收100%的反补贴税，也就是补贴40美元，征收40美元的反补贴税，迫使中国将钢管的出口价格回升至每吨500美元，其出口量又回到30万吨。就在反补贴调查的过程中，中国政府将1200万美元，即面积为a的部分奉送给了美国政府，中国的一部分国民收入全都转变为美国的国民收入。这一部分国民收入损失是贸易条件恶化的结果，这意味着出口国为换取

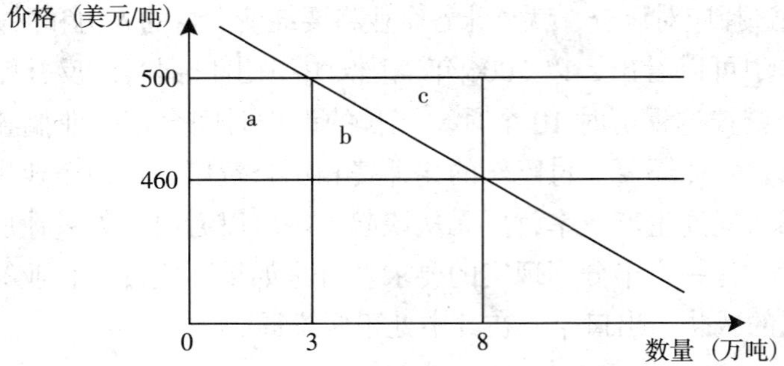

图 3　补贴与反补贴的经济学分析

资料来源：王俊宜. 国际贸易（第二版）［M］. 中国发展出版社，2006.

定量的进口商品，必须出口更多的商品。

2. 使整个产业链受到不利影响

根据反补贴惯例，反补贴调查不仅涉及企业而且影响整个产业链乃至国民经济的各个领域。反补贴与反倾销的重要区别在于反补贴打击的目标往往涉及政府补贴对象的下游企业甚至整个产业链。而且，只要有一个案件成立，证据就会被用到其他产品上，使出口产品全部受损。

在这方面最典型的一个案例就是 2007 年 6 月 28 日，美国对来自中国的环形焊缝碳质钢管进行反补贴调查的过程中，美国商务部扩大了调查范围。此案原初的调查对象之一是浙江金州管道科技有限公司（下称“浙江金州”）出口到美国的环形焊缝碳质钢管，但美国商务部在其问卷调查反馈报告中，涵盖了所有与浙江金州具有关联关系的公司，对其业务性质、营业范围及其与浙江金州的持股关系进行了分析，认定的结果是：虽然金州集团（浙江金州的母公司）只是一个内资贸易公司，并不直接生产任何产品，但其在反补贴调查期间向浙江金州提供了零配件，这些零配件是其直接给予浙江金州的补贴，所以，金州集团也要列入反补贴调查的范围。同时，浙江金州的其他关联企业，包括同在金州集团旗下的北京金州世纪有限责任公司和陕西金州管道有限公司，也被纳入了反补贴调查的范围，原因是这两家企业与浙江金州关系密切，并且正在生产、销售反补贴调查的标的产品。①

3. 使政府的产业政策受到挑战

在中国，补贴和税收优惠是长期以来政府调控宏观经济的重要手段。由于补贴是一种政府行为，反补贴调查针对的也是政府行为，中国政府为了减少反补贴调查的数量和不让补贴外流，最终可能逐步倾向于美国设定的市场

① 董展眉，廖新媛. 国外反补贴调查的影响及其应对措施［J］. 对外经贸实务，2007（6）：10~13.

经济标准，自动减少对一些国内产业的扶持。这不仅会对这些产业造成致命的打击，还可能影响到中国的宏观调控政策和总体经济计划，而且会影响到国家发展战略的制定。因此，可以看出，反补贴会使中国政府的产业政策受到很大影响。

五、中国应对美国反补贴调查的策略

针对美国对华反补贴调查的深刻原因及对中国出口企业的重大影响，中国可从企业、行业协会和政府三个方面入手提出相应的对策。

（一）从企业层面

1. 加强对反补贴法律法规的学习和研究

由于中国以前遭受反补贴调查的次数少、频率小，导致研究领域人才匮乏，对补贴与反补贴规则不了解。与此同时，国内关于补贴与反补贴知识的普及宣传也很不够。鉴于此，中国出口企业应该从三个方面入手，加强对补贴与反补贴相关规则的学习。第一，企业应当加强对世界贸易组织有关补贴与反补贴的相关规则作全面的了解，其中最重要的是学习研究在反补贴领域内具有“世界法典”地位的《SCM 协议》。美国是该协议的缔约国之一，因此该协议的大部分内容都被美国的反补贴法移植，加强对该协议的学习对于应对美国反补贴调查有很大帮助。第二，企业还应当对美国反补贴调查的相关规则和法律知识进行深入的学习。虽然美国是《SCM 协议》的缔约国，但为了保护国内的产业，美国的国内法律规定与《SCM 协议》的某些内容还是存在着一定的差别。例如，在国有企业私有化之后，《SCM 协议》认为该企业私有化以前所接受的补贴就不存在了，而美国则坚持认为该企业私有化以前接受的补贴仍然存在，这构成了美国国内法与《SCM 协议》存在冲突的一个领域。因此，对美国国内法的学习和研究也是不可或缺的。第三，中国企业还应当及时收集美国反补贴调查的动态及补贴信息，加强对其他国家应对美国反补贴调查典型案例的研究，积累应对美国反补贴调查的经验，防患于未然。

2. 提高企业自身的国际竞争力和竞争优势

一些企业自身的设备落后，管理能力不强，往往寄希望于国家的补贴政策，但接受补贴就存在遭受反补贴调查的风险，结果是受到更大的损失。因此，企业若想在国际竞争中立于不败之地，就必须从自身入手，调整本企业的发展战略。

对有条件的企业而言，应当树立创新意识，加大 R&D 的投入力度，提升本企业产品的核心竞争力。与此同时，应当积极引进先进的技术，及时进行设备更新。在管理方面，要学会“拿来主义”，积极借鉴成功企业的管理经验。归纳起来，就是要摆脱传统的低价营销、数量营销、低端营销的思路和模式，走技术密集型的发展道路。只有这样，才能保证产品的质量，提高生产效率，实现由“低价取胜”向“优质取胜”的成功转化。

在产业结构无法短期内迅速升级的情况下，企业也可以积极响应“走出去”战略，即通过对外直接投资规避这一贸易壁垒，促进中国产业结构的优化。例如，中国的纺织、服装等制造业已经纷纷开始在境外开展加工贸易，应有效绕开反补贴等国际贸易壁垒，提高国际市场占有率。

对于没有条件的企业，应当树立自我发展的管理观念和发展观念，通过投资银行等市场途径融得资金，而不是一味地依赖政府的帮扶，这样才能使自身不断做大做强，避免过分依赖政策所导致的生产惰性，从而更加自如地适应市场经济环境和激烈的竞争。

3. 实施多元化战略以开辟新的销售市场

中国出口市场的地理方向相对比较集中，尤其对美国过分依赖，而对其他地区如东南亚诸国、拉丁美洲的开发相对不足。由于对美国市场的过分集中，因此产生了巨大的贸易顺差，这就直接引起中美贸易摩擦。所以，我们要有选择性地开拓有发展前景和发展潜力的市场，实现出口地区的多元化，降低遭遇美国反补贴调查的可能性。此外，应当足够重视“三驾马车”的另一重要动力——扩大内需。中国有 13 亿人口，国内市场具有较大的开发潜力，中国企业应该积极开拓国内市场，降低对出口带来利润和收益的依赖，缓解中国高额贸易顺差带来的压力。

4. 建立与加强同专业法律事务部门的合作

在中国的出口企业当中，仍然有许多企业没有自己的法律事务部门或者没有与相关的涉外律师事务所建立广泛的合作关系，对于相关的贸易救济调查仍然抱着不合作、不应诉的态度。企业应当清醒地认识到，在当今国际贸易领域，专业化的分工已经成为明显的趋势。因此，企业应当在内部建立法律事务部门，或者与专业的律师事务所建立合作关系，使其能够在出口前给予适当、准确的建议，让企业及时避免风险。即使企业将来遭受反补贴调查，也不至于陷入十分被动的境地。

（二）从行业协会层面

1. 建立集体应诉机制以组织企业集体参与应诉

作为行业协会，应当在组织应诉和协调配合调查方面起到积极的作用，即一旦出现了美国的反补贴调查，行业协会应帮助企业积极应对。由于反补贴调查问卷涉及多个部门、多个行业的信息，有些问卷的专业性较强，中国企业应诉反补贴调查缺乏经验，单靠自身的力量想圆满地完成政府答卷以及应付核查等工作，都是十分困难的。同时，高昂的诉讼费用使得单个或几个企业根本无法承担，但如果将企业组成一个联合体，进行集体应诉，这既有利于增加胜诉的概率，又可以使得诉讼费用在企业之间分担，是一个一举两得的做法。

2. 建立专门的应对反补贴信息库和人才库

行业协会可以建立国外对华反补贴信息中心，向有关政府部门和企业及时提供所收集到的信息，帮助它们及时了解美国等主要贸易伙伴国正在或即将采取的反补贴措施及反补贴立法，以便加以防范。此外，行业协会还可以建立资料库，将历年来各国所采用的反补贴措施和中国近年来遭受反补贴调查的案例分类存档，以便有关政府部门和企业查找资料和进行分类研究。同时，行业协会还应当建立应对国外反补贴调查的人才库，即组织相关领域的贸易学者、法学者和律师等人才，在出现了反补贴调查时，可以采用头脑风暴式的方法给予企业相关的建议，帮助企业渡过难关。在这方面，值得学习的国家是巴西。巴西在参加世界贸易组织（WTO）及区域性组织的多边谈判中，积极争取先入为主，提前防范。经过多年的努力，巴西政府已经建立了一套以现代化信息手段为依托的贸易壁垒和贸易争端的预警机制，为有效解决争端奠定了基础。巴西十分重视 WTO 问题专门人才的挑选和培养，并在 WTO 争端解决机构的关键要害部门安排巴西专家和谈判高手。除在常驻 WTO 代表机构派驻人员外，还应 WTO 邀请，陆续派出 10 名专家参与争端解决机构专家组的工作，已分别审理过 10 起案件。这 10 名专家中，9 名是资深外交官，1 名是巴西外贸秘书处的协调员。巴西对准备提出的案件认真分析对待，为保证胜诉，巴西在聘请律师方面也不惜重金。与巴西相比，中国在人才培养方面的投入比较少，以后应该加大投入，尽快培养“还击之力”。①

① 段圣娟. 国外对华反补贴及中国应对策略 [D]. 对外经济贸易大学硕士论文，2007.

（三）从政府层面

1. 积极制定并完善反补贴的特别立法

法律法规是现代商业社会行动的指南。应对美国反补贴，政府的首要责任就是从国内立法上对如何应对国外反补贴调查加以规范。政府的立法措施应当增强本国法律在国际社会中的威慑力，以防止外国对中国反补贴调查的滥用，以更好地应对国外的反补贴贸易壁垒。例如，浙江政府根据反补贴的特点，正在研究制定《应对反补贴管理办法》，建立政府工作部门协调机制，形成应对反补贴的合力。

2. 不断促进出口补贴政策的科学化和国际化

政府应当结合中国的国情，对补贴制度进行深入的研究，及时应对形势，保护本国的经济利益。具体而言，就是在 WTO 补贴与反补贴政策允许的范围内，根据《SCM 协议》，调整中国现有的补贴政策，使补贴政策实现从传统的对产品补贴向新型的对生产要素补贴的转变。因为对生产要素进行补贴，其补贴形态具有间接性、模糊性和非生产性。这样一来，既不会引起外国政府和企业的反补贴申诉，又能逐渐提高国家和企业的竞争力。同时，政府还应当使补贴的方向逐步和 WTO 规定相一致。政府应当逐步取消对具体企业、产业的税收优惠政策，取消生产环节的优惠政策，增加对出口企业研发活动的补贴，特别是高新技术产业研发活动的补贴。例如，从 2008 年起实施统一的税法，将两税合一，从而解决了中国外商企业所得税法中不符合 WTO《SCM 协议》的问题。

3. 努力争取市场经济地位的承认

市场经济地位在反补贴调查中的主要作用是解决企业产品成本和补贴标准的判断等技术性问题。对于非市场经济国家，往往采用的是第三国的标准。从中国应诉反倾销调查的经验来看，这常常会得出对中国不利的结论。美国通过修改其国内的反补贴法宣布对中国等非市场经济国家实施反补贴表明非市场经济地位已经不能成为中国规避反补贴调查的庇护所。因此，中国政府应积极争取以欧美为首的西方国家早日承认中国的市场经济地位。如果它们早日承认中国的市场经济地位，中国应对反补贴的难度会降低，胜诉率会提高，反补贴税的税率也会降低。

4. 积极利用 WTO 争端解决机制

政府应当在 WTO 框架内寻求解决之道。WTO《SCM 协议》将补贴分为三种基本类型：禁止性补贴、可诉补贴和不可诉补贴。所谓不可诉补贴是指各成员方在实施这类补贴时，一般不受其他成员方的反对或因此而采取反补贴措施。政府履行社会管理者职能的重要手段，就是通过财政政策对本国企业、地区或某个领域进行补贴。我们要充分利用 WTO《SCM 协议》中对不可诉补贴的规定，加大对符合不可诉补贴要求的领域的财政资助，引导企业优化产品结构，提高产品质量和附加值，拓宽销售渠道，增强产品在国际贸易中的竞争力，实现行业的健康有序发展。

总体而言，从宏观的角度来看，美国对华反补贴调查作为一种贸易保护主义的措施，其实质就是为了遏制中国经济的发展和保护本国的产业。所以，无论如何完善本国出口结构和调整出口战略，无论如何学习外国的法规，就反补贴调查而言，都是无法避免的。在面对这种情形时，中国政府应该进一步扩大对外开放的深度和广度，使中国经济的高速发展能够获得世界其他国家的认同。与此同时，还应当使中国贸易政策的制定更加透明化和科学化，使中国的对外贸易政策的依据更强，真正做到使美国的反华人士无言以对。

参考文献：

[1] 赵昕. 补贴与反补贴措施协议研究 [M]. 对外经济贸易大学出版社，2007.

[2] 刘志彬. WTO 贸易救济措施 [M]. 清华大学出版社，2007.

[3] 汤秀莲. 反补贴规则与实践 [M]. 南开大学出版社，2006.

[4] 倪建文. 反补贴与中国产业安全 [M]. 上海财经大学出版社，2006.

[5] 刘小雪. 美国贸易保护商务指南 [M]. 社会科学文献出版社，2007.

[6] 李坤望. 国际经济学 [M]. 高等教育出版社，2007.

[7] 段圣娟. 国外对华反补贴及中国应对策略 [D]. 对外经济贸易大学硕士论文，2007.

[8] 王文文. 入世后中国的补贴与反补贴问题研究 [D]. 中国海洋大学硕士论文，2005.

[9] 庄磊. 论 WTO 补贴与反补贴规则与实践及中国之对策 [D]. 对外经济贸易大学硕士论文，2007.

[10] 胡麦秀，薛求知. 美国对华实施反补贴的动因及其经济学分析 [J]. 世界经济情况，2008 (1).

[11] 徐晶. 我国出口商品遭遇反补贴指控的原因及对策 [J]. 工业技术经济，2007 (7).

[12] 尹丽艳. 国外对华反补贴的现状与对策 [J]. 世界贸易组织动态与研究，2007(9).

[13] 赵立韬. 我国反补贴原则及对策初探 [J]. 河北法学，2007 (10).

[14] 董展眉，廖新媛. 国外反补贴调查的影响及其应对措施 [J]. 对外经贸实务，2007 (6).

[15] 魏琴. 我国政府应对国外反补贴的策略 [J]. 经营与管理，2007 (7).

[16] 钱叶，马野青. 我国应对美国反补贴的对策 [J]. 经济纵横，2007 (17).

[17] 曹毅. 中美铜版纸反补贴案的分析与启示 [J]. 国际经贸探索，2007 (8).

[18] 王建华，范荷芳. 国外反补贴：案例、警示与对策 [J]. 特区经济，2007 (10).

[19] 胡飞. 反补贴——我国企业必须跨越的又一道坎 [J]. 全国商情(经济理论研究)，2007 (9).

[20] 雷兴长. 中国应对反补贴贸易摩擦的对策分析 [J]. 经纪人学报，2006 (9).

[21] 吴总建. 对国外反补贴救济措施的应对策略研究 [J]. 理论与改革，2007 (3).

[22] 孙南申，彭岳. 中国补贴现状与面临反补贴措施的法律应对[J]. 河北法学，2007 (6).

[23] 张汉东. 中国面临的反补贴新形势 [J]. 对外经贸实务，2007 (5).

[24] 蔡春林. 规则的背后：美国对华实施首次反补贴调查剖析 [J]. 国际贸易问题，2007 (6).

[25] 珍妮. 反补贴：美国贸易政策的主攻方向 [J]. WTO 经济导刊，2007 (8).

[26] 龚柏华，陈云晓. 美国对源自中国的铜版纸适用反补贴税案评析[J]. 国际商务研究，2007 (9).

[27] John H. Jackson. The Word Trading System [M]. The MIT Press Cambridge, Massachusetts，1989.

[28] Joseph Gold. The Rule of Law In The International Monetary Fund [M]. The International Monetary Fund Ser No.32，1980.

[29] John H. Jackson. The Jurisprudence of GATT & the WTO [M].

[30] Aitkin，Brian，Gordon H. Hanson，Ann E. Harrison. Spillovers，Foreign Investment, and Export Behavior [J]. Journal of International Economics，1997：103–132.

[31] Baldwin，Robert E.，John Mutti，J. David Richardson. Welfare Effects on the United States of a Significant Multilateral Tariff Reduc tion [J]. Journal of International Economics, 1980，10：405–423.

[32] 李炼. 关于中国反补贴对策的若干思考 [DB/OL]. http：//www.mysteel.com.cn.

[33] 黄文俊. 浅论多哈回合谈判中涉及补贴的几个问题 [DB/OL]. http：//www.bmla.org.cn.

后配额时代中国服装贸易的现状、问题及对策

王东盈[①]

摘要：自 2005 年 1 月 1 日起，世界贸易组织（WTO）各成员国之间全部解除对服装进口的配额限制，实现服装贸易一体化，进入了“后配额时代”。本文旨在考察“后配额时代”中国服装行业的出口数量和主要出口市场，分析造成这种现状的原因，探讨中国政府和企业的应对之策，以此全面提高中国服装业的整体竞争力，为国民经济发展做出更大的贡献。

关键词：后配额时代；服装贸易；品牌意识；产品附加值

根据乌拉圭回合达成的一揽子协议中的《纺织品与服装协议》，自 2005 年 1 月 1 日起，WTO 各成员国之间全部解除对纺织品服装进口的配额限制，实现纺织品贸易一体化。国际贸易领域中这一具有划时代意义的根本性变革，标志着全球纺织品贸易一个旧时代的结束和一个新时代的来临。这个新时代被称为后配额时代，世界各国的服装贸易在后配额时代获得巨大的发展，中国的服装出口更是表现出强劲的增长势头。同时，我们必须清楚地认识中国服装行业的现状及产生这种现状的原因，分析服装行业目前存在的问题，研究出相应的对策，提高中国服装产品的综合竞争力，促进中国服装贸易更快更好发展，从而推动中国迈向贸易强国之路。

---

① 王东盈（1987~），女，福建宁德人，北京工商大学经济学院国际贸易学专业 2010 级硕士研究生。研究方向：国际贸易。邮箱：wdy_6@sina.com。

一、后配额时代中国服装贸易的现状

中国是世界服装的生产和出口大国，服装业是中国国民经济的支柱产业之一。长期以来，中国服装业在满足国民衣着消费、增加出口创汇等方面发挥了重要作用，服装进出口贸易的巨额顺差也成为中国外汇储备的重要来源。

（一）后配额时代中国服装出口增长情况

长期以来，中国的服装业都受到美国、欧盟等发达国家和地区严厉的配额限制。进入后配额时代，由于贸易环境的改善以及中国服装业固有的优势，中国企业的生产能力得到释放，企业迎来一次难得的发展机会。

由图 1 可以看出，2005~2007 年中国服装出口大幅增长，2008 年金融危机开始蔓延，导致中国服装出口锐减，2009 年出现了第一次服装出口负增长，但 2010 年国际经济环境开始好转，中国服装出口额又迅速增加。

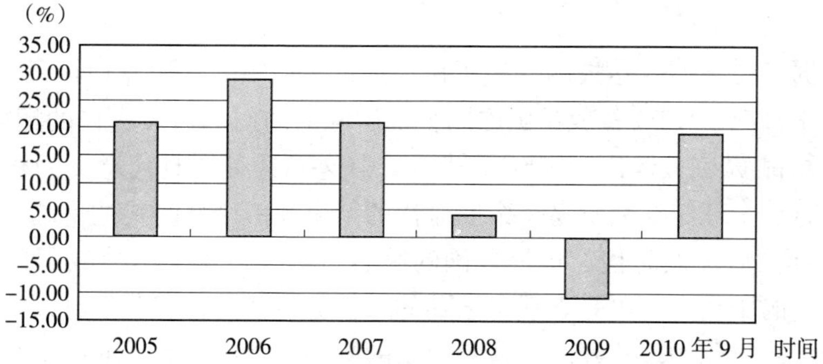

图 1　2005~2010 年 9 月中国服装出口同比增长率

资料来源：海关统计。

（二）后配额时代中国服装的主要出口市场分析

进入后配额时代，因配额制度取消，从而释放出巨大的市场发展空间，图 2 显示，中国服装的出口市场集中度比较高，重要出口市场集中在欧盟（23%）、美国（19%）、日本（15%）、韩国（10%）、中国台湾（7%）等国家和地区。

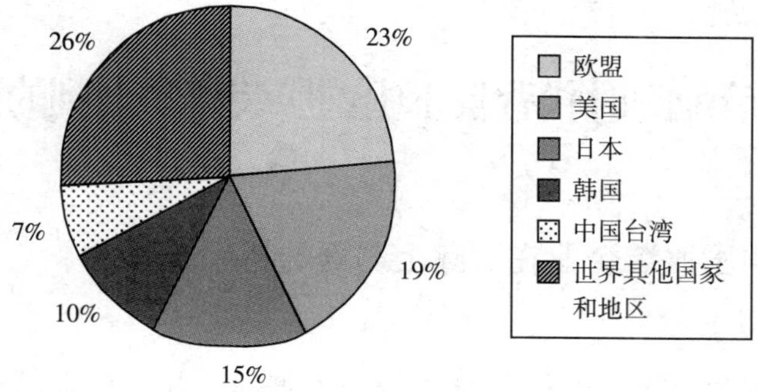

图 2 2009 年中国服装产品的出口市场

资料来源：海关统计。

可见，后配额时代为中国服装业带来了巨大的机遇，主要原因可以归结为：第一，取消配额给中国服装业发展提供了更加广阔的空间。中国服装能源和原料供应较充足，成本颇低，劳动力资源竞争力较强，过去因受配额限制的影响才使得出口量常常起伏不定。如今配额取消，非常有利于自由贸易体制的发展，能进一步拓展中国服装产业参与国际分工的深度和广度。第二，金融全球化有利于中国充分利用国际资金，进行技术创新。随着经济全球化的发展，金融全球化日趋深入，由于中国具有很大的投资潜力，再加上中国政府大力鼓励外资向中国投资，大量的国际资金纷纷涌入中国，这为中国服装企业购买先进厂房设备、进行技术研发和创新提供了很好的物质条件。

然而，后配额时代中国服装企业在遇到机遇的同时还面临诸多挑战：第一，与发达国家甚至与一些发展中国家相比，中国的服装产品附加值仍然较低，科学技术含量不高，自主品牌意识不强，这些硬伤使中国服装出口技术竞争优势偏弱，易受国际经济环境的影响。第二，中国服装贸易的市场集中化问题较为严重，而这些主要出口市场又多为发达国家，它们为了限制中国服装出口激增，会经常改变限制手段，针对中国服装出口采取各种设限措施，这将严重影响中国纺织品服装贸易的健康发展。

二、后配额时代背景下中国服装贸易遇到的问题

（一）中国服装企业在国际上遇到的不利因素

1. 各种贸易壁垒

后配额时代，随着多边经贸自由化逐渐增强，由于中国在服装业极具比较竞争力，许多国家对华贸易逆差扩大，由此导致贸易摩擦加剧，特别是经历金融危机后，各国经济都受到严重打击，国内失业率居高不下，各国惧怕中国服装业会垄断服装市场，挤掉本国服装企业的市场份额，于是纷纷对中国纺织品和服装设限，其国内贸易保护主义升温。发达国家纷纷制定出新的更严格的贸易保护措施，对中国纺织服装企业设立各种隐蔽的非关税贸易壁垒，主要有特保措施、反倾销、绿色壁垒、社会责任标准等。

2. 来自其他发展中国家的竞争

服装属于劳动密集型产品，人力成本低廉使中国服装在出口中占据优势，但同时也使中国产品面临其他发展中国家的激烈竞争。印度、巴基斯坦和中国同属发展中国家，同样拥有低廉的劳动力等成本优势，并且印度的设计能力还强过中国。而且它们也多是对欧美国家出口服装和纺织品的大国，发达国家的消费者还相当注重追求不断更新的服装款式。因此，同时具备劳动力成本较低和地理位置靠近美欧的墨西哥、巴西等中南美洲国家以及东欧和北非的一些国家，可以紧跟欧美主要消费市场潮流，从全球服装市场的结构调整中获益。

3. 来自区域性贸易集团的威胁

目前，全球区域集团已经超过 50 个，包括东盟自由贸易区、北美自由贸易区等。这些区域集团在为区域内贸易提供便利的同时，也形成了对区域外贸易出口方的歧视。例如，在北美自由贸易区内，其自由贸易区内的主要出口国（如墨西哥、中美洲和加勒比国家）都能享受免税或低关税进入美国市场，而且该自由贸易区还制定了极为苛刻并带有歧视性的纺织品原产地规则，这也对中国服装企业设立了障碍，大大降低了中国纺织服装业的市场竞争力。

（二）中国国内环境和企业自身缺陷也影响了服装企业发展

虽然中国服装目前在国际服装市场上的地位举足轻重，但是在服装出口

贸易快速增长的同时，国内外贸体制不完善、汇率问题以及企业自身存在的缺陷，也在一定程度上影响了中国服装企业的发展。

1. 中国外贸管理体制不完善，使中国企业在贸易摩擦中易处于被动地位

中国作为发展中大国，正处于向市场经济过渡的转轨时期，与发达国家的市场制度存在着很大的差异，放大了信息不对称性和不完全性，增加了中国企业的信息搜寻成本。而且中国对外贸易经营管理体制、法律法规并不完善，危机处理体系不完备，与发达国家开展贸易时，易就最惠国待遇、市场准入、双边贸易不平衡、知识产权保护等一系列问题产生摩擦和纠纷。

2. 人民币升值降低了中国服装业的竞争优势

近年来，中国资本项目和经常项目顺差积累了巨额外汇储备，经济持续快速增长，加上金融危机后国际上要求人民币升值的呼声愈来愈强，导致近年来人民币持续升值。根据外汇局统计，自 2005 年 7 月 21 日 19:00 时起，人民币兑美元的汇率调整为 8.11 元人民币/1 美元，随后人民币汇率持续升值，截至 2010 年 8 月 19 日人民币兑美元汇率为 6.79 元人民币/1 美元，人民币升值幅度高达 16.28%。

中国服装大多技术含量较少，附加值较低，产品相似度较高，出口价格弹性相对较小。中国服装业大多采用低价竞争，人民币升值在一定程度上削弱了中国产品在国际市场上的竞争力。在升值压力下，目前国内企业减停产现象相当严重，主要是一些以“量大利薄”出口为主的中小型企业。

3. 中国企业长期过分注重数量增长，忽略技术改进

当今占主导地位的是以产业横向分工为主的跨国生产方式，发达国家向发展中国家转移的是产业链中的低端技术，自己仍控制最先进的设备和最高端的技术。中国服装企业长期以来单纯追求高市场占有率，过于依赖价格优势的单一的国际竞争模式，主要集中在低端产品的制造上，行业整体技术水平不高，忽略技术改进的重要性，难以适应新时期的全球化竞争环境。

4. 中国服装业的营销形式过于陈旧

营销创新能力是服装企业核心竞争力的重要组成之一。美国的服装业虽然是本国的夕阳产业，但还是依靠其先进的营销模式轻松占据国际服装高端市场。相反，中国的服装业呈现中间强两头弱的特点，即加工生产能力很强，设计、销售能力很薄弱，绝大多数中小型企业，甚至部分大型企业依靠低价竞争，不注重与消费者进行信息沟通、明确地为产品定位传播，而且产品介绍也大多从技术角度予以描述，而不是从消费者的角度来描述，使中国企业失去了许多潜在顾客。

三、后配额时代发展中国服装贸易的应对之策

（一）充分发挥政府的作用

加入世界贸易组织后，国际竞争效率不完全取决于企业自身的竞争效率，政府的行政效率和经济管理能力也在一定程度上直接决定企业的竞争能力。在对外贸易活动中，政府负有维护外贸秩序、开展外贸调查和实施外贸救济、保护外贸经营者合法权益等职责。后配额时期，政府更应有所作为，为企业提升国际竞争力创造有利条件。

1. 积极争取中国市场经济地位

2001年，中国是以一个“非市场经济国家”的身份加入世贸组织的，在中国未获得“市场经济地位”时，反倾销案件的发起国可任意选择某一替代国同类商品的成本数据计算正常价值，确定倾销幅度，而不使用中国企业自身的数据。这种做法往往会导致倾销幅度被高估，使倾销判定容易成立，从而使中国企业遭受不公平待遇。

为了减少中国企业遭受的反倾销申请，中国政府应该积极争取更多的国家承认中国的市场经济地位。中国政府有关部门应充分利用世界贸易组织的协商机制来加强与外国政府、行业组织和企业对话，加强双方的交流，让外国政府了解随着中国政府职能的改变和体制改革的深入，企业越来越多地成为自主经营的经济实体。

2. 做好后勤保障工作

加入世界贸易组织后，面对空前激烈的竞争，政府的重要职能之一是保护国内产业发展，但是对本国产业的保护必须建立在不损害贸易自由化的前提上。因此，中国政府必须转变策略，致力于做好企业的“后勤保障”工作，使企业在非生产领域的资源损耗降到最低。第一，政府应做好政策研究和制定工作。组织有关专家开展对国际贸易壁垒和国际贸易惯例的研究，努力完善服装管理标准体系和服装技术标准体系，积极参与国际环境公约和国家多边协定中环境条款的谈判。加强与发展中国家的协调和合作，加强发展中国家在国际上的话语权，促进制定有利于发展中国家或发展中国家能承受的国际环保标准。第二，政府应加强专业人才培养。多组织政府检测机构的技术人员和专业院校、企业检测部门的技术人员参加中国纺织信息中心等组织的国际标准培训，充分掌握最新的国际纺织品服装标准、检测标准和检测

技术，有助于中国检测技能和水平的整体提高。

3. 健全行业协会管理体制，降低贸易争端风险

在后配额时代，中国服装业有越来越多的企业具有外贸经营权，企业数量太多以至于在出口市场上几乎不能协调行动，容易出现彩电出口类似悲剧那样的非理性集体恶性竞争局面，导致严重的贸易摩擦，使中国服装出口陷入不利境地。政府有关部门应努力健全行业协会管理体制，帮助行业协会及时掌握第一手资料以便协商制定相应的行业市场进入壁垒、组织应对竞争所要采取的措施，以确保本行业的利益。帮助行业协会及时为企业提供相关的贸易政策和贸易摩擦预警信息，对量大价低质量差的出口企业及时予以预警，限制出口，加强引导，避免企业盲目出口。

同时，中国服装行业协会也应通过各种行业规范改变企业出口增长模式，与企业建立起沟通和信息交流机制，帮助企业深入、及时了解有关国家针对中国的贸易保护动向，使企业能在第一时间得到相关信息，采取相应对策。

（二）努力增强企业的竞争力

中国服装企业要想真正在纺织品服装市场站稳脚跟，仅靠中国政府的努力争取还是不够的，它们必须努力提高自身的国际竞争力，从根本上做大、做优、做强。

1. 培养品牌意识，创立有中国特色的自主品牌

品牌是企业文化内涵的载体，是消费者附在产品上的对企业的一种情感认同。在纺织服装产品差异化越来越小的今天，在中国传统的劳动力和资源比较优势在产品、价格、渠道上的差异空间被挤压殆尽之时，增强消费者对企业的认同度变成了有效解决之道。

缺乏品牌意识是中国服装业的一大弱点。从国际著名跨国公司的发展历程来看，要使中国企业成功地参与国际市场竞争，使中国服装业真正强大起来，就必须注重培养中国企业的品牌意识，大力发展中国企业的自主品牌。比起单一的产品功用，品牌文化内涵以高附加值的独特元素为企业注入了更加持久稳定的国际竞争力。

成功培养自主品牌，有助于企业摆脱“以量取胜”的竞争模式，真正提高产品的价格。“李宁”品牌之所以能在短短的十几年就在国际体育用品界占有一席之地，这与李宁公司对品牌的培养密不可分。李宁公司向来注重品牌营销策略，经常赞助奥运会代表队的服装及法国、俄罗斯、西班牙等国家的体育赛事，将“李宁”品牌打入国际市场；热心公益事业，树立品牌责任

感，提高消费者对“李宁”品牌的认同感。中国其他服装企业也应向李宁公司学习，注重培养自主品牌，同时不断学习和引进适合企业发展的最新技术，重视自主研发，支撑品牌在全球范围拓展，与世界服装贸易强国及其企业站在同一高度参与国际竞争。

2. 优化商品结构，提高产品的附加值

中国服装企业长期停留在该行业的加工制造部分，企业效益低，只能靠数量取胜，又容易在国际市场上受到各种贸易限制，要改变目前的境地，就必须把握市场的脉搏，优化出口产品结构，提高产品潮流性和科技含量，即提高产品的附加值，在国际竞争中取得较有利的地位。中国服装企业可以通过采取下列措施，优化出口产品结构，提高产品附加值。

(1) 注重创新和款式设计。服装行业从纤维到最终产品的生命周期相对较短，而且近年来，随着人们生活水平的提高，人们对服装款式的要求越来越高，创新因素和款式的新潮程度也成为衡量产品附加值的重要指标之一。中国服装企业要注重对设计师的培养，不定期参加一些国际组织举办的时装秀，及时了解国际流行趋势，同时要勇于创新，不仅要跟上时代的步伐，还要创造出属于自己的潮流，带动国际流行趋势。

(2) 将科技含量注入服装产品，研发绿色服装产品。近年来，随着高科技的导入，国际服装业结构已经发生了巨大的变化，发达国家发展的是技术密集型的服装产品，中国企业也应改变传统观念，将科技含量注入服装产品，树立绿色生产思想，要努力加大科技开发力度，积极采用绿色新技术，加快纺织环保纤维、环保面料、环保助剂等绿色服装产品的研发。

3. 注重营销策略，提高产品在销售环节的国际竞争力

随着国际局势的变化，服装业的行业调整、产业升级，纺织服装行业的营销策略也随之发生了变化，针对性变得更强。中国大部分企业，特别是中小型企业，存在“好酒不怕巷子深”的传统观念，并不注重产品在销售阶段的包装和策略应用，结果却使自己的产品卖价远远低于同质但营销策略打得好的外国产品。

中国企业应该把握住目前的市场行情，根据实际情况制定相应的营销策略。

(1) 根据消费者的不同偏好和产品特点制定不同的销售策略。首先，对纺织品服装消费者进行细分，根据各国和地区消费者的消费习惯、偏好等进行调研予以细分。其次，根据细分的结果和自身产品寿命周期的特点有针对性地进行销售，如对于偏好时尚的消费者和流行类纺织品服装的营销组合策略就应该将营销重点放在新潮的概念上，分销范围也主要放在专卖店等排他

性的销售网点上，一旦过时就马上清仓及时退出；对于勇于尝新的消费者和快潮类纺织品服装[①]的营销组合策略是在产品一开始进入市场就立即着眼于利润，而市场一旦成熟，产品就立即进入衰退期，应立刻使用一切渠道迅速清仓；对于恋旧的消费者和经典类纺织品服装，由于其市场导入期已经过去，它基本上处于成熟期，其营销策略只需不断完善该类产品，在质量和细节上加以补充，同时注意新型销售渠道（如大型服装城、服装销售联营体、服装展览会、服装邮购、网上商场等）的结合使用。

（2）做好产品的售后服务。现代服装贸易竞争不仅在于生产和销售什么样的产品，而且在于提供什么样的附加服务。中国服装企业应该安排专人解决服装的售后问题，在产品质量出现问题时及时以友好的态度与对方沟通，尽快解决问题，这不仅能将双方的损失降到最小，而且还能给客户留下美好的印象，以便下次继续合作。

总之，随着进口配额的取消，中国服装出口企业发展迅猛，但后配额时代并不意味市场的完全放开，后配额时代的中国服装贸易在面临更好机遇的同时也面临新的国际挑战，如绿色壁垒、技术壁垒、反倾销等。结果，贸易摩擦问题日益突出，给中国服装贸易带来极大的负面影响。对此，中国服装企业和政府方面都应积极面对，及时调整发展政策，迅速改进贸易行业本身存在的问题，掌握和熟悉应用国际规则。同时，还要采取多方面有针对性的措施来有力地维护中国服装行业的利益，使“中国制造”成为高质量、高科技含量的产品的代名词，更富有国际竞争力，推动贸易强国目标的实现。

参考文献：

[1] 赵京霞. 后配额时代的国际纺织品贸易 [M]. 中国纺织出版社，2006.

[2] 冯双生，孙秀英. 我国纺织服装业出口面临的主要贸易壁垒及对策分析 [J]. 商场现代化，2007 (10).

[3] 石楠. “后配额时代”我国纺织品贸易面临的机遇和挑战 [J]. 北方经济，2008 (3).

[4] 丁晨. 人民币升值对我国纺织产业的影响分析 [J]. 产业经济，2008 (7).

[5] 王永龙. 中国品牌运营的问题报告 [M]. 中国发展出版社，2004.

[6] 刘小红，刘东，陈学军. 服装市场营销 [M]. 中国纺织出版社，2005.

① 快潮类纺织品服装：这种产品导入期非常短，由于各种缺陷也只能被一部分最时髦的消费者所接受，不能被大部分消费者接受而迅速地退出市场。

经济危机对中国旅游服务贸易的影响和对策

杨晓璐[①]

摘要：旅游服务贸易已经成为服务贸易的重要内容，中国旅游服务贸易的发展速度举世瞩目，日益成为中国经济新的增长点。但经济危机给中国的旅游服务贸易带来了重大影响，使其遭受了较大损失。为应对经济危机，减少损失，中国政府已经推行相关的宏观政策，从而有效地恢复了中国旅游服务贸易的发展。经济危机的影响促使我们探索更有效的措施和战略来发展中国的旅游服务贸易，使其发展速度更快、质量更高。

关键词：旅游业；旅游服务贸易；经济危机；对策

旅游服务贸易是中国服务贸易的重要组成部分，2007 年旅游创汇就已经占服务贸易总额的 2/3。据统计，1978~1995 年中国旅游外汇收入的年平均增长率为 25.8%，这 18 年间，中国外贸逆差高达 603.96 亿美元，而同期旅游外汇收入为 437.96 亿美元，弥补率达 72%。2007 年服务贸易逆差 94 亿美元，下降 3%，其中旅游服务贸易功不可没，因为它的顺差达 75.37 亿美元，增长了 14%。然而，正当中国旅游贸易蓬勃发展之时，由美国次贷危机引起的全球经济危机对中国旅游服务贸易造成了较大的经济损失。为探求如何减少损失，现简要梳理中国旅游服务贸易发展的历史，分析经济危机给中国旅游服务贸易带来的影响和机遇，试图提出中国旅游服务贸易发展策略，使中国旅游服务贸易更好更快地发展，进一步发挥旅游业在国民经济发展中的带动作用。

---

① 杨晓璐（1987~），女，河北邯郸人，北京工商大学经济学院国际贸易学专业 2010 级硕士研究生。研究方向：国际贸易。邮箱：yangxiaolu111@yahoo.com.cn。

一、旅游服务贸易概述

旅游服务贸易是国际服务贸易中的一种，是指一个国家或地区旅游从业人员运用可控制的旅游资源向其他国家或地区的旅游服务消费者提供旅游服务并获得报酬的活动。旅游服务贸易既包括外国旅游者的入境游，即国际收入游，也包括本国旅游者的出境游，即国际支出游。

通常，按照国际服务贸易的分类基础，可将旅游服务贸易划分为跨境提供、境外消费、商业存在和自然人移动等四类。而对于国际旅游服务贸易的统计，一般是按照世界贸易组织对服务贸易的统计方法，将服务贸易划分为商业服务、投资收入、其他政府服务和收入、单方面转移等四类，旅游服务贸易被纳入商业服务贸易的内容进行统计。

旅游服务贸易在促进国际贸易和谐发展、完善贸易结构方面的作用与一般贸易有所不同，其贸易壁垒和贸易摩擦较少；在创收外汇方面，不仅可以大力发展入境旅游，也可以实施“走出去”战略，借助于世界旅游市场的发展，不断实现从旅游大国向旅游强国的跨越，也可以弥补贸易的差额，缓解国际贸易的摩擦。因此，大力发展国际旅游服务贸易，对于逐步改变长期以来以商品贸易创汇为主的局面，形成贸易创汇与非贸易创汇共同发展的新格局，具有非常现实的意义。

旅游业是当今世界服务业中发展最快的产业之一，是随着经济社会发展和人的生活质量提升而获得持续增长的产业。全球旅游服务贸易总收入在1980年只有1010亿美元，到2007年已达10810亿美元。据世界旅游组织的预测显示，在未来几年里国际旅游服务贸易将保持良好的发展势头，全球国际旅游人次2010年将达到10亿人次，2015年12亿人次，2020年16亿人次，2020年全球国际旅游消费收入将达2万亿美元，届时国际旅游人口将占世界总人口的3.5%，旅游服务贸易将在全球经济结构中发挥更加重要的作用。

近些年来，中国旅游服务贸易飞速发展，成为国民经济中的重要产业。根据国家旅游局统计，1978年中国接待入境旅游者人数为180万人次，到2007年中国接待入境旅游者人数已经达到12029万人次，当年接待人数比29年前增长了近66倍；同时，中国旅游服务贸易总收入也从1978年的2.63亿美元，增长到2007年的293亿美元，增长幅度超过110倍。再者，中国的旅游服务贸易占世界旅游服务贸易的份额也呈逐年上升趋势，现已成为世界十大旅游贸易国之一，2007 年占世界旅游服务贸易的份额接近 5%。但是，2008 年国内连续发生的重大自然灾害和突发事件及全球范围内的经济危机，使中国的旅游服务贸易面临严峻挑战。

二、经济危机概述

经济危机（Economic Crisis）指一个或多个国民经济或整个世界经济在一段比较长的时间内不断收缩（负的经济增长率），是资本主义经济发展过程中周期性爆发的生产相对过剩的危机，是经济周期中的决定性阶段。随着经济全球化的发展，全球性的经济危机已成普遍现象。

过去，资本家在追逐高额利润的条件下，拼命扩大生产，加强对工人的剥削，结果是劳动人民有支付能力的需求落后于社会生产的增长，市场上的商品找不到销路，造成生产的相对过剩，引起经济危机的爆发。如今，某个特定行业，例如房地产、金融、能源等领域的资本家利用体制监管不力的漏洞或者垄断地位，拼命剥削整个社会而不是自己的工人（他们自己的工人往往一同发财），造成本行业价值虚增，由社会埋单，使得全体公民相对贫困，买不起房产、股票等被他们操控的产品，造成需求衰退的连锁反应。因此，现代经济危机不是产品过剩，而是虚假财富过剩。一个价值 50 万元的房子被炒到 100 万元，这 50 万元就是虚假财富，制造这些虚假财富的效果和制造同等价值的假币一样危害社会和经济。现在每 100 元货币中至少有 70 元是在房地产中和股票中，而二者的真正价值不足 70 元，这就相当于每流通 100 元其中就有 60 多元的假币。如果这个假币不被识别出来，就一直在流通，人们都以为自己有 100 元。但当这 60 多元假币被识别出来的时候，人们会发现实际只有 30 多元，财富缩水了 60 多元。经济危机就相当于假币被识别出来的时候。

从本质上说，经济危机的根源是劳动分配的不公平。市场体制具有两极分化的弊端，自由竞争、自由分配不但会提高劳动生产率，也会导致劳动成果的不均衡分配。不均衡分配，是符合自然规律的，而且是公平的，就像羊吃草、狼吃肉一样，有多大能力就得多少钱，享受哪种质量的生活。但是当狼连草都想霸占了的时候，那经济危机就来了，而且是不可避免的。低收入者本身能力就不足，而且也没有那么多的资本与他们抗衡，资本家还不是想怎么样就怎么样，道理显而易见——狼难道还赶不走羊？

虽然 2008 年的经济危机是由次贷危机造成的，但是次贷危机的根源是大量的资本无法创出利润，所以资本家大力鼓吹贷款，甚至贷款给那些次级贷款人来产生虚假的消费需求，刺激生产，导致虚假繁荣。

经济危机是伴随着资本主义产生的，具有一定的周期性（危机、萧条、复苏、高涨四个阶段），每隔若干年就会爆发一次。由于经济全球化的发展，因此波及范围特别广，持续时间特别长，破坏性特别大。

经济危机是生产过剩的危机。但是，经济危机所表现出来的生产过剩不是生产的绝对过剩，而是相对过剩，即相对于劳动群众有支付能力的需求而言表现为过剩的经济危机。因此，在经济危机爆发时，一方面，资本家的货物堆积如山，卖不出去；另一方面，广大劳动群众却处于失业或半失业状态，因购买力下降而得不到必需的生活资料。

经济危机在第二次世界大战之前和之后的共同点是：商品滞销，利润减少，导致生产（主要是工业生产）急剧下降，失业大量增加，企业开工不足并大批倒闭，生产力和产品遭到严重的破坏和损失，社会经济陷入瘫痪、混乱和倒退状态。生产下降和失业激增，是第二次世界大战前与战后经济危机的共同的主要标志。

战前与战后不同之处，主要是在货币、金融方面。在战前的危机中，一般是通货紧缩，物价下跌，银根吃紧，利率上升，银行挤兑并大批倒闭；而在战后的危机中，由于国家垄断资本主义采取膨胀政策以及其他原因，从1957年至1958年的世界性经济危机开始，各主要资本主义国家在危机期间都出现了通货膨胀、物价上涨的反常现象。主要表现是：商品大量过剩，销售停滞；生产大幅度下降，企业生产不足甚至倒闭，失业工人剧增；企业资金周转不灵，银根紧缺，利率上升，信用制度受到严重破坏，银行纷纷宣布破产等，主要资本主义国家在经济危机中出现了生产停滞与通货膨胀同时并存的现象。

三、经济危机对中国旅游服务贸易的影响

1. 经济危机对旅游投资方向的影响

旅游业是服务产业，其提供的产品是满足人们的精神需求，经济危机首先影响的就是对旅游的投资。如菲律宾光华集团香港投资公司，1993年在大连金石滩购买土地4.1万平方米，1996年立项成立“光华度假村”，注册资金750万元人民币，项目拟建五星级度假村酒店，1997年动工建设，但因东南亚金融危机停工至今。同样，东盟许多国家也相继停建了一些旅游设施项

目，如泰国同缅甸、老挝合作修建的交通旅游设施项目大部分处于停建或缓建状态。

2. 经济危机对旅游市场的影响

从营销学的角度看，旅游市场就是现实的和潜在的旅游者集合，学者通常把旅游市场划分为国际旅游市场（包括入境旅游市场、出境旅游市场）和国内旅游市场。

(1) 入境旅游市场规模缩小。经济危机造成的货币贬值和失业人数的增加，会导致可自由支配收入的总规模下降。而旅游产品并非生活必需品，因此，收入下降时，人们首先会减少非必需品的购买，旅游产品就首当其冲，客观上导致出境旅游的愿望降低。同时，经济危机会促进危机区域的国家政府采取许多相关措施限制出境旅游，鼓励国内旅游，保护本国利益，控制资金外流。

欧美金融危机对中国入境旅游规模的影响明显，2008 年 1~8 月中国入境旅游人数累计 8673.34 万人次，同比增长 0.35%，其中外国人 1646.94 万人次，下降 2.00%，全国实现旅游（外汇）收入累计 266.86 亿美元，同比下降 2.21%。根据重庆新世纪游轮公司分析和欧美市场信息，2009 年三峡游境外客源估计减少五成，金融危机导致消费意愿和能力下降是客源减少的主要因素。

(2) 入境旅游市场结构变化。在入境旅游市场规模变化的基础上，中国入境旅游市场结构也会发生改变。2007 年的入境旅游市场结构为亚洲占 62%，欧洲、北美洲占 33%，其他国家和地区仅占 5%。经济危机后，欧洲、北美洲客源市场大幅度减少，相对而言，其他国家和地区的客源市场有所扩大。

(3) 出境旅游市场结构变化。自 1993 年以来，中国出境旅游的规模不断扩大，从 374 万人次增加到 4095.4 万人次，增长了近 11 倍。2008 年 1~8 月中国公民出境旅游人数累计 3067.42 万人次，同比增长 15.54%，出境旅游已成为中国旅游一个不容忽视的大市场。2008 年后，金融危机导致货币贬值，使欧美国家的旅游价格相对下降，对中国旅游者来说，目的地货币贬值越大，到这些国家旅游的费用相对越低。货币贬值的结果，有利于这些国家的国际旅游业的竞争力，促进这些国家入境旅游的发展。

但从出境旅游的目的地国家分布来看，中国出境旅游多数集中在亚洲国家，欧美旅游相对较少，美国仅对中国部分区域开放了旅游市场。可以预见，未来几年美国和欧洲国家将会因经济危机而迅速成为中国出境旅游的重要目的地国家，亚洲国家相对地会有一定比例下降，现有的出境旅游格局会发生较大的改变。

(4) 中国国内旅游市场结构变化。由于国民经济发展基本面依然良好，因此，国内旅游发展趋势不会受到大的影响，但结构有可能发生变化。受金融危机国家货币贬值的影响，中国出境旅游人数会增加，相应减少国内旅游。但是，国内旅游的农村市场有可能进一步扩大，党的十七届三中全会关于农村经济改革的重大决策，会带动农村经济飞速发展，农民收入有可能大幅度提高，从而引发农民旅游的积极性，弥补出境旅游带来的市场空缺。

因此，经济危机可能带来旅游业的巨大损失，但也会为中国旅游企业提供海外扩展的机会。只有及时调整经营战略、抓住国际拓展的机会，中国的旅游业才会在危机中壮大、成长，中国的旅游经济也才会在危机后继续健康发展。

四、中国旅游服务贸易的发展对策

面对重大危机，我们既要有清醒、冷静的认识和估计，又要有客观、科学的分析与把握。只要措施得力，完全有可能在相对短的时间内改变入境旅游下降的局面，实现国内旅游较大幅度的增长，保持中国旅游服务贸易平稳较快发展的势头。根据党中央、国务院应对金融危机的战略决策，2010 年旅游全行业应认真贯彻中央旨在提振信心、确保经济增长、扩大内需的方针，着力发展旅游服务消费，不断增强最终消费能力，积极开发与节假日调整相适应的旅游、文化等热点消费，全面提高中国旅游业的质量结构和效益。

结合中国旅游业竞争力的优劣势状况，应对经济危机进一步发展旅游业的具体策略如下：

1. 借鉴他国经验制定强有力的发展战略

丰富奇特的旅游资源是中国旅游服务贸易发展中的一张“王牌”，它在过去的 30 年间发挥了显著的积极作用，但是若要使其竞争力更强，我们必须在发挥其优势的同时借鉴其他国家的成功经验。以世界服务贸易进出口第一大国美国为例，旅游处于其十大服务贸易行业之首，在国际上具有很强的竞争力。其发展旅游业的宗旨是：集中国家和地方的公共及私人部门的所有资源，努力增加其在全球旅游市场的份额。美国政府为了减少巨额贸易逆差和增强出口竞争力，特意制定了旅游业出口部门战略：潜在的访美兴趣研究、旅游者安全保证、旅游者进入美国的服务项目等。这一战略可谓全方位、多角度，内容之详尽值得中国借鉴。

旅游服务贸易是中国服务贸易中具有优势的产业之一，也是增加国家财富的重要途径之一，中国的旅游服务贸易发展战略应该强调入境旅游的优先地位，特别是作为一个发展中国家，要始终把入境旅游的发展放到首要位置。

2. 优化产品结构

为了适应国际游客多元化的需求特点，中国旅游业的发展在继续依靠传统观光旅游项目、创造优势的同时，必须在整体上对旅游产品的结构进行优化。

（1）实现旅游产品的层次“升级”。可在深度挖掘资源文化内涵、提高附加值、树立独特主题和创意线路编排等方面着手，将低层次、初级化的旅游产品进行“深加工”，提升其消费档次和品位。

（2）促进旅游产品类型的多元化，加快发展各种非观光旅游产品。要大力开发与中国社会经济条件和资源条件相匹配的度假旅游、商务会议旅游、体育旅游、娱乐休闲旅游等多种形式的旅游活动，拓展入境旅游的吸引力要素。

（3）构建区域性产品模块，强调区域特色。根据旅游资源的地理和文化分布特征，打造具有地域特色的主体旅游产品，引导海外游客进行分块旅游，有助于提升其重游率。

（4）增加动态化的旅游产品项目，提高其参与性和体验性。在中国已开发的旅游产品中，游客大多处于被动和观望的位置，极少参与其中。体验经济的兴起，重新塑造了我们对产品开发和设计的理念，提供能真正使游客获得难忘体验的旅游产品已是必要之举。

3. 加强政府的引导作用

旅游业对国民经济做出的贡献有目共睹，它的地位也在不断地提高。旅游业并非是单纯的经济事业，也是文化事业、资源保护事业，故更不能简单地套用市场经济的做法，政府应该在旅游业发展中发挥其宏观调控作用，采取一定的政策、法律措施等，规范旅游市场，并进一步加强对行业的宏观管理。中国旅游市场中信息不完全、不对称现象严重，导致经营者和旅游者某些非合理甚至非法行为的存在。要改善这种状况，政府应加快建立、完善旅游信息系统和强化旅游企业披露真实信息的义务。

与此同时，在市场经济条件下，政府对行业的具体运作特别是企业的微观行为已难以直接管理，所以“第三方力量”即行业协会等中介组织就要充分发挥应有作用。当前，要着重克服行业协会组织形式不健全、自主管理意识不强、横向协调能力不足、信息整合能力欠缺和行业自律精神体现不够等弱点，让行业组织在规范企业行为、组织开拓市场、协调整合资源和塑造行业形象等方面真正成为市场的重要力量。

4. 坚持科学发展观，努力打造可持续的旅游服务贸易竞争力

缺乏可持续性的竞争力就称不上具有真正的竞争力，因此中国开展国际旅游服务贸易必须坚持贯彻科学发展观和可持续发展的理念，关注整个产业的长久发展和繁荣。在某种意义上，对旅游资源的开发利用本身就是对资源的一种破坏，因为这种开发往往会影响资源的原生态的风貌，所以开发和保护的矛盾是旅游业发展的一个长期性矛盾。在处理这一矛盾时，必须始终牢记的一个理念是：旅游资源特别是不可再生旅游资源一旦遭受破坏就不可复得，其对游客的吸引力也将不复存在或大大减弱。所以，中国发展国际旅游服务应坚持可持续性和以人为本的统一，还应特别关注新旧景观的融合、传统民俗活动的“舞台化”、世遗景区门票经营权的转让等一系列与旅游可持续发展相关的问题。

根据世界旅游组织的预测，到 2015 年中国将成为全球最大的旅游目的地、世界第四位出境旅游客源国。目前，中国居民旅游消费信心正在恢复，旅游行业加快实现转型升级步伐，许多省市召开旅游产业发展大会传达了地方政府扶持和推动旅游业发展的决心。随着全球金融危机影响的逐渐消退，中国旅游服务贸易将尽快回到又好又快的发展轨道，旅游业将为国民经济和社会发展做出更大贡献。

旅游服务贸易是中国服务贸易发展中的重头戏。在国际经济一体化的大背景下，参与国际服务贸易，提升中国旅游服务贸易的国际竞争力，既是时代之需，也是中国旅游产业自身发展到一定阶段“升级换代”的必经之途。对此，我们应在了解其竞争力现状的基础上，切实发挥优势，避免和减弱劣势，争取早日实现中国的旅游强国之梦。

参考文献：

[1] 董哲宇. 美国次贷危机对中国外贸出口企业影响的原因及其对策浅析 [J]. 现代商业，2009 (2).

[2] Beaver，Allan. A Dictionary of Travel and Tourism Terminology [J]. WTO International Trade Statistics，2000.

[3] 吴敏. 美国次贷危机背景下中国外贸面临的困境及出路 [J]. 大视野，2008 (11).

[4] 孙春媛. 次贷危机对中国出口贸易的影响及对策分析 [J]. 对外经贸实务，2008 (12).

[5] 马聪玲. 从概念到实证：中国旅游研究的未来 [J]. 旅游学刊，2007 (3).

[6] 程宪，程大中. 国际服务贸易 [M]. 高等教育出版社，2000.

[7] 何茂春. 国际服务贸易：自由化与规则 [M]. 中国人民大学出版社，2006.

[8] 陈宪. 国际服务贸易原理政策 [M]. 立信会计出版社，2000.

论发展中国服务贸易的重要性

卫　薇[①]　张春晓[②]

摘要：为加深对服务贸易的认识，提高对于中国服务贸易在流通经济中的重要性的认识，本文主要从促进中国经济增长、促使中国贸易发展方式转变、促进制造产业发展三方面阐述了发展中国服务贸易的重要性。指出了发展服务贸易对中国由贸易大国转变为贸易强国的客观影响。

关键词：服务贸易；经济增长；贸易发展方式；制造业

自1994年4月15日关贸总协定乌拉圭多边贸易谈判中签订了《服务贸易总协定》起，之前未受重视的服务贸易开始同货物贸易一样成为国际贸易的重要组成部分。近年来，随着社会生产力的不断发展和产业结构的不断演变，第三产业在国民经济中的比重逐步上升，在世界经济贸易中逐渐占据主导地位。相较于第二次世界大战后服务贸易就已成为主导产业的英美等发达国家，中国服务贸易发展起步较晚，发展程度较低，因此，要缩小与发达国家经济水平的差距，做到由贸易大国向贸易强国的转变，必须进一步认识到发展中国服务贸易的重要性，且致力于将服务贸易产业发展成为中国流通产业经济的主导力量。

① 卫薇（1990~），女，山西临汾人，北京工商大学经济学院经贸093班学生。邮箱：wei901119@126.com。

② 张春晓（1991~），女，北京人，北京工商大学经济学院经贸093班学生。邮箱：619080322@qq.com。

一、完善中国贸易结构有利于促进中国经济的增长

目前，中国已成为出口额世界第一、进口额世界第二的贸易大国，但在如此之高的出口额中，货物贸易出口额占据了绝大部分的比重。据国家统计局 2008 年公布的统计数据显示：2008 年全年进出口总额 25616 亿美元，其中，全年出口 14285 亿美元，而 2008 年中国服务贸易出口总额 1465 亿美元，仅占全年出口额的 10.26%，占世界服务贸易出口额的 3.9%，可见服务贸易仅占中国外贸总额中的一小部分，而绝大部分则被货物贸易所占据，据悉中国货物贸易在世界上的占比已经达到 20%。美国作为经济发达国家的代表 2008 年全年货物贸易和服务贸易出口总额 18357.85 亿美元，全年货物出口总额 12913.71 亿美元，全年服务出口总额 5444.14 亿美元，货物贸易总额与服务贸易总额之比大约为 2.4∶1，从发达国家的经验可见中国在发展货物贸易与服务贸易的比例上存在着严重的不均衡，过于注重货物贸易的发展，以至于货物贸易的快速发展让许多中国的贸易伙伴担心进口大量中国产品会影响到其本国的利益，从而对中国的经济增长产生抑制作用，现在人民币相对于美元的升值就是一个最好的例子。因此加快服务贸易的发展，使服务贸易发展与货物贸易发展相结合起来，才更加有利于中国经济的增长，使中国跨入贸易强国的行列。

发展服务贸易对提高中国经济增长的影响主要表现在两个方面：首先也是最直接的便是会推动中国的就业人口比例，增加中国的税收收入。2008 年因为服务贸易出口实现的就业拉动约为 1700 万人，以每人年收入为 1 万元来说，其创造的劳动价值就约为 1700 亿元。服务贸易出口对国内税收的贡献主要包括两大部分，一部分是由于服务出口而缴纳的营业税，另一部分是企业因为从事服务贸易实现盈利所缴纳的企业所得税，按当年价格计算 2008 年服务贸易企业出口创造的营业税收已经达到 450 亿元，实现所得税达到 547 亿元。其次发展服务贸易对中国的自然资源、人力资本和技术创新产生有利影响，从而促进中国经济增长。服务贸易的发展使得中国要从低端劳动密集型产业向知识技术密集程度高的服务产业转型，从而节省了自然资源，扩大了人力资本，提高了技术创新水平，间接地作用于中国的经济增长。

二、发展服务贸易有助于转变中国贸易发展方式

近年来，中国服务贸易呈现大幅增长趋势。2007 年，中国服务贸易出口 1222 亿美元，同比增长 33%，占世界服务贸易份额的 4.2%，居世界第五位；服务贸易进口 1301 亿美元，占世界服务贸易份额的 3.9%，居世界第七位。但是，在中国服务贸易国际地位上升的同时，中国服务贸易逆差的态势依然严峻。

从各部门进出口额分别占服务贸易进出口总额的比重看，2007 年服务贸易出口方面所占份额最大的前三项依次是旅游（30.3%）、运输服务（25.4%）和其他商业服务（21.3%）。从进口来看，所占份额最大的前三项依次是运输服务（33.1%）、旅游（22.3%）和其他商业服务（13.8%）。逆差较大的前三个产业是运输、保险服务和专有权利使用费和特许费。而据商务部统计，2009 年，中国服务贸易逆差达 296 亿美元，比 2008 年增长 1.6 倍。主要逆差行业仍以运输、专有权利使用费和特许费、保险服务和旅游为主，逆差额分别为 230 亿美元、106 亿美元、97 亿美元和 40 亿美元。其中，2009 年中国专有权利使用费和特许费服务出口 4 亿美元，比 2008 年下降 29.9%；进口 111 亿美元，同比增长 7.6%；逆差 107 亿美元，比 2008 年略有扩大，为中国仅次于运输服务的第二大服务贸易逆差行业。

也就是说，至今以专有权利使用费和特许费为代表的知识技术密集程度高的服务产业仍然逆差严重。另外，在中国服务贸易结构中，劳动密集度和自然资源密集程度高的传统服务业所占比重很大，而以知识技术密集程度高的现代服务业所占比重相对较低。这一现状体现出中国现今贸易结构不合理的问题，而优化贸易内部结构不得不受到人们的重视。

一方面，加快贸易结构转变是提高外贸整体竞争力的需要。如今是知识经济高度发展的时代，国际竞争日趋集中于高新技术产业，技术发明与创新已成为经济发展的重要动力。企业对知识产权或智力财富的拥有，是使企业的技术优势转化为产业优势和市场优势的重要途径，不断积累和强化这一优势，逐渐形成具有自主知识产权体系的高新技术产业体系，将会提升一个国家的综合国力和对外贸易整体竞争力。

另一方面，加快贸易结构转变是缓解经济快速增长与资源短缺及浪费矛盾的需要。现今中国贸易发展以高投入、高消耗、低效益的粗放型发展方式为主，虽然经济得到快速的增长，但是对资源的消费量也在急剧增加。如

今，中国人均资源量远远低于世界水平，据统计，中国人均矿产占有量为世界人均水平的1/2，人均石油、天然气和煤炭量为世界人均水平的1/10、1/20和3/5。中国已成为煤炭、钢铁、铜等世界第一消费大国，石油和电力第二消费大国。而加快贸易结构的转变，提高中国科学技术水平，提高能源资源的使用效率，合理优化资源配置，毋庸置疑成为缓解经济与资源矛盾的重要途径。

而大力发展服务贸易有助于贸易结构的转变。发展服务贸易，能够减少资源和能源的消耗，获得产业高端附加值的服务品，促进贸易结构向知识技术密集型、集约型侧重。从整体来看，世界服务贸易规模在不断扩大。1980~2005年，世界服务贸易出口额增长了5.7倍：占世界贸易出口的比重从1/7增长到近1/5。2000~2006年，世界服务贸易进出口年均增长10%。由此可以看出，在全球经济转向服务经济的过程中，服务贸易的发达程度，标志着一个国家对外贸易增长的协调性和持续性，也标志着一个国家贸易增长方式的科学性和合理性。因此，加快发展服务贸易，调整和改善对外贸易结构，不仅是提高中国自身国际竞争力的新举措，也是转变中国对外贸易发展方式的重要任务。

三、发展服务贸易有益于推动制造产业发展

从长远来看，中国服务贸易的发展不仅成就其自身，对制造产业也具有积极的作用。其中，服务外包就是一个很好的例子，服务业只有发展到一定阶段时才可以产生服务外包，服务外包是企业将价值链中原本由自身提供的具有基础性的、共性的、非核心的IT业务和基于IT的业务流程剥离出来后，外包给企业外部专业服务提供商来完成的经济活动。因此，服务外包基于信息网络技术，其服务性工作（包括业务和业务流程）通过计算机操作完成，并采用现代通信手段进行交付，使企业通过重组价值链、优化资源配置，降低了成本并增强了企业核心竞争力。中国的工业化程度低、产业化程度低、组织化程度低和现代化程度低，制造业发展主要是采用加工组装型、生产主导型、模仿型和粗放型的模式，其在国际产业链和价值链中长期处于低端位置，但在目前资源、环境压力的约束下，低端制造业已经难以为继，面临举步维艰的境地。而通过发展中国服务贸易，使服务外包细化、深化专业分工，把生产过程中的服务流程部分分离出去，通过服务流程的再造，提高制造业资源整合和利用的水平，从而推动中国制造业的良好发展。

由于中国服务贸易不发达，导致中国制造业中的高端服务环节尚未完全形成，高端服务无法分离出来成为可贸易的服务产品，如中国的工业设计服务能力很低，难以创造出具有自主知识产权的专利、品牌等价值量高的服务品。据中国国际名牌协会资料，中国目前只有不足20%的国内企业拥有自主品牌，自主品牌的出口额占总出口额不到10%。再比如，由于中国制造业的生产性服务还不发达，2006年，全国工业品物流总额51.7万亿元，占社会物流总额的比重为86.7%。工业品物流支付的成本高昂，导致全社会物流总费用很大，2006年，中国社会物流总费用超过3.8万亿元。所以我们认为发展中国服务贸易不仅对于其自身，对于制造产业也是十分重要的。

综上所述，完善中国贸易结构，侧重发展中国服务贸易从而促进经济增长十分必要。认识到发展服务贸易对于转变中国外贸发展方式的积极作用，以及发展服务贸易对于制造业、服务业等产业的积极影响，是十分重要的。现代经济是服务经济，重视服务贸易的发展是中国由贸易大国走向贸易强国的必要因素。我们要充分利用自身广阔的市场，发挥中华民族勤劳、智慧的优势，不仅仅依靠于低廉丰富的劳动力资源以及本来就有限的自然资源，而是提高自身创造力、创新力，推进技术进步，以具有优质服务质量的知识技术密集型服务产业，来占据国际贸易产业的重要地位。

参考文献：

[1] 李国安. WTO服务贸易多边规则 [M]. 北京大学出版社，2006.

[2] 殷作恒. 服务贸易及技术贸易 [M]. 中国物价出版社，1996.

[3] 石静霞，陈卫东. WTO国际服务贸易成案研究 [M]. 北京大学出版社，2005.

[4] 裴长洪，林江. 经济全球化背景下国际贸易的新发展 [J]. 马克思主义理论研究和建设工程参考资料，2006年第284期.

[5] 陈文玲. 认识发展服务贸易的战略意义 [A]. 中国服务贸易发展报告（2007）. 中国商务出版社，2007.

[6] 杨青. 我国服务贸易结构的思考. http：//tradeinservices.mofcom.gov.cn，2009-06-30.

[7] 商务部. 如何加快对外贸易增长方式的转变 [A]. 中国服务贸易发展报告（2009）. 中国商务出版社，2009.

加速服务业发展　提升中国流通产业整体竞争力

张　玮①

摘要：在未来使中国由贸易大国转变成贸易强国的问题上，要依靠流通的现代化，这使得流通产业整体存在很大的竞争压力。目前，中国流通产业中服务业的低效率、高成本降低了中国流通产业的整体竞争力，中国服务业存在着巨大的发展潜力，因此加速服务业发展能显著提升中国流通产业的整体竞争力。服务业如何提供低成本高效率的分销服务、金融服务，以及会计、审计、法律服务等，成为中国流通产业竞争力能否进一步提升的重要因素。我们应从这一点着手，通过政府出台战略性服务产业扶持、培育政策；重点发展教育、信息、科技、会计、咨询等行业，带动服务业整体水平的提高；扩大城乡居民的服务消费来增加服务业发展，提升中国流通产业的整体竞争力。

关键词：服务业；流通产业；竞争力

一、服务业发展问题的重要性

服务业是生产或提供各种服务的经济部门或企业的集合，服务业的行当范围广阔，涉及领域众多。1985 年 5 月，中华人民共和国国务院办公厅转发国家统计局的报告，将第三产业分为两大部门、四个层次（见表 1）。

服务产品与其他产业产品相比，具有非实物性、不可储存性和生产与消费同时性等特征。在中国国民经济核算实际工作中，将服务业视同为第三产

---

① 张玮（1990~），女，北京人，北京工商大学经济学院经贸 093 班学生。邮箱：simple9045@126.com。

表 1

流通部门	第一层次		交通运输业、邮电通信业、商业饮食业、物资供销与仓储业
服务部门	第二层次	为生产、生活服务的部门	金融业、保险业、地址普查、房地产业、公用事业、居民服务、旅游业、咨询信息服务业、各类技术服务业
	第三层次	为提高科学文化素质服务的部门	教育、文化、广播、电视、科研、卫生、体育、社会福利
	第四层次	为社会公共需要服务的部门	国家机关、政党机关、社会团体、军队、警察

业，即将服务业定义为除农业、工业、建筑业之外的其他所有产业部门。

服务业的发展问题，与中国经济增长、国力与竞争力增强、流通产业结构调整优化、城乡就业人口吸纳以及小康社会全面建设等问题密切相关，是中国 21 世纪以来经济贸易发展的重大问题。因此，在高度重视此问题的前提下，我们必须进行更深一步的分析、研究服务业发展的内在规律，加快服务业发展，从而提高流通产业整体竞争力。

二、目前中国服务业发展现状分析

目前中国仍处在工业化中期，经济增长还主要依靠制造业，服务业尚未成为推动经济增长的主导力量，比重偏低，发展滞后，结构失当。与同等收入水平的国家相比，中国服务业在国民经济中的地位还明显偏低，但是一直处于增长趋势。从 1996~2002 年 7 年的情况看，服务业新增就业量占全国同期新增就业总量的比重分别为 118.3%、58%、52.4%、45.6%、64.3%、43.1%、120%，除少数年份外，服务业所吸纳的新增就业量均超过第一、第二产业之和，成为扩大就业的主渠道。由中国服务业增加值、服务业就业人数等有关情况的时间序列表（1979~2008）可知，[①] 我国的服务业取得了长足的发展，服务业增加值从 1978 年的 872.48 亿元增长到 2008 年底的 120486.60 亿元，增长了 138 倍。

中国服务业在 GDP（国内生产总值）中的比重占不到 40%，而在美国高达 80%，印度也高达 50%，真正的机会在服务业，服务业可以创造大量就业

① 陈宪，殷凤，程大中. 中国服务经济报告（2009）. 上海大学出版社，2010，第 159 页统计数据［中国服务业增加值、服务业就业人数等有关情况的时间序列表（1979~2008）］。

机会，有利于维护社会稳定。

造成服务业上述比重偏低，发展滞后，结构失当等缺点的原因有以下几点：

1. 市场在服务业的资源配置未能发挥基础作用

政府对服务业的垄断经营现象还是比较严重的，市场准入限制多。如对教育、科研、文化、体育等产业，强调其公共服务的性质；对金融、通信等产业强调其安全性要求；还有电视广播、新闻出版、医疗卫生、城市公用事业等行业，至今仍保持着十分严格的市场准入限制，其他一些行业对非国有经济和外资也没有完全开放。

2. 中国服务业的开放整体上晚于制造业，开放的程度也低于制造业

中国的服务业在跨境交付、境外消费和自然人流动方面开放程度较高，而在外资准入资格、进入形式、股权比例和业务范围等方面还存在较多的限制。大部分重要的服务业对外开放程度相对较低，开放也比较晚，因此就不能像制造业那样更多地吸收外资；由于不能更好地引进外资及外国先进技术和管理，服务业的供给、服务质量和服务手段也就难以像制造业那样迅速发展改善。①

3. 服务业优秀劳动力资源的缺乏

以上海的会展业为例，据统计资料显示，5000 名会展从业人员中，有经验的高级项目经理不足 50 人；而成功举办一个大型国际会展，需要专业人才 80~90 名。上海几乎每天有一个会展，专业人才或领军人才的缺口不言而喻。

三、中国服务业市场潜力巨大

——若干服务行业前景分析

2004 年的中国服务业大会吸引了包括微软董事长比尔·盖茨在内的大批国际知名企业家。他们纷纷表示看好中国服务业的市场前景，并称将增加在中国服务业市场的投资。瑞银基金总经理助理刘凯 2010 年 11 月 13 日在国投瑞银基金公司举办的投资者主题活动上表示，看重消费与服务行业在未来的巨大发展潜力。可见中国服务业市场的确具有很大的潜力。中国服务业的发展正存在一个“战略机遇”。

① http：//www.chinacssci.com/shownews.asp?id=25.

一是国家出台一系列宏观政策，鼓励服务业的发展，同时编制各类服务业发展规划，降低服务业发展门槛，这样一个宏观政策环境有利于制造业的发展，更有利于服务业的发展。二是2007年底世界贸易组织过渡期结束后，许多限制外资进入的服务业领域将不再是“禁区”了。金融、保险、旅游、商务等领域全面开放，将有利于吸收更多的国外资本进入服务业领域。[①] 三是随着时代的发展，城乡居民收入水平上升，人们生活的水平逐渐提高，使得人们消费从温饱型向享受型转变，从物质消费为主向服务消费为主转变。四是目前许多经济学家对“十二五”的展望，“十二五”服务业比重提高幅度高于“十一五”，对整体经济社会发展的贡献率明显大于“十一五”。“十二五”服务业可能呈现加快发展态势，预计，服务业比重提高4~5个百分点，2015年达到47%左右。[②] 我们应及时把握这个机遇，使服务业市场的潜力得到充分的发挥。

此外，通过与其他相近发展中国家服务业内部结构相比较，中国商业餐饮服务相对生产率显著低于后者同类服务水平，以享受发展消费资料型服务与公共服务为主要内容的社会政府服务比重，中国明显低于后者，就业比重差距尤甚，这说明了此类服务在就业安置方面具有巨大潜力：房地产服务产出比重，中国明显低于后者，说明此类服务在中国仍有一定潜力可挖。

下面针对具体几个服务业的前景进行分析和预测：

1. 房地产中介服务业

房地产中介服务行业的未来发展潜力巨大，其主要的驱动因素来自于两个方面：一是其所依立的房地产行业持续发展；中国近几年来住宅和房地产的较快发展给房地产中介服务业带来了空前的有利条件。2010年是“十一五”规划的最后一年，“十一五”期间是房地产业发展最快的时期。受奥运会、国庆60周年大庆的拉动，虽然遭遇了2008年国际金融危机的影响，房地产业仍然取得了巨大发展。2010~2012年，保障性住房建设将是政府力推的重点工作。2010年全国要建设580万套保障房，2011年要建设680万套保障房，2012年要建设620万套保障房。[③] 二是行业本身的进一步生长成熟。2000年至今是房地产中介服务业迅速发展成熟的阶段，保守估计，目前房地产中介服务机构超过3万家，从业人员逾百万。该时期行业中成长起一批门店过百、人员过千的大型企业，如世联地产、易居中国、合富辉煌、伟业顾

① 夏杰长. 中国服务业发展的机遇、挑战与对策 [J]. 中国经贸导刊，2010（19）.
② 郭怀英. 服务业：“十一五”形势与“十二五”展望 [J]. 中国经贸导刊，2010（19）.
③ http：//house.focus.cn/news/2010-11-16/1102090.html.

问等。此外互联网技术的崛起和广泛应用对房地产中介服务业也产生了很大的冲击，进一步促进房地产中介的服务业。

2. 旅游服务业

旅游服务业的发展面临有利环境，旅游业已成为中国经济中的重要产业，当前，中国经济快速发展，国民收入不断提升，尤其是北京奥运会和上海世博会的相继举办，中国旅游业在国际上的重要性日渐突出。2015~2020年，中国有望成为世界第一的旅游强国。携程CEO范敏指出就发展趋势来看，现代服务企业所推行的一站式服务模式，正在迅速改变传统消费格局，赢得更多市场份额，对旅游业来说，这也是一个必然的发展趋势。在这一波全球化的浪潮中，必然会崛起一批世界级的中国旅行服务公司。[①] 此外世界经济一体化发展也为中国旅游业的发展带来了极大机遇。

正因为具有这样的美好前景，加速服务业发展，能显著提升中国流通产业整体竞争力。

四、加速服务业发展能显著提升中国流通产业整体竞争力

随着流通产业日益成为中国国民经济的基础性产业，其对GDP、就业、其他产业的带动作用日益明显，直接影响中国经济增长。要使中国成为贸易强国，要依靠流通的现代化，这使得流通产业整体存在很大的竞争压力。而目前中国流通产业中，服务业的低效率高成本降低了产业的整体竞争力，根据未来的发展趋势，有利的宏观政策发展和各行业美好前景使得中国服务业存在着巨大的发展潜力，因此加速服务业发展能显著提升中国流通产业整体竞争力。

2010年，中共中央对于“十二五”的建议也把加快服务业发展列在其中。“十二五”建议指出把推动服务业大发展作为产业结构优化升级的战略重点，建立公平、规范、透明的市场准入标准，探索适合新型服务业态发展的市场管理办法，调整税费和土地、水、电等要素价格政策，营造有利于服务业发展的政策和体制环境。大力发展生产性服务业和生活性服务业，积极发展旅游业。拓展服务业新领域，发展新业态，培育新热点，推进规模化、品

① http：//tech.sina.com.cn/i/2010-07-21/10394453925_2.shtml.

牌化、网络化经营。推动特大城市形成以服务经济为主的产业结构。①

目前，在国际分工比较发达的制造业中，产品在生产过程中的增值部分不到产品价格的40%，60%以上的增值发生在服务领域。即使一个企业在制造业中的技术和工艺达到世界先进水平，但如果流通领域缺乏效率，其竞争力就会大打折扣。近年来中国流通产业发展及竞争力现状为批发零售业规模不断扩大，国内零售业态与流通渠道多样化② 等。而无论是零售还是批发，中间的环节都需要有服务领域的需求，如运输、保险等，故加速服务业发展能显著提升中国流通产业整体竞争力。

五、加速服务业发展，提升流通产业整体竞争力的对策

1. 政府出台战略性服务产业扶持、培育政策

政府在战略性服务产业竞争性领域和非竞争性领域行为规范的基础上，通过市场化取向改革、国有企业产权制度改革、合理产业组织构建、人才激励与实施等一系列的举措的施行，扶持、培育服务业内部关系到国民经济发展和人民生活水平提升的关键性、全局性、长远性产业发展，使之增强竞争力和实力，从而达到调整优化服务业内部结构、促动服务业内部结构高度化演进的目的。③ 具体手段表现为政府进行适度的直接干预和间接引导。其中直接干预的主要做法为财政补贴、财政直接投资、优先贷款权、优先供应短缺物资等。间接引导是通过财政手段、金融手段、信息发布手段、外贸外汇手段等多种手段引导资源投向战略性产业，如财政手段包括财政贴息、减免税、加速折旧等。

2. 重点发展教育、信息、科技、会计、咨询等行业，带动服务业整体水平的提高

大力发展教育、信息、科技、会计等行业，首先要提高高校、专科学校的教学水平和师资力量，注重学生理论与能力的结合，为社会提供优秀的劳动力资源，以弥补各行业人才的缺乏。只有提升了各行业人力资源的水平，才能满足服务业人力资本的需求量，带动服务业整体水平的提高。

① http：//www.ndrc.gov.cn/125gh.pdf.

② 耿莉萍. 提升中国流通产业竞争力的思考［J］. 中国流通经济，2010（7）.

③ 邓于君. 服务业内部结构演变趋势研究［M］. 广东人民出版社，2006.

3. 扩大城乡居民的服务消费

稳步扩大餐饮、商贸等传统消费，着力培育社区服务、教育培训、体育健身、养老保健、文化娱乐等新兴消费热点。扩大和完善消费信贷，加强市场监管监测，营造安全、放心、便利的居民消费环境。

参考文献：

[1] Chinacssci. 试论我国服务业发展滞后的原因. http：//www.chinacssci.com/shownews.asp?id=25，中国核心期刊网.

[2] 夏杰长. 我国服务业发展的机遇、挑战与对策 [J]. 中国经贸导刊，2010（19）.

[3] 耿莉萍. 提升中国流通产业竞争力的思考 [J]. 中国流通经济，2010 (7).

[4] 郭怀英. 服务业："十一五"形势与"十二五"展望 [J]. 中国经贸导刊，2010 (19).

[5] 邓于君. 服务业内部结构演变趋势研究 [M]. 广东人民出版社，2006.

中国对外贸易国际竞争力分析及贸易强国的实现途径

李 婧①

摘要： 改革开放30余年来，随着中国对外贸易不断扩大，中国经济保持着快速稳定的增长，对外贸易在规模和结构上都取得了长足的进展，中国已经成为世界上名副其实的贸易大国。但是在经济全球化的背景下，国际市场竞争日益激烈，中国与贸易强国还有一定的差距。通过分析，本文认为只要解决自主创新能力弱、技术含量低、流通人才缺乏、流通能力弱、对外贸易商品大都处于价值链的低端、本国自主的知名品牌少、本国的跨国公司少等一系列问题，以及实行区域经济合作的战略选择，中国将能稳步实现从贸易大国到贸易强国的转变。

关键词： 贸易大国；贸易强国；差距；战略选择

改革开放30余年来，随着中国对外贸易不断扩大，中国经济保持着快速稳定的增长，年均GDP（国内生产总值）增长率接近10%。在经济快速增长的同时，中国对外贸易无论从规模还是结构上都取得了长足的进展，中国已经成为世界上名副其实的贸易大国。但是由于自主创新能力弱、技术含量低、流通人才缺乏、流通能力弱、对外贸易商品大都处于价值链的低端、本国自主的知名品牌少、本国的跨国公司少等一系列问题，中国目前与贸易强国还有一定的差距。陈飞翔、吴琅（2006）认为："从中国在贸易规模上的排名仅次于美国、德国而认为中国已经毫无疑问地成为贸易大国，但还不是贸易强国。"②

---

① 李婧（1990～），女，北京人，北京工商大学经济学院经贸093班学生。邮箱：1091351137@qq.com。

② 陈飞翔，吴琅. 由贸易大国到贸易强国的转换路径与对策［J］. 世界经济研究，2006（11）.

一、贸易强国的定义与标准

与贸易大国仅仅强调数量、规模不同的是，贸易强国最基本的是要求生产的商品不仅质量好，还要在激烈的世界贸易市场上具有一定的竞争力。陈飞翔、吴琅认为，“贸易强国是指出口商品和服务中高级生产要素含量高、以价值型贸易为主体、能在国际贸易中获得主要利益的国家或经济实体”。[①] 黄锦明认为，“贸易强国应该包括七个部分：核心竞争力指标：本国控制了出口商品的核心要素——技术与品牌；外贸微观基础——拥有一批综合实力很强的跨国公司；贸易商品结构——以技术密集型、资本密集型的工业制成品为主要出口商品；外贸发展方式——以效益型、质量型为主；在国际市场具有较强的竞争力；具有较强的对外投资能力；具有较强的参与与制定和影响区域一体化、区域多边、双边、全球贸易规则的能力”。[②] 汪毅夫认为，“贸易强国应该符合以下六个方面的条件：外贸发展方式为质量型和效益型；掌握出口产品的关键技术、知识产权及销售渠道；出口产品具有高附加价值；出口产品以高科技工业制品为主；出口企业及产品具有较高的国际市场竞争力；具有对外国商品进行反倾销、反补贴的能力”。[③] 因此，贸易是一个相对的概念，需要符合一系列的指标。

二、中国对外贸易国际竞争力的现状与贸易强国的差距
——以流通企业为例

“国际竞争力是在国际间自由贸易条件下或在排除了贸易壁垒因素假设条件下，一个某特定产业的特定产品所具有的开拓市场、占据市场并以此来获得利润的能力”。[④] 只是从规模和数量上看，中国已经成为名副其实的贸易大国。正如前文所指出的一样，贸易强国应该是综合素质的反映，不能用单一的指标去衡量。从国际竞争力以及上述对贸易强国的一系列标准看来，中国与贸易强国还存在着一定的差距。积极地看，随着中国对外贸易顺差不断

① 陈飞翔，吴琅. 由贸易大国到贸易强国的转换路径与对策 [J]. 世界经济研究，2006 (11).
② 黄锦明. 中国迈向贸易强国的理论与对策研究 [M]. 浙江大学出版社，2007.
③ 汪毅夫. 贸易大国走向贸易强国的政策选择 [J]. 中国对外贸易，2005 (5).
④ 康学芹，张海珍. 迈向贸易强国之路探究 [J]. 集团经济研究，2007 (10) 中旬刊.

扩大，市场多元化趋势也在逐步走向良性化，也从一个侧面反映出中国对外贸易开始接近贸易强国水平。

仅以中国流通企业与贸易强国国家的差距为例。第一，从规模上相比较，中国商业企业呈现小、散、乱、弱的状态。中国扩大规模的方式与发达国家不同，国外大多是连锁经营，而中国主要为单体扩张，因此限制了企业的规模发展，导致企业集中度低下，进而效益低下。第二，由于人才结构不合理以及受到设备成本和网络条件的限制，目前中国流通企业的信息化程度低下。第三，在经营方式上，中国缺乏创新，其规模和成熟度都无法与发达国家相比。第四，在经营观念上，中国的商业企业并不能够真正为消费者利益着想，观念陈旧。第五，由于受传统体制以及企业规模、实力的限制，中国企业商品流通国际化程度较低。

三、由贸易大国向贸易强国转变的实现途径

现代高技术信息知识产业已经成为世界经济的主导，中国对外贸易的发展也进入一个新的历史时期，对外贸易发展战略也应从追求数量规模的扩张型转变为追求综合效益的国家福利贸易强国型，国家对外贸易的核心竞争力也应从廉价劳动力优势扩展为体制、观念、人才与技术的综合优势。这样才能有效实现中国从贸易大国转变为贸易强国。笔者认为，可以通过以下途径进行具体实施：

1. 在开放中鼓励自主创新

在目前经济全球化及激烈的竞争环境下，与贸易强国相比，不断的自主创新是中国取得全新竞争优势的必经之路。在经济全球化的新时代，要求我们必须具备全球化的眼光，统筹把握全局，始终坚持在开放中勇于并且善于利用全球资源推进自主创新。

企业是社会的经济细胞、技术创新的主体、创新成果市场价值的主要体现者，国家的竞争力在一定意义上说就是企业的竞争力。中国的崛起需要一大批像华为、中兴这样的注重自主研发的民族企业。以华为为例，1994 年推出 C&C08 数字程控交换机，使进口产品大幅降价，“巨大中华”名震一时。至今，华为已经成长为中国自主创新型企业的杰出代表，民族企业的一面旗帜。多年来，华为创造出了大量具有自主知识产权的专利成果，拥有了核心技术和世界级的品牌，迅速成长为世界通信领域的佼佼者。截至目前，华为固网产品已服务包括英国、法国、德国、西班牙、葡萄牙、俄罗斯等 90 多

个国家。华为累计申请专利8000多件，其中包括在美国、欧洲等20多个国家和地区申请的800余件次。目前，华为年研发投入已逾40亿元人民币。以上的一切都证明，只有自主创新才能取得竞争优势。但是在经济全球化背景下要取得一定的竞争优势，建设创新型国家，外部的机遇与挑战并存，始终坚持在开放中鼓励自主创新，改变高新技术产品的出口过分依赖外资企业的现状。

2. 提升技术含量

作为一个发展中的大国，中国在一些领域科技自主创新能力薄弱、核心技术严重缺乏。虽然目前中国有100多种工业制成品的产量成为了“世界第一”，但由于缺乏核心技术与品牌的支持，中国制造的产品很多都只是处于价值链的最低端。在国际市场中，中国要想增强实力，其根本是取得竞争优势。只有国际市场中的主导性产业——技术、知识密集型的产业具有优势，竞争优势才能形成，然而一国的发展水平与该国的经济实力、技术创新能力有着直接的关系。从国外引进的技术只能是成熟的或在国外已经被淘汰的技术，先进的核心技术是无法通过引进获得的。中国要想大力发展技术密集型产业，首要的就是通过促进企业并购、重组和联合来提高企业规模经济水平和产业集中度。另外，基于中国目前人口多、劳动力成本低的特点，要在大力发展技术密集型产业的同时，发展、改善和提升劳动密集型产业，在保障劳动者就业的基础上促进经济发展。

3. 注重流通人才培养

流通业是国民经济的先导性产业。发展现代流通业对于开拓市场、扩大内需和拉动经济增长具有重要作用。发达国家对于流通业的发展大都采取健全法律制度、完善相关政策、促进相关技术发展、注重流通人才的培养等方式。强化人才开发是流通业兴业之本，现代流通业从根本上看就是智慧经济、头脑经济。只有具有创新能力的研发设计、科学管理人才，熟悉国际规则的市场营销、金融商务人才，适应市场需求的技能型、实用型人才，才能为在激烈的竞争中蓬勃发展的流通业做贡献。健全人才服务机制，完善就业服务网络，消除阻碍人才和劳动力合理流动的障碍，为促进服务业加快发展提供高素质的人才和劳动力队伍。

4. 流通现代化

随着国民经济的蓬勃发展，流通业在整个社会的资源配置、结构调整中发挥着重要作用。为了促进整个经济社会的发展，中国要加强流通业的现代化程度，提高流通业竞争水平。“现在流通是一个动态的过程，包括流通观念的现代化、流通制度的现代化、流通网络的现代化、流通技术设施的现代化、商业管理的现代化、市场信息处理的现代化六个方面。”① 目前，无论是物质现代化层面还是制度现代化层面，中国的流通现代化还存在着一定的差距。前文已经提到中国与发达国家流通业的差距。因此，第一，为了扩大规模，提高企业集中度，应该推广连锁经营，实行统一采购、统一经营，进货量大，可以享受较大的价格折扣，有效降低流通成本，最大限度地满足消费者的利益。第二，加快信息化建设，可以有效地传递物质资源，实现物质资源的优化配置。第三，无论是从经营方式上还是经营观念上，我们都应该重视自主创新，注重高素质人才，充分利用流通人才，实行注重实效、着眼于长远的现代经营理念，以崭新的经营方式和经营理念在国际市场取得一定的竞争力。第四，打破传统体制，外贸要具有内贸的批发、零售专长，同时内贸也要熟悉国际业务，使得内外贸业务紧密结合，易于开展国际业务。商品流通的现代化有利于整合中国商品流通市场，加大对内开放力度，培育具有国际竞争力的商业企业集团。

5. 大力发展服务出口

前文提到，当今世界经济日益全球化，全球产业结构加快调整，服务贸易在世界经济中的地位不容忽视，逐渐成为拉动世界经济和国际竞争的焦点。目前，中国服务贸易总体发展水平还很低，优势部门主要集中在海运、旅游等比较传统的领域，而金融、保险、计算机服务等现代服务业的国际竞争力还很低。服务贸易不仅是中国未来对外贸易结构调整的方向之一，而且服务贸易的发展可以降低交易成本，促进整个国民经济效率的提高，进而推动中国整体产业国际竞争力的提高。中国要想实现贸易强国的转变，全面建设小康社会，必须抓住全球服务业跨国转移加速的历史机遇，在与其他国家和地区的竞争中占有一席之地。大力发展服务贸易，努力扩大服务出口，改善中国服务贸易出口不合理的状况，完善保障服务贸易发展的政策措施，吸引和培养服务贸易出口人才，转变中国的外贸发展方式，提高出口贸易质量，发展新兴服务贸易，将“走出去”战略深入实施。

6. 培育知名自主品牌

发展中国家要想加快发展步伐，通常需要引进发达国家的技术和品牌，但是中国现在的许多行业由引进转变成了依赖，致使自主品牌严重匮乏、产品处于全球生产链和价值链的低端。因此，我们应该重视自主品牌的培育。对于一个国家来讲，品牌象征着一个国家的综合实力；对于一个企业来讲，品牌象征着企业的市场拥有率。要想在国际市场竞争中占有一席之地，中国

① 洪涛. 流通产业经济学［M］. 经济管理出版社，2007.

自主产品的品牌知名度越大，市场占有份额就越大，我们也就能够掌握经济的主动权，掌握国际分工的主导权。另外，我们要发展低碳经济，走可持续发展之路，这更需要品牌支撑。自主品牌的成功打造还需要投入国家本土文化、技术创新和自主创新人才等一系列综合实力。

7. 培育具有国际竞争力的本国跨国公司

跨国公司是经济全球化的载体、世界经济发展的主角、世界先进技术的开发者和生产者，是国际贸易、国际投资和生产、技术创新和转让的主导力量。中国改革开放以来，一大批世界著名的跨国公司竞相进军中国，在中国直接投资，参与中国市场竞争，给中国企业带来了极大的挑战和压力，同时也激励中国的企业"走出去"，参与世界经济竞争。当前，中国已进入全面建设小康社会、加快推进社会主义现代化的新的发展阶段。因此，加快培育中国实力雄厚、竞争力强的跨国公司可以提高中国国有企业的专业化、集约化水平，并依托其资金、技术、产业优势，带动一大批中小企业发展，推动企业组织结构调整，实现资源向优势企业集中，提高中国企业国际化水平，增强中国经济的国际竞争力，巩固和发展中国的经济实力。

四、区域经济合作

——中国实现贸易强国转变的战略选择

30余年的改革开放和对外贸易的实践证明，坚持对外开放的基本国策，积极发挥比较优势，参与经济全球化的进程是中国实现对外贸易高速增长并推动中国经济持续增长的重要保证。参与区域经济合作不仅是世界经济发展的一大潮流，而且可以扩展国家利益的实现范围和方式。[①] 中国区域经济一体化就是要实现利益的最大化，充分利用资源，改善贸易结构和条件，尽快培养和提高具有国际竞争力的本国跨国公司、自主品牌，促进中国对外贸易发展方式的转变以及国内产业的升级，最终实现从贸易大国向贸易强国的过渡。

研究贸易强国的标准，分析中国的现状，正视中国存在的差距，探讨中国从贸易大国向贸易强国转变的七种实现途径和战略选择，这在当前很有必要。从宏观、微观两个角度观察，从国家到企业，应在保持中国经济稳定而快速发展的同时，不断扩大中国的对外贸易，提高中国在国际市场上的竞争

① 张鸿. 中国对外贸易的动态优势变化与外贸增长方式的转变 [M]. 人民出版社，2010.

力，最终实现贸易强国的目标。

参考文献：

[1] 陈飞翔，吴琅. 由贸易大国到贸易强国的转换路径与对策 [J]. 世界经济研究，2006（11）.

[2] 黄锦明. 中国迈向贸易强国的理论与对策研究 [M]. 浙江大学出版社，2007.

[3] 汪毅夫. 贸易大国走向贸易强国的政策选择 [J]. 中国对外贸易，2005（5）.

[4] 康学芹，张海珍. 迈向贸易强国之路探究 [J]. 集团经济研究，2007（10）中旬刊.

[5] 洪涛. 流通产业经济学 [M]. 经济管理出版社，2007.

[6] 张鸿. 中国对外贸易的动态优势变化与外贸增长方式的转变 [M]. 人民出版社，2010.

附　录

首届贸易强国论坛纪要

王晋卿（中国商业经济学会常务副会长）：

现在正当学习党的十七届五中全会精神之时，由北京工商大学承办的贸易强国论坛可以说召开得正是时候，在此表示由衷祝贺。2008 年的金融危机对我国产生了较大影响，对我国提出了全方位、多层次开放的要求。目前我国贸易总量达到一定程度，可以算贸易中的大国，但还不是贸易强国。具体差距表现在：仍是粗放型发展方式，企业核心竞争力不强；对科研技术投入开发不够，过分依赖国外技术，没有形成本国的核心技术；出口产品附加值低，部分出口产品处于产业链下游。十七届五中全会，再次强调以科学发展为主题，提高发展的协调性、可持续性，这些都要求我国必须加快贸易发展方式的转变。如何优化市场结构，培育成长好、竞争力强的企业，即研讨贸易方式转变的新思路是这次会议的初衷。

卢思锋（北京工商大学党委副书记）：

北京工商大学成立 60 周年来，受到了商业联合会、商贸委等单位的各方面关心，取得了长足的进步。本次论坛也是在多方支持下筹办的。党的十七届五中全会旨在总结经验、谋划“十二五”。我校也在谋求从教学型高校向教学研究型高校的转变，食品和商科是我校的特色专业，贸易系又是商科的重要组成部分，以洪涛教授为代表的贸易系队伍为我国贸易发展做出了很大贡献。在强调经济发展方式转变、强国富民的大背景下，研讨我国如何由贸易大国向贸易强国发展是很及时的。在此，我谨代表学校祝贺论坛的召开，并预祝论坛圆满成功，为我国贸易发展做出更多贡献。

陈文玲（国务院研究室综合司司长）：

演讲的题目是“我国对外贸易的战略思考”。

我国提出从大国向强国转变并不是由于出口多了才提的，而是作为一种国家层面的战略选择。改革开放之初，我国贸易额只有 206 亿美元，现在是 2.2 万亿美元。中国作为贸易第一大国不足为奇，因为中国本身就具有 1800 年辉煌的制造业历史，由最早的丝绸之路，到明清后开辟的两条海上丝绸之路，中国的价值观随着出口传播到全世界。改革开放 30 多年后，我国制造业占全球比重为 1/2，出口在 2009 年超过德国居世界第一，进口预计 2010 年有可能超过美国成为第一。如果这样的话，中国有可能成为进出口第一大国。我国为了实现贸易大国梦用了 30 年的时间，我认为实现贸易强国梦可能会更快。但不可否认的是，我国贸易企业普遍不具备核心竞争力，具体体现在五个方面：

第一，全球价值链的高端地位体现的是流通能力、品牌能力、价值转换能力等的强大，在国际分工中属于水平分工。而目前我国则是垂直分工，并且处于价值链的低端，距发达水平还有相当差距。

第二，有效率的表现是用比较少的投入产生比较高的价值。我国目前的资源成本的耗费、环境生态的破坏、劳动力福利的损害等问题比较严重，与高效率相违背。举一个例子，数据显示，虽然与十年前相比，贸易总量已经翻了好几番，发展速度达到 20%~30%，但劳动力福利并未增长，这就没有体现马克思关于劳动力分次转移到价格的理论。所以，我国仍是以低价竞争获取市场份额，处于价值链低端。

第三，作为贸易强国，应该在全球贸易规则中发挥作用。我国直至加入世界贸易组织才参与贸易规则的制定，所以仍处于被动地位，另外自身也存在局限和误区。比如，我国制定标准一向是国际标准高于国家标准，国家标准高于行业标准，行业标准高于企业标准，这与国外的情况恰好相反，国外是企业标准最高。

第四，贸易强国一定是经济强国。外汇、外交等均为一国的一体化战略，美国的一体化战略使其在国际贸易中占尽便宜，其国内具有专门的智库，研究各国战略，进行比较分析，进而研制出本国的中长短期战略。因此，我国需要在贸易之外形成完整的国家战略。

第五，在全球配置资源为我所用。目前，我国企业虽参与国外投资、收购等行为，但失败案例很多。可以看出，投资和贸易其实是一体的。

我国需要从全球战略思维的角度考虑，认识到向贸易强国转变的道路既漫长又艰巨，需要付出巨大努力。在关注国内市场时，扩大内需作为长期方针不能放松，要将国内贸易与对外贸易作为一体化进行研究。

黄国雄（中国人民大学教授）：

这次论坛的召开，很符合当今我国经济发展的趋势。在此我讲三个问题：

第一个问题是要肯定成绩、面对问题。从世界经济贡献率看，我国是第一位，金融危机前是 13%~17%，金融危机后是 9%~10%。从外汇储备看，我国也是世界第一。贸易总量方面，中国经济发展应基于 8 亿农民，农民生活水平是决定贸易大国向贸易强国转变的标志，也是中国木桶效应的最短一块，是中国的现实问题。人均社会零售商品总额为900美元，为美国的1/30，人均GDP世界排名百名左右。流通产业也存在一些问题，包括80%产品服务未开拓世界市场，软件服务十分落后。

第二个问题是贸易教育落后于世界水平，重外贸轻内贸、有外资无内资的院校较多。据我所知，只有15~20个学校有贸经专业，阻碍整体素质的提高。

第三个问题是流通产业的发展趋向。一是从市场结构来看，以城市为主导，农村为基础，构建双向、互动的市场结构。二是从经济结构来看，以国有控股为主导，民营经济为基础，适当引进外资，构成多种经济成分同时并存。三是从商品结构来看，以网上小商品为主，坚固温饱型阶层生产资料，开放富裕阶层。四是从城市来看，以市中心为主体，社区商业为基础，充分发展特色街、特色商品交易市场，形成多层次的商业机构。五是以大型百货为重，大量超市为基础，积极发展专业店、专门店，有条件地引进现代购物中心。物流体系利用发达的交通条件构建多元化的物流体系结构，重点提升连锁企业的物流体系，规划电子商务物流体系、批发市场物流体系、直销和直运物流体系，以及第三方物流为中心的物流体系。六是以大型批发公司为主导，批发市场为基础，积极推进连锁、网上交易，形成多层次的批发体系。

王耀（中国商业联合会副会长）：

贸易可以分为货物贸易和服务贸易，我认为货物贸易方面，我国不仅能达到出口便宜，还能做到质量好。举一个例子，近些年有些跨国公司纷纷将工厂搬到东南亚其他一些国家，因为他们认为那里比中国的生产成本更低，但没几年又搬回中国，这是为什么？就是因为他们发现那里制造出的东西质量不合格。相对地，我国的服务贸易比较弱。美国的服务贸易能占到贸易量的80%，而我国只有41%。这次五中全会提出的由“国富”到“民富”，虽一字之差，但意义重大。可以看出，我国的GDP增长中，汽车、石油这些垄断行业拉动GDP增长很大幅度，并不是日用消费品行业。目前，城镇居民消费占87%，农村消费占12%，城镇居民每人每年平均消费2万元，看似不低，但这其中包括政府消费。我认为，问题出在目前贫富差距过大。服务贸易的基础是服务业，而我国服务业发展还很不充分。可以对比一下我国和美国的数据：我国第一产业就业占40%，美国占1%；我国第二产业就业占30%多，美国占20%多；我国第三产业就业占32%，美国占将近80%。再对比中美的第三产业，可以看出美国的信息业十分发达。所以，今后我国贸易的重点是做强服务贸易。

谷克鉴（中国人民大学教授）：

演讲的题目是“全球平衡增长议题对国际贸易理论的新挑战”，共分为四部分，分别是背景、挑战、核心理论问题和关键政策问题。

背景部分包括 20 世纪 90 年代以来中国贸易争端面临的非平衡增长责难，金融危机进程中各种双边和多边场合凸显全球平衡增长议题对我国贸易政策的挑战以及我国同 G20 的各类贸易指标的重要性。根据一般沿用的“全球不平衡增长”概念，G20 是当前全球经济非平衡增长的发源地，亦为未来全球经济平衡增长的基本动力。2007 年 G20 的贸易逆差或贸易顺差总额，分别占全球 GDP 的 1.82%和 1.61%，占全球总顺差的 55.93%和全球总逆差的 65.63%。2007 年，中国对 G20 出口总额占其对全球出口总额的 65.14%，中国对 G20 进口总额占其自全球进口的 58.01%，中国对 G20 贸易总额占其对全球贸易总额的 61.98%，中国对 G20 净出口总额占其对全球净出口总额的 68.64%，中国对 G20 贸易顺差占其全球贸易顺差的 55.50%，中国对 G20 贸易逆差占其全球贸易逆差的 40.00%。

挑战部分由理论分析得出政策建议。理论包括探讨全球平衡增长的科学内涵和国民收入决定机制的变化，力求实现新古典形态的国民收入决定模型同贸易政策多样化实践的新综合；通过政策系统设计，建立宏观经济政策和贸易政策有机联动的理论和方法；革新贸易政策的研究方法。政策要确保主动自觉、科学系统、适宜可行。确保全球平衡增长议题纳入全球治理框架后，不断增强我国制定贸易政策和措施的主动性和自觉性，应对可能激增的贸易争端和多种贸易摩擦威胁。

核心理论问题主要有三个，分别是国民收入决定模型中的内外失衡、要素敏感度测定的理论和方法、全球化进程中外部失衡测度的理论和方法。

关键政策问题有两个，第一个是如何避免全球平衡增长议题演化为新形式和经济体层面的管理贸易，第二个是政策选项的设置和整合，以应对全球平衡议题的挑战。

吴国华（商务部政策研究室综合处处长）：

演讲的题目是“统筹内外贸，打造贸易大强国”。

在我看来，我国作为贸易大国也存在质疑。首先我国人均 GDP 只有 3600 美元，日本是 12000 美元；其次我引用世贸组织总干事拉米的话“错误的贸易统计造成贸易不平衡”，我国目前仍沿用 20 世纪的统计方法，如价格贸易的三、四角关系。

我国在金融危机中出口信心受到打击，与此同时，美国也成立了“出口内阁”，咱们想做成贸易强国，但发达国家必然会遏制我国向贸易强国发展。

功能缺失："扣点"营销和"千店一面"；"三失"之二是商业资本功能的丧失：简单商品流通与商业货币投资循环，理论悖论和实践背离的风险意识，"食利阶层"的存在；"三失"之三是流通效率的损失：销量大、利润少（规模大、效益低，只做大、不做强），流通成本居高不下，低成本扩张模式难以为继（过去是渠道制胜、零售为主，如今是从1棵白菜到10棵白菜的平面扩张终结，未来是由红海战略向蓝海战略的转变）。"三失"直接导致"三化"，即自主经营的退化、连锁经营的异化、核心竞争力的弱化。质疑的第二种零售模式是"通道费用"。"通道费用"现已变异为"无本经营"、"借鸡生蛋"、"飞行加油"三种方式，这种模式的存在虽然防范了供应商的"滥竽充数"，但也滋生出零售商渠道权利的滥用。目前进场费在中国的现状主要体现在名目增加、数额上升、范围扩大，供应商成为零售商的第二个上帝，供商关系的逆转（品牌供货商选择零售商已初见端倪、大品牌商的市场强势已引起社会关注）。进场费在中国的现实问题是国内外市场无法有效对接，虽然国内也颁布了《零售商供应商公平交易管理办法》，但未明确界定"通道费用"，实施效果并不理想。"通道费用"由外商带入中国并由外商主导，而几乎所有外商又享受超国民待遇，而中国又是中小商业王国。这种情况是否需要警惕？通道费用模式能否为内资企业效仿令人怀疑？

第四，零售业自身发展方式的转变：①创新盈利模式，改善供商关系。转变经营方式已成为零售发展绕不过去的话题。②先规范，后规模。目前的本土零售企业是否称得上是"全国性零售企业"？用世界标准衡量，我国的本土零售企业全部属于中小企业。③先做强，后做大。我们引进沃尔玛的目的应是培养自己的沃尔玛，下面有一组数字：2008年中国社会消费品零售总额≈0.25×沃尔玛全球销售额，2009年1170亿元（苏宁）+1068亿元（国美）+980亿元（上海百联）+705亿元（大连大商）≈0.1×沃尔玛销售额。

第五，从批零关系看零售业繁荣与发展。有以下几点思考：跳出零售看零售，零售的文章要从批发做起；批发体制改革："三多一少"；新时期批发商的地位是给市场经济下订单的人，职能是批发主体多元化、批发职能分散化；目前的供商关系紧张，一定程度上是因为批零关系没有处理好；"攘外必先安内"，要重塑批零关系。关于新型批零关系的重塑，有以下几点建议：渠道融合是基本趋势（M+W+R）；新型专职批发商的形成与发展（三种途径、二三线城市）；零售商的渠道主导、批发依赖与发展定位。

方虹（北京航空航天大学教授）：

演讲的题目是"低碳经济与国际贸易"。

当前，全球能源结构多元化，碳燃烧成为工业文明的基础，由于资源有限和环境的破坏，这种发展方式难以为继，美国式资本主义到了转折点，中国式经济增长也到了十字路口：69%的能源来自煤炭，因而排放了大量的二氧化碳，到 2009 年，中国超过美国成为全球头号二氧化碳排放国。国际社会为解决环境问题，制定了《气候变化公约》、《京都议定书》、《巴厘岛路线图》、《哥本哈根协议》。全世界尤其是中国的能源需求与日俱增，在未来 25 年内，全球能源需求将飙升 40%左右，2020 年之前，中国能源需求年均增幅高达 20%。

中国低碳面临的主要问题有：处于快速经济增长与重化工业阶段；位于国际贸易和加工链的低端；能源以煤为主；区域差异大，包括气候区域差异、社会经济条件差异；存在额外经济成本；技术水平整体落后，存在能效不高、技术推广问题；巨大的就业压力、反贫困等多重政策目标；存在管理、体制、机制等方面障碍；等等。因此，中国必须寻找一条符合国情的、协调长期与短期利益、权衡各类政策目标的低碳发展路径。

我国应循序渐进、分阶段、分步骤建设排放权交易市场，借鉴国际排放权市场发展的成熟经验，探索相关交易制度和规则的设计，建设符合中国发展阶段和基本国情、简洁实用并且相对独立的排放权交易市场；积极开展技术、资金和能力建设方面的国际合作；加强自愿减排市场的标准研究，提升定价能力；推进自愿减排场内交易。

低碳经济改变国际贸易格局，对发展中国家出口贸易、“高碳经济”的传统外贸出口模式提出挑战。我国要逐步调整贸易政策：第一，使外资结构合理化，引导外资企业向中西部和第三产业倾斜；第二，引导加工贸易的转型升级，优化产业结构；第三，优化贸易结构，大力发展服务贸易；第四，以绿色技术创新为核心，实施绿色贸易增长战略；第五，积极参与国际碳交易，努力减少污染物排放。

王选庆（商务部商贸服务改革司副司长）：

演讲的题目是“当前我国流通领域十个重大理论与实践问题”。

第一，流通的地位和作用。流通产业是纽带、桥梁，是先导产业。但目前，流通领域得到的政策较少，没有话语权，轻视流通的后果很严重，导致了农产品买难卖难、流通环节层层加价，导致商品价格飙升、应急调控机制的不健全等问题。现在应大力发展服务业，扭转趋势。

第二，内外贸关系。金融危机不仅影响我国出口，而且影响经济增长、就业、社会稳定，出口转内销的效果不理想。由于内外贸模式不同，对接很困难，也反映出内贸市场的不规范。

第三，内外资关系。各地方政府给予外资国民待遇，甚至是超国民待遇，流通领域尤其在零售、批发等领域内资企业受到不公平待遇。

第四，大企业和中小企业的关系。发展大企业，往往以牺牲中小企业为代价。大企业和中小企业在产业链中关系不密切，要处理好二者的关系。

第五，零供关系。零售企业凭借渠道优势，挤压供应商的盈利空间，恶化了零供关系，这样对零售商有害无益，应规范零供关系。

第六，零售企业营销模式。目前很多零售企业都采取引店进场、扣点的营销方式，成为“二房东”，导致专业卖手缺失。

第七，批发体系重构。专业批发企业发展空间变小，存在粗放的发展方式，批发市场过多过乱，假冒伪劣产品充斥其中。

第八，电子商务是否孕育一场商业革命。应用电子商务的中小企业占13%，预计2015年网民将达到7亿~8亿人，网购占社会消费品零售总额的7%，电子商务对传统商业产生冲击，影响实体店生意，虽然已出台一些规范，但收效甚微。

第九，物流专业化、社会化。目前物流业炙手可热，物流是经济发展到一定阶段的产物，但总体水平不高，存在设施简单、功能单一、管理落后等问题，导致第三方物流需求不足，自营物流占主导趋势，大型企业纷纷自建配送中心。物流成为制约电子商务发展的“三座大山”（即制度、物流、数据）之一，因此很多网店都涉足物流业。

第十，商业企业涉足金融业。这是个新现象，物流企业与金融机构合作，利用仓单等融资，解决中小企业的融资难问题，但存在规范和风险问题，对传统商业企业是个挑战。

秦艳梅（北京工商大学教授）：

演讲的题目是“基于人才培养模式下的经济管理实验教学建设与创新”。

一个国家要想成为贸易强国，很重要的方面是要成为人才强国，因此探讨人才培养模式很有必要。当前，信息技术革命引发生产力、生产关系和生产方式的变革，推动人才培养模式改革创新，从而推动实验教学改革和创新。例如，北京理工大学将信息仿真技术应用到2008年奥运会、60年国庆阅兵和春节晚会中，其中所体现的先进技术和人才的力量令人震撼。

教育信息化，推动教育理念、教学方法、教学内容和教学体制的变革。要处理好几个关系：理论教学与实践教学的关系、实验教学与实践的关系、实验教学与科研的关系、实验教学与就业/创业的关系。

任兴洲（国务院发展研究中心市场经济研究所所长）：

我就如何理解五中全会建议内贸流通发展方式转变谈几点看法：

第一，如何看“十二五”的主题、主线。“十二五”规划以科学发展为主题，体现了鲜明的时代特点，政府未来把科学发展贯彻始终，贯彻到文化、经济、政治等体制中去。①坚持以经济建设为中心，紧紧扭住经济发展不放松。②抓好用好大有作为的重大战略机遇期，未来和平、发展、合作仍是主流。③坚持以人为本，发展为了人民，成果共享。④全面协调可持续发展，这是环境所迫、形势所逼、人民期待、全党共识。

第二，流通业和主题主线的关系。流通业是转变发展方式的主要内容。首先，商贸业是转变发展方式的重要组成部分，大力发展现代服务业，用现代科学技术武装传统商贸业。其次，流通从末端产业向先导产业转变。

第三，流通业转变发展方式势在必行。目前，流通业主要以粗放的发展方式，跑马圈地，只注重数量扩张。在经营管理、盈利模式、营销方式、竞争水平、供应链管理、零供关系、信息化等方面存在问题，因此要做到：①内贸流通业应从数量型向效益型转变。②坚持把流通结构调整作为主攻方向，协调城市与农村、批发与零售、商品市场与服务的关系。③把科学进步、创新作为重要手段。④坚持把优化流通布局作为重点，使内贸流通与“两横三纵八大城市群”的城市化进程相衔接。⑤进一步建设资源节约、环境友好的流通业。⑥深化流通体制改革。

胡俞越（北京工商大学教授，证券期货研究所所长）：

演讲的题目是“从量变到质变的中国期货市场——中国期货市场‘十一五’回顾与‘十二五’展望”。

中国期货市场在“十一五”期间取得了诸多成就，实现量的飞速扩张的同时，质的提升转变也逐渐显现。“十一五”期间中国期货市场取得了十大成就：①期货市场规范发展和快速成长。期货市场成交量迅速成长，期货品种体系不断完善。②股指期货指数闪亮登场，填补金融期货空白。公司制的中金所成立，股指期货闪亮登场。③期货公司合规发展，竞争力提升。期货从业人员队伍迅速成长，分类监管综合测评。④期货市场大幅增长，期货公司业绩全面提升。⑤法规框架基本形成，已形成有中国特色的“五位一体”的监管体系。⑥分类分级监管，行业发展更加规范。⑦保证金监控中心加强了中国期货市场的风险控制。⑧期货市场经受住了金融风暴的洗礼。⑨企业家加强风险管理，期货市场避险功能全面发挥。⑩期货市场服务国民经济和实体产业的功能显现。

“十二五”期间中国期货市场面临的挑战有：处于经济转型期，内需替代外需、消费替代投资、服务替代制造、低碳还是高碳。因此，“十二五”期间将是中国经济的战略转型期，而面临高出低进与高进低出的双重困境、人民币对外升值对内贬值的双重困局，期货市场将为中国经济的战略转型保驾护航，有助于中国从经济大国走向经济强国。

中国期货市场存在的主要问题有：期货品种结构有待进一步完善；期货公司盈利模式过于单一；增资扩股和营业部扩张后手续费竞争加剧；居间人缺乏规范的监管制度，吞噬了期货公司半数利润；大交易所小期货公司格局有待改变；期货法规体系有待进一步完善，期货市场监管效率有待提升；期货市场投资者结构不合理，散户依然占主导，培育机构投资者举步维艰；套期保值的观念尚需更新；期货市场对外开放裹足不前。

“十二五”期间中国期货市场要从量变到质变应当做到：①把期货业定位于战略性产业，把期货市场定位于金融市场体系的最高端，成为经济增长的“助推器”和经济安全的“避风港”；②积极促进期货市场服务实体经济，促进相关产业发展；③加快期货市场立法进程，规范期货市场快速健康发展；④加强合规监管，完善监管体系，提高监管效率，促进期货市场协调健康发展；⑤进一步完善期货品种体系，拓展期货市场功能发挥的深度和广度，提升市场运行质量和功能发挥的程度；⑥做大做优做强期货公司，加强期货公司信息技术建设，完善期货公司法人治理结构，培育竞争有序的期货文化，营造和谐的期货生态环境，提升中国期货行业的竞争力；⑦拓宽期货公司业务范围，把期货公司打造成具有竞争力的现代金融企业；⑧积极培育机构投资者，鼓励更多的企业和专业机构投资者进入期货市场；⑨逐步走出去，谨慎请进来，加快中国期货市场对外开放的步伐；⑩把中国因素转化为中国力量，努力把中国期货市场建设成国际定价中心。

耿莉萍（北京工商大学教授）：

演讲的题目是“我国外贸结构调整的难点及突破”。

金融危机暴露了我国外贸结构的脆弱，当前我国外贸结构调整的难点在于：首先，就业压力大，人才资源匮乏，制约了外贸结构的调整，人才结构与市场需求相差大，劳动力缺乏职业技能；其次，收入分配格局不合理，物价不稳定；再次，社会保障水平低；最后，沿海企业向内地转移较困难。

调整我国外贸结构，应该依靠品牌战略，提升竞争力，促进制造业升级，形成产业集群，引领沿海企业向内地转移，走向国际市场。同时，高校应为培养市场需要的人才做出努力。

王小平（河北经贸大学经济研究所副所长、教授）：

演讲的题目是“从贸易大国到贸易强国的思考”。

第一，什么是贸易大国？我国进口位居世界第二，出口位居世界第一，进出口位居世界第三。从这个角度讲，我国是贸易大国。

第二，什么是贸易强国？我国是顺差大国，我认为贸易是一种手段，顺差或逆差并不重要。美国长期贸易逆差，但对经济社会做出了贡献。首先，美国社会由供给决定消费向消费引导供给转变；其次，低价的消费品进口弥补了国内生产不足；最后，有利于优化资源配置，实现产业结构的提升。

第三，什么是强国？我国要全面建设小康社会。

第四，如何成为贸易强国？应加快转变经济发展方式，转变贸易经济发展方式。

第五，如何转变贸易经济发展方式？应顺应国内经济社会发展趋势，结合工业化、信息化、城镇化、市场化、国际化的趋势战略问题进行思考。

徐振宇（北京工商大学副教授）：

演讲的题目是“贸易强国的制度基础”。

当前很多人认为，商业企业引店入场的营销模式是“自废武功”，但为什么众多商业企业选择这样的方式，我认为应该从理性人利益最大化的角度，即从企业家的角度来看待这个问题，一定是有原因的。另外，对于地方政府给予外资企业超国民待遇的问题，从地方政府角度考虑，出于财政收入等原因，也是可以理解的。对于“十二五”规划，我认为和“十一五”规划没有太大的变化，政府应以公共服务为中心，政府目标的多元化不能堪称完美，还存在中央政府和地方政府目标一致性的问题，应当引起大家思考。

演讲结束后，论坛还安排了贸易经济专业、国际贸易专业主任对话环节。参与对话交流的有东北财经大学副校长夏春玉、北京物资学院流通经济研究所所长赵娴、南京财经大学贸易系主任原小能、中南财经政法大学工商管理学院教授郭守亭、郑州航空工业管理学院贸易经济系主任郝爱民、北京工商大学经济学院贸易经济教研室主任龚晓菊、湖北经济学院工商管理学院院长彭代武、中南财经政法大学工商管理学院贸易与营销系主任张相文、湖北经济学院国际贸易学院副院长冯启文、武汉理工大学营销系主任王海斌、郑州航空工业管理学院经济学院副院长杨波、北京工商大学经济学院国际经济与贸易教研室主任朱振荣。各高校的专业负责人交流了各校贸易经济专业、国际贸易专业的发展情况和经验，并就专业未来的发展问题进行了交流沟通。

大家认为，贸易经济专业作为传统专业，历史悠久，基础厚重，但在发展过程中由于专业目录的调整等问题受到了一定影响，现在，在经济转型背景下探讨如何加强贸易经济专业的建设问题，是非常有意义和必要的。与会的各高校均以不同方式建设贸易经济专业，形成自己的特色和竞争力。以北京工商大学为例，贸易经济是传统特色专业，在洪涛教授的带领下，通过修订培养方案、调整专业课、增加实践课教学等方式，加强专业建设、学科建设、教材建设，教学师资队伍不断壮大，毕业生就业率很高。这些年来，贸易经济专业先后成为原国内贸易部重点专业、北京市重点专业，《流通产业经济学》荣获中国商业科技进步一等奖、北京市精品教材，2008 年“流通经济学”成为北京市精品课程，2009 年贸易经济专业成为北京市特色专业，成绩斐然。

中国商业经济学会副秘书长、商务部市场运行调控专家、北京工商大学贸易系主任洪涛教授做总结性发言，他认为本次论坛有以下几个特点：第一，论坛层次高，受到商务部的重视和支持，与会的专家、学者、高校相关负责人到会人数很多；第二，抓住了当前的热点、难点、焦点问题；第三，论坛具有历史性、独特性，以“首届”冠名，且研讨中国由贸易大国向贸易强国跨越，在中国贸易史上具有一定的历史地位。论坛结束后将编辑出版《贸易大国向贸易强国跨越——“首届贸易强国论坛”论文集》，择要收录各位专家的发言内容。同时，将进一步研究中国如何由贸易大国向贸易强国转型，从理论和实践上回答问题。他希望论坛每年组织一次，形成长效机制，期待与兄弟院校共同举办，深入研究并促进我国内外贸加快转型。

论坛盛典落幕前，由洪涛教授宣读、各院校相关负责人共同签署了《“适应贸易强国需要　培养创新型贸易人才”倡议书》（《北京宣言》）。

“适应贸易强国需要 培养创新型贸易人才”倡议书

（《北京宣言》）

当前，我国正处于一个重要的历史机遇期和发展期，国内生产总值总量超过日本，出口总额超过德国，国内贸易十分活跃。2009 年我国社会消费品零售总额达到 12.5 万亿元，生产资料销售额达到 28 万亿元，进出口总额超过 2.2 万亿美元，电子商务交易额超过 3.85 亿元。但是，我国仍然是制造业大国，不是制造业强国；我国仅是贸易大国，不是贸易强国；中国生产产品很多，数量很大，贸易量居世界第一，但是竞争力却较差，离贸易强国差距较大。例如，我国货物贸易量较大，服务贸易量偏小，我国贸易的产品结构、组织结构、业态结构、渠道结构等亟须优化。我国贸易人才培养相对滞后，表现为“十个瓶子七个盖，盖子轮流盖，还有三个没有盖”，贸易人才短缺，特别是创新型、复合型贸易人才短缺，已经严重地影响了我国贸易的转型与升级。为了完成我国由贸易大国向贸易强国迈进的历史使命，提高我国现有 1.2 亿贸易人才队伍素质，今天我们 30 多所院校的60 多位教授、主任、院长向全国高等院校、职业学院的贸易经济、国际经济与贸易专业的教师及各类贸易企业的在职培训机构倡议：

（1）结合每年贸易理论与实践的热点、难点、焦点问题，每年定期组织一次“贸易强国论坛”，探讨贸易活动中的各种理论与实践问题，交流各个院校在贸易经济、国际经济与贸易学科（专业）中的经验，探讨解决存在问题。

（2）力争把我们所在的院校、系、教研室办成创新型贸易人才培养的基地，在现有特色专业、精品课程、精品教材、实验课程、教学团队、专兼职教师队伍的基础上更上一个台阶。

（3）形成贸易人才培养的博士、硕士、学士、专科、中专、技校等人才培养体系，形成为实现贸易强国目标所需要的多层次、多规格、有特色的人才队伍结构。

（4）建设一批国家级、省部级贸易研究基地，力争使我们的基地为政府、行业协会、各类贸易企业提供智力支持和决策参考。

（5）建立贸易经济、国际经济与贸易学科（专业）建设联盟，未来的竞争不是一个人与一个人的竞争，不是院系对院系的竞争，而是供应链与供应链的竞争，因此，不同的院校、系所、教研室之间建立科学建设联盟，并将其建设成为一个长效机制。

（6）在有条件的情况下，我们将建立贸易强国论坛的发展基金，促进贸易理论与实践、贸易学科/专业建设、课程群建设、教材建设，为培养创新型贸易人才奠定基础。

让我们共同为培养贸易强国所需的创新型贸易人才，为尽早实现贸易强国目标做出贡献！

2010 年 10 月 31 日

首届贸易强国论坛参会代表名单

（以下排名不分先后）

房爱卿 中华人民共和国商务部部长助理
卢思锋 北京工商大学党委副书记
王晋卿 中国商业经济学会常务副会长
陈文玲 国务院研究室综合司司长、研究员
夏春玉 东北财经大学教授、副校长
王选庆 中华人民共和国商务部商贸服务改革司副司长
任兴洲 国务院发展研究中心市场经济研究所所长、研究员
吴国华 商务部政策研究室综合处处长
黄国雄 中国人民大学商学院教授
王　耀 中国商业联合会副会长
王晓红 国家发改委宏观经济研究院《宏观经济研究》编辑部主任
赵　萍 商务部国际贸易经济合作研究院研究员
祝合良 首都经济贸易大学教授
顾国建 上海商学院工商管理学院教授
冉净菲 重庆商务局副局长、副教授
谷克鉴 中国人民大学商学院贸易系主任、教授
王晓东 中国人民大学教授
刘向东 中国人民大学教授
马龙龙 中国人民大学教授
张群群 中国社会科学院财政与贸易经济研究所研究员
王成荣 北京商业职业学院副院长、教授
赖　阳 北京商业职业学院研究所所长、研究员
郭守亭 中南财经政法大学工商管理学院教授
张相文 中南财经政法大学工商管理学院教授
方　虹 北京航空航天大学教授
赵亚萍 北京联合大学商务学院国际经济系主任

张富春　山西财经大学国际贸易学院院长、教授，山西商经学会副会长兼秘书长
王小平　河北经贸大学经济研究所副所长、教授
杨　波　郑州航空工业管理学院经济学院副院长
郝爱民　郑州航空工业管理学院贸易经济系主任
闫兴宇　南京财经大学教授、副院长
原小能　南京财经大学贸易系主任、教授
彭代武　湖北经济学院工商管理学院院长、教授，湖北省商业经济学会副会长
王　红　湖北经济学院工商管理学院党委书记
冯启文　湖北经济学院国际贸易学院副院长、教授
王海滨　武汉理工大学营销系主任、教授
王先庆　广东商学院流通经济研究所教授、硕导，广东商经学会秘书长
王德章　哈尔滨商业大学副校长、教授
赵德海　哈尔滨商业大学经济管理学院院长、教授
郑勇军　浙江工商大学现代商贸中心常务副主任、教授
吴小丁　吉林大学商学院市场营销系教授
李骏阳　上海大学国际工商与管理学院教授
屈冠银　北京劳动保障职业学院工商系电子商务教研室主任、副教授
王凤宏　北京财贸职业学院讲师
王迎新　《财贸经济》主任
俞晓兰　《中国市场》副主编
周　南　《中国市场》记者
潘建伟　《中国流通经济》副主编、教授
吴文治　《北京商报》记者
郁　迪　《中国商贸》主编
胡　斌　《中国商报》主任记者
李高峰　《国际商报》记者
胥晓莺　《浙商》记者
潘　颖　《证券市场周刊》记者
沈小静　北京物资学院书记、教授
赵　娴　北京物资学院流通经济研究所所长、教授
刘普合　中商流通生产力促进中心主任
柳金平　G20 秘书处主任助理

杨德勇　北京工商大学经济学院院长、教授
李宝仁　北京工商大学经济学院党总支书记、教授
李书友　北京工商大学经济学院副院长、副教授
秦艳梅　北京工商大学文科实践中心主任、教授
宋冬英　北京工商大学科研处副处长、北京工商大学学报（社会科学版）编辑部主任
邓　艳　北京工商大学学报编辑部编辑
洪　涛　北京工商大学经济学院贸易系主任、教授
郑兰平　北京工商大学经济学院贸易系副主任、副教授
朱振荣　北京工商大学经济学院贸易系党支部书记、国际经济与贸易教研室主任、副教授
龚晓菊　北京工商大学经济学院贸易系贸易经济教研室主任、副教授
侯海英　北京工商大学经济学院贸易系国际经济与贸易教研室副主任、副教授
李　丽　北京工商大学经济学院贸易系贸易经济教研室副主任、副教授
胡俞越　北京工商大学经济学院贸易系贸易经济教研室教授
徐晓慧　北京工商大学经济学院贸易系贸易经济教研室教授
刘晓雪　北京工商大学经济学院贸易系贸易经济教研室副教授
徐振宇　北京工商大学经济学院贸易系贸易经济教研室副教授
耿莉萍　北京工商大学经济学院贸易系国际经济与贸易教研室教授
季　铸　北京工商大学经济学院贸易系国际经济与贸易教研室教授
潘　宏　北京工商大学经济学院贸易系国际经济与贸易教研室副教授
陈晓梅　北京工商大学经济学院贸易系国际经济与贸易教研室副教授
王　卓　北京工商大学经济学院贸易系国际经济与贸易教研室副教授
王　茜　北京工商大学经济学院贸易系国际经济与贸易教研室讲师
冯婷婷　北京工商大学经济学院贸易系国际经济与贸易教研室讲师